कथा जगत की बाग़ी मुस्लिम औरतें

राजेन्द्र यादव

जन्म : 28 अगस्त, 1929, आगरा।

शिक्षा : एम.ए. (हिन्दी), 1951, आगरा विश्वविद्यालय।

प्रकाशित पुस्तकें : *देवताओं की मूर्तियाँ, खेल-खिलौने, जहाँ लक्ष्मी कैद है, अभिमन्यु की आत्महत्या, छोटे-छोटे ताजमहल, किनारे से किनारे तक, टूटना, ढोल और अपने पार, चौखटे तोड़ते त्रिकोण, वहाँ तक पहुँचने की दौड़, अनदेखे अनजाने पुल, हासिल और अन्य कहानियाँ, श्रेष्ठ कहानियाँ, प्रतिनिधि कहानियाँ* (कहानी-संग्रह); *सारा आकाश, उखड़े हुए लोग, शह और मात, एक इंच मुस्कान* (मन्नू भंडारी के साथ), *मंत्र-विद्ध और कुलटा* (उपन्यास); *आवाज तेरी है* (कविता-संग्रह); *कहानी : स्वरूप और संवेदना, प्रेमचन्द की विरासत, अठारह उपन्यास, काँटे की बात* (बारह खंड), *कहानी : अनुभव और अभिव्यक्ति, उपन्यास : स्वरूप और संवेदना* (समीक्षा-निबन्ध-विमर्श); *आदमी की निगाह में औरत, वे देवता नहीं हैं, एक दुनिया : समानान्तर, कथा जगत की बागी मुस्लिम औरतें, वक्त है एक ब्रेक का, औरत : उत्तरकथा, पितृसत्ता के नए रूप, पच्चीस बरस : पच्चीस कहानियाँ, मुबारक पहला कदम* (सम्पादन); *औरों के बहाने* (व्यक्ति-चित्र); *मुड़-मुड़ के देखता हूँ* (आत्मकथा); *राजेन्द्र यादव रचनावली* (15 खंड)

प्रेमचन्द द्वारा स्थापित कथा-मासिक 'हंस' के अगस्त, 1986 से 27 अक्टूबर, 2013 तक सम्पादन। चेखव, तुर्गनेव, कामू आदि लेखकों की कई कालजयी कृतियों का अनुवाद।

राजेन्द्र यादव बिहार सरकार द्वारा शिवपूजन सहाय सम्मान, हिन्दी अकादमी, दिल्ली के 'शलाका सम्मान', 'शब्द साधक सम्मान' और उत्तर प्रदेश सरकार के 'यश भारती' पुरस्कार से भी सम्मानित हो चुके हैं।

निधन : 28 अक्टूबर, 2013

राजेन्द्र यादव

कथा-जगत की बाग़ी मुस्लिम औरतें

सहयोगी

मुशर्रफ़ आलम ज़ौक़ी

राजकमल पेपरबैक्स

पहला पुस्तकालय संस्करण
राजकमल प्रकाशन प्राइवेट लिमिटेड द्वारा
2006 में प्रकाशित

राजकमल पेपरबैक्स में
पहला संस्करण : 2008
दूसरा संस्करण : 2015

राजकमल पेपरबैक्स : उत्कृष्ट साहित्य के जनसुलभ संस्करण

राजकमल प्रकाशन प्रा. लि.
1-बी, नेताजी सुभाष मार्ग, दरियागंज
नई दिल्ली-110 002
द्वारा प्रकाशित

शाखाएँ : अशोक राजपथ, साइंस कॉलेज के सामने, पटना-800 006
पहली मंजिल, दरबारी बिल्डिंग, महात्मा गांधी मार्ग, इलाहाबाद-211 001
36 ए, शेक्सपियर सरणी, कोलकाता-700 017

वेबसाइट : www.rajkamalprakashan.com
ई-मेल : info@rajkamalprakashan.com

बी.के. ऑफसेट
नवीन शाहदरा, दिल्ली-110 032
द्वारा मुद्रित

मूल्य : ₹ 250

KATHA-JAGAT KI BAGHI MUSLIM AURTEIN
Edited by Rajendra Yadav & Mushraf Alam Zauqi

ISBN : 978-81-267-1559-6

कथा-जगत की बाग़ी मुस्लिम औरतें

इस संकलन में अधिकांश रचनाएं 'हंस' के मुस्लिम-विशेषांक में आ चुकी हैं। अंक का सम्पादन प्रसिद्ध कथाकार असगर वज़ाहत ने किया था; सहयोग दिया था मुशर्रफ़ आलम ज़ौक़ी ने।

यहां कुछ और कहानियां भी शामिल कर दी गई हैं ताकि स्त्री के विद्रोही स्वर अधिक सम्पूर्णता में प्रस्तुत किए जा सकें।

ज़ाहिर है इनमें से कुछ लेखिकाएं (कल तक के) संपूर्ण भारत की संतानें हैं, जो आज भारत, बगलादेश और पाकिस्तान में बंट गया है।

इस संकलन के लिए मैं मुशर्रफ़ आलम ज़ौक़ी के साथ उन लेखिकाओं का भी आभारी हूं जिनकी रचनाएं यहां शामिल हैं। कहने की ज़रूरत नहीं है कि इस पुस्तक की रॉयल्टी 'हंसाक्षर ट्रस्ट' में जाएगी जो साहित्य, संस्कृति और कलाओं के संवर्धन-प्रोत्साहन के लिए प्रतिबद्ध है।

राजेन्द्र यादव

17 जून, 2005

अनुक्रम

बेज़ुबानी ज़ुबान हो जाए...

राजेन्द्र यादव

स्त्री का अपना 'घर' नहीं होता। घर बाप का होता है, पति का होता है या बाद में बेटे का होता है—वह वहां सिर्फ़ मेहमान या शरणार्थी होकर रहती है। चूंकि वह आर्थिक या भौतिक रूप से पराश्रित है, इसलिए जानती है कि ग़ैर-ज़रूरी या असुविधाजनक होने पर किसी भी दिन उसे यह घर या संसार छोड़ना पड़ सकता है। उसके लिए बेहद ज़रूरी है कि वह दूसरों के इस घर में अधिक से अधिक उपयोगी बनकर रहे। उसकी सारी कोशिश होती है कि इसी पराए घर को अपना मानकर ही अपने जीवन की सार्थकता सिद्ध करती रहे।

दलित जिस मंदिर का एक-एक ईंट रखकर निर्माण करता है, वह मंदिर ख़ुद उसका नहीं होता। विडंबना यहां भी यही है कि मूल-स्रोत होने के बावजूद, परिवार भी स्त्री का अपना नहीं होता; वह भी बाप, पति या बेटे का ही होता है। हां, उसकी मर्यादा और हितों की रक्षा वह जान देकर भी करती है। वह उस परिवार की इज़्ज़त होती है, मगर इस इज़्ज़त की परिभाषा परिवार का केंद्रीय पुरुष तय करता है—जिसके पीछे धर्म, संस्कृति, वंश और रक्त की परंपराएं होती हैं। वह जन्मदात्री है, मगर वंश पिता के नाम पर चलता है और बेटा ही वंशधर कहलाता है। परिवार की बनावट एक सामंती दुर्ग की तर्ज़ पर की जाती है, जिसे हर 'बाहरी' हमले से बचाकर रखना होता है। अगर दुर्ग का हर सदस्य निष्ठावान, समर्पित और चौकस नहीं होगा तो बाहरी हमले या भीतरी विद्रोह उसे नष्ट कर देंगे। वस्तुतः सामंती समाज इन पारिवारिक-दुर्गों की द्वीप-शृंखला से बना होता है। इन दुर्गों के नियंत्रण और सुरक्षा की बागडोर भले ही पुरुषों के हाथों में हो, बोझ सारा स्त्री के कंधों पर ही होता है। उसका कर्तव्य है कि दुर्ग के हर सदस्य के स्वास्थ्य, भोजन और क्षमता को बनाए रखने की व्यवस्था में ढील न आने दे; वंश-परम्परा चलाए

रहे। वह अधिकारहीन कर्तव्यों की गौरवशाली प्रतीक है : वह अन्नपूर्णा है। उधार के अधिकारों का वह उसी सीमा तक प्रयोग कर सकती है जितने की अनुमति गढ़-स्वामी उसे सौंपता है—या जो परिवार के लिए असुविधाजनक नहीं होते। उसे कही या अनकही सख़्त हिदायत होती है कि अपना सारा जीवन और संसाधन वह सिर्फ़ परिवार के संवर्धन और संरक्षण में लगाए रखेगी। कर्तव्यों में ज़रा-सी भी ढील उसे न केवल सारे अधिकारों से वंचित कर सकती है; बल्कि उसे फ़ालतू बोझ की तरह ठिकाने भी लगा सकती है। उसके सम्मान की एकमात्र शर्त है परिवार के प्रति उसकी निष्कंप वफ़ादारी...वह हर सांस में भगवान से परिवार की कुशल-क्षेम के लिए प्रार्थना करती है, व्रत-उपवास और तपस्या द्वारा अपना होना सिद्ध करती है। उसकी हर पूजा पति-पुत्र के लिए कृतज्ञता-ज्ञापन है। इन्हीं की सेवा में प्राणोत्सर्ग करने वाली स्त्री, देवी की तरह पूजी जाती है क्योंकि संसार के सारे स्वर्ग उसके चरणों में होते हैं। वह हर भारतीय स्त्री का रोल-मॉडल होती है।

सामंती-परिवार में स्त्री का न नाम होता है, न चेहरा। हो सकता है पिता के घर वह किसी पुरानी देवी या पिता के नाम से पुकारी जाती हो, मगर उसके 'अपने परिवार' में उसका नाम ठीक वैसा ही होता है जैसा जेल में क़ैदी का नंबर। गांव, घर या परिवार में उसके स्थान के संदर्भ और आसंग ही उसके नाम तय करते हैं। चेहरे की जगह होते हैं, घूंघट, बुर्के या अंधेरी कोठरियों की चलती-फिरती छायाकृतियां। उससे उम्मीद की जाती है कि बाहरवालों को न उसका चेहरा दिखाई दे, न आवाज़ सुनाई दे। उसका कार्यक्षेत्र बिस्तर से रसोई तक ही सीमित है।

नाम की तरह स्त्री की कोई जाति भी नहीं होती। वह पति के जातिवाचक नाम से ही पहचानी जाती है। कल तक कुमारी श्रीवास्तव शादी के बाद श्रीमती शुक्ला या सिंह हो जाती है। आश्चर्य यह भी है कि घर-परिवार हो जाने के बाद वह उसी नई जाति के संस्कार और स्वार्थ आत्मसात करने लगती है—यहां तक कि वह स्वीकार नहीं करना चाहती कि पहले उसकी जाति श्रीवास्तव थी।

जाति ही नहीं, स्त्री का अपना कोई धर्म भी नहीं होता। धर्म भी पुरुष का होता है। न जाने कितनी स्त्रियां, दंगों में या स्वेच्छा से दूसरे धर्म में गई हैं और वे वहीं की होकर रह गई हैं। मुसलमान घर में गई स्त्री दस-बीस साल में खांटी मुसलमान हो जाती है। गीतांजलिश्री की कहानी 'बेलपत्र' में पति-पत्नी के बीच अपने-अपने धर्म का आग्रह विवाह टूटने तक आ जाता है। मगर ज़्यादातर औरतों को नया धर्म अपनाने में कोई दिक्कत नहीं होती

और मोनिका मिश्रा हबीब तनवीर के साथ आकर मोनिका तनवीर हो जाती हैं या इरफ़ाना, शरद जोशी के साथ इरफ़ाना शरद के नाम से जानी जाती है।

कहते हैं भाषा में ही मनुष्य का अस्तित्व है, भाषा अभिव्यक्ति के स्तर पर आने से पहले व्यक्ति का संस्कार, स्वभाव और प्रकृति बन चुकी होती है। यहां विडंबना यह है कि जिस भाषा के साथ स्त्री सबसे अधिक एकाकार होती है और हमेशा 'चबर-चबर' करती है, वह भाषा भी उसकी अपनी नहीं होती। मेरी मां यवतमाल या अमरावती की थीं और मराठी के सिवा कोई भाषा नहीं बोल पाती थीं। मगर जब आगरा आईं तो दस साल में ही उस भाषा को बिल्कुल भूल गई जिसमें उन्होंने 16-17 साल सांस ली थी। भरतपुर के वैर क़स्बे में रहनेवाली रांगेय राघव की मां सिर्फ़ ब्रज भाषा ही बोल पाती थीं—मातृभाषा तमिल वे बिल्कुल ही भूल गई थीं। शायद इसीलिए कहते हैं कि बच्चे और स्त्रियां जितनी आसानी से दूसरी भाषाओं में सहज हो जाते हैं, पुरुष नहीं हो पाते। मैं दस साल कलकत्ता में रहकर भी बंगला बोलना नहीं सीख पाया। वहां जो धड़ल्ले से बंगला बोल लेते थे, वे भी अपनी मूल भाषा को सुरक्षित रखे हुए थे।

इसीलिए मुझे लगता है कि अपने निजी मुहावरों के बावजूद स्त्री की अपनी कोई भाषा नहीं होती। वह भी मर्द की ही होती है जो स्त्री को शक्ति संपन्न होने का स्थायी भ्रम देती है। चूंकि भाषा में शक्ति-सत्ता के सारे मुहावरे और शब्द मर्दवादी होते हैं और जो स्त्री को दी जाने वाली गालियों, या अपमानजनक वक्तव्यों तक जाते हैं, स्त्री उन्हें ही अपनी भी भाषा बना लेती है : वह भी अपने बेटे को डांटती है "क्या औरतों की तरह रो रहा है? तू क्यों डरेगा, तू क्या लड़की है?" चूड़ियां या साड़ी पहनने के ताने देनेवाली औरत जब धड़ल्ले से 'मादरचोद', 'बहनचोद' जैसी गालियों का इस्तेमाल करती है तो उसे सपने में भी ध्यान नहीं होता कि वह अपना ही अपमान कर रही है। सुनते हैं पुलिस-ट्रेनिंग में स्त्रियों को भी मर्दानी गालियां देने का अभ्यास कराया जाता है ताकि अपराधी को उसकी हैसियत बताई जा सके...मर्दों जैसी भाषा का इस्तेमाल करके स्त्री अपने 'ज़नानेपन' से मुक्त होकर मर्दों जैसी ताकतवर होने का प्रभाव डालती है—विशेषकर दूसरी औरतों पर...सुनते हैं फूलनदेवी अपने दल के डाकुओं को प्रेरित करती थी कि वे शिकार औरतों के साथ उसके सामने बलात्कार करें। बहरहाल, भाषा के माध्यम से स्त्री अपने-आप से टूटकर 'दूसरी' बनती है—वह स्त्री वेश में पुरुष होती है—यानी हिजड़ा...स्त्री-विमर्श का सबसे जटिल पहलू यह है कि उसे

पुरुष-भाषा के वर्चस्व में ही अपनी बात कहनी है, क्योंकि उसकी अपनी कोई भाषा नहीं है। जो है उसे कोई सुनना, समझना नहीं चाहता। इसलिए वह अपने आपसे ही बातें करती है। दूसरे या तो उसे पागल समझते हैं या उस पर हँसते हैं—सिर्फ़ अपनी बात कहने वाली स्त्री आगे जाकर या तो 'चुड़ैल' कहलाती है या डायन...

यह है आदर्श भारतीय नारी की संपूर्ण तस्वीर...ऋषि उसका गुणगान करते हैं और देवता उस पर फूल बरसाते हैं, *कल्याण* जैसी पत्रिकाएं विशेषांक निकालती हैं। ज़ाहिर है अपने पुराण और धार्मिक विश्वास न स्त्री की इस छवि को बदलने देते हैं, न 'परिवार' किसी ऐसी स्थिति या विचार के प्रवेश का जोखिम उठा सकता है जो स्त्री-दमन की चली आती मर्यादाओं में विघ्न डाले। चूंकि स्त्री एक फ़्लोटिंग इकाई है और उसे एक घर से दूसरे घर जाना होता है, इसलिए नए परिवार के अनुसार अपने को ढालने का उसे अभ्यास हो जाता है। वह हर घर में चेख़व की 'डार्लिंग' है। वह हर उस पहचान-हीन पहाड़ी नौकर की तरह है जिसका नाम 'बहादुर' होता है। एक बहादुर गया तो दूसरा आ गया।

इस तरह कह सकते हैं कि स्त्री का न अपना घर है, न परिवार, न नाम है न पहचान, न उसकी कोई जाति है, न धर्म, न उसकी भाषा अपनी है, न भूषा—उसे सबकुछ पुरुष ने ही दिए हैं—अगर वह इस सबको अस्वीकार कर दे तो उसका अपना कहने को कुछ भी नहीं है 'अपना कुछ न होने' की कचोट उसे संचय लिप्त बनाती है। वह सबकुछ को समेटे रखना चाहती है क्योंकि जानती है कि उसका कुछ नहीं है। मगर यहीं से उसकी शक्ति का अन्वेषण शुरू होता है। वह सच्चे अर्थों में सर्वहारा है, गुलामी के सिवा उसके पास कुछ भी खोने के लिए नहीं है। वह एक निर्विशेष, निरूपाधि नंग-निहंग ऐसी इकाई है जिसे शुद्ध 'मानवी' कहा जा सकता है, इसीलिए वह ऐसी बहती नदी है जिसके पानी को किसी भी पात्र में डाला जाए, वह अपने पात्र के नाम से ही जानी जाती है। यहीं से वह अपनी निजी यात्रा शुरू कर सकती है, और खंड-खंड में करती भी है। क्योंकि उसकी सारी स्वतंत्रता छीनकर ही तो बदले में यह सब दिया गया है। उसके पास कुछ न हो, मगर देह और मन तो उसके अपने हैं। उन्हीं को लेकर अपने फ़ैसले ही उसे मुक्ति की नई राह दिखाएंगे। यह उसके अपने ऊपर है कि इस दिए गए को कितना छोड़ या अपनाकर वह अपनी रणनीतियां बनाती हैं।

और सचमुच यह यथास्थिति हज़ारों साल इसी तरह बनी रहती अगर स्त्री के पास बुद्धि और सौंदर्य न होते...सौंदर्य स्त्री के लिए वरदान भी है

और अभिशाप भी। सुंदर और स्वतंत्र स्त्री, पुरुष के लिए चुनौती है। लोलुप-पुरुष हर क़ीमत पर उसे पाना ही नहीं चाहता, बल्कि हर संभव तरीक़े से उसे जीतकर परिवार की गुमनामियत में डाल देता है। स्त्री उसका 'शिकार' है। जीती गई स्त्री का सौंदर्य पुरुष की निजी मिल्कियत है, उस पर दूसरों की निगाह किसी भी हालत में बर्दाश्त नहीं की जाएगी। सौंदर्य स्त्री के व्यक्तित्व को स्वतंत्र पहचान देता है और यह स्वतंत्रता पुरुष की हेठी है। परिवार और पर्दे के पीछे भी यह सौंदर्य स्त्री की विशेष या निर्विशेष हैसियत का स्रोत है। हर स्त्री अपने सौंदर्य की शक्ति को पहचानती और कौशल से इसका इस्तेमाल करती है। जो जितने बंधनों में है, वह उतना ही स्कीमिंग (तिकड़मी) भी है। उसे हर क्षण तलवार की धार पर चलना होता है। चाल ज़रा भी डगमगाई कि गए...पुरुष की तुलना में स्त्री की आर्थिक और शारीरिक कमज़ोरी उसे और भी चौकस-चौकन्ना बनाए रखती है। वह अधिक से अधिक कल्पनाशील होती जाती है। बेवकूफ़ से बेवकूफ़ व्यक्ति भी शेर से अपने को बचाने की तरकीबें जानता है। परिवार की अंदरूनी राजनीति उसे कुशल रणनीतिकार बनने का प्रशिक्षण देती है, जिनका इस्तेमाल वह अवसर मिलने पर बाहरी दुनिया के दाव-पेंचों के लिए भी करती है। न जाने कितनी स्त्रियां रही हैं जिन्होंने पर्दे के पीछे से बाहरी दुनिया पर शासन किए हैं। मगर सच है कि स्त्री की बुद्धि की पहचान तभी हुई है जब भौतिक कारणों से वह पुरुष के अंकुश से मुक्त हुई है। परिवार और देश चलाने वाली स्त्रियां वे ही रही हैं जिन्हें अपने कार्यों का हिसाब किसी मालिक को नहीं देना होता या जो अपने फ़ैसले खुद ले पाई हैं।

स्त्री-देह का कोई एक मालिक या संरक्षक नहीं होता तो वह सार्वजनिक संपत्ति या सार्वजनिक सुविधाओं का पर्याय हो जाती है—पुंश्चली और वेश्या। हर कोई उसे दाम देकर या मुफ़्त में 'भोग' सकता है। इस तरह अपने आपको बेचना उसकी मजबूरी है। मगर जैसे ही स्त्री की देह को सार्वजनिक किया जाता है, या वह उसे स्वयं सार्वजनिक करती है—वैसे ही सभ्यता और संस्कृति के ठेकेदार हाय-तौबा मचाने लगते हैं। सारी भारतीय संस्कृति, सभ्यता, धर्म और इतिहास स्त्री-देह को ढंकने-उघाड़ने पर ही टिका है। परिवार हो या देश, दोनों की मर्यादा, सम्मान और गरिमा को स्त्री देह के माध्यम से तोड़ा या बचाये रखा जाता है। दुश्मन बदला लेने के लिए उसके साथ बलात्कार करते हैं। उसे गाली देना प्रतिशोध का सबसे आसान हथियार है। इसके लिए न जाने कितनी जानें ले ली या दे दी गई हैं।

सौंदर्य यानी अपनी देह से स्त्री का संबंध बेहद जटिल है; वह उसके

प्रभाव को भी जानती है और परिणाम को भी। उसी के लिए वह मारी भी जा सकती है और सिंहासन पर भी बैठाई जा सकती है। भयंकर संकटों से मुक्ति के तरीक़े भी वह उसी के बल पर निकाल सकती है। यातना व्यक्ति को खंडित करती है, स्त्री भी दोस्तोयव्स्की के 'डबल' की तरह द्विखंडिता बन जाती है। वह अपनी देह से बाहर भी है और उसके भीतर भी। वह योगियों की तरह उसे साक्षी भाव से देख सकती है और भोगियों की तरह अंग-अंग में उसे महसूस भी कर सकती है। संस्कृत में स्त्री को 'अंगिनी' या 'रमणी' कहा गया है—यानी वह सिर्फ़ देह में स्थित है। उसकी पहचान भी उसके अंगों के नाम से ही की जाती है—सुभगे, सुमुखि, सुनयना आदि...उसे परिवार या पुरुष बचपन से 'देह-चेतन' बनाते रहते हैं—यह प्रशिक्षण या कंडीशनिंग इतने बारीक और अचूक होते हैं कि वह स्वयं भी अपना संपूर्ण अस्तित्व देह के संदर्भों से ही परिभाषित करती है। देह को सजाये-संवारे रखना हर स्त्री की झख है। वह चौबीसों घंटे उसे ही लीपती-पोतती रहती है। स्त्री के कपड़ों और शृंगार-पटार की सामग्री के लिए करोड़ों-अरबों के उद्योग चलते हैं, करोड़ों को जीविका मिलती है। उसकी एकमात्र योग्यता उसकी देह है; उसी को लेकर भाषा के सारे सौंदर्य-मूलक शब्द हैं तो उसी के लिए वीभत्सतम गालियां भी। सारे कामशास्त्र उसकी देह को अनुशासित करने के हथकंडे बताते हैं—सारे कवि और कविराज स्त्री-देह को लेकर ही ऑब्सैस्ड (आतंकित) रहे हैं। पुरुष की पहली सार्थकता ही स्त्री-देह को जीतना और उसे सिर्फ़ अपनी संपत्ति और पुत्र की मां बनाना है। वह उसे हीरे-जवाहरात की तरह लूटता है। सारे विजेताओं ने हाथी-घोड़ों, धन-दौलत के साथ स्त्री को भी माले-ग़नीमत, यानी लूट का माल मानकर अपने हरम सजाये हैं, उन्होंने ही ज़र, ज़मीन और ज़न को झगड़े की जड़ बताया है।

देह के साथ 'देह की भाषा' स्त्री का दूसरा सबसे बड़ा हथियार है। बंदिशों के बीच संकेतों और प्रतीकों में वह अपनी निजी और अचूक भाषा विकसित कर लेती है। शब्दों का कितना धारदार और प्रभावी इस्तेमाल किया जा सकता है, यह स्त्री से अधिक कोई नहीं जानता। छोटी-सी पारिवारिक दुनिया के ईर्ष्या-द्वेष, स्वार्थ और सरोकार उसे हमेशा आत्मकेंद्रित या युद्ध की मानसिकता में बनाए रखते हैं—और इन्हें वह भाषा से साधती है। क्योंकि परिवार में उसकी हैसियत अपने पुरुष से ही तय होती हैं, इसलिए उसे बाहरी हमले विफल करने और अपने पुरुष के मन को जीतना होता है। परिवार में वह सिर्फ़ युद्ध कला ही नहीं सीखती, एक गहरा बहनापा भी सीखती है। गुलाम होने का साझा दुख (कॉमन सफ़रिंग) दो स्त्रियों को आपस में जोड़ता है।

एक-दूसरे से अपने मन और शरीर की बात कहकर वे जीने का बल अर्जित करती हैं। प्रसूति जैसी स्थितियों में या दूसरी ज़नानी हारी-बीमारियों में उसे हमेशा दूसरी स्त्री की सहायता की ज़रूरत पड़ती है। द्वेष और दुख की द्वंद्वात्मकता उन्हें आपस में संवाद-सेतु बनाए रखने की प्रेरणा देती हैं। यहीं वह हमारे लिए यानी समाज के लिए अपनी भाषा का 'आविष्कार' करती है।

दमन और असुरक्षा के भय के बीच अपने मन की बात कहना स्त्री-मनोविज्ञान की एक दूसरी जटिल स्थिति (फ़िनोमिनन) है। अपने गीतों और स्वगत-कथनों में वह निजी बात को भी लगभग सबकी बात के रूप में ही व्यक्त करती है; ताकि वह 'पकड़ी' न जा सके। उसके सारे गीत सिर्फ़ अपनी व्यथा-कथाओं की करुण अभिव्यक्तियां हैं। यहां उसकी कल्पनाशीलता नए-नए प्रसंगों के आविष्कार के रूप में सक्रिय रहती है। पुरुष की कृपा की भीख मांगती या उससे वंचित स्त्री की दुख गाथाएं लगभग हर स्त्री के जीवन में इतनी समान हैं कि पुनरावृत्तियों की एकरसता से ग्रस्त हैं : इसे पुरुष ने नाम दिया है—'विधवा-विलाप' या औरत की बड़बड़। हारी हुई स्त्री झगड़ालू और लड़ाकी हो जाती है। यह उसका व्यक्तिगत विद्रोह है।

मगर इस 'विलाप' को शब्द देना स्त्री का पहला विद्रोह है—यथास्थिति की घुटन में छटपटाना ही मुक्ति की प्रेरणा भी बनता है। अधिकारहीन कर्तव्यों की जवाबदेही, स्त्री होकर जन्म लेना, काली-गोरी, लंबी, ठिगनी, बांझ या सिर्फ़ पुत्रियों की मां होना, शुभ-अशुभ के ठप्पे या सुहागिन-विधवा होने जैसे अनेक अनकिए अपराधों की सज़ाओं की निरंतरता उसे हमेशा हीन, लाचार दयनीय और अपराधी होने की मानसिकता में बनाए रखते हैं। वह अपनी भाषा में इसी के दुखड़े रोती है। बोलकर या लिखकर इन आत्मोक्तियों में जब वह अपनी पारिवारिक या सामाजिक दुर्दशाओं के विवरण देती है तो अपनी नियति के ख़िलाफ़ विद्रोह भी कर रही होती है क्योंकि इन सबके पीछे स्थितियों के बदलने की आकांक्षा भी होती है। बाबा साहब अंबेडकर ने कहा है कि गुलाम का अपनी गुलामी के प्रति अहसास ही प्रतिरोध की पहली शुरुआत है...इन आत्मोक्तियों के बहाने स्त्री अपनी नस-नस में बसे भय को भी जीतना चाहती है...निजी वेदना और भय शब्दों में व्यक्त होकर दूसरों के साथ संवाद बनाते हैं। व्यक्तिगत असंतोष, सामाजिक समस्या के रूप में व्यापकता ग्रहण करता है। स्त्री-चेतना की पहली आत्माभिव्यक्तियां उसकी अपनी वेदना के ऐसे प्रार्थना-पत्र हैं जिन्हें वह हिचकते और डरते हुए पुरुष-दरबार में दया की भीख की तरह प्रस्तुत करती है। इस मालिक को वह 'भगवान' का पर्याय भी बना

देती है। वही तो उसके भाग्य का नियंता है।

प्रेम और वेदना स्त्री को मुक्त करते हैं। मीरा और महादेवी की तरह पुरुष उसका अदृश्य प्रेमी भी हो सकता है और निराकार भगवान भी। बल्कि कहना चाहिए धर्मान्ध समाज में ईश्वर स्त्री का पहला प्रेमी होता है। प्रारब्ध की तरह दी हुई स्थितियों में परिवार से अलग प्रेमी का 'चुनाव', उसकी अपनी मुक्ति का पहला उद्घोष है। सामाजिक जकड़नों के बीच अनकहे ही अपना प्रेमी चुन लेना स्त्री को अपने होने या स्वतंत्र-अस्तित्व के आदिम-स्वाद से परिचित कराता है। देह-सुख से अधिक मुक्ति के इस स्वाद के पुरस्कार स्वरूप कभी उसे सामाजिक लांछन भुगतने पड़ते हैं तो कभी मृत्युदंड...प्यार के लिए अनगिनत प्रेमिकाओं को संगसार होना पड़ता है। उन्हें मार भले ही दिया गया हो, मगर लोक-मानस में वे आज भी अमर प्रेम कहानियों की तरह सुरक्षित हैं।

एक स्थिति में अपने आपसे बातें करना स्त्री का रिलीफ़ है। परिवार और समाज के लोग स्त्री के इन आत्म-प्रलापों पर या तो हंसते हैं या उसकी उपेक्षा करते हैं। लेखन उसके आत्मकथन का उदात्तीकरण करता है। स्त्री की हर आत्मकथा अपनी यातनाओं की ऐसी निजी दास्तान है जो घर-घर में घटित होती है। पुरुषों की आत्मकथाएं उनके निजी संघर्षों की विजय गाथाएं हैं। विपरीत और विषम स्थितियों से लड़ता हुआ पुरुष अपना अद्वितीय व्यक्तित्व गढ़ता है—वह किसी दूसरे व्यक्ति की कहानी नहीं हो सकती। हां, उसकी संकल्प-शक्ति और जिजीविषा औरों के लिए प्रेरणा बन सकती है। प्रेरणा स्त्री का संघर्ष भी बनता है, मगर उसकी कहानी हर दूसरी स्त्री की कहानी भी है। उसके संघर्षों के स्वरूप, उसके बनने-टूटने के आख्यान भी लगभग एक जैसे हैं, इसीलिए दलितों की आत्मकथाओं की तरह वहां अपमानों, संघर्षों और संकल्पों की पुनरावृत्तियां होती हैं—मगर स्त्री की आत्मकथा, समाज और परिवार की उन भीतरी सचाइयों से साक्षात्कार है जिनकी चुभन जूते की कील की तरह सिर्फ़ पहननेवाला ही जानता है।

भय स्त्री का स्थायी भाव है : दूसरों द्वारा मूल्यांकन किए जाने का भय, सौंदर्य के न रहने का भय; पुरुष की निगाहों से उतर जाने का भय, दूसरी स्त्री के अधिक सुंदर होने का भय, अपनी शारीरिक अक्षमता का भय, इज्ज़त का भय, बलात्कार का भय, सामाजिक सम्मान का भय, बूढ़े होकर फ़ालतू हो जाने का भय...स्त्री के भय के अनगिनत रूप हैं जो उसके खून की एक-एक बूंद में भरे हैं। यह भय या आशंकाएं उसे ईर्ष्यालु और कुटिल भी बनाते हैं। इस भय और असुरक्षा में वह अधिक से अधिक पज़ैसिव और

लालची होती जाती हैं। उसकी कल्पनाशीलता कभी अपने पुरुष को दूसरी स्त्री की बांहों में देखती है तो कभी अपने बच्चे को सड़क पर ट्रक से कुचला हुआ। उसकी यह कल्पना इतनी जीवंत होती है कि वह इसे 'देख' कर रो और हंस सकती है। कल्पना, सपनों और स्मृतियों की अनरीयल दुनिया में बने रहकर सुखी या दुखी होते रहना स्त्री का प्रिय शग़ल होता है। कल्पना और स्मृति उसकी दो सबसे बड़ी शक्तियां हैं—और यही कला या लेखन के प्राण-तत्त्व हैं। इन दोनों पंखों पर स्त्री दीन-दुनिया की सैर सकती है, मगर जब इस अवास्तविक दुनिया से वापस नहीं लौट पाती तो पुरुष उसे पागल करार देकर पीछा छुड़ाना चाहता है। झक्की और शक्की स्त्री परिवार के लिए समस्या है। असुरक्षा और भय उसे अन्धविश्वासी और धार्मिक बनाते हैं। बाबाओं की भीड़ में स्त्री-भक्तों की संख्या सबसे अधिक होती है—वह उसकी आउटिंग भी है और सुरक्षा की खोज भी।

अपनी बात कहकर स्त्री अपने भीतर के उस भय को जीतती है जिसे परिवार और समाज ने हज़ारों सालों में उसके असुरक्षित अस्तित्व का पर्याय बना दिया है। हर स्त्री-कथा एक दमन कथा भी है और विद्रोह कथा भी। दमन और विद्रोह उसकी कहानी को विविधता और इनके नए रूपों को जानने का रोमांच देते हैं। स्त्री का दमन उसकी देह और उससे जुड़े मन को लेकर है, इसलिए हर स्त्री-कथा देह-कथा भी है। यह देह-कथा अपने प्रति ग्लानि और गर्व दोनों को मिलाकर बनती और बढ़ती है—कि कैसे देह के बावजूद और देह के साथ उसने अपने व्यक्तित्व के दूसरे पहलुओं का अनुसंधान किया। स्त्री का पहला एकमात्र हथियार और कवच उसकी देह ही है। उसका अतिक्रमण मुक्ति की दूसरी स्टेज है।

हर आत्मकथा हमारे जैसे ही किसी व्यक्ति की कथा हो सकती है, हम उससे जुड़कर अपने संघर्षों के पार जाने की प्रेरणा ग्रहण करते हैं। मगर स्त्री की कथा किसी 'दूसरे' की कथा है—वह हमसे अलग किसी और नक्षत्र का अनुसंधान है। पुरुष के लिए स्त्री-कथा 'वोयूरिज़्म' (गोपनकक्षों में ताक-झांक) का सुख भी देती है। अपने से अलग स्त्री की यानी 'दूसरे' की देह को देखना पुरुष-मन की दुर्दमनीय आकांक्षा रही है, मगर जब मंच पर स्त्री यह देह दिखाती है तो वहां प्रदर्शन की भावना होती है। बाथरूम में वह अपनी देह को अपनी तरह देखती है—इस 'देखने' में भी कहीं पुरुष की अदृश्य लोलुप निगाहों की कल्पना होती है—उसके अनजाने ही उसे 'देखना' पुरुष के अपने होने के अहं को कन्फ़र्म (पुष्ट) करता है। पता नहीं, पुरुष स्त्री को देखता है या देखे जाते हुए अपने आप को देखता है। स्त्री की आत्मकथा कितनी

भी निजी हो, वह कहीं आत्मप्रदर्शन भी है ही। प्रदर्शन की चेतना दृश्य को न सहज स्वाभाविक रहने देती है, न निर्व्याज—वहां कहीं अतिरंजना का तत्त्व भी स्थितियों को घटाता-बढ़ाता रहता है। बहरहाल, हर आत्माभिव्यक्ति प्रदर्शन है और हर प्रदर्शन अतिरंजना।

लगभग डेढ़-सौ सालों में अंग्रेज़ों ने हमारा एक मध्यवर्ग तैयार किया था। हमने उनके माध्यम से इंग्लैंड और यूरोप के भाषा और साहित्य का परिचय पाया। उन्होंने भाषा के साथ अपने साहित्य, कला की समझ और सौंदर्यशास्त्र भी दिए। यानी उन्होंने वे सारे हथकंडे अपनाये जो उपनिवेश को भीतर और बाहर से गुलाम बनाने के लिए अपनाए जाते हैं। हम गीत भले ही अपनी महान संस्कृति के गाते रहे हों, साहित्य की नई समझ अंग्रेज़ों की ही देन थी। हमने लाख उनकी तरह लिखने की कोशिश की, मगर 'उनमें से एक' नहीं बन पाए। हम उनकी भाषा, कला या काव्यशास्त्र का प्रयोग तो करते थे, मगर उस लेखन की संवेदना, स्थितियां, समस्याएं तो हमारी थीं—हमारी यानी एक गुलाम देश की। हम उन्हीं की भाषा में अपने आपको समझ रहे थे। ठीक यही इतिहास स्त्री-लेखन में दुहराया जा रहा है। वहां भाषा हमारी है, मगर कथ्य उनका। वे 'दूसरा' होने की शर्म से नहीं; गर्व से इसे अपनी अस्मिता का नाम देती हैं। मध्यवर्ग के हज़ारों रईस और अफ़सर थे जो ज़िंदगीभर दंड पेलते रहे कि अंग्रेज़ उन्हें अपने में से एक मानें, उन्हीं की तरह का खान-पान, रहन-सहन, बोली-बानी के बावजूद वे कभी अंग्रेज़ों के रूप में स्वीकृत नहीं हुए। यहां तक कि अपने भारतीय बच्चों को उन्होंने अलग ही नाम दिया—ऐंग्लोइंडियन। दो पीढ़ियां लगीं यह समझने में कि वे जो हैं, सो हैं, और उसी होने से उन्हें समझौता करना पड़ेगा, वहां अपनी मुक्ति स्वयं तलाश करनी होगी। इस अर्थ में स्त्री पुरुष का उपनिवेश भी है और उससे मुक्त होने की प्रक्रिया भी। विडंबना यह है कि पुरुष उस तरह 'बाहरी' उपनिवेशी नहीं है जैसे अंग्रेज़ थे। वह हममें से ही एक है।

दलितों की तरह स्त्रियों की प्रारंभिक रचनाएं, चाहे वे आत्मकथ्य हों, कविता-कहानी हों या दूसरी अभिव्यक्तियां, जेल से भागे हुए क़ैदियों की व्यथा-कथाएं ही हैं। उनका बोलना ही जेलर की अत्याचार कथाओं के विवरण देना है—पहले डरते-डरते और बचाकर और फिर खुलकर वे अपने नियंत्रकों के चेहरे उजागर करती हैं। कोई स्त्री अपनी पहली अभिव्यक्तियों के समय नहीं जानती कि यह उसका विद्रोह है और कुल मिलाकर एक व्यापक बहस का हिस्सा है। अधिकांश पुरानी लेखिकाएं अपनी रचनाओं को स्त्री-विमर्श मानने से इनकार करती हैं। शायद वे सोचती हैं कि ऐसा मानकर वे अपनी

'दयनीयता' और 'दूसरा होने' की स्थिति/नियति को स्वीकार ही करेंगी। उनका आग्रह होता है कि उन्हें भी पुरुषों जैसा ही माना जाए। कम से कम लेखन के क्षेत्र में स्त्री-पुरुष का भेद न किया जाए। यह संत कवियों का वह भोला विश्वास है कि भगवान की निगाह में सब बराबर हैं। वे यह भूल जाते थे कि ग़ैर-बराबरी भगवान नहीं, व्यवस्था तय करती है। वही इस नियति को बदल भी सकती है। इसलिए पुरुषों जैसा ही मानने या अपने को पांचवां सवार घोषित करने के उनके इस 'भ्रम' (बैड-फ़ेथ) से उनकी स्थिति में कोई फ़र्क़ नहीं पड़ता। अनगिनत घटनाओं और उदाहरणों के विश्लेषण से ही सिद्धांत निकाले जाते हैं—हो सकता है ऊपर से देखने में उनमें आपस में कोई समानता न हो। विज्ञान और विचार का विकास इसी तरह हुआ है। मज़दूरों के एकल और सामूहिक विद्रोह न जाने कब से होते रहे हैं, मार्क्स ने उनके आर्थिक और सामाजिक कारणों और परिणामों का विश्लेषण करते हुए उन्हें बदलने की अपनी सैद्धांतिकी का विकास किया। सेब और दूसरे फल पहले भी गिरते रहे थे, हज़ारों सालों बाद न्यूटन को वहां एक सिद्धांत दिखाई दिया। द्रोपदी, मीरा और आडियाल भी नहीं जानती थीं कि वे स्त्री-विमर्श की नींव तैयार कर रही हैं...स्त्री-विमर्श भी बीसवीं शताब्दी के उत्तरार्ध में ही आया। यह स्त्री-इतिहास और वर्तमान को एक स्वतंत्र 'अस्मिता' देता है। जब तक शोषण, संघर्ष और उनसे मुक्ति के स्वप्न मनुष्य के साथ हैं, तब तक न मार्क्सवाद ख़त्म हो सकता है, न स्त्री-दलित विमर्श—नाम उन्हें कुछ भी दिए जाते रहें। यह भी सही है कि स्त्री-मुक्ति की लड़ाइयां ट्रेड-यूनियनें बनाकर नहीं लड़ी जातीं—मगर यह भी सही है कि मुक्ति की यह चेतना परिवार और बेड-रूम तक पहुंच रही है।

स्त्री की मुक्ति पूरे समाज की मुक्ति है क्योंकि मुक्ति कभी अकेले नहीं मिलती...

कथा–जगत की बाग़ी मुस्लिम औरतें

मुशर्रफ़ आलम ज़ौक़ी

जब 'हंस' के भारतीय मुसलमान विशेषांक का ऐलान हुआ था, तो यह तय किया गया था कि इसमें मुसलमान लेखकों की कहानियां ही शामिल की जाएंगी। लेकिन जैसे-जैसे विशेषांक की योजनाओं पर काम आरंभ हुआ, योजनाओं में भी तब्दीली के संकेत मिलने लगे। पहले तय हुआ था कि 'भारतीय मुसलमान : वर्तमान और भविष्य' का पहला भाग विषय से संबंधित लेखों पर आधारित होगा। दूसरे भाग में मुसलमान लेखकों की कहानियां शामिल की जाएंगी। लेकिन विशेषांक की मुकम्मल रूप-रेखा तैयार होने तक इसमें बाग़ी मुस्लिम औरतों की भागीदारी भी हो चुकी थी। मेरे लिए कथा-जगत में बाग़ी मुस्लिम महिलाओं की पड़ताल करना आसान नहीं था क्योंकि लेखन और दूसरे क्षेत्र में तो ऐसी बाग़ी औरतों की तलाश की जा सकती है, लेकिन इनकी गिनती तो मुट्ठी भर भी नहीं होगी।

हज़ारों वर्षों के इतिहास में बग़ावत का ताज पहनने वाली महिलाएं कम ही मिलेंगी। नूरमहल, चांद बीबी, हज़रत महल के नाम तो इतिहास की किताबों में मिल जाएंगे। लेकिन क्या इन्हें सचमुच की बाग़ी औरत का ख़िताब दिया जा सकता है?

लेखन की सतह पर बग़ावत करने वाली महिलाओं की खोज शुरू हुई तो मेरी निराशा, धीरे-धीरे एक खुशगवार आशा की किरन में बदलती चली गई। क्योंकि लेखन के शुरुआती सफ़र में ही इन मुस्लिम महिलाओं ने जैसे मर्दों की वर्षों पुरानी हुक्मरानी के तौक़ को अपने गले से उतार फेंका था। ये महज़ इत्तेफ़ाक़ नहीं है कि मुस्लिम महिलाओं ने जब क़लम संभाला तो अपनी क़लम से तलवार का काम लिया। इस तलवार की ज़द पर पुरुषों का, अब तक का समाज था। वर्षों की गुलामी थी। भेद-भाव और कुंठा से जन्मा, भयानक पीड़ा देने वाला एहसास था। अभी हाल में पाकिस्तान में सुप्रसिद्ध लेखिका ज़ाहिदा हिना की, स्त्री-विमर्श पर आधारित एक पुस्तक प्रकाशित हुई है। पुस्तक का नाम है—'औरत : ज़िंदगी का ज़िन्दां' (ज़िन्दां क़ैदख़ाने को कहते हैं)। औरत होने के इस बाग़ी एहसास को जानना हो तो 'ज़ाहिदा

हिना' की ये चंद 'सतरें' देखिए :

"हज़ारों बरसों के इतिहास में औरत केवल हाशिए पर नज़र आती है। मैं अपने बचपन में जिन औरतों से प्रभावित हुई वह हौवा, हीरा और सीता थी। तारीख़ में जिन औरतों का बयान हुआ उससे वह औरतें बिल्कुल अलग थीं जो मेरे आसपास रहती थीं, जिनके लिए ज़मीन सख़्त थी और आसमान दूर। मैं इन रोती-सुबकती औरतों से निगाहें चुराकर क़िस्से-कहानियों और भूल-भुलैयों में भटकती फिरती थी।"

स्पष्ट है कि ख़्याली और वास्तविक औरतों के चेहरे अलग-अलग थे और ये चेहरे इतने अलग थे कि जब मुस्लिम औरतों ने लिखना शुरू किया तो इनकी मिसाली औरतें उन औरतों से भिन्न थीं जो ख़्याली और दास्तानी कहानियों में होती थीं। हिजाब इम्तयाज अली ने लिखा—

"अल्लाह, क्या मशरिक़ में लड़कियां महज़ इसलिए पैदा होती हैं कि वो दूसरों की खुशियों की भेंट चढ़ा दी जाएं।"

यही वह केंद्र-बिंदु था, जहां मेरी बाग़ी मुस्लिम महिला कथाकारों की खोज पूरी हुई।

संग्रह में शामिल कहानियों में इस बात का ख़ास ख़्याल रखा गया कि कहानी में नर्म, गर्म बग़ावत के संकेत ज़रूर मिलते हों। संग्रह की कुछ कहानियां तो पूरी-पूरी बग़ावत का 'अलम' (झंडा) लिए चलती नज़र आती हैं, लेकिन कुछ कहानियां ऐसी भी हैं, जहां बस दूर से इस एहसास को छुआ भर गया है।

हिंदुस्तान में मुस्लिम लेखिकाओं की संख्या बहुत कम रही है। इसलिए मुझे पाकिस्तान और बांग्लादेश तक अपने इस सफर के लिए निकलना पड़ा। एक दिलचस्प इत्तेफाक़ और भी है। विदेशों में भी जैसे—अमेरिका, ब्रिटेन आदि में भी मुस्लिम लेखिकाओं की एक बड़ी तादाद मिल जाती है, जैसे अभी हाल ही में महमूद इलाही शेख ने इंग्लैंड से 'मख़जन' नाम की एक पत्रिका निकाली और उसमें विदेश में उर्दू कहानियां लिखने वाली महिलाओं की कहानियां जमा कीं। दिलचस्प बात ये थी कि इन कहानियों में मुझे किसी भी तरह की बाग़ी औरत का चेहरा कहीं नहीं मिला। वहां, आमतौर पर कहानियों में औरत का वही रिवायती चेहरा मौजूद था, जिससे ज़ाहिदा हिना जैसी लेखिकाएं हमेशा जंग करती आई हैं। मेरे लिए यह आश्चर्य का विषय था। क्या वहां की 'बाग़ी संस्कृति' ने इन औरतों को 'रिवायत परस्त' बना दिया है।

'मुसलमान औरत' नाम आते ही घर की चारदीवारी में बंद या क़ैद, पर्दे में रहने वाली एक 'ख़ातून' का चेहरा उभरता है। अब से कुछ साल पहले तक मुसलमान औरतों का मिला-जुला यही चेहरा ज़ेहन में महफ़ूज़ था। घर में मोटे-मोटे पर्दों के पीछे जीवन काट देने वाली या घर से बाहर ख़तरनाक 'बुर्क़ों' में ऊपर से लेकर नीचे तक खुद को छुपाए हुए। नाम याद नहीं आ रहा है, अरसा पहले पार्टीशन पर लिखी हुई

किसी मशहूर 'हिंदू कहानीकार' की एक कहानी में ऐसी ही एक बुर्क़ापोश ख़ातून का तज़किरा मिलता है; हम उन्हें देखकर डर जाया करते थे। काले-काले बुर्कों में वे काली-काली प्रेतात्माओं जैसी लगती थीं, तब हम सड़कों पर शॉपिंग करतीं इन औरतों से केवल डरने का काम लिया करते थे।

समय के साथ काले-काले बुर्कों के रंग भी बदल गए, लेकिन कितनी बदली मुस्लिम औरत या बिल्कुल ही नहीं बदलीं! क़ायदे से देखें, तो अब भी छोटे-छोटे शहरों की औरतें बुर्का-संस्कृति में एक न ख़त्म होने वाली घुटन का शिकार हैं, लेकिन घुटन से बग़ावत भी जन्म लेती है और मुसलमान औरतों के बग़ावत की लंबी दास्तान रही है। ऐसा भी देखा गया है कि 'मज़हबी फ़रीज़ों' से जकड़ी, सौमो-सलात की पाबंद औरत ने यकबारगी ही बग़ावत या जेहाद के बाज़ू फैलाए और खुली आज़ाद फ़िज़ा में समुद्री पक्षी की तरह उड़ती चली गई।

'फरहंगे आसफिया' में बग़ावत का शाब्दिक अर्थ नाफरमानी और सरकशी से आया है। नाफरमानी की पहली कहानी दुनिया के पहले आदमी या मुसलमानों के पहले पैग़म्बर हज़रत आदम की पत्नी 'हज़रत हौवा' से शुरू हो जाती है। अल्लाह ने सबसे पहले आदम को पैदा किया और फिर आदम की तन्हाई को खत्म करने के लिए उसकी पसली से हौवा का जन्म हुआ। जन्नत में सब कुछ खाने-पीने की आज़ादी थी, लेकिन एक पेड़ के बारे में हुक्म था कि इसका फल कभी मत चखना।

नाफरमानी की पहली रिवायत यहीं से शुरू हो जाती है। औरत जन्म से ही अपनी जिज्ञासाओं को दबा पाने में नाकाम रही है। उसके भीतर प्रश्नों का एक ब्रह्माण्ड छुपा होता है। हज़रत आदम ने लाख समझाया, लेकिन आख़िरकार हज़रत हौवा ने 'गंदुम' तोड़ कर खा ही लिया। कहते हैं, इसी नाफ़रमानी के नतीजे में आदम-हौवा को जन्नत से निकाला गया और वे दुनिया में आ गए।

तो दुनिया के दरवाजे आदम और हौवा के लिए खुल चुके थे। वे आपस में मिलकर रहने लगे। हज़रत हौवा जब पहली बार गर्भवती हुईं, तो एक बेटे और एक बेटी का एक साथ जन्म हुआ। बेटे का नाम 'क़ाबील' और बेटी का नाम 'अकलीमा' रखा गया। दूसरी बार जब गर्भवती हुईं, तो एक बेटा 'हाबील' और बेटी 'यहूदा' का जन्म हुआ। शरीयत के मुताबिक खुदा का हुक्म यह था कि एक पेट की बेटी को दूसरे पेट के बेटे से आपस में ब्याहा जाना था। यानी शरीयत के मुताबिक 'काबील' का विवाह 'यहूदा' के साथ और 'हाबील' का 'अकलीमा' के साथ तय पाया था।

कैसी विडंबना है? संसार के पहले क़त्ल के लिए भी उत्तरदायी एक औरत थी। पहली हत्या एक औरत के नाम पर हुई थी। क़ाबील पहली बार में जन्मी अपनी बहन अकलीमा से प्यार कर बैठा। बाप की नाफ़रमानी की। इस तरह औरत के नाम पर 'हाबील' को अपनी जान गंवानी पड़ी।

हज़रत 'आदम' के बेटे हज़रत 'नूह' तक आते-आते दुनिया काफ़ी फैल चुकी थी। बुराइयां इतनी बढ़ गईं कि हज़रत नूह को खुदा का फ़रमान पहुंचा कि एक बड़ी-सी कश्ती बनाओ। जो लोग, चरिंद, परिंद और इंसान तुम पर ईमान लाएंगे, उन्हें अपनी कश्ती में जगह दो। जो तुम पर ईमान नहीं लाएंगे उन पर अल्लाह का अज़ाब नाज़िल होगा। कहते हैं, यहां भी 'नूह' के बेटे 'कनआन' और 'नूह' की 'मनकूहा' ने अपने शौहर पैग़म्बर के आगे बग़ावत का ऐलान किया। बाद में जो कुछ हुआ, सब जानते हैं। भयानक सैलाब आया। इस सैलाब में केवल 'नूह' की कश्ती सुरक्षित रही। बाकी सब गरक़ाब हो गए।

हज़रत नूह से आख़िरी नबी हज़रत मोहम्मद साहब तक औरत वही कचकड़े की गुड़िया रही, जिसका इस्तेमाल होता रहा। कुरान में कहा गया, 'औरत तुम्हारी खेतियां हैं', लेकिन इन 'खेतियों' ने तो सदियों से मर्दों की ताकत और कमजोरियों को समझ लिया था।

अरब में हज़रत पैग़म्बर मोहम्मद के आगमन तक औरत बाज़ारों में बिकने वाली चीज़ थी। जिसके हाथ लग जाती, उसकी मिल्कियत हो जाती। सदियों में सांस लेती औरत ने जब अपनी आज़ादी के आसमान की तमन्ना की, तो सबसे पहली जंग उसे मज़हब से ही लड़नी पड़ी। खुद इस्लाम में औरत के नाम पर इतनी सारी पाबंदियां उसकी तक़दीर में लिख दी गई थीं, जिन्हें आज के मुहज़्ज़ब-तरीन दौर में भी औरत निभाने के लिए मजबूर है। मज़हब की हैसियत किसी तलवार जैसी है, जो औरत के सर पर वर्षों से लटक रही है। औरत इस तलवार के विरुद्ध जाती है, तो वह सरकश, बाग़ी, तो कभी बेहया और वेश्या भी ठहरा दी जाती है।

इस्लाम में औरत को जो भी मुक़ाम दिया गया है, शरीयत का पालन करने वाले मौलवियों ने हर बार धर्म की हिफ़ाज़त की आड़ लेकर औरत को अपने पैर की जूती बनाने की कोशिश की है। लगातार अत्याचार, कई-कई पत्नियों का रिवाज, आज़ादी से कुछ पहले तक बीवी की मौजूदगी में 'दाश्ता' रखने और कोठों पर जाने का रिवाज, इस बारे में अपने मर्दाना होने के अनेक तर्क। शहज़ादों, नवाबों और बड़े लोगों के हज़ारों-लाखों क़िस्सों में औरत नाम की चिड़िया सचमुच 'खेती' बन गई थी। मर्द औरत की 'धरती' पर हल चला सकता था, रोलर चला सकता था। धरती को चाहे तो ज़रखेज़ और चाहे तो बंजर बना सकता था। वह मर्द की 'खेती' थी, इसलिए उसे बोलने का कोई हक़ नहीं था। मर्द उसका कोई भी इस्तेमाल कर सकता था।

साहित्य में औरत

साहित्य में यह बाग़ी औरत बार-बार चीखती और चिल्लाती रही है। रशीद जहां से लेकर मुमताज़ शीरीं, इस्मत चुग़ताई, वाजदा तबस्सुम, रुक़ैया सख़ावत हुसैन, तस्लीमा

नसरीन, तहमीना दुर्रानी, सारा शगुफ्ता, फ़हमीदा रियाज़ और किश्वर नाहीद तक ये औरतें शताब्दियों के इतिहास में स्वयं को नंगा देखते हुए जब चीत्कार करती हैं, तो कलम इतनी तीखी, पैनी और नंगी बन जाती है कि मर्दाना समाज को डर महसूस होने लगता है, फिर ऐसी किताबों पर सेंसरशिप और घर में न पढ़ने के लिए पाबंदी लगा दी जाती है। एक ज़माना था, शायद नहीं, ज़माना आज भी बहुत से मुस्लिम परिवारों में जिंदा है, जहां घर के बड़े ऐसी तहरीरें पढ़ने के लिए मना करते हैं। अभी हाल तक लिखने-पढ़ने की हद तक मुस्लिम मआशरे में कुछ ऐसे संवाद हुआ करते थे–

–आप इस्मत की कहानियां पढ़ते हैं?

–नहीं, बड़ी बेहया औरत है।

–आप वाजदा तबस्सुम की कहानियां पढ़ते हैं?

–नहीं, बड़ी नंगी कहानियां लिखती हैं।

–तस्लीमा नसरीन और तहमीना दुर्रानी को पढ़ा है?

–नहीं, कुछ औरतें इतनी बेहयाई पर उतर आई हैं कि समझती हैं, इस्लाम के ख़िलाफ़ लिख दो, रातों-रात मशहूर हो जाएंगी।

कहां पाबंदिया और बंदिशों में घिरा हुआ एक मज़हब और कहां धर्म और सेक्स पर खुल्लम-खुल्ला अपनी राय देने वाली मुस्लिम औरतें! वो जब उठती हैं, तो धर्म को एक सिरे से झाड़ फेंकती हैं।

यहां तक कि अपने भीतर की आग के लिए भी खुद को आज़ाद और 'खुद मुख़्तार' पाती हैं। वो जब आज़ादी का ऐलान करती हैं, तो बेरहम से बेरहम मर्दों से भी हज़ारों गुना आगे बढ़ जाती हैं। बेहयाई पर उतरती हैं, तो मर्द उसे देखते रह जाते हैं। लेखन की सतह पर मुसलमान बाग़ी औरतों (साहित्यकारों) में आख़िर यह 'खूंख्वार' रवैया आया कैसे? दरअसल ये भी वर्षो से अंदर-ही-अंदर जमा होने वाली मज़हब के नाम पर वे चीख़ें थीं, जिन्होंने इन बाग़ी औरतों के क़लम में आग भर दी थी।

अपने ज़माने की तेज़-तर्रार महिला (लेखिका) मुमताज़ शीरीं ने जब 'आईना' जैसी कहानी लिखी, तो जैसे मुस्लिम मआशरे में भूचाल-सा आ गया। आख़िरी दिनों में दिए गए एक साक्षात्कार में मुमताज़ शीरीं ने भी इस बात को माना था कि दरअसल मुस्लिम महिला लेखन में बग़ावत के पीछे औरतों का वही शोषण रहा है, जो धर्म या मज़हब एक लंबे अरसे से उनके साथ करते आ रहे हैं। मुमताज़ शीरीं ने ऐसे कठमुल्लाओं का तज़किरा भी किया था, जिन्होंने कुरान पाक की आयतों का सहारा लेकर औरत पर ज़ुल्मो-सितम के पहाड़ ढा रखे हैं।

इसमें कहीं कोई शक की गुंजाइश नहीं है कि इस्लाम ने जहां औरतों को एक बड़ा दर्जा दिया है, वहीं उसी की आयतों का लाभ उठाकर कठमुल्लाओं ने औरत पर अपनी राजनीति की रोटियां भी सेंकी हैं। कुरान शरीफ़ में औरतों पर एक अलग से सूरह

उतारी है, जिसका नाम है, सूरह निसा। निसा का मतलब औरत होता है। हम ऐसी कुछ आयतें देखते हैं, जो औरतों के विरोध में इस्तेमाल में लाई गईं–

'जो औरतें बेहयाई का काम करें तुम्हारी बीवियों में से, सो तुम लोग उन औरतों पर चार आदमी अपने से गवाह कर लो। अगर वो गवाही दे दें, तो तुम उनको घरों के अंदर क़ैद रखो। यहां तक कि मौत उनका ख़ात्मा न कर दे या अल्लाह उनके लिए कोई और रास्ता निकाल दे।'

–आयत पंद्रह

'ऐ ईमान वालो, तुमको ये बात हलाल नहीं कि औरतों के (माल या जान के) ज़बरदस्ती मालिक हो जाओ और उन औरतों को क़ैद मत करो कि जो कुछ तुम लोगों ने उनको दिया है, उसमें का कोई हिस्सा वसूल कर लो।'

–आयत उन्नीस

'वो 'मनकूहा' बनाई जाएं, न तो ऐलानिया 'बदकारी' करने वाली हों और न खुफिया आशनाई करने वाली हों, फिर जब वो लौंडियां बनाई जाएं, फिर अगर वो बड़ी बेहयाई का काम (ज़िना) करें, तो उन पर इस सज़ा से निस्फ (आधी) सज़ा होगी कि आज़ाद औरतों पर होती है।'

–आयत चौंतीस

'इस बात का शक हो कि तुम यतीम लड़कियों के बारे में इंसाफ़ न कर सकोगे, तो औरतों से जो तुमको पसंद हों, निकाह कर लो। दो-दो औरतों से, तीन-तीन औरतों से और चार-चार औरतों से। अगर तुमको शक इसका हो कि इंसाफ़ न रखोगे, तो फिर एक ही बीवी पर बस करो।'

–आयत तीन

यद्यपि ऐसी आयतों या सूरह की अपेक्षा, ऐसी आयतों या सूरह की तादाद कहीं ज़्यादा है, जहां इस्लाम ने औरत को इज़्ज़त दी है या सर आंखों पर बैठाया है, जैसे इस्लाम ने सबसे नापसंदीदा अमल 'तलाक़' को ठहराया है। तलाक़ के बारे में ये तज़किरे देखिए–

'तलाक़ से बढ़कर कोई नापसंदीदा चीज़ नहीं है।' या फिर 'तलाक़ की इद्दत गुजारने तक उन्हें घर से हर्गिज़ न निकालो', या फिर 'तलाक़ दी गई औरतों को भले तरीके से नफ़ा पहुंचाओ।' यहां तक कहा गया है कि मां के पांव के नीचे जन्नत है, लेकिन इस्लाम में बार-बार पर्दे का जिक्र आया है, जैसे–

'अपनी चादरें अपने ऊपर ढांक लिया करो।'

–33, सूरह अलअहजाब, आयत 59

'अपने घरों में शराफ़त से रहो, बनाव-सिंगार, जो अज्ञानता के ज़माने में लोगों को दिखाने के लिए होता था, उसे छोड़ दो, नमाज़ को क़ायम रखो। ज़कात अदा करती रहो और अल्लाह और उसके रसूल का हुक्म मानती रहो।'

—33, सूरह अहजाब, आयत 33

'और जो औरतें जवानी की हद से उतर कर बैठ चुकी हों, निकाह की उम्मीद भी न रखती हों, अगर वे अपनी चादरें रख दे, तो उन्हें कोई गुनाह नहीं। अलबत्ता उनका इरादा साज-सिंगार का नहीं होना चाहिए, लेकिन अगर फिर भी वे लज्जा, संकोच से चादरें डालती रहें, तो उनके हक़ में बेहतर है। अल्लाह तो सब कुछ सुनता और जानता है।'

—24, सूरह नूर, आयत 60

मुस्लिम मआशरे ने औरत को वहीं अपनाया, जहां वो मजबूर थी, जहां उसे मारा-पीटा या सज़ा दी जा सकती थी, जहां मर्द दो-दो, तीन-तीन, बल्कि चार-चार औरतों से शादी कर सकते थे। जहां मर्द औरतों को 'हलाल' करके जबरन उनके मालिक बन सकते थे, जहां ज़िना या बलात्कार में मानसिक आघात सहने के बावजूद सज़ा केवल उनके लिए ही लिखी गई थी, जहां उनके सजने-धजने और उनके सिंगार पर पाबंदी थी। ऐसा नहीं है कि दूसरे धर्मों में यह औरत सुख या चैन की सांस ले रही थी। यह औरत हर जगह बंदिशों में घिरी हुई थी, लेकिन यहां मैं केवल लेखन की सतह पर मुसलमान महिला कथाकारों का ही जायज़ा लेना चाहूंगा, जहां मज़हब की बेड़ियां तोड़ कर औरत जब चीखी, तो उसकी चीख से आसमान में भी सूराख़ पैदा हो गया। देखा जाए, तो औरत हर जगह क़ैद में थी। तभी तो सिमोन द बोउआर को कहना पड़ा, 'औरत पैदा नहीं होती, बनाई जाती है।'

सिमोन द बोउआर की आपबीती का एक वाक़या याद आ रहा है। काहिरा के एक सेमिनार में बोलते हुए 'बोउआर' ने पुरुषों पर स्त्रियों के प्रति सामंतवादी, उपनिवेशवादी और नस्लवादी रवैया इख़्तियार करने का आरोप लगाया। वहां समारोह में शामिल पुरुषों ने बोउआर को समझाते हुए कहा कि औरतों की असमानता उनके धर्म का हिस्सा है और कुरान में इसका जिक्र है और धर्म का कानून दुनिया के हर कानून से ऊपर है।

ज़ाहिर है कि बोउआर इस मामले पर चुप हो गई थीं, क्योंकि समानता-असमानता जैसे मामलों के बीच बार-बार धर्म को प्रमुखता मिल जाती है। यहां मैं सिर्फ एक मिसाल पेश करना चाहूंगा। सिर्फ यह दिखाने के लिए कि दीगर मुल्क या मज़हब में भी शुरू से ही औरत की यही हालत रही है। अंग्रेजी उपन्यास ऐसी मिसालों से भरे पड़े हैं।

एम.जी. लेविस का प्रसिद्ध उपन्यास *'द मौंक'* जब 1796 में प्रकाशित हुआ, तो साहित्यिक दुनिया में हलचल मच गई। विश्व-भर के ईसाई समुदायों में इस उपन्यास को लेकर घमासान छिड़ गया। पादरियों ने विशेष ऐलान किया कि यह नाविल न ख़रीदा जाए, न पढ़ा जाए और न घर में रखा जाए। *'द मौंक'* में औरतों को 'नन' बनाने वाली प्रथा के ख़िलाफ़ जेहाद छेड़ा गया था। धार्मिक पादरियों के औरतों के शारीरिक शोषण के ऐसे-ऐसे क़िस्से इस किताब में दर्ज थे कि दुनिया-भर में इस किताब की होली जलाई गई। सच तो यही है, जैसा कि सीमोन द बोउआर ने कहा था, 'औरतें तो बनाई जाती हैं। वो हर बार नए मर्दाना समाज में नए-नए तरीक़े से 'ईजाद' की जाती रही है।'

तरक्क़ीपसंदी का दौर और नई औरत

उर्दू की तरक्क़ीपसंद तहरीक ने एक ओर जहां बग़ावत की तान छेड़ी, वहीं उर्दू साहित्य को बाग़ियाना तेवरों का दस्तावेज़ 'अंगारे' के रूप में भी सौंप दिया। इस तहरीक ने रशीद जहां, मुमताज़ शीरीं और जाने कितनी बाग़ी औरतों को एक नया प्लेटफार्म दिया।

उर्दू में ये बाग़ियाना सुर आज भी तेज़ है। किश्वर नाहीद, फ़हमीदा रियाज़ से भारत की निगार अज़ीम, वाजिदा तबस्सुम और नफ़ीस बानो शमा तक। आख़िर औरतों में इतनी आग कहां से जमा हुई?

क्या यह बंद-बंद से 'मआशरे' का एहतजाज था, या मुस्लिम मर्दाना समाज से शताब्दियों में जमा होने वाली बूंद-बूंद नफ़रत का परिणाम? यह मज़हब का करिश्मा था या सदियों क़ैद में रहने वाली औरत और उसकी घुटन का परिणाम? वर्षों से घर की चारदीवारी में क़ैद औरत को आख़िर एक-न-एक दिन अपना पिंजरा तो तोड़ना ही था। देखा जाए तो यह बग़ावत के तेवर मआशरे में देर-सबेर जन्म लेते रहे थे। नबियों की परंपरा में हज़रत मोहम्मद को आख़िरी नबी कहा गया था। यानी इनके बाद कोई नबी नहीं आएगा, लेकिन बहुत बाद में कुर्रतुलऐन ताहिरा नाम की एक महिला ने इस्लाम को चुनौती देते हुए ऐलान किया कि मैं 'नाबिया' हूं। खुदा ने यह कहा है कि पुरुष पैग़म्बर नहीं आएंगे। यह कहां कहा गया है कि औरत पैग़म्बर नहीं आएंगी? कुर्रतुलऐन ताहिरा को बदले में जान से हाथ धोना पड़ा। उर्दू के मशहूर आलोचक सज्जाद हैदर यल्दरम को कहना पड़ा,'मैं हश्र का क़ायल नहीं, मगर हश्र का मुंतज़िर ज़रूर हूं। मैं कुर्रतुलऐन ताहिरा के क़ातिलों का हश्र देखना चाहता हूं।'

रिवायत और बग़ावत से जुड़ी ऐसी कितनी ही कहानियों ने लेखन के क्षेत्र में उतरती महिला कथाकारों में रूह फूंकने का काम किया था। देखा जाए तो 1857 के आसपास नवजागरण की आवाज़ें तेज़ी से उठने लगी थीं। आर्यसमाज और ब्रह्मसमाज

ने औरतों की तालीम की आवाज़ भी उठाई। मुसलमानों में, विशेषकर औरतों में तालीम का रुझान ज़रा देर से पैदा हुआ। 1896 में अलीगढ़ में शोबा-ए-निस्वां अर्थात् औरतों का विभाग खोला गया। देखते-ही-देखते औरत की तरफदारी में और आज़ादी की हिमायत में पढ़ी-लिखी औरतें सामने आने लगीं।

मुस्लिम महिलाओं में जिस औरत ने पहली बार लेखन की सतह पर बग़ावत का झंडा उठाया, वह शेख़ अब्दुल्ला की बड़ी बेटी रशीद जहां थी, फिर देखते-ही-देखते ऐसे मर्दाना समाज में, जहां औरतों का पर्दे से बाहर निकलना भी गुनाह समझा जाता था, एक के बाद एक कई रशीद जहां पैदा होने लगीं। वर्षों से भीतर जमा नफरत शब्दों की शक्ल में कथित मान-मर्यादाओं को लगातार तोड़ रही थीं।

"जान, यहां बुर्का उतार दो, यहां कौन बैठा है।" इन्हीं पांच-छः मर्दों में से एक ने कहा। "क्यों प्यारी, एक बोसा दोगी?" की सख्त आवाज़ कुछ अरसे बाद मेरे कानों तक आई। "ऐ हे, हम आए काहे को हैं, तुम लोगों को तो हम देंगे।" एक बुर्का पहने महिला ने जवाब दिया।

–'सौदा', रशीद जहां

इंक़िलाब और बग़ावत की बुलंद आवाज़

गौरतलब है कि उर्दू की महिला कथाकार अपने शुरुआती दौर में ही 'बोसे' या चुम्बन की बातें करने लगी थीं। यह सब वर्षों से अंदर जमा नफ़रत को निकालने का एक रास्ता भर था। सज्जाद ज़हीर के हंगामाखेज *अंगारे* में भी महिला के रूप में केवल एक महिला, यानी रशीद जहां की कहानी शामिल थी, 'दिल्ली की सैर'। फ़रीदाबाद से एक रोज के लिए दिल्ली की सैर पर निकली मलका बेगम ने आख़िर किस दिल्ली को देख लिया था, "खुदा के लिए मुझे अपने घर पहुंचा दो। मैं बाज़ आई इस मुई दिल्ली की सैर से। तुम्हारे साथ तो कोई जन्नत में भी न जाए।"

आख़िर 'दिल्ली की सैर' को लेकर तब इतना बावेला क्यों मचा था? बात 'जन्नत' की नहीं थी। यह जन्नत तो औरत के भीतर की जन्नत थी, जिसे अपने मआशरे से घबराई औरत ने महसूस किया था। आगे बढ़कर चुपके से भीतर खुलने वाली खिड़की खोल ली। जन्नत की इस खुली खिड़की ने साहित्य में परिवर्तन या बदलाव लाने का काम किया। मोहब्बत और रहस्य की कहानियां लिखने वाली हिजाब इम्तियाज़ अली ने 1936 में अपनी कहानी 'बीमारे ग़म' में नई औरत के विरोध को साफ-साफ दिखा दिया :

"किधर हैं वह रिफ़ॉर्मर, जो क़ौम के आगे लंबी-लंबी तक़रीरें करते और 'बहबूदीए' क़ौम का तराना बड़े जोर-शोर से गाते हैं? स्टेजों पर खड़े होकर अपने सीने पर हाथ रख-रख कर क़ौमी दर्द जताने वाले रिफ़ॉर्मर किधर हैं? वे अपने

गिरेबानों में मुंह डालकर देखें, उन्होंने अपनी मांओं के लिए क्या किया? लड़कियों के लिए क्या किया? यदि उनके अहसास सिर्फ मर्दों के दुख-दर्द तक ही सीमित हैं, तो फिर ये बुजुर्ग किस मुंह से क़ौम के इमाम बने फिरते हैं? फिर वे क्यों उस नाम से जोड़े जाते हैं? क्या वे औरत को क़ौम से 'ख़ारिज' समझते हैं? क्या क़ौम सिर्फ मर्दों के समूहों का नाम है?"

—बीमारे ग़म

दरअसल यही तेज़ी से आने वाली तब्दीलियां थीं। मर्द के सामने निगाह नीची रखने वाली और होंठ बंद रखने वाली औरत जब जिरह कर रही थी। मर्दों से, यहां तक कि क़ाज़ी, मौलवी और उलेमाओं से प्रश्नों की बौछारें कर रही थी, वो खौफ़े खुदा और मज़हब का डर भूल कर तेज़-तर्रार बाग़ी औरत बनकर क़ौम के रिफ़ॉर्मर और मस्जिद के इमामों से दरियाफ्त कर रही थी कि आख़िर औरतों पर जुल्मो-सितम के पहाड़ तोड़कर तुम किस मुंह से इमाम बने फिरते हो?

इससे दो क़दम आगे निकल गई थीं रुकैया सख़ावत हुसैन। 1903 में प्रकाशित कहानी 'सुलताना का सपना' में उन्होंने मर्द रूपी शतरंज की बिसात ही उलट दी। पहले जहां कठघरे में औरत थी, रुकैया ने वहां मर्दों को बैठा दिया, यानी औरत की हुकूमत। 'सुलताना का सपना' में मर्द कहीं नहीं है। मर्द घरों में हैं। वही औरत वाली चारदीवारी में बंद। घुटन और बेबसी के शिकार। आख़िर वह कैसा समाज था, मआशरा था, जहां औरत बार-बार 'सुलताना' जैसा सपना देखने पर मजबूर हो रही थी—

"सब मर्द कहां हैं?" मैंने पूछा।

"अपनी सही जगह पर हैं, जहां होना चाहिए।"

"सही जगह से तुम्हारा क्या मतलब है भला?"

"ओह, समझी, तुम पहले कभी यहां नहीं आई हो न। इसलिए हमारे रिवाजों से वाक़िफ़ नहीं। हम अपने मर्दों को अंदर बंद रखते हैं, जैसे हमें ज़नाना में रखा जाता है।"

—सुलताना का सपना

दरअसल औरत अपने अस्तित्व की लड़ाई लड़ रही थी। वह वर्षों की जिल्लत, सहानुभूति, अपनी कमजोरियों से बाहर निकलने के लिए छटपटा रही थी। धीरे-धीरे समाज का नक्शा बदलने लगा था। मशरिक़ी, रिवायती लड़की अपने खोल से बाहर निकल कर खुल्लम-खुल्ला आज़ादी और सेक्स की बातें करने लगी थी। इस्मत तक आते-आते मर्दाना समाज की तंगनज़री से घबरा कर औरत सरेआम दूसरी औरत के साथ एक ही 'लिहाफ़' में घुस जाने का तजुर्बा भी कर रही थी।

'लिहाफ़ फिर उभरना शुरू हुआ। मैंने बहुतेरा चाहा कि चुपकी पड़ी रहूं, मगर उस लिहाफ़ ने तो ऐसी अजीब-अजीब शक्लें बनाने शुरू कीं कि मैं लरज़ गई। मालूम होता था, गों-गों करके कोई बड़ा-सा मेंढक फूल रहा है। अब उछल कर मेरे ऊपर आया।'

–लिहाफ़

अब बाजाब्ता, इन कहानियों पर वाद-विवाद के दफ्तर खुल गए थे। यही कम नहीं था कि मर्दों के इस समाज में इन मुस्लिम महिला कथाकारों को 'धर्म निकाला' के लिए मजबूर नहीं किया गया। इन महिला मुस्लिम कथाकारों की बेहयाई के क़िस्से मर्दाना समाज में 'ज़ायक़े' और 'बेशर्मी' का प्रतीक बन गए, लेकिन दूसरी तरफ़ इसी मर्दाना समाज में एक तबक़ा और भी था, जो संजीदगी से इन औरतों की बेबाक़ी, यथार्थवादी नज़रिए पर ग़ौर कर रहा था। इस्मत इन बाग़ी औरतों में अपनी चटखारेदार ज़बान की वजह से काफी आगे निकल गई। 'गेंदा' से शुरू होने वाला सफ़र 'लिहाफ़' और 'चौथी का जोड़ा' तक आते-आते मआशरे से बग़ावत का प्रतीक बन चुका था। अब इस कारवां में अख़्तर जमाल, जमीला हाशमी, अल्ताफ़ फ़ातिमा, रशीदा रिज़विया, फ़रखंदा लोधी, हाजरा मसरूर, ख़ालिदा हुसैन जैसी महिला कथाकार शामिल होने लगी थीं।

जजीरें टूट रही थीं, लेकिन कितनी टूटी थीं जजीरें? कुछ शहरों में धर्म का कारोबार करने वाले उलेमाओं की नज़र में औरत अब भी वही थी, चारदिवारी में बंद, बुर्के और पर्दे में क़ैद। मर्द की जूठन। हैदराबाद से चटख़ारेदार ज़बान में नवाबों के क़िस्से लेकर आई वाजदा तबस्सुम। 'हौर ऊपर, हौर ऊपर' और 'उतरन' जैसी कहानियां देखते-ही-देखते मर्दों के सर पर चढ़ कर बोलने लगीं। ये हैदराबादी नवाबों के ऐसे अनछुए क़िस्से थे, जो उनकी वासना, लालसा के पोषक तो थे ही, साथ ही उनके हरम के काले कारनामों का बखान भी कर रहे थे। बीवी सिर्फ घर की इज़्ज़त थी, अर्थात् नाम मात्र की बीवी। मर्द अपनी 'मर्दाना-हिमायत' में ठीक उसके सामने किसी कनीज़, दाई, आया, मुलाज़िमा या दाशता के साथ कोई भी कारनामा कर सकता था, लेकिन अब नई हवाओं में बग़ावत के तेवर आ गए थे। 'उतरन' कहानी की कनीज़ की यह खुशी आप ही देखिए–

'विदाई के दूसरे दिन ड्योढ़ी के दस्तूर के मुताबिक जब शहज़ादी पाशा अपनी उतरन, अपना सुहाग का जोड़ा, अपनी अन्ना, अपनी खिलाई की बिटिया को देने गई, तो चमकी ने मुस्करा कर कहा, "पाशा...मैं...मैं...मैं जिंदगी-भर आपकी उतरन इस्तेमाल करती आई, मगर अब आप भी..."

और वह दीवानों की तरह हंसने लगी, "मेरी इस्तेमाल की हुई चीज़ अब जिंदगी-भर आप भी...' उसकी हंसी थमती ही न थी। सब लोग यही समझे कि

बचपन से साथ खेली सहेली की जुदाई के ग़म ने आरज़ी तौर से चमकी को पागल कर दिया है।

—*उतरन*

पाकिस्तान, बांगलादेश और 'बाहर' का मंज़रमाना

यह भी देखने की बात है कि दरअसल बग़ावत की बयार ज़्यादातर वहीं बह रही थी, जहां बंदिशें थीं, दमघोंटू मआशरा था। शायद इसलिए विभाजन के बाद के जम्हूरिए-इस्लाम पाकिस्तान में हुकूमत करने वाले उलेमाओं और मुल्लाओं के ख़िलाफ़ औरतों ने बिना डरे अपनी आवाज़ बुलंद करना शुरू की। कहां एक तरफ पर्दानशीनी का हुक्म और कहां दूसरी ओर धकाधक सिगरेट पीती हुई, शब्दों से तलवार का काम लेती हुई महिला कथाकार। किश्वर नाहीद, फ़हमीदा रियाज़, ज़ाहिदा हिना से लेकर तहमीना दुर्रानी तक। पाकिस्तान से अलहदा मुल्क के तौर पर जब बांगलादेश का 'क़याम' अमल में आया, तो वहां भी महिलाओं में ये बाग़ी सुर पहुंच चुके थे। रुक़ैया से तस्लीमा नसरीन तक बग़ावत की बयार कभी रुकी नहीं। इस सारे मंज़रनामे या परिदृश्य को किश्वर नाहीद ने कुछ ज़्यादा ही क़रीब से देखा है :

> *'पाकिस्तान ने अपने वजूद को औरत के वजूद की तरह तक़सीम होते देखा। खुद को औरत की तरह दौलत की गुलामी में जकड़ा हुआ महसूस किया। आक़ाओं ने 200 साल पुराना खेल फिर दोहराया। अब यह खेल वे खुद नहीं खेल रहे थे, बल्कि उसके ज़रख़रीद सियासतदां और नौकरशाही खेल रही थी। 1965 में 'छेड़-छाड़' और ताक़तों को आज़माने का खेल खेला गया। अब शिकार फिर औरतें ही थीं। पाकिस्तान लालक़िले पर झंडा लहराने के लालच में 'थैंक यू अमेरिका' से दो-चार हो रहा था।'*

दरअसल नए इस्लामी मआशरे में नौकरशाही और राजनीति का जो घिनौना खेल शुरू हुआ था, वहां, 'हाकिम' सिर्फ और सिर्फ मर्द था। औरत नई इस्लामी जम्हूरियत में, मज़हब का सहारा लेकर पैर की जूती बना दी गई थी। दर्द भरे अंजाम को पहुंची औरतों की इसी कहानी को लेकर तहमीना दुर्रानी ने अपनी आपबीती लिखने का फ़ैसला किया। पाकिस्तानी राजनीति के अहम सुतून मुस्तफ़ा खर ने राजनीति और धर्म के बीच सामंजस्य स्थापित करते हुए अपनी पत्नियों के साथ ऐसे जुल्म किए कि आज के सभ्य समाज के रोंगटे खड़े हो जाते हैं। तहमीना की आपबीती 'मेरे आक़ा' ने पाकिस्तान के राजनीतिक-साहित्यिक हलक़े में हंगामा खड़ा कर दिया। यह औरत के उत्पीड़न की दास्तां तो थी ही, लेकिन औरत भी अब अपने अस्तित्व के लिए मर्द को नीचा दिखाने पर उतर आई थी।

'मेरे अब्बाजान, भाई और कुछ नज़दीकी रिश्तेदारों के सिवाय मर्द लोग मेरे लिए

पराए थे और शुरुआती क्षणों से ही मुझे मर्दों से दूर रहना सिखाया गया था। मेरे बचपन में ऐसी हिदायतों की फ़ेहरिस्त बहुत लंबी थी कि मुझे क्या-क्या नहीं करना है और इन सबका ही मक़सद मेरे और मर्दों की दुनिया के बीच एक अलंघनीय दूरी बनाए रखना था, जैसे क्रीम पाउडर या नेल पॉलिश का इस्तेमाल मत करो, लड़कों की तरफ मत देखो, नए ज़माने की सहेलियां मत बनाओ और ऐसी किसी भी लड़की से दोस्ती मत करो, जिसका कोई बड़ा भाई है। बिना ख़ास इज़ाज़त लिए या अपनी आया के बगैर किसी दोस्त के घर मत जाओ। कभी फ़ोन मत उठाओ। ड्राइवर के साथ कभी अकेली बाहर मत जाओ। नौकरों के साथ कभी रसोई में खड़ी मत रहो।'

''वह मुस्तफा, जो तहमीना को लात-जूते और घूसों से पीटता हुआ कहा करता था, ''तुम्हारी कोई आइडेंटिटी नहीं है तहमीना दुर्रानी। तुम हमेशा बेगम मुस्तफा खर ही रहोगी। तुम्हें अपना परिचय मेरी पूर्व पत्नी के तौर पर ही देना होगा।'' लेकिन तहमीना अपने इस जेहाद में इस तरह जीती कि उसने किसी विजयी शासक की तरह अपनी आपबीती क़लमबंद करने के बाद मुस्तफ़ा को फोन करके कहा, ''देखो मुस्तफा, अब दुनिया जल्द ही तुम्हें तहमीना दुर्रानी के पूर्व पति के रूप में जानेगी।''

बग़ावत की यह आवाज़ आज पाकिस्तान में महिला कथाकारों के यहां आम बात है।

यह कहानी का एक रंग है, दूसरा रंग किश्वर नाहीद की किताब *'बुरी औरत की कथा'* में बखूबी देखा जा सकता है। आख़िर वह कैसा निज़ाम है, वह कैसी बंदिशें हैं, जहां पैदाइश के बाद से ही जुल्म और जब्र सहती एक मुसलमान औरत कभी अपनी आज़ादी और कभी मज़हब के ख़ौफ़ से घबराकर एक बाग़ी औरत बन जाती है–

> 'जब मां ने मसाला पीसने को कहा, तो मैंने गली में निकल कर अपने हमउम्रों से पूछा, ''क्या यह मेरी सगी मां है? मुझे मिर्चें पीसने को दे देती हैं और मेरी उंगलियों में मिर्चें लग जाती हैं।'' आगे बढ़ूं तो सात साल की उम्र...अब मुझे बुर्क़ा पहना दिया गया। मैं गिर-गिर पड़ती थी, मगर मुसलमान घरानों का रिवाज था। 13 साल की उम्र कि जब सारे रिश्ते के भाइयों से मिलना बंद। दुपट्टा सीने पर ढकने का हुक्म। एहतेज़ाज सदा ब सहरा। 15 साल की उम्र कॉलेज में दाख़िले के लिए भूख हड़ताल। 9 साल की उम्र यूनीवर्सिटी में दाख़िले के लिए बावेला। 20 साल की उम्र, शादी खुद करने पर असरार। 20 साल की उम्र क्या आई, शादी क्या हुई, सोच मेरा पहरेदार हो गया।
>
> *–किश्वर नाहीद*

दरअसल एक संपूर्ण इस्लामी मआशरा और तहज़ीबी माहौल महिला कथाकारों की

कहानियों में बार-बार बग़ावत का कारण बनता रहा है। पाकिस्तान के 55-56 वर्ष के आमीराना शासन में कट्टरपंथी मुल्लाओं की हुकूमत रही है। जहां औरत हर बार अपने ही घर की चारदीवारी में दफ़न कर दी जाती है। छोटी उम्र से ही सर पर दुपट्टा रखने, रिश्ते के भाइयों से मिलने पर पाबंदी और फिर पर्दे की मजबूरियां। शादी के बाद शौहर मज़हब की आड़ लेकर उस पर अपने जुल्मो-सितम के पहाड़ तोड़ता है। इसी जुल्म से जन्म लेती हैं कहानियां। अफ़रा बुख़ारी से ताहिरा इक़बाल और बुशरा एजाज़ तक की कहानियों में यही सताई हुई औरत बार-बार बग़ावत का परचम लेकर सामने आ जाती है। कैसी अजीब विडंबना है कि मर्दाना समाज से टक्कर लेने वाली इन औरतों को भी बेहया और बदकार कहने से हमारा समाज परहेज़ नहीं करता। इस्मत चुग़ताई, वाजदा तबस्सुम से लेकर आज तक यही रवैया बरक़रार है।

सिल्विया प्लाथ के शब्दों में कहा जाए तो—

'मैं तो शब्दों की पहेली हूं।
एक हाथी
एक तिलिस्मी घर
एक तरबूज
जो दो सिम्त लुढ़क रहा हो
एक सुर्ख़ फल हाथी-दांत, संदल की लकड़ी।
वो रेज़गारी
जो अभी-अभी ताज़ा, टकसाल से निकली हो,
मैं एक संबंध हूं।
स्टेज हूं। गाय का बछड़ा हूं।
मैंने सुनहरे सेबों का भरा थैला खाया है
और अब मैं
उस ट्रेन में सवार हूं,
जो कहीं रुक नहीं सकती।'

बग़ावत की सतह पर नया महिला लेखन

बग़ावत का यह सिलसिला जारी है। लेखन की सतह पर औरतों की क़लम बाग़ी और वहशियाना बन गई है, तो ये भी मर्द समाज की ही देन है। बुशरा एज़ाज, समीना राजा, ताहिरा इक़बाल, नफ़ीस बानो शमा, तरन्नुम रियाज़ तक बग़ावत नई कहानी की धुरी बन गई है। ग़ज़ाल जैगम लेसबियन बन जाने की सलाह देती हैं, तो कहानी 'अक्स' में निगार अज़ीम बाप-बेटी के 'जिंसी' रिश्ते पर सवालिया निशान खड़ा करती हैं। औरत दरअसल अपने वजूद की नफरत में जी रही हैं।

औरत...उसे स्वयं से नफ़रत का अहसास हुआ। ऐसा क्यों? औरत सभी व्यवहार में, जीवन के हर मोड़ पर पवित्रता की धूल झाड़ते ही चित्त क्यों हो ज़ाती हैं? एकदम से चित्त और हारी हुई। मर्द जीतता है और औरत कितनी बड़ी क्यों न हो जाए, औरत की महानता कहां सो जाती हैं?

—जुर्म, तबस्सुम फ़ातिमा

मैं असीम चाह के साथ-साथ उससे बहुत नफ़रत भी करने लगी। एक साथ दोनों जज़्बे मुझ पर व्याप्त थे। मोहब्बत के मारे मैं उसके गंदे मोज़े तक सूंघती और भीगी बनियान अपने तकिया पर रख देती।

वह अजीब क़िस्म का ज़लील और कमीना व्यक्ति था। मैं रोती, तो वह उठ कर सबसे पहले घर के दरवाज़े-खिड़कियां बंद करने लगता। हाथ-पैर जोड़ने लगता। ''खुदा के लिए मत रो। लोग तुम्हारा रोना सुनेंगे, तो मेरे बारे में क्या राय करेंगे?''

—'नेक परवीन', ग़जल जैगम, 'एक टुकड़ा धूप' कथा-संग्रह से

यह बदली हुई स्थितियों में, महिला कथाकारों की कथाओं के वे पहलू हैं, जहां ख़ासतौर पर कुछ दृढ़ फैसले जारी किए गए हैं।

औरत अब 'नेक परवीन' बनकर नहीं रह सकती (गज़ाल जैगम) 'दुःख-मौसम' कहानियों के दिन बीत गए। औरत अब दुःख से समझौता नहीं कर सकती। पति यदि उसके लिए 'बुलडॉग', ('नेक परवीन', शीर्षक कहानी के आगे का अंश देखिए) है, तब भी ऐसे पति को 'हैण्डल' करना वह अच्छी तरह जानती है। और यह 'नेक परवीन' केवल अपने पति पर आश्रित नहीं है।

यह कहानी का एक अंश है। अब एक दूसरा दृष्टिकोण देखते हैं।

औरत ही हर बार चित्त क्यों होती है। शारीरिक ढंग से भी, इस पराजय से बाहर निकलने का उत्साह कोई साधारण उत्साह नहीं है। यानी औरत किस-किस ढंग से अपने-आपको जांच सकती है, यह विचार करने का मौक़ा है।

नई शताब्दी के ग्लोबल गांव से आज की औरत अनदेखी नहीं है। कदाचित इसी कारण वह पुरानी शताब्दी से बाहर निकल कर कुछ अधिक फैल गई हैं या कुछ नया करने की इच्छुक हैं।

बुशारा एजाज़, निगार अजीम, तरन्नुम रियाज़, ग़जाल जैगम और तबस्सुम फ़ातिमा नई शताब्दी की नई दुनियाओं के बारे में जिस प्रकार सोच-विचार कर रही हैं, वह हमारे लिए न केवल नया है, बल्कि चौंकाने वाला भी है।

कल और आज

मुमताज़ शीरीं से ख़दीजा मस्तूर, मिसेज अब्दुल क़ादिर से रोमांचक कथाओं वाली

हिजाब इम्तियाज़ अली। इस्मत चुगताई, कुर्रतुलऐन हैदर से वाजदा तबस्सुम और रफ़ीया मंजरुल अमीन, शमीम सादिक़ा, ज़किया मुशहदी से नई मुस्लिम महिला कथाकारों तक, जो बग़ावत के बीज सफ़र में कल मौजूद थे, वही आज भी मौजूद हैं। मुमताज़ शीरीं जलते हुए अंगारों की बारिश करती है, तो खदीजा आंगन के बंटवारे पर सौ-सौ आंसू बहाती हैं। मिसेज अब्दुल क़ादिर गंभीरता से औरत के अस्तित्व, बदलते समय और बदलते तेवरों की बात करती हैं, तो हिजाब इम्तियाज़ अली एक रोमांचक वादी में रहस्यमय घटनाओं को इकट्ठा करके खुश हो जाती है, अर्थात् एक डरावने माहौल में यह संसार एक ऐसा प्रतीक बन जाता है, जहां रूहों का बसेरा है और इंसान केवल भूत-प्रेत...जो एक-दूसरे को डरा-धमकाकर अपना उल्लू सीधा कर रहा है।

इस्मत की 'लिहाफ़' वाली घटना दूसरी थी। इस्मत ने 'लिहाफ़' में 'ख़ौफ़ज़दा' पागल हाथी देख लिया था। पता नहीं यह उनके घरेलू माहौल का असर था या मजबूरी, या समाज की सितमज़रीफ़ियों का दबाव। 'चौथी का जोड़ा' से 'चाचा चाबड़े' तक इस्मत लिंग-वर्ग में ही औरत से संबंधित कहानियां खोजती रहीं और इसलिए 'लिहाफ़' के अंदर से दीवारों पर रेंगते पागल हाथी से अधिक कुछ भी देख पाने में सफल नहीं रहीं।

क़ुर्रतुलऐन हैदर की दुनिया इस संबंध में थोड़ा भिन्न थी, अर्थात् वह औरत के संबंध में बहुत हद तक उलझन भरी थीं, यानी उनकी आपबीतियों में महिला के लिए उनका जला-कटा रुख ऐसा था, जैसे कोई घमंडी राजकुमारी अपनी दासियों को नफरत भरी दृष्टि से देख रही है...चाहे उनमें फ़िल्म एक्ट्रैस नरगिस हों या कोई तुर्रम ख़ान। कुर्रतुलऐन हैदर ने कभी महिला की समस्याओं की परवाह नहीं की। उनके पास अतीत का एक झरोखा था, लिखने की एक मेज़ थी और आत्ममुग्धता का मनोभाव था, जिसके आगे-पीछे उनकी आंखें कुछ भी देख सकने की स्थिति में नहीं थीं।

इसके विपरीत देखें, तो मसरूर जहां, रफ़ी मंजरुल अमीन, शमीम सादिक़ा और ज़किया मुशहदी की कहानियों की फिज़ा भिन्न थी। एक ओर रफ़ीआ मंज़रुल अमीन जहां मानवीय समस्याओं के दर्द, ज़मीन की भाषा में सुनाने का प्रयास कर रही थीं, शकीला अख़्तर औरत को डायन बनाने वाले कारणों पर विचार कर रही थीं। शमीम सादिक़ा विद्वत्ता के सहारे औरत की साइकी की जांच कर रही थीं।

महिलाओं के इस कारवां में बहुत से नाम रह गए हैं। मुझे इस बात का अहसास है, लेकिन नामों की गिनती करना यहां मेरा उद्देश्य नहीं है। महिला कथाकारों ने जब भी क़लम उठाई हैं, वही पुराना, स्वयं को हुक्मरानी के जर्जर कम्बल में छिपाए हुए मर्द सामने आ गया है या धर्म की असाधारण ज़ंजीरों के बीच 'शताब्दियों' की

सभ्यता में वही मर्द की ज़ात रंग बदल-बदल कर इस 'नई बग़ावत' का एक हिस्सा बनती रही है।

बाहरी मुल्कों से आती हुई नई हवा या वही दकियानूसी ढांचा

बाहरी मुल्कों, जैसे इंग्लैंड, अमेरिका आदि में भी मुसलमान महिला कथाकारों की कमी नहीं है, लेकिन अजीब बात तो यह है कि आज 'मग़रिबी' हवाओं में सांस लेने के बावजूद वह डरी-सहमी मशरिकी या रिवायती लड़की सामने आ जाती है। बाहर के खुलेपन का मुक़ाबला करने के लिए हथियार वही काले-काले बुर्के बन जाते हैं। ऊपर से लेकर नीचे तक खुद को ढंके हुए। लाली चौधरी से लेकर बानो अख़्तर, परवीन लाशरी, हमीदा मुईन रिज़वी, सईदा सलीम आलम, अतिया ख़ां, सफ़िया सिद्दीक़ी आदि अपनी कहानियों में उसी औरत को ज़िंदा करने में तरजीह देती हैं, जो मज़हबी पाबंदियों में अपने शौहर की इताअत और फ़रमाबरदारी में ज़िंदगी बसर करने को ही 'शरई रास्ता' जानती हैं।

बाहर के रंगीन और खुल्लग खुल्ला माहौल से ज़रा-सी आज़ादी चुराने वाली औरत कितनी 'मोहतात' हो जाती है, इसका हवाला आग़ा सईद की एक छोटी-सी कहानी 'तज़ाद' में देखिए। लड़की विदेश की है। किसी पुरुष ने उसे फूलों की टोकरी भेजी है :

"मैं कहती हूं कि इन फूलों को भेजने की क्या जरूरत थी और तुमने यह फूलों की टोकरी और यह गुलाबी कार्ड मुझे क्यों भेजा? यह तो ख़ैरियत हुई कि मेरे शौहर घर नहीं थे, वरना क़यामत बरपा हो जाती। मैं कहती हूं कि तुम मेरे कौन हो, जो तुमने ऐसा किया?" यह मिस 'त' की आवाज़ थी।

"नहीं, मैं आपसे कोई चीज़ कबूल नहीं कर सकती। वह बात महफ़िलों और मुशायरों तक ही है। मेरे शौहर इसको पसंद नहीं करते और न मैं पसंद करती हूं। मुझसे ग़लती हुई, जो आपको बीमारी का बताया, फिर आप कोई चीज़ भेजने की तकलीफ़ न करें और न ही मुझे फ़ोन करें।"

—तज़ाद, आग़ा मोहम्मद सईद

यह शोध का विषय नहीं है कि बाहर की खूंख्वार आज़ादी अचानक इन महिलाओं को अपने ही बनाए गए पिंजरे में रहने पर मजबूर क्यों कर देती है? जबकि एशियाई देशों में रहने वाले इसी पिंजरे को तोड़ने में अपनी तमाम सलाहियत ख़र्च कर देते हैं। क्या ये बिकनी-चोली का डर है, या तहज़ीब के ख़ात्मे का असर है? जैसा कि किश्वर नाहीद की किताब *'बुरी औरत की कथा'* में उसका एक मिस्री दोस्त कहता है—

"मेरी मां बुर्का ओढ़ती थी, मगर मेरी बेटी बिकनी पहनती है।"

कंडोम सभ्यता से घबराए लोग सीधे-सीधे अपनी तहज़ीब या मज़हब की शरण में लौट आते हैं। देखा जाए, तो बदला कुछ भी नहीं है। हां, तब्दीली की आग कुछ देर के लिए बग़ावत की एक चिंगारी को जन्म देकर फिर से बुझ जाती है। अब तक के 100 वर्षों के सफ़र में आज भी औरत वहीं खड़ी है।

"वह अपने जिस्म के तने से अपने गिरे पत्ते उठाती है
और रोज़ अपनी बंद मुट्ठी में सिसक के रह जाती है
वह सोचती है
कि इंसान होने से बेहतर तो वह गंदुम का एक पेड़ होती,
तो कोई परिंदा चहचहाता तो वह अपने मौसम देखती,
लेकिन वह मिट्टी है, सिर्फ़ मिट्टी
वह अपने बदन से रोज़ खिलौने बनाती है
और खिलौने से ज़्यादा टूट जाती है...
वह कुंवारी है, लेकिन ज़िल्लत का लगान सहती है
वह हमारी है,
लेकिन हम भी उसे अपनी दीवारों में चुन के रखते हैं
कि हमारे घर ईंटों से भी छोटे हैं।

—सारा शगुफ़्ता

समय बदला, परिदृश्य बदला, लेकिन कितनी बदली है यह मुस्लिम औरत? या लेखन की सतह पर बिल्कुल ही नहीं बदली है? वे आज भी वहीं हैं। केवल अपनी शिनाख़्त, अपनी आइडेन्टिटी से भिड़ती हुई। शायद वे इस पूरे मामले पर इसलिए भी चुप हैं कि—*बादशाह तो नंगा है / असली दुश्मन तो मज़हब है।*

बहरहाल, कहानियों का चयन जैसा भी है आपके सामने है।

सुल्ताना का सपना

रुक़ैया सख़ावत हुसैन

वरिष्ठ कथा-लेखिका रुक़ैया सख़ावत हुसैन का जन्म 1880 में पैराबंद, रंगपुर (अब बांग्लादेश) में हुआ। शिक्षा, अनौपचारिक। 'सुल्तानाज़ ड्रीम' (अंग्रेज़ी) 'दि इंडियन्स लेडीज़ मैगज़ीन' में 1905 में प्रकाशित हुई। 'मोतीचूर' भाग 1, 1903, भाग-2, 1921, 'पदमार्गा' 1924, 'अवरोध-वासिनी', 1928-29।

यह कहानी पहली बार 'हंस' के अंक में प्रकाशित हुई थी जहां से अनेक हिंदी-उर्दू संकलनों में ली गई।

एक शाम अपनी ख़्वाबगाह में आरामकुर्सी पर सुस्ताते हुए मैं हिंदुस्तानी औरतों की दशा पर विचार कर रही थी। ऊंघते-ऊंघते शायद मैं सो गई, लेकिन जहां तक मुझे याद है, मैं पूरी तरह जागी हुई थी। हज़ारों-लाखों हीरों से चमकता और चांदनी से दमकता आसमान मुझे साफ़-साफ़ दिखाई दे रहा था।

एकाएक एक ख़ातून मेरे सामने आ खड़ी हुई। अंदर कैसे आईं, पता नहीं। मुझे लगा जैसे मेरी सहेली सारा आपा आई हैं।

"आदाब", वह बोलीं, मैं भीतर से मुस्कराई, क्योंकि मुझे पता था, वह सुबह नहीं, तारों भरी रात थी, फिर भी जवाब में मैंने पूछा, "आप कैसी हैं?"

"मैं बिल्कुल अच्छी हूं। शुक्रिया। चलो, बाहर चलकर अपने बगीचे में सैर करते हैं।"

मैंने खुली खिड़की के भीतर से चांद को फिर देखा और सोचा, कि इस वक़्त बाहर जाने में कोई हर्ज़ नहीं। बाहर नौकर-चाकर अब गहरी नींद में होंगे और मैं आराम से सारा आपा के साथ उस .ख़ुशगवार सैर को जा सकती हूं।

जब हम दार्ज़िलिंग में थे, अक्सर मैं सारा आपा के साथ सैर को जाती थी।

कई बार हम दोनों हाथों में हाथ डाले इधर-उधर की गप करते वहां के बोटानिकल गार्डन में घूमा करते थे। मुझे लगा, सारा आपा शायद मुझे ऐसे ही किसी बाग़ में ले जाने आई हैं, इसलिए मैंने झट उनकी बात मान ली और उनके साथ बाहर निकल आई।

चलते हुए मुझे यह देखकर बड़ी हैरानी हुई कि वह अच्छी-भली सुबह थी। शहर पूरी तरह जाग चुका था और सड़कें जोशीली भीड़ों की चहलक़दमियों से आबाद थीं। मैं दिन-दहाड़े सड़क पर चली जा रही हूं, यह सोचकर पहले तो मुझे बड़ी शर्म आई, लेकिन फिर मैंने देखा कि वहां एक भी मर्द मौजूद न था।

राह चलती कुछ औरतों ने मुझसे दिल्लगी की। हालांकि मैं उनकी ज़बान से वाकिफ़ न थी, फिर भी यह पक्का था कि वे दिल्लगी ही कर रही थीं, मैंने अपनी दोस्त से पूछा, ''क्या कहती हैं वो?''

''कहती हैं, तुम बड़ी मर्दानी हो।''

''मर्दानी? इससे उनके क्या माने?'' मैंने पूछा।

''यही कि तुम मर्दों की तरह झेंपू और बुज़दिल हो।''

''मर्दों की तरह झेंपू और बुजदिल?'' मुझे यह वाक़ई मज़ाक लगा। जब मैंने जाना कि मेरे साथ चलने वाली ख़ातून मेरी दोस्त सारा आपा नहीं, बल्कि कोई ग़ैर है, मैं सिहर उठी। उफ़, मैंने कितनी ग़लती की, जो इन्हें अपनी पुरानी दोस्त सारा आपा समझा।

उन्होंने अपने हाथों में मेरी उंगलियों का कंपकंपाना महसूस किया, हम एक-दूसरे के हाथ थामे जो चल रहे थे,

''मेरी जान, तुम्हें क्या हुआ?'' उन्होंने बड़े लाड़ से पूछा।

''मुझे कुछ अजीब-सा लग रहा है। पर्दानशीं औरत हूं न, मुझे सड़क पर बेपर्दा होकर चलने की आदत नहीं।'' मैंने कुछ माफ़ी-सी मांगते हुए कहा।

''यहां किसी मर्द से सामना होने का ख़ौफ़ नहीं। यह नारी-प्रदेश है, पाप और पीड़ा से परे। यहां खुद नेकी का राज है।''

अब मुझे भी नज़ारों का मज़ा आने लगा था। सच, बड़ा सुहाना मंज़र था। हरी घास के एक टुकड़े को मैंने मख़मली गद्दी समझा। एक नरम क़ालीन पर चलने का अहसास होने पर नीचे देखा, तो फूलों और सेवार से ढका रास्ता नज़र आया।

''कितना अच्छा लग रहा है!'' मैंने कहा।

''पसंद आया?'' सारा आपा ने पूछा। (मैं उन्हें सारा आपा कहकर ही बुलाती रही और वह मुझे मेरे नाम से।)

''बहुत ज़्यादा, लेकिन मैं इन नर्म-नाज़ुक फूलों पर चलकर इन्हें रौंदना नहीं चाहती।''

''फिक्र क्यों करती हो, सुल्ताना जान, ये रास्ते के फूल हैं, तुम्हारे चलने से इन्हें कोई फ़र्क़ नहीं पड़ेगा।''

''सारी जगह एक बाग़ की तरह लग रही है। तुमने हर पौधा इतनी होशियारी से जो लगाया है।'' मैंने उन्हें सराहा।

''तुम्हारा कलकत्ता भी ऐसा ही बाग बन सकता है। बशर्ते तुम्हारे देशवासी उसे ऐसा बनाना चाहें।''

''बाग़वानी को इतना महत्त्व देना उन्हें फालतू ही लगेगा, आख़िर उन्हें इतने और काम जो हैं।''

''इससे बढ़िया बहाना उनके लिए और क्या होगा?'' उन्होंने मुस्कराते हुए कहा।

मुझे यह जानने की बड़ी उत्सुकता हो रही थी कि आख़िर सारे मर्द कहां चले गए। यहां तक आते-आते सौ से भी ज़्यादा औरतों से मेरा सामना हो चुका था, लेकिन किसी एक भी मर्द पर मेरी निगाह नहीं पड़ी थी।

''सब मर्द कहां हैं?'' मैंने पूछा।

''अपनी सही जगह पर, जहां उन्हें होना चाहिए।''

''सही जगह से तुम्हारा क्या मतलब है भला?'

''ओह, समझी, तुम पहले कभी यहां नहीं आई हो न, इसलिए हमारे रिवाज़ों से वाक़िफ़ नहीं। हम अपने मर्दों को अंदर बंद रखते हैं।''

''जैसे हमें ज़नाना में रखा जाता है?''

''बिल्कुल वैसे ही।''

''क्या बात है!'' मैं खिलखिला उठी। सारा आपा भी हंसने लगीं।

''लेकिन सुल्ताना जान, कितनी ग़लत बात है कि बेचारी औरतों को तो अंदर बंद रखा जाए और मर्दों को खुला छोड़ दिया जाए।''

''क्यों, हम क़ुदरत से ही कमज़ोर ठहरीं, इसलिए ज़नाना से बाहर आना हमारे लिए महफ़ूज़ नहीं।''

''हां, तभी तक महफ़ूज़ नहीं, जब तक मर्द सड़कों पर हों, या जब कोई जंगली जानवर बाज़ार में घुस आए।''

''बेशक़!''

''मान लो, कुछ पागल पागलख़ाने से भाग निकलें और आदमियों, घोड़ों और दूसरे जानवरों के साथ शरारत करने लगें। उस हालत में तुम्हारे देशवासी क्या करेंगे?''

''वे उन्हें पकड़कर वापस पागलख़ाने में बंद कर देंगे।''

''शुक्रिया, कहीं तुम यह तो नहीं सोचतीं कि सयाने लोगों को पागलख़ाने में बंदकर दिया जाए और पागलों को खुले छोड़ दिया जाए?''

"बिल्कुल नहीं।" मैंने हंसते हुए कहा।

"सच तो यह है कि तुम्हारे देश का यही रिवाज है। वो मर्द, जो ग़लत हरकतें करते हैं, या कर सकते हैं, खुले छोड़ दिए जाते हैं और बेगुनाह औरतों को ज़नाना में बंद रखा जाता है। खुले घूमते इन छुट्टे मर्दों पर तुम यक़ीन कैसे कर सकती हो?"

"हमारे सामाजिक मामलों की देख-रेख में हमारी कोई भागीदारी या सुनवाई नहीं है। भारत में आदमी ही खुदा और मालिक है। उसने सारे हक़ और हुकूमत खुद ले ली है और औरतों को ज़नाना में बंद कर दिया है।"

"तुम बंद होने को तैयार क्यों होती हो?"

"कोई और चारा भी तो नहीं है, वो औरतों से ज़्यादा ताक़तवर हैं।"

"एक शेर भी आदमी से ज़्यादा ताक़तवर होता है, लेकिन इससे वह आदमी पर हावी तो नहीं हो जाता। अपने लिए जो तुम्हारा फ़र्ज़ बनता है, तुमने उसे ही नज़रअंदाज़ किया है। अपनी ही भलाई से आंख मूंद लेने के कारण तुमने अपने पैदाइशी हक़ खो दिए हैं।"

"लेकिन आपाजान, अगर हम सब कुछ खुद ही करेंगी, तो मर्द फिर क्या करेंगे?"

"माफ़ करना, उन्हें कुछ नहीं करना चाहिए। वे कुछ करने के लायक़ हैं ही नहीं। उन्हें तो बस पकड़कर ज़नाना में डाल देना चाहिए।"

"लेकिन, क्या उन्हें पकड़ना और चहारदीवारी में बंद करना इतना आसान होगा?" मैंने पूछा, "अगर ऐसा हो भी जाए, तो क्या उनका सारा कामकाज़, राजनीतिक मसले और व्यापार बग़ैरह, सब उनके साथ ज़नाना में जाएंगे?"

सारा आपा कुछ न बोलीं, बस, मुस्करा भर दीं। शायद यह सोचकर कि ऐसे शख़्स से बहस करने का क्या फ़ायदा, जो कुएं के मेंढक जैसा हो।

इस वक़्त तक हम सारा आपा के घर तक पहुंच गए थे, जो दिल की शक्ल के एक सुंदर बगीचे के बीचोंबीच बना था। बंगले की छत पनारीदार टीन की थी। वह हमारी किसी भी शानदार इमारत से कहीं ज़्यादा सुंदर और ठंडा था। वह कितना साफ़-सुथरा और कितने सलीक़े से सजाया गया था, बताना मुश्किल है।

हम लोग साथ-साथ बैठ गए। वह अंदर से कढ़ाई का कोई काम उठा लाईं और उस पर एक नया नमूना बनाने लगीं।

"क्या तुम सिलाई-बुनाई जानती हो?"

"हां, ज़नाना में हमारे पास कुछ और तो करने को होता नहीं।"

"लेकिन हम अपने ज़नाना के लोगों को कढ़ाई का काम सौंपने में यक़ीन नहीं रखते, क्योंकि आदमी के पास तो सुई में धागा तक डालने का धीरज नहीं होता।" उन्होंने हंसते हुए कहा।

"क्या तुमने यह सब खुद किया है?" मैंने उन कढ़े हुए तिपाईपोशों की तरफ़ इशारा करते हुए पूछा।

"हां।"

"इतना सब करने का वक़्त कब मिलता है? आपको ऑफिस का सारा काम भी तो करना होता होगा, है ना!"

"हां, लेकिन मैं सारा दिन प्रयोगशाला में ही नहीं बैठी रहती। मैं अपना काम दो घंटे में पूरा कर लेती हूं।"

"दो घंटे में?" यह कैसे मुमकिन है? हमारे देश में तो अफ़सर लोग, मसलन मजिस्ट्रेट वग़ैरह रोज़ सात घंटे काम करते हैं।"

"मैंने उनमें से कुछ को काम करते देखा है। तुम्हारा क्या ख़याल है, वे पूरे सात घंटे काम करते हैं?"

"बिल्कुल करते हैं!"

"नहीं सुल्ताना जान, वे बिल्कुल नहीं करते। वे अपना सारा वक़्त हुक़्क़ापानी में ज़ाया कर देते हैं। कुछ तो ऑफिस के समय में भी दो या तीन चुरुट फूंकते रहते हैं। वे अपने काम के बारे में जितनी बातें करते हैं, उतना काम नहीं, मान लो, एक चुरुट ख़त्म होने में आधा घंटा लगता है और एक आदमी रोज बारह चुरुट पीता है, तो यह समझो कि वह धुआं उड़ाने में छह घंटे रोज ज़ाया कर देता है।"

हम दोनों कई मसलों पर बातें करते रहे। बातचीत में मुझे पता चला कि उनके यहां कोई महामारी नहीं फैलती है और न ही उन्हें मच्छरों के डंक झेलने पड़ते हैं। यह जानकर भी बड़ी हैरानी हुई कि नारी प्रदेश में भरी जवानी में कोई नहीं मरता है, सिवाय इक्का-दुक्का दुर्घटनाओं के।

"क्या तुम हमारा बावर्चीखाना देखना चाहोगी?" उन्होंने पूछा।

"खुशी से।" मैंने कहा और हम उसे देखने चल दिए। बेशक, मेरे वहां जाते वक़्त मर्दों को वहां से हटने को कह दिया गया था। बावर्चीखाना एक सुंदर सागबाड़ी के बीचोंबीच था। हर बेल, टमाटर का हर पौधा अपने आपमें एक गहना था। बावर्चीखाने में न तो धुआं ही था और न कोई चिमनी ही। एकदम साफ़ और उजला। खिड़कियों पर फूलों की मालाएं। कोयले और धुएं का नामोनिशां तक नहीं था।

"आप लोग खाना कैसे बनाते हैं।" मैंने पूछा।

"सूरज की गर्मी से।" उन्होंने कहा और मुझे एक नली दिखाई, जिसके अंदर से सूरज की गाढ़ी रोशनी और गर्मी बह रही थी। पूरी प्रक्रिया समझाने के लिए वह फिर कुछ बनाकर दिखाने लगीं।

"आप सूरज की गर्मी को एकत्र और संचित कैसे करते हैं?" मैंने हैरान होकर पूछा।

"चलो, तुम्हारे अपने इतिहास से थोड़ा वाकिफ़ कराया जाए, तीस साल पहले की बात है, जब हमारी मौजूदा मलिका 13 साल की थीं, उन्हें गद्दी पर बैठाया गया। वह सिर्फ़ नाम की ही मलिका थीं, क्योंकि असलियत में वज़ीरे-आज़म ही देश पर हुकूमत करते थे।

"हमारी अच्छी मलिका को विज्ञान बहुत पसंद था। उन्होंने यह हुक्म जारी किया कि उनके देश में सभी औरतों को पढ़ना होगा। इसके लिए सरकार ने लड़कियों के कई स्कूल खोले और कइयों को चलाने में मदद दी। दूर-दूर तक औरतों में शिक्षा का प्रसार हुआ। 21 साल की होने से पहले किसी औरत को विवाह करने की इजाज़त नहीं थी। यह भी बता दूं, कि इस बदलाव से पहले हमें सख़्त पर्दे में रखा जाता था।"

"पासा ही पलट गया।" मैंने हंसते हुए जोड़ा।

"लेकिन अलगाव तो वैसा ही है।" उन्होंने कहा, "कुछ ही साल बाद हमारे अलग विश्वविद्यालय बन गए, जहां मर्दों को दाख़िला नहीं मिलता था।

"राजधानी में, जहां हमारी मलिका रहती हैं, दो विश्वविद्यालय हैं, उनमें एक में एक हैरतअंगेज़ गुब्बारा बनाया गया, जिसके साथ कई सारी नलियां जोड़ दी गईं, इस गुब्बारे को उन्होंने इस तरह बांध दिया कि वह बादलों के ऊपर तैरता रहे और इसके ज़रिए वे हवा से जितना चाहें, उतना पानी निकाल सकें, चूंकि विश्वविद्यालय के लोग बराबर पानी निकालते रहे, इसलिए बादल नहीं बने और इस तरह हमारी होशियार प्रधानाचार्य ने बारिश और तूफ़ानों को रोक दिया।"

"सच! अब पता चला कि यहां कीचड़ क्यों नहीं होता।" मैंने कहा, लेकिन मैं यह नहीं समझ पा रही थी कि इन नलियों में पानी इकट्ठा कैसे किया जाता है। वो मुझे समझाने लगीं कि ऐसा कैसे होता है, मगर विज्ञान की मेरी जानकारी बड़ी सीमित थी, इसलिए मुझे कुछ समझ नहीं आया। बहरहाल उन्होंने बात आगे जारी रखी।

"जब दूसरे विश्वविद्यालय को यह पता चला, तो उन्हें बड़ी ईर्ष्या हुई और उन्होंने इससे भी ज़्यादा हैरतअंगेज़ काम करने की सोची। उन्होंने एक ऐसा यंत्र बनाया, जिससे कि जितनी चाहिए, सूरज की गर्मी इकट्ठी की जा सके और ज़रूरत पड़ने पर इस एकत्र और संचित ऊर्जा को सही जगह पर बांटा जा सके।

"जब औरतें वैज्ञानिक शोध में लगी थीं, तब इस देश के मर्द अपनी सैन्य-शक्ति बढ़ाने में जुटे थे। उन्हें जब पता चला कि नारी विश्वविद्यालयों ने हवा से पानी एकत्र करने और सूरज से गर्मी प्राप्त करने में कामयाबी हासिल की है, तो वे विश्वविद्यालय की औरतों का मज़ाक़ उड़ाने लगे और इसे 'भावुक दुःस्वप्न' कहने लगे।"

"आपकी उपलब्धियां वाकई शानदार हैं, लेकिन यह तो बताइए कि अपने देश

के मर्दों को ज़नाना में डालने में आप कैसे सफल हुईं? क्या आपने पहले उन्हें क़ैद किया?"

"नहीं।"

"यह तो हो ही नहीं सकता कि अपनी आज़ाद उन्मुक्त ज़िंदगी को सौंप देने और ज़नाना की चहारदीवारी में बंद होने को वे अपनी मर्ज़ी से राज़ी हो गए हों? उन्हें ज़रूर क़ाबू में करना पड़ा होगा?"

"हां, करना पड़ा।"

"किसने किया? शायद किन्हीं महिला सैनिकों ने?"

"नहीं, हथियारों से नहीं।"

"ऐसा कैसे हो सकता है! आदमी की बांहों में औरतों से ज़्यादा ताक़त होती है। फिर?"

"दिमाग़ से।"

"लेकिन उनके दिमाग़ भी औरतों से ज़्यादा बड़े और भारी होते हैं। हैं ना?"

"हां, होते हैं, पर इससे क्या? एक हाथी के पास भी आदमी से ज़्यादा बड़ा और भारी दिमाग़ होता हे फिर भी आदमी हाथियों को ज़ंजीरों से बांध सकता है, उनसे मन मुताबिक काम करवा सकता है।"

"वो सब तो ठीक है, पर यह सब हुआ कैसे? मैं यह जानने को बड़ी बेचैन हूं।"

"औरत का दिमाग़ आदमी से ज़्यादा तेज़ होता है। दस साल पहले, जब सेना के अफ़सरों ने हमारी वैज्ञानिक खोजों को भावुक दुःस्वप्न कहा, तो कुछ औरतों ने इसका जवाब देना चाहा। लेकिन दोनों प्रधानाचार्यों ने उन्हें रोक दिया और कहा कि उन्हें बोलकर नहीं, बल्कि सही मौक़ा आने पर कुछ करके इसका जवाब देना चाहिए और उन्हें इस मौक़े के लिए ज़्यादा इंतज़ार नहीं करना पड़ा।"

"कितने अचरज की बात है!" मैं खुशी से तालियां बजाने लगी।

"और अब वे गर्वीले पुरुष ख़ुद भावुक दुःस्वप्न देख रहे हैं।

"थोड़े ही दिन बाद पड़ोसी देश से कुछ लोगों ने आकर हमारे यहां शरण ली। वे मुसीबत में थे। उन्होंने कोई राजनीतिक अपराध किया था। उनके बादशाह ने, जो ठीक से हुकूमत करने के बजाय हुकूमती हक़ों के पीछे ज़्यादा पागल था, हमारी मलिका से उन अफ़सरों को वापिस सौंप देने को कहा। मलिका ने ऐसा करने से इंकार कर दिया, क्योंकि शरणागतों को लौटाना उनके उसूलों के ख़िलाफ़ था। इस पर बादशाह ने हमारे देश के ख़िलाफ़ लड़ाई छेड़ दी।

"हमारे सैनिक अफ़सर फ़ौरन उठ खड़े हुए और दुश्मन का सामना करने को चल पड़े।

''लेकिन दुश्मन उनसे ज़्यादा ताक़तवर थे। बेशक हमारे सिपाही बड़ी हिम्मत से लड़े, लेकिन अपनी सारी बहादुरी के बावजूद दुश्मन की सेना हमारे देश में धीरे-धीरे आगे बढ़ने लगी।

''ज़्यादातर आदमी लड़ाई पर गए थे। यहां तक कि 16 साल के लड़के भी लड़ने गए थे। हमारे ज़्यादातर सिपाही मारे गए। बाक़ी वापस खदेड़ दिए गए और दुश्मन राजधानी के 25 मील दूर तक पहुंच गए।

''देश को बचाने के लिए क्या किया जाए, इस पर विचार करने के लिए मलिका के महल में सयानी औरतों की एक बैठक हुई। कुछ ने सैनिकों की तरह लड़ने की बात की, तो कुछ ने यह कहकर इसका विरोध किया कि औरतों को तलवारों-बंदूकों से लड़ने की न तो तालीम ही दी गई है और न उन्हें कोई हथियार चलाने की आदत ही है। तीसरे दल ने यह अफ़सोस ज़ाहिर किया कि वे शरीर से बिल्कुल कमजोर हैं।

''मलिका ने उनसे कहा कि अगर तुममें देश को बचाने की शारीरिक ताक़त नहीं, तो दिमाग़ी ताक़त से काम लो।

''थोड़ी देर तक एकदम चुप्पी रही। मलिका ने फिर कहा कि अगर मेरा देश और मान ही खो जाता है, तो फिर मुझे अपनी जान दे देनी होगी।

''तब दूसरे विश्वविद्यालय की प्रधानाचार्य ने, जिसने सौर ऊर्जा एकत्र की थी और जो पूरा वक़्त चुपचाप बैठी कुछ सोच रही थीं, कहा कि अब हम अपने सब दांव हार चुके हैं और कोई उम्मीद नहीं बची है। हां, एक तरकीब है, अगर आज़माना चाहें, तो देख लें, यही हमारी पहली और आख़िरी कोशिश होगी। अगर इसमें भी हार हो जाती है, तो फिर आत्महत्या के सिवाय कोई रास्ता नहीं बचेगा। वहां मौजूद सभी ने यह प्रतिज्ञा की कि चाहे कुछ भी हो जाए, वे जीते जी ख़ुद को गुलाम नहीं होने देंगी।

''मलिका ने सबका दिल से शुक्रिया अदा किया और प्रधानाचार्य से अपनी तरक़ीब आजमाने को कहा।

''प्रधानाचार्य फिर उठीं और बोलीं, 'हमारे बाहर निकालने से पहले मर्दों को ज़नाना में जाना होगा। मैं पर्दे की ख़ातिर यह मांग कर रही हूं।'

'''बेशक!' मलिका ने जवाब दिया।

''अगले दिन मलिका ने सभी मर्दों को आज़ादी और इज़्ज़त की ख़ातिर ज़नाना में जाने को कहा।

''वो घायल और थके-हारे थे ही, सो इस हुक्म को उन्होंने वरदान की तरह लिया। उन्होंने झुककर आदाब बजाया और प्रतिवाद का एक शब्द बोले बग़ैर ज़नाना में घुस गए। उन्हें यक़ीन था कि देश के लिए अब कोई उम्मीद बाक़ी न बची है।

''तब प्रधानाचार्य ने अपनी दो हज़ार छात्राओं के साथ लड़ाई के मैदान को कूच किया। वहां पहुंचकर उन्होंने सूरज की गाढ़ी रोशनी और संचित गर्मी को दुश्मन की तरफ़ छोड़ दिया।

''इतनी गर्मी और रोशनी सह पाना उनके बस की बात नहीं थी। डर के मारे वे भागने लगे। इस प्रचंड गर्मी का सामना कैसे किया जाए, उन्हें यह समझ में ही नहीं आया। जब वे अपनी बंदूकें और दूसरे हथियार छोड़कर भाग रहे थे तो सूरज की उसी गर्मी में उनके सारे शरीर झुलस रहे थे।

''तब से किसी ने हमारे देश पर हमला करने की कोशिश नहीं की।''

''और तब से आपके देश के मर्दों ने भी ज़नाना से बाहर आने की कोई कोशिश नहीं की?''

''हां, वे आज़ाद होना चाहते थे। कुछ पुलिस कमिश्नरों और जिला न्यायाधीशों ने मल्लिका को यह संदेश भेजा कि सेना के अफ़सरों को तो उनकी नाकामयाबी की सजा मिलनी चाहिए, लेकिन खुद उन्होंने कभी भी अपना फर्ज़ निभाने में कोताही नहीं की थी, उन्होंने अपने पुराने कामों पर फिर से हाज़िर होने की इच्छा ज़ाहिर की।

''मलिका ने उन्हें एक गश्ती चिट्ठी लिखकर जवाब दिया कि अगर उनकी सेवाओं की कभी ज़रूरत पड़ेगी, तो उन्हें वापस बुला लिया जाएगा, तब तक वे जहां हैं, वहीं बने रहें।

''अब तो वे पर्दे के आदी हो चुके हैं और उन्हें अपने इस अलगाव से कोई शिकायत भी नहीं रह गई है। अब हम इस रिवाज को ज़नाना की जगह मर्दाना कहते हैं।''

''लेकिन पुलिस या मजिस्ट्रेट के बिना चोरी या हत्या हो जाने पर आपका काम कैसे चलता है?'' मैंने सारा आपा से पूछा।

''जब से यह 'मर्दाना' रिवाज़ आया है, कोई पाप या जुर्म होता ही नहीं, इसलिए न तो हमें मुजरिम को पकड़ने के लिए पुलिस की ज़रूरत पड़ती है और न ही मुक़दमा चलाने के लिए किसी न्यायाधीश की।''

''यह तो बड़ी अच्छी बात है। मैं सोचती हूं कि अगर कोई शख़्स बेईमान हो भी, तो आप आराम से उसे सीधा कर सकती हैं। ख़ून की एक बूंद बहाए बग़ैर जैसे आपने जग फतह किए, वैसे ही बिना किसी मुश्किल के आप जुर्म और मुजरिम दोनों से लड़ सकती होंगी।''

''अब यह बताओ, सुल्ताना जान कि तुम यहीं बैठी रहोगी या मेरे कमरे में भी चलोगी?''

''आपका बावर्चीखाना किसी मलिका के ख़्वाबगाह से कम थोड़े ही है।'' मैंने

मुस्कराकर कहा, "लेकिन अब हमें चलना चाहिए क्योंकि बेचारे पुरुष मुझे गाली दे रहे होंगे कि मैंने इतनी देर तक उन्हें उनके काम से दूर रखा है।" हम दोनों खुलकर हंस पड़ी।

"मेरी सारी दोस्त कितनी खुश और हैरान होंगी, जब मैं घर लौटकर उन्हें बताऊंगी कि 'दूर कहीं एक नारी-प्रदेश है, जहां औरतें देश पर हुकूमत करती हैं और सब सामाजिक मामलों पर उनका अधिकार है, जबकि मर्दों को 'मर्दाना' में रखा जाता है कि वे बच्चे पालें, खाना बनाएं और सब तरह के घरेलू काम करें। उनके लिए खाना बनाना भी इतना आसान है कि उसे बनाने में उन्हें मज़ा ही आता है।"

"हां, यहां जो तुमने देखा है, सब उन्हें बताना।"

"अच्छा, यह तो बताइए कि आप लोग खेती कैसे करते हैं, धरती कैसे जोतते हैं और कड़ी शारीरिक मेहनत वाले काम कैसे करते हैं?"

"हमारे खेत बिजली के ज़रिए जोते जाते हैं। कड़ी शारीरिक मेहनत वाले दूसरे काम भी ऐसे ही किए जाते हैं। बिजली का ही इस्तेमाल हम अपने हवा-यातायात में भी करते हैं। हमारे यहां न तो रेल की पटरियां हैं और न ही पक्की सड़कें।"

"तभी यहां कोई सड़क या रेल दुर्घटनाएं नहीं होतीं। क्या आपको कभी बारिश की ज़रूरत नहीं पड़ती?" मैंने पूछा।

"जब से यह पानी का गुब्बारा लगा है, तब से नहीं। तुम वह बड़ा गुब्बारा और उसमें लगी हुई नलियां देख रही हो न! उनकी मदद से हम जितना चाहें, पानी निकाल सकते हैं। हमारे यहां न तो बाढ़ आती है, न आंधी-तूफ़ान। हम क़ुदरत से उतना ही उपजाते हैं, जितना वह उपजाने के काबिल है। हमें एक-दूसरे से लड़ने का वक़्त ही नहीं मिलता, क्योंकि हम खाली बैठते ही नहीं। हमारी अच्छी मलिका को बाग़वानी का बड़ा शौक़ है, उनका इरादा पूरे देश को एक विशाल बाग़ में बदल देने का है।"

"बड़ा अच्छा इरादा है। आपका मुख्य आहार क्या है?"

"फल।"

"आप गर्मियों में अपने देश को ठंडा कैसे रखते हैं? हमें तो गर्मियों में बारिशें खुदा की नियामत लगती हैं।"

"जब गर्मी असहनीय हो जाती है, हम ज़मीन पर फव्वारों से ढेर-सा पानी डाल देते हैं और सर्दियों में हम सूरज की गर्मी से अपने कमरों को गर्म रखते हैं।"

उन्होंने मुझे अपना गुसलख़ाना दिखाया, जिसकी छत एक बक्स के ढक्कन की तरह थी और हटाई जा सकती थी। उस छत को हटाकर, फव्वारे की नली खोल भर देने से कभी भी नहाया जा सकता था।

"आप लोग कितने खुशनसीब हैं।" मैं सहसा बोल उठी। "आपके पास सब

कुछ है। पूछ सकती हूं, आपका मज़हब क्या है?''

''हमारा मज़हब प्यार और सच की बुनियाद पर टिका है। यह हमारा धार्मिक कर्तव्य है कि हम एक-दूसरे से प्यार करें और पूरा सच बोलें। अगर कोई शख़्स, औरत या मर्द झूठ बोलता है, तो उसे...''

''सज़ाए मौत दी जाती है?''

''नहीं, मौत की सज़ा नहीं, हमें खुदा के किसी भी बंदे को, ख़ासतौर पर इन्सान को मारना पसंद नहीं। झूठे शख़्स को इस देश को छोड़कर चले जाने और कभी वापस न आने का हुक्म दिया जाता है।''

''क्या मुजरिम को कभी माफ़ नहीं किया जाता?''

''किया जाता है, अगर वह दिली पछतावा करे।''

''क्या आपको किसी मर्द को देखने की इजाजत नहीं, अपने रिश्तेदारों को छोड़कर?''

''अपने नजदीकी रिश्तेदारों को छोड़कर किसी को नहीं।''

''हमारे नज़दीकी रिश्तेदारों का दायरा तो काफ़ी छोटा है। यहां तक कि चचेरे-ममेरे भाई भी नजदीकी नहीं कहलाते।''

''हमारा काफ़ी बड़ा है। एक दूर का भाई भी सगे भाई की तरह होता है।''

''यह तो बहुत अच्छी बात है। देखती हूं, आपकी ज़मीन पर खुद नेकी का राज है। मैं आपकी मलिका से मिलना चाहती हूं, जो इतनी सयानी और दूरदर्शी हैं और जिन्होंने ये सारे दस्तूर बनाए हैं।''

''अच्छी बात है।'' सारा आपा ने जवाब दिया।

फिर उन्होंने तख़्त के एक चौकोर टुकड़े में दो कुर्सियां कस दीं। इस तख़्त पर उन्होंने दो चिकनी-चमकीली गेंदें जोड़ दीं। मेरे यह पूछने पर कि गेंदों का क्या काम है? उन्होंने बताया कि वे हाइड्रोजन की गेंदें हैं और गुरुत्वाकर्षण शक्ति को क़ाबू करने के लिए लगाई गई हैं। ये गेंदें मुख़्तलिफ़ दर्जे की थीं, जिससे मुख़्तलिफ़ वज़न उठाने के लिए इस्तेमाल की जा सकें। फिर इस उड़नखटोले में उन्होंने परों जैसी दो पट्टियां और जोड़ दीं, जो बिजली से चलती थीं। हमारे आराम से बैठ जाने के बाद उन्होंने एक बटन छुआ और ये पट्टियां घूमने लगीं, हर पल तेज़, तेज़ और तेज़ होते हुए। पहले हम 6-7 फीट की ऊंचाई तक उठ गए, फिर उड़ने लगे। इससे पहले कि मैं यह समझ पाती कि हमारी उड़ान पूरी हो चुकी है, हम मलिका के बाग़ में पहुंच चुके थे।

मेरी दोस्त ने मशीन को उलटा घुमाकर उड़नखटोले को नीचे उतारा और जब वह ज़मीन पर उतर गया, तो मशीन बंद हो गई और हम बाहर निकल आए।

मैंने उड़नखटोले के अंदर से देखा कि मलिका अपनी चार साल की बेटी और

कुछ बांदियों के साथ बाग़ के रास्ते चली आ रही है।

"कहो, कैसी हो?" मलिका ने पास आकर सारा आपा से पूछा।

जब मुझे उनसे मिलाया गया, तो उन्होंने बिना किसी राजसी तामझाम के, बड़ी सादगी के साथ मेरा हार्दिक स्वागत किया।

मुझे उनसे मिलकर बड़ी खुशी हुई। बातचीत के दौरान मलिका ने मुझे बताया कि उन्हें अपनी प्रजा के दूसरे देशों से व्यापार करने पर कोई एतराज़ नहीं है। उन्होंने आगे कहा, "लेकिन उन देशों से कोई व्यापार करना मुमकिन नहीं, जहां औरतों को ज़नाना में रखा जाता हो और इसी कारण वे हमसे व्यापार करने बाहर न आ सकती हों और चूंकि हमने अक्सर यह पाया है कि मर्दों का नैतिक स्तर काफ़ी निचला होता है, इसलिए उनसे व्यापार करना हमें पसंद नहीं। हमें दूसरों की ज़मीन की चाह नहीं। हम हीरे के किसी टुकड़े के लिए लड़ाई नहीं करते, भले ही वह कोहिनूर* से भी ज़्यादा चमकीला क्यों न हो। न ही हम किसी बादशाह से उसका मयूरासन** छीनना चाहते हैं। हम तो ज्ञान के समंदर में गहरे जाकर वे बहुमूल्य रत्न खोज लाना चाहते हैं, जो क़ुदरत ने हमारे लिए संजोए हुए हैं। हम क़ुदरत के तोहफ़ों का खुले दिल से मज़ा लेना चाहते हैं।"

मलिका से विदा लेने के बाद मैंने उन मशहूर विश्वविद्यालयों का दौरा किया और उनके कुछ कारख़ानों, प्रयोगशालाओं और वेधशालाओं को भी देखा।

यह सब जगहें देखकर आने के बाद हम फिर उड़नखटोले में सवार हुए, लेकिन जैसे ही वह उड़ना शुरू हुआ, मैं उसमें से गिर पड़ी और अपने ख़्वाब से जाग गई आंख खुलने पर मैंने ख़ुद को अपने शयनकक्ष में उसी आरामकुर्सी में सुस्ताते हुए पाया।

अंग्रेज़ी से अनुवाद : **विद्यानिधि**

---

* कोहिनूर : भारत के मुग़ल शासकों का वह नायाब चमकीला हीरा, जो अब ब्रिटिश सिंहासन के जवाहरातों का अंग है। हिंदुस्तानियों के लिए समृद्धि का प्रतीक।

** मयूरासन : (तख़्ते-ताउस) मुग़ल बादशाह शाहजहां का हीरे-मोती जड़ा वह प्रसिद्ध तख़्त, जिसे नादिशाह उठाकर ले गया था। अब यह तख़्त कहां है, यह अनुमान का विषय है। कई लोगों का मानना है कि इस्तनम्बूल में प्रदर्शित अनेक तख़्तों में से यह एक है। हिंदुस्तानियों के लिए यह राजसी शक्ति और शानोशौकत का प्रतीक है।

दिल्ली की सैर

रशीद जहां

जन्म . 25 अगस्त, 1905, और निधन 25 जुलाई, 1952 को 'मास्को' में। पहली कहानी अंग्रेज़ी में 1923 में प्रकाशित। बाद में यही कहानी 'सलमा' के नाम से उर्दू में छपी। आरंभिक अफ़साने काल्पनिक मर्दाना नामों से कॉलेज पत्रिका में छपते रहे। कई नाटक भी लिखे। तरक़्क़ी-पसंद तहरीक की अहम कड़ी। 'अंगारे' में शामिल अफ़साना 'दिल्ली की सैर' अपने ज़माने में ख़ासा विवादित रहा। 'शौल-ए-जव्वाला' कहानी-संग्रह प्रकाशित। कुछ फ़िल्मों में अदाकारा के ज़ौहर भी दिखाए।

"अच्छी बहन हमें भी तो आने दो।" यह आवाज़ दालान में से आई और साथ ही एक लड़की कुर्ते के दामन से हाथ पोंछती हुई कमरे में दाख़िल हुई।

मलका बेगम ही पहली थीं, जो अपनी सब मिलने वालियों में पहले-पहल रेल में बैठी थीं और वह भी फ़रीदाबाद से चल कर दिल्ली एक रोज़ के लिए आई थीं। मोहल्ले वालियां तक उनकी 'दास्ताने-सफ़र' सुनने के लिए मौजूद थीं।

"ए हे, आना है तो आओ। मेरा मुंह तो बिल्कुल थक गया। अल्लाह झूठ न बुलवाए तो, सैकड़ों ही बार सुना चुकी हूं। यहां से रेल में बैठकर दिल्ली पहुंची और वहां उनके मिलने वाले कोई निगोड़े स्टेशन मास्टर मिल गए। मुझे सामान के पास छोड़ यह रफ़ूचक्कर हुए और मैं सामान पर चढ़ी बुर्क़े में लिपटी बैठी रही। एक तो कमबख़्त बुर्क़ा, दूसरे मर्दुए। मर्द तो वैसे भी ख़राब होते हैं और अगर किसी औरत को इस तरह बैठे देख लें, तो और चक्कर-पर-चक्कर लगाते हैं। पान खाने तक की नौबत न आई। कोई कमबख़्त खांसे, कोई आवाज़ कसे और मेरा डर के मारे दम निकला जाए और भूख वो ग़ज़ब की लगी हुई कि ख़ुदा की पनाह! दिल्ली का स्टेशन क्या है? बड़ा क़िला भी इतना बड़ा न होगा। जहां तक निगाह जाती थी, स्टेशन-ही-स्टेशन नज़र आता था और रेल की पटरियां, इंजन और मालगाड़ियां।

सबसे ज़्यादा डर मुझे, उन काले-काले मर्दों से लगा, जो इंजन में रहते थे।

"इंजन में कौन रहते हैं?" किसी ने बात काट कर पूछा।

"कौन रहते हैं? ना मालूम बुआ कौन! नीले-नीले कपड़े पहने। कोई दाढ़ी वाला, कोई सफ़ाचट। एक हाथ से पकड़ कर चलते इंजन में लटक जाते हैं। देखने वालों का दिल सन-सन करने लगता है। साहब और मेम साहब तो बुआ दिल्ली स्टेशन पर इतने होते हैं कि गिने नहीं जाते। हाथ-में-हाथ डाले गिट-पिट करते चले जाते हैं। हमारे हिंदुस्तानी भाई भी आंखें फाड़-फाड़ कर ताक़ते रहते हैं। कमबख़्तों की आंखें नहीं फूट जातीं। एक मेरे से कहने लगा, 'ज़रा मुंह भी दिखा दो।'

"मैंने तुरत...।"

"तो तुमने क्या नहीं दिखाया?" किसी ने छेड़ा।

"अल्लाह-अल्लाह करो बुआ। मैं इन मुंओं को मुंह दिखाने गई थी क्या? दिल बल्लियों उछलने लगा," तेवर बदल कर बोलीं, "सुनना है तो बीच में ना टोको।"

एकदम ख़ामोशी छा गई। ऐसी मज़ेदार बातें फ़रीदाबाद में कम होती थीं और मलका की बातें सुनने तो औरतें दूर-दूर से आती थीं।

"हां, बुआ सौदे वाले ऐसे नहीं, जैसे हमारे यहां होते हैं। साफ़-साफ़ ख़ाकी कपड़े और कोई सफ़ेद, लेकिन धोतियां किसी-किसी की मैली थीं। टोकरे लिए फिंरते हैं, पान, बीड़ी-सिगरेट, दही-बड़े, खिलौने और मिठाइयां चलती हुई गाड़ियों में भागे फिरते हैं। एक गाड़ी आकर रुकी। वो शोर-गुल हुआ कि कानों के पर्दे फटे जाते थे। इधर क़ुलियों की चीख़-पुकार उधर सौदे वाले कान खाए जाते थे। मुसाफ़िर हैं कि एक-दूसरे पर पिले पड़ते हैं और मैं बेचारी बीच में सामान पर चढ़ी हुई। हज़ारों ही की तो ठोकरें-धक्के खाए होंगे। भई 'जल तू जलाल तू आई बला को टाल तू' घबरा-घबरा कर पढ़ रही थी। ख़ुदा-ख़ुदा करके रेल चली तो मुसाफ़िर और क़ुलियों में लड़ाई शुरू हुई।

'एक रुपया लूंगा।'

'नहीं, दो रुपए मिलेंगे।'

एक घंटा झगड़ा हुआ, जब कहीं स्टेशन ख़ाली हुआ। स्टेशन के 'शोहदे' तो जमा ही रहे। कोई दो घंटे के बाद यह मूंछों पर ताव देते हुए दिखाई दिए और किस लापरवाही से कहते हैं, 'भूख लगी हो, तो कुछ पूरियां-वूरियां ला दूं, खाओगी? मैं तो उधर होटल में खा आया।'

"मैंने कहा, 'ख़ुदा के लिए मुझे अपने घर पहुंचा दो। मैं बाज़ आई इस मुई दिल्ली की सैर से। तुम्हारे साथ कोई जन्नत में भी न जाए। अच्छी सैर कराने लाए थे।'

"फ़रीदाबाद की गाड़ी तैयार थी, उसमें मुझे बैठाया और मुंह फुला लिया, "तुम्हारी मर्ज़ी, सैर नहीं करतीं, तो न करो!' "

आईना

मुम्ताज़ शीरीं

उर्दू अफ़साने में अपनी 'बोल्डनेस' के लिए मशहूर। 'आईना' और 'अंगड़ाई' ख़ासे विवादास्पद और चर्चित। लेखिका उर्दू अदब की पहली और बहुत पढ़ी-लिखी ख़ातून के रूप में जानी गईं। विश्व साहित्य पर गहरी नज़र। ज़्यादातर कहानियां अपने मआशरे की धज्जियां बिखेरने के कारण चर्चा में आ गईं। उर्दू की तरक़्क़ी-पसंद तहरीक में शामिल एक बहुचर्चित नाम।

मैं एक बड़े आईने के सामने खड़ी बालों में कंघी कर रही थी। मेरा ध्यान बाल बनाने पर न था। यूं ही कंघी किए जा रही थी। वास्तव में अपने चेहरे पर तरह-तरह के जज़्बात के इज़हार का अध्ययन कर रही थी और क्या कहने, बड़ा ही मज़ा आ रहा था...! बाल बनाने में ज़रूरत से ज़्यादा देर लग रही थी। अम्मी कहेंगी, "कुछ काम भी करोगी परवीन, तुम हो, आईना है और बस। जब देखो, आईने के सामने।"...नहीं आज अम्मी भी कुछ न कहेंगी। आज तो वो मुझसे बहुत .ख़ुश हैं। अभी-अभी, आज ही मेरा रिज़ल्ट मालूम हुआ है ना? रिज़ल्ट और आईने ने .ख़ुशी की तस्वीर पेश कर दी। सेकंड डिवीज़न! और मेरे गाल तमतमा रहे थे...हुंह! सेकंड डिवीज़न भी कोई बड़ी बात हुई मेरे लिए? मैं तो हमेशा क्लास में प्रथम आया करती थी। एक हलकी-सी नफ़रत और नाज़...अरे, मैं यूं भी भली मालूम होती हूं?...फिर भी अगर किसी दूसरे इम्तहान का नतीजा होता, तो कुछ परवाह न थी। एम ए...इन दो नन्हें से अक्षरों में कितनी शान है, कितना दबदबा! अब तो मैं डबल ग्रेजुएट हूं। आईने की तस्वीर पर रौब और गर्व छा गया...जैसे मैं अपनी सूरत नहीं देख रही थी, बल्कि 'पर्दा' फ़िल्म की हीरोइन के चेहरे पर बदलते जज़्बात को, या किसी चित्रकार की बनाई हुई तस्वीरों को, जिन में चित्रकार ने ख़ास-ख़ास जज़्बे को कैनवास

पर खींचा है...अब लड़कियां मेरा पीछा घेरेंगी, ख़ूब सताएंगी, "मिठाई खिलाओ।" और मैं कहती फिरती थी कि इस साल कभी भी सफल न हूंगी। मैंने इम्तहान के लिए थोड़ी भी तैयारी न की थी और वह कहती थीं, "आख़िर तुम कामयाब न हो, तो किसी और की सफलता की आशा भी हो सकती है!" और मुझसे शर्तों पर शर्तें बांधा करती थीं। भला मिठाई पर राज़ी हो जाएंगी। शायद पार्टी ही देनी पड़े। हां, क्यों न आज ही अपनी चंद ख़ास सहेलियों को बुला कर पार्टी दे दूं। ख़ूब मज़ा आएगा। घर बैठे-बैठे मेरा जी उकता गया है...ओह, अम्मी भी इधर आ निकलीं। "आज मेरी सहेलियों को चाय पर बुलाओ अम्मी!"

"हां-हां। क्यों नहीं बेटी, शौक़ से बुलाओ। आख़िर ऐसी ख़ुशी के मौक़े बार-बार नहीं आते।" आपा, आज अम्मी ने कितनी जल्दी इजाज़त दे दी। ज़ैनी को ज़रूर बुलाऊंगी। वह पार्टी की जान होगी, फिर केवल उसी को मालूम है, ताकि... ऊं...अम्मा! बड़ी शरीर है, वह तो सबसे कह देगी। 'परवीन को डबल कांग्रेचुलेशन दो। एक तो उसके डबल ग्रेजुएट बनने पर और दूसरा इंगेजमेंट पर।' और सब लड़कियां मुझ पर टूट पड़ेंगी। छेड़ते-छेड़ते मेरी नाक में दम कर देंगी।

मैं बनावटी गुस्से से यूं मुंह बनाऊंगी...अरे, तो गुस्सा भी मुझे भाता है। मुंह फुलाए हुए भी मैं अच्छी लगती हूं। यह तो आज ही मालूम हुआ!

हां-हां लड़कियां कहा करती थीं ना, 'गुस्से का इज़हार करती हुई तुम तो बिल्कुल माधुरी सी दिखाई देती हो,' लेकिन मैंने आज तक ध्यान से नहीं देखा था। वल्लाह! यह आईना भी अनोखा आविष्कार है। अपनी तस्वीर को जिस पोज़ीशन, जिस पहलू में चाहो, देख लो, जिस तरह भी चाहो देख लो...हां, तो मैं अपने चेहरे पर यूं बनावटी गुस्सा पैदा करूंगी, जैसे मन तो यही चाहता होगा कि वह यूं ही छेड़ती जाएं। हां, घंटों-घंटों यूं ही छेड़ती रहें। कैसा मज़ा आएगा उनकी इस छेड़-छाड़ में। एक ख़ास 'स्वाद'...! चाय के ख़त्म होने पर ज़ैनी मुझसे गाने के लिए ज़िद करेगी, तो क्या गाऊं?...हां, वह फ़िल्मी गीत गाऊंगी। वह गीत–

साजना यमुना पीछे खेलूं। खेलूं अकेली क्या?

और जब मैं ये गीत गा रही होऊंगी, तो ज़ैनी ऐसे अर्थपूर्ण, ऐसी शरारत-भरी नज़रों से मुझे देख रही होगी...और फिर वह बरस ही तो पड़ेगी साथ ही गुदगुदाती हुई, 'अकेली-अकेली? हम इतनी सखियां जो हैं। हुंह! अब...हमारी हक़ीक़त ही क्या है। उसे तो अपना साजन चाहिए। अपना...न हो तो' उफ़्फ़...! मैं...के विचार ही से कैसे शर्मा जाती हूं। मैंने ज़रा-सी नज़रें उठा कर आईने में फिर देखा, यह तस्वीर तो सब से 'दिलकश' थी। मैं...के सामने शर्माती हुई भी ऐसी ही नज़र आऊंगी ना...

"छोटी बीबी।"

"क्या है। ख़ैरन बी?"

"एक ख़बर सुनाने आई थी।"

"ख़बर!" मैंने मुड़कर पूछा। "हां-हां, कहो ना, क्या ख़बर?"

"अरे, आज तो तुम बहुत .खुश नज़र आ रही हो! बीबी, हां, याद आया। बड़ी बेगम कह रही थीं तुम किसी बड़े इम्तहान में सफल हो गई हो। ऐसी .खुशी के समय तुम्हें बुरी ख़बरें सुना कर दुखी करूं। छी-छी। तोबा-तोबा।" वह जाने लगी।

"अरे, ठहरो ख़ैरन बी! आख़िर कुछ मालूम भी तो हो।"

"कुछ नहीं बीबी, वह जो हमारे मोहल्ले में नानी बी रहती थीं ना, वही जो छुटपन में तुम्हें खिलाया करती थीं...अरे, तौबा, मेरे मुंह से तो निकल ही गया था। ना बाबा, छी-छी, .खुशी के समय यह ख़बर कैसे सुनाऊं।"

"मेरी .खुशी जाए भाड़ में। आख़िर कहती क्यों नहीं हो। और ये नानी बी की बात है, तो मैं सुनूंगी ही। ख़्वाह कुछ भी हो जाए।"

"उई मेरे अल्लाह! मैंने क्या किया? बड़ी बेगम मुझ पर ख़फ़ा हो जाएं तो! जिस समय तुम छोटी थीं, उन्होंने ताकीद की थी 'नानी बी' का नाम तुम्हारे सामने न लिया करूं।"

"अम्मी तुम्हें कुछ न कहेंगी। उसका ज़िम्मा मैं लेती हूं।"

"कल रात 'नानी बी' जाती रहीं बेटी, हम सब मोहल्ले की औरतें उनके पास जमा थीं।"

ख़ैर ख़ैरन बी ने आंसू पोछते हुए कहा, "मरते समय तुम्हारा ही नाम ज़बान पर था।"

जैसे तस्वीरों के सेट मुकम्मल करने में एक और जज़्बे की कमी थी...उदासी की झलक...और मैं बाल गूंथती हुई आईने के सामने से चली आई।

"नानी बी...मेरी बूढ़ी अन्ना, वही जिसने इतने साल मुझे अपनी गोद में खिलाया था, अब इस दुनिया में नहीं हैं। काश! मैं अपनी अन्ना को मरने से पहले एक बार देख लेती। मैं क्या कुछ न दे दूंगी, फिर अपनी अन्ना से केवल एक बार मिलने के लिए! मेरी अन्ना क्या तुम मेरे सुहाने बचपन की इन तमाम यादों को भी अपने साथ ले गई हो? इन नन्हीं-नन्हीं दिलचस्पियों की याद को, उन विचारों को जो तुम्हारे बुढ़ापे और मेरे बचपन के जोड़ से पैदा हो गए थे? आख़िर तुमने इस दुनिया को छोड़ा कैसे? तुम जो इस दुनिया को इतना मनोरम दिखती थीं। जैसे इस दुनिया में तुम्हारे लिए कोई .खुशी न थी। हां, मैं अच्छी तरह जानती हूं। जब तक तुम्हें ज़िंदगी से मोहब्बत थी, तुम ज़िंदा रहना चाहती थीं। एक बेबसी। एक मायूसी के साथ इस दुनिया से छुट्टी हुई थी, ग़म के मारे भी इस मुसीबत भरी दुनिया से कैसे चिपटे रहते हैं!...और तुम तो नानी बी! छोटी-छोटी मुसीबतों को भी सहन कर सकती

थीं। हमेशा अपने आपको 'मज़लूमियत' के रंग में देखती थीं। सताई हुई कल्पना करती थीं। मैंने तुम्हें कभी हंसते न देखा था। तुम्हारे लिए इस दुःख-भरी दुनिया में ज़रा-सी ख़ुशी और दिलचस्पी का कोई साधन था, तो वह मैं ही थी। तुम मुझे गोद में लेकर सब कुछ भूल जाती थीं...हां, मेरी अन्ना, तुम दुखों से आहत थीं, पर दुनिया को तुमसे हमदर्दी न थी। अम्मी, अब्बा को भी नहीं। जैसे उनके घर में तुम इतना काम करती थीं। आख़िर क्यों? यदि तुम्हारे चेहरे पर तुम्हारे दिली दुख का 'इज़हार' होता, तो शायद लोगों को तुमसे हमदर्दी होती, पर तुम यूं दिखाई देती थीं, जैसे तुम में जज़्बात ही नहीं। एक पत्थर की मूरत-सी...और मेरी ग़रीब अन्ना! तुम्हारे चेहरे में कुछ ऐसी चीज़ भी न थी, जो ज़रा भी आकर्षित करती, जो लोगों के दिलों में दया के भाव को उभार सकती। काले रंग। पिचके हुए गाल, रूखे सफ़ेद बाल, पोपला मुंह, लटके हुए होंठ, 'बेनूर' अंदर को धंसी हुई छोटी-छोटी आंखें...इन्सानी ज़िंदगी की बोसीदगी की संपूर्ण तस्वीर! तुम्हारी ये 'हइयत' और उस पर ज़ाहिरी बेहिसी दिलों में दया की जगह एक हलकी-सी नफ़रत, एक ख़ौफ़-सा पैदा कर देती थी, जैसे तुम पुराने क़िस्सों की कोई जादूगरनी हो और अम्मी तो तुम्हें जादूगरनी ही समझती थीं। जब कभी वह तुम्हें डांटतीं, तो तुम कुछ जवाब देने के बजाय ख़ामोश निगाहों से घूरने लगतीं। शायद तुम्हारे यूं देखने से तुम्हारा अभिप्राय दया याचना होता, परंतु तुम्हारी फीकी 'बेनूर' आंखें उसको ज़ाहिर न कर सकती थीं और अम्मी किसी ख़ौफ़ से सहम जातीं, जैसे तुम उन पर आंखों के ज़रिए जादू उतार रही हो। अब्बा भी तुम से दूर-दूर रहते थे। जब कभी उन्हें तुम से बात करने की ज़रूरत होती, तो वह दूसरी ओर मुंह फेर कर निहायत बेपरवाही से जवाब देते...वही ख़ौफ़ मिली हुई नफ़रत का जज़्बा...घर में कोई भी तुम्हें चाहता न था, परंतु मेरी बूढ़ी, बेबस अन्ना, मैं तुम्हें चाहती हूं, नन्हे दिल से। उस मोहब्बत ने मुझे एक छोटी फ़िलोस्फ़र बना दिया था, क्योंकि मैं तुम्हें समझ सकती थी। अब्बा इल्म, उनकी उम्र, अम्मी का तजुर्बा तुम्हें समझने में मदद न दे सके थे, परंतु मैं नन्ही-सी थी। तुम्हें अच्छी तरह समझती थी, क्योंकि मुझे तुम से मोहब्बत थी, हमदर्दी थी, मैं अच्छी तरह जानती थी कि तुम में कोई जादू की ताक़त नहीं थी, तुम बेबस थीं, कमज़ोर थीं।

दस-बारह साल पहले की ज़िंदगी मेरी आंखों में फिरने लगी। बहुत-सी तस्वीरें मेरे दिमाग़ के पर्दे पर उभरने लगीं। उस समय की तस्वीरें, जब मैं नन्ही-सी थी। हर समय नानी बी के दामन से चिपटी फिरती थी। नानी बी रसोई में खाना पका रही होतीं। वह मुझे खिलाने के अलावा घर का सब काम भी कर लेती थीं, मैं भी दौड़ी हुई वहां जा पहुंचती। अम्मी रोकने की कितनी ही कोशिश करतीं। तरह-तरह के खिलौने मेरे सामने ला रखतीं, मिठाइयां मंगवातीं, पर मैं मचलने लगती।

"ऊं, ये मिठाइयां नहीं खाऊंगी। मुझे तो खोपरे की मिठाई पसंद है। नानी बी ले देंगी।" अम्मी बड़बड़ाने लगतीं, "कमबख़्त, बाज़ार की सस्ती मिठाइयां दिलाकर बच्ची की सेहत ख़राब करती है।" मैं फिर भी अपनी हठ से बाज़ न आती, तो तड़के दौड़ाकर वही सस्ती मिठाई मंगा देतीं। मिठाई मिलते ही मैं वहां से भाग निकलती, "मैं तो नानी बी के हाथ से ही मिठाई खाऊंगी।" अम्मी झल्ला उठतीं, "अरी परवीन, कहां भाग चली। ख़ुदाया, इस बूढ़ी ने तो मेरी बच्ची पर जादू कर दिया है।" हां, अम्मी, नानी बी ने सचमुच मुझ पर जादू कर दिया था। मोहब्बत का जादू। वह मुझ से कितना प्यार करती थीं। मुझे देखते ही सब काम छोड़ कर गोद में समेट लेतीं, "मेरी प्यारी मुन्नी, मेरी नन्ही परवीन, अरे क्या नाम है तुम्हारा?...ऊंह बाबा, कैसे-कैसे नाम निकल गए हैं इस ज़माने में। हम पुराने ज़माने के बूढ़े कैसे बोल सकें। यह जाने ही क्या मेरा नाम भी बुज़ुर्गों ने कुछ ऐसा ही रखा है, झा...र। अज़हरा। मुझे ख़ुद बोलना नहीं आता। मैं तुम्हें शहज़ादी पुकारा करूंगी। छोटी शहज़ादी! हां, तुम एक शहज़ादी की तरह ख़ूबसूरत हो। हूं, तो मेरी छोटी शहज़ादी को क्या चाहिए। "ये मिठाई अपने हाथ से खिला दो ना बी।" मैं अपनी मुट्ठी खोल कर नन्ही-सी हथेली पसार देती। नानी बी ज़रा-सी मिठाई तोड़ कर मुझे खिलाने लगतीं और ये मामूली मिठाई इस सूखे मरियल हाथ से खाते हुए मुझे ऐसा मज़ा आता कि अम्मी के पास बैठ कर ख़ूबसरत नन्ही तश्तरियों में सजे हुए गुलाबजामुन, बर्फ़ी, दूध-पेड़े और सोहन हलवा खाते हुए कभी न आता था।

मैंने एक दिन अम्मी से नानी बी का नाम पूछा, "नानी बी, और क्या?" उन्होंने बेपरवाही से जवाब दिया, "नहीं अम्मी, कुछ ऐसा नाम झापारा।" 'ज़हरा' और मुझे बड़ा ही आश्चर्य हुआ। ज़हरा! नानी बी का नाम 'ज़हरा' ऐसा प्यारा नाम। एक छोटी-सी ख़ूबसूरत लड़की के नाम का-सा और अम्मी मुझे परवीन कह कर बुलातीं, तो मुझे ख़ाक अच्छा न लगता, "ऊं, अम्मी मुझे शहज़ादी कहो, परवीन नहीं।" अम्मी सर पीट लेतीं, "अरे, क्या हो गया मेरी बच्ची को? मेरे अल्लाह! इस बूढ़ी ने कुछ खिला न दिया हो।"

आख़िर अम्मी को नानी बी से इतनी चिढ़ क्यों थी? शायद इस नफ़रत का कारण जलन भी था। उनकी अपनी बच्ची उन्हें छोड़ कर किसी और से ऐसी चिपट जाए उन्हें कैसा बुरा मालूम होता होगा! फिर जब नसीम और नसरीन पैदा हुए, तो अम्मी ने यूं इंतक़ाम लेना शुरू किया कि सारा ध्यान उन दोनों पर लगा देतीं। हर बात में उनकी तरफ़दारी करतीं और मुझे झिड़कती रहतीं। जब कभी अम्मी मुझे झिड़क देतीं, तो मेरे नन्हे दिल में बहुत दुख भर आता और मैं नानी बी के सीने से चिपट कर ज़ोर-ज़ोर से सिसकियां लेने लगती, "नानी बी मैं तुम...तुम-हारी बे-टी...हूं। अम्मी की नहीं।" "रो न मेरी नन्ही, मेरी शहज़ादी को किसने रुलाया? मेरी बच्ची!

न जाने बेगम का दिल इतनी प्यारी बच्ची को झिड़कने को कैसे चाहता होगा! वह इन दो छोटे बच्चों पर ही क्यों जान छिड़कती हैं! वह मेरी शहज़ादी के से ख़ूबसूरत भी तो नहीं।''

आख़िर अम्मी यह कब तक सह सकती थीं। वह केवल इंतक़ाम लेने मुझसे बेध्यानी बरता करतीं! दिल में तो मुझी को सब से ज़्यादा प्यार करती थीं। मुझे यूं अलग होती देख कर कई बार उन्होंने नानी बी से हमारे घर का काम छोड़ देने पर मजबूर कराना चाहा, पर यह विचार करके कि मुझे दुख पहुंचेगा...और नानी बी इस ढंग से सब काम संभाल लेती थीं कि उनके काम में कोई नुक़्स निकालना मुश्किल था। नए नौकरों से ऐसे ढंग की आशा न थी, फिर नानी के जादू का डर, अम्मी चुप रहीं, लेकिन यह होकर ही रहा। एक दिन नसरीन ने मेरी सबसे प्यारी गुड़िया तोड़ डाली। उस पर मैंने उसे ज़ोर से नोचा। वह थी ही अम्मी की लाडली। मुंह बिसुरे हुए अम्मी के पास दौड़ी, ''अरे, क्या हुआ मेरी बच्ची को?''...हुंह, उनकी बच्ची को बिच्छू ने काट खाया था...अम्मी का यह कहना था कि नसरीन ने मार-मार कर रोना शुरू कर दिया, ''आपा परवीन ने मेरा मुंह नोच लिया। ख़ून निकल आया है। ऊं-ऊं-ऊं।'' उफ़ रे मक्कारी, जैसे सचमुच ख़ून निकल आया था! बस, क्या था? अम्मी ने मुझे घसीट कर थप्पड़-पर-थप्पड़ लगाने शुरू किए। मैंने सिसकते हुए कहा, ''नहीं, अम्मी, नसरीन ने मेरी गुड़िया तोड़ दी है।'' मैंने विचार किया कि यह कह कर बच जाऊंगी, लेकिन अम्मी नहीं सुनने वाली थीं। मैं नानी बी की बेटी जो हूं, ''ऊंह, गुड़िया तोड़ डाली, तो दूसरी मंगवा देंगे। तेरी मोटी गुड़िया मेरी मुन्नी से ज़्यादा है। देख, तो मेरी बच्ची रो-रो कर हलकान हुए जा रही है।'' और साथ ही एक ऐसा थप्पड़ जड़ दिया कि मैं मारे दर्द के बेहिस हो गई। नानी बी मेरे रोने की आवाज़ सुन कर बावर्चीख़ाने से भागी-भागी आई थी। यह देखते ही मुझे अम्मी से छीन लेना चाहा। ''बेगम आख़िर क्यों बच्ची को मार देती हो? क्या क़ुसूर किया था इस नन्ही ने। नन्ही सी जान, नाज़ों की पली, इतनी मार सह सकेगी?'' अम्मी की आंखों से आग बरस रही थी। मैं अपनी सिसकियों को रोके सहमी-सहमी खड़ी थी, ''दूर हो जाओ'', अम्मी ने मुझे खींच कर नानी बी से अलग करते हुए गरज कर कहा। ''तुम कौन होती हो, मुझे रोकने वाली? क्या हक़ है तुम्हारा इस बच्ची पर। मैं इसकी मां हूं, जो चाहे कर सकती हूं।''

''नहीं बीबी, सोचो तो। नन्ही-सी जान...गुस्सा उतरने पर तुम्हें .ख़ुद रंज होगा।''

''चली जाओ, मैं एक शब्द भी सुनना नहीं चाहती। दूर हो जाओ, मेरी नज़रों के सामने से।'' अम्मी की पकड़ ढीली पड़ गई थी। मैं दौड़ कर नानी बी से चिपट गई, फिर क्या था। अम्मी आग बगूला हो गईं। मुझे बेतहाशा तड़ातड़ मारना शुरू किया। यहां तक कि .ख़ुद मारते-मारते थक गईं, ''अच्छा, ले जाओ, इस दीवानी

को भी ले जाओ सामने से। यह मेरी बच्ची नहीं।" अम्मी ने एक ज़ोर का थप्पड़ मार के मुझे धकेल दिया। नानी बी की मनकों-सी आंखों में पानी भर आया था, "मेरे अल्लाह! .खुदा जाने क्यों कुछ रोज़ से बेगम का दिल इस बच्ची से फिर गया है?" नानी बी अपने मैले आंचल से आंसू पोछती हुई मुझे गोद में लेकर चली आईं। रोते-रोते मेरी हिचकी बंध गई थी। कुछ देर तो यह हालत रही, जैसे मुझे आसपास की चीज़ों का अहसास ही नहीं। इतने में नसरीन मेरे सामने आ खड़ी हुई। उसके एक हाथ में मेरी टूटी हुई गुड़िया थी और दूसरे हाथ में चॉकलेट का डब्बा। वह मेरी ओर शरीर नज़रों से देख कर मुस्करा रही थी, फिर उसने वह गुड़िया ज़ोर से सहन में फेंक दी। मेरा मुंह चिढ़ा-चिढ़ा कर बहुत-से चाकलेट मुंह में भर लिए और "नौकरानी की बेटी" कह कर ठहाका लगाती हुई ज़ोर से भागी। यह मेरी बर्दाश्त से बाहर था। मेरी ही गुड़िया टूटे, मैं स्वयं ही ख़ूब पिटूं और फिर नसरीन मेरी हंसी उड़ा ले। मैं फूट-फूट कर रोने लगी, "नानी बी, मैं तुम्हारे साथ रहूंगी। मुझे अपने घर ले चलो। तुम्हारा घर कहां है, नानी बी, मैं अम्मी के पास जाने के लिए कभी ज़िद न करूंगी। तुम्हारी बेटी बन कर रहूंगी।"

"मेरी भोली बच्ची, मेरा घर कहां? घर होता, तो यहां तुम्हारे घर में रात-दिन क्यों पड़ी रहती?" फिर नानी बी ने मुझे मनाने की बहुत कोशिश की। मिठाई ले आईं। हंसाने वाली कहानियां सुनाईं, परंतु उस दिन मुझे इतना दुख पहुंचा कि कोई चीज़ मेरे आंसू को थमा नहीं सकती थी। मैं दिन-भर रोती रही और रात को यूं ही रोती-रोती रसोई में ही नानी बी के पहलू में सो गई। दूसरी सुबह अम्मी की आवाज़ से मेरी आंख खुल गई। अम्मी दरवाज़े के किवाड़ से लगी थीं। उनका मुंह सूजा हुआ था और आंखें सुर्ख़ थीं। शायद वह भी रोई थीं। वह कुछ कहे बिना नानी बी की ओर घूर कर देख रही थीं। नानी बी नज़रें नीची रखे धीरे से तोस भून-भून कर थाली में रखती जाती थीं।

दोनों अपनी-अपनी जगह ख़ामोश, जैसे एक-दूसरे की मौजूदगी का अहसास ही नहीं! लेकिन जैसे ही अम्मी ने यह देख लिया कि मैं जाग रही हूं, अचानक मंज़र ही बदल गया। मैं सहमी हुई नज़रों से अम्मी को ताक रही थी। अम्मी ने लपक कर मुझे गोद में उठा लिया और चूमने लगीं, "मेरी बच्ची, मुझसे डरती है। क्यों डरती हो नन्ही? मैं तुम्हारी मां नहीं हूं?" वह अचानक ज़ोर से सिसकियां लेने लगीं, "मेरी बच्ची, मुझे मां नहीं समझती, ज़हरा बी! (अम्मी ने पहली बार नानी बी को नाम से पुकारा था, अन्यथा हमेशा नानी बी ही कहा करतीं) तुमने मेरी बेटी को डस लिया। तुम नागिन हो! तुम कौन होती हो मेरी बच्ची को मुझसे छीनने वाली? तुमने मेरे अपने ख़ून को छीना है। मेरे जिगर के टुकड़े को छीना है। तुम डाइन हो। कहती है मेरा दिल बच्ची से फिर गया है। उसकी ज़िम्मेदार तुम हो। तुम्हारी

ओर से मैंने अपनी नन्ही को इतना सताया। मैं 'हसद' की आग में भुन रही थी। सुन रही हो अपने अत्याचार की दास्तान?"

"बच्ची का दिल लग गया है। शर्म नहीं आती बूढ़े मुंह से झूठ बोलते। तुम्हें अपने सफ़ेद चौण्डे की लाज नहीं? ख़ुदा की क़सम! तुमने बच्ची को कुछ खिला दिया है। जादू कर दिया है। वरना वह ऐसी बदसूरत बूढ़ी से 'मानूस' हो जाती!" मैं दिल-ही-दिल में अम्मी को मलामत कर रही थी। वह गुस्से में कैसी-कैसी बातें कहे जा रही थीं। मैंने कलेजे पर पत्थर रखकर बहुत दिनों तक यह सहा है। अब मैं एक लम्हा भी बर्दाश्त नहीं कर सकती, हुंह बर्दाश्त! मैं एक मोटी नौकरानी की ख़ातिर ये दुःख सहूं। हुंह! मैं भी कितनी दीवानी हूं! एक नीच नौकरानी से दबूं? अम्मी जज़्बात की शिद्दत से कांप रही थीं, "सुनती हो, कान खोल कर सुन लो। तुम अब एक लम्हा भी घर में नहीं रह सकतीं। चली जाओ, इसी समय। तुम्हारी यह मनहूस सूरत एक लम्हा के लिए भी नहीं देखना चाहती, बोरिया-बिस्तर बांध लो...बैठी क्या ताक रही हो मुझे फटे-फटे दीदों से? क्या मुझ पर भी जादू करने का इरादा है?"

"बेगम मैं तुम्हारे पांव पड़ती हूं। मुझे कभी-कभी बच्ची को आकर देखने की इजाजत दो। इस दुःख भरी दुनिया में यह नन्ही-सी जान ही मेरे दिल बहलाने का जरिया है। बीबी, इसको भी न छीन लो ख़ुदा वास्ते, इतना जुल्म न करो। अल्लाह मियां तुम्हें बरकत दे। मैंने बहुत दिनों तुम्हारा नमक खाया है।"

"बच्ची को देखने, बच्ची को देखने? अब तुम्हारा साया भी उस पर पड़ने न दूंगी। यदि फिर कभी तुमने इस घर में क़दम रखा, अपनी मनहूस सूरत दिखाई...मेरी बच्ची को फिर मुझसे छीनने...मेरी नन्ही, मैं तुम्हारी मां नहीं?" अम्मी ने मुझे भींच लिया और रोने लगीं और मैं हैरत से कभी इधर देख रही थी, कभी उधर। इन दोनों मूरतों में कितना फ़र्क़ था! एक 'जज़्बाते मुजस्सम' (भावुकता की मूर्ति), दूसरी जैसे पत्थर की मूरत। अम्मी की ख़ूबसूरत आंखें सूजी हुई और सुर्ख़ थीं। उनकी लंबी घनी पलकों पर आंसू थरथरा रहे थे। चेहरा सुर्ख़ हो गया था। फूल की सी तराश के होंठों के कोने कांप रहे थे। मरमरी गर्दन और सीने में एक हलचल-सी मची थी। ग़म और हुस्न का सम्मिश्रण।

उधर नानी बी फटी-फटी आंखों से अम्मी को ताक रही थीं ख़ामोश निगाहों से। यदि उन फीकी अंधी आंखों में जज़्बात व्यक्त करने की शक्ति होती, तो उन निगाहों में यास और रंज की एक दुनिया होती, परंतु वह जज़्बात से असमर्थ मालूम होती थीं। पथराई हुई, वह शांत बैठी हुई थीं। जैसे विराम की स्थिति, परंतु मेरा नन्हा दिल इंसाफ करना चाहता था। कोई और होता, तो ज़रूर अम्मी की तरफ़दारी करता। आख़िर। ग़मगीन हुस्न। अपने अंदर बहुत प्रभाव रखता है ना, परंतु मुझ पर न तो

उस हुस्न का कोई प्रभाव था, न नानी बी के पिचके हुए गालों और पोपले मुंह से नफ़रत थी। हां, मुझे अम्मी पर तरस आ रहा था, परंतु उस दिल का क्या हाल होगा जिससे एक प्रिय चीज़ छीन ली गई हो? अम्मी के पास दौलत थी, इज़्ज़त थी, हर तरह का आराम था। चांद से बच्चे थे। इस क़िस्मत की सताई बुढ़िया के पास क्या रखा है? रहने के लिए ठिकाना भी तो नहीं। हां, अम्मी के चेहरे से बहुत रंज ज़ाहिर हो रहा था, परंतु मैं अच्छी तरह जानती थी—इन सादा निगाहों में कितनी यास छुपी हुई थी और उस सूखे सीने के अंदर हवा का सैलाब था। कैसा तूफ़ान था!

नसीम के रोने की आवाज़ आई और अम्मी मुझे गोद से उतार कर आंसू पोंछती हुई अंदर चली गईं। नानी बी ख़ामोशी से अपना बिस्तर और कपड़े बांध रही थीं। अम्मी के जाते ही मैं दौड़ी हुई उनके गोद में जा बैठी, "नानी बी, मुझे छोड़ कर चली जाओगी, नानी बी।" मैंने सिसकते हुए कहा। नानी बी ने मुझे गले लगा लिया, फिर क्या था? जैसे बांध टूट गया हो। रुका हुआ सैलाब उमड़ आया। ऐसा मालूम हो रहा था, नानी बी का दिल पिघल कर आंखों के द्वारा बह रहा है, "मेरी बच्ची, मेरी नन्ही शहज़ादी, तुम्हें छोड़ के कैसे जाऊं?" "अच्छी नानी बी, इक़रार करो, तुम मुझे देखने कभी-कभी आया करोगी ना?" "नहीं बेटी, अब इस घर में खदम न रखूंगी?" "क्यों नानी बी, मुझसे रुठ तो नहीं गईं? तुम्हारे लिए सब कुछ करूंगी। तुम जो कुछ कहो, वह सुनूंगी। न रूठो नानी बी, आती रहो मुझे देखने।"

"अच्छा, मैं जो कुछ कहूं, वह सुनोगी?" "ज़रूर।" "मुझे वह आईने का टुकड़ा दे देना अच्छी बेटी।" नानी बी ने मुझे प्यार करते हुए कहा। मैं भागी-भागी अपने कमरे में गई। अपने छोटे ट्रंक में से रेशमी बटुआ निकाला। इस बटुए में मैंने क़ारून का ख़ज़ाना जमा कर रखा था। बहुत-सी टूटी हुई चूड़ियां, रंगीन मनके मोती, कांच के टुकड़े, गुड़ियों के नन्हे ज़ेवर और गोटा किनारी टंके हुए कपड़े, साड़ियों के स्वर्ण बॉर्डर के टुकड़े, नए ढाले हुए तांबे के पैसे। जिसे गैं 'सावरन' कहा करती थी। सफ़ेद चमकती हुई चवन्नियां, दोअन्नियां...इसी में नानी बी का आईना रखा था। वह आईना, जो नानी बी को एक दिन सड़क पर मिट्टी के ढेर पर पड़ा हुआ मिला था। आईना के टुकड़े पर गर्द की तह जमी हुई थी। जगह-जगह चिकनाई के धब्बे भी थे, फिर भी कैसा प्यारा लगता था वह आईना! कैसे ख़ूबसूरत किनारे! इन पर रंगीन शीशों से तराशे हुए ख़ूबसूरत फूल थे। सुनहरी, उन्नाबी, फ़ीरोजी, आसमानी। उस दिन जब मैंने नानी बी से यह आईना मांगा था, तो उन्होंने प्यार से चूमकार कर कहा, "मेरी अच्छी बेटी, तुम्हें मिठाई ला दूंगी। यह न लो।"

मैं कोई चीज़ मांगूं और नानी बी न दें। वह कभी न नहीं कहती थीं। हो न हो, इसमें कुछ होगा ही और मैं आईना लेने पर अडिग हो गई। "हुंह मैं तो आईना

ही लूंगी।'' बचपन की ज़िद, मैंने ज़िद करके और रो के आख़िर आईना छीन ही लिया। आईना देते हुए नानी बी की आंखों में आंसू निकल आए थे, परंतु मैं तो छोटी थी। इन आंसू के मानी कैसे जान सकती? फिर वह आईना मेरे पास ही रहा। कई बार नानी बी ने 'इल्तिजा' भरी आवाज़ में मुझसे वह आईना वापस मांगा था, परंतु मैं हर बार रोने लगती, 'हूं।' वह मुझसे जुदा हो रही थीं। मुझको छोड़ कर चली जा रही थीं। मैं वह आईना तो क्या, सब कुछ देने को तैयार थी। मैं बटुआ लिए नानी के पास वापस आई और सब ख़ज़ाने उनके सामने उंड़ेल दिया। मैं अपने दिल में अजीब तरह की मुर्सरत महसूस कर रही थी, जैसे मैं अपनी प्यारी चीज़ें देकर बहुत बड़ी कुर्बानी कर रही हूं।

''ये सब कुछ ले लो नानी बी, लेकिन आती ज़रूर रहना। नहीं तो मैं ख़ूब रोऊंगी।''

''अच्छा बेटी, अल्लाह ने मुझे जीता रखा, तो जब तुम अपना घर बसाओगी, वहीं आकर जानो-दिल से तुम्हारी ख़िदमत करूंगी। मरते दम तक वहीं पड़ी रहूंगी, फिर मुझ पर दो मुट्ठी ख़ाक डाल देना बेटी।'' नानी बी ने एक ठंडी आह भर कर अपनी चादर ओढ़ ली और अपने सामने फैली हुई चीज़ों में से सिर्फ़ आईना उठा लिया। उसे आंखों से लगाया और अपने मैले रूमाल में लपेट कर कुर्ते में छुपा लिया, फिर मुझे गोद में लेकर मेरी बलाइयां लीं। गले से लगाया, प्यार किया और मुझे आहिस्ता से उतार कर उठ खड़ी हुईं। कपड़ों की गठरी बग़ल में दबाई और सर झुकाए ख़ामोशी से चली गईं। अब मैं रो नहीं रही थी, क्योंकि मुझे विश्वास न था कि नानी बी फिर आएंगी। 'जब तुम अपना घर बसाओगी' की शर्त को तो मैं समझ न सकी थी। मैं अपने छिपे हुए ख़ज़ाने समेट कर बटुए में डालने लगी। कैसी प्यारी चीज़ें थीं! नानी बी ने उन सब को छोड़ कर उस गर्द भरे टूटे-फूटे आईने को ही क्यों चुन लिया था? उस समय मैं इस गुत्थी को सुलझा न सकी। उस आईने की अहमियत को समझने के लिए चंद्र साल और गुज़रे थे। उसके बाद उसमें आईने की याद के बिना नानी बी की कल्पना कर ही न सकती। अब इस समय की तमाम यादों में जब नानी बी का और मेरा साथ था, उस आईना वाली घटना का 'नक़्श' ही सबसे गहरा था। वहां वह नक़्श जो कभी 'तहत-शऊर' में छुपा हुआ था, अब कितना साफ़ है! नानी बी का एक-एक शब्द उनकी एक-एक हरकत। उस दिन कि जब उन्हें आईना मिला था। उनकी वह आईना लेने के लिए प्रार्थनाएं। वह आख़री सीन, जब उन्होंने आईना को आंखों से लगा कर सीने में छुपा लिया था। दिल के पास ये तस्वीरें बार-बार उभरती हैं। ये यादें बार-बार मेरे दिमाग़ में घूमने लगती हैं और मैं सोचती हूं कि इस शांत मूर्ति में ऐसे जज़्बात भी थे। इस बुझे हुए दिल की राख में इतनी चिंगारियां दबी हुई थीं। इस सूखे सीने में इतनी आग सुलग रही

थी। ऐसी याद चुटकियां ले रही थी।

यह आईना उन्हें रास्ते में पड़ा हुआ मिला था। जब हम हवाख़ोरी के लिए जा रहे थे। हर शाम मुझे नानी बी हवाख़ोरी के लिए बाहर ले जाया करती थीं। हम घर से बहुत दूर निकल जाते। एक खुले मैदान की तरफ़ जहां बहुत-सी स्वयं उगी घास बेतरतीबी से उगी हुई थी और दूर-दूर पर कहीं-कहीं घने पेड़। शाम होते ही मीठी बोली वाली चिड़ियां उन पेड़ों पर आ बैठतीं। उनके चहचहों से सारी फ़िज़ा शीरीं नग़मों से भर जाती। मुझे यह जगह बहुत पसंद थी और मैं प्रतिदिन नानी बी की चादर खींचती हुई उन्हें उस ओर ले जाती। रास्ते में हमें एक छोटी-सी दुकान मिलती थी। जहां केवल पान बीड़ी बिकती थी। नानी बी हर रोज़ वहां जाती थीं। एक पैसे के पान और सुपारी ख़रीद लेतीं। वहां से एक पान में बहुत-सा चूना भी मांग लेतीं। दुकान के सामने कुछ तख़्ते बिछे हुए थे। नानी बी वहीं बैठकर बड़ी लगन से पान की नसें निकालने लगतीं। बूढ़ा दुकानदार अंदर जाकर 'पान कूटनी' ले आता और नानी बी के सामने रख देता। इतने में दो-चार पोपले मुंह वाली बुढ़िया आ जातीं। सब-की-सब पान ख़रीद कर 'पान कूटनी' का इंतज़ार करती हुई नसें निकालने लगतीं। एक बूढ़े मियां भी चिलम लिए आ जमते। अच्छी ख़ासी महफ़िल जम जाती। मुझे उस बूढ़ों की 'मजलिस' से बड़ी दिलचस्पी थी। अपनी दोनों मुट्ठियों में नानी की चादर थामे उनसे अलग खड़ी हो जाती और उन सब की अजीब-अजीब हरकतों को ग़ौर से देखती रहती। बुढ़िया नसें निकालती हुई पान कूटती हुई और बूढ़े मियां चिलम भर कर कश लगाते हुए इधर-उधर की बातें छेड़ देते। कभी अपने बेटा-बेटी, पोते-पोतियों की, कभी मोहल्ले वालों की और अक्सर 'हमारे ज़माने' की। अब के ज़ेवर भी कोई ज़ेवर हुए! बाबा अब की छोकरियों का दिमाग़ तो आसमान पर चढ़ गया है। एक बूढ़ी मुंह पर ज़ोर से हाथ मार कर कहती, "पुराने ज़ेवरों के नाम से ही कान पकड़ते हैं। हुंह हाथों में दो-दो चूड़ियां, गले में बारीक 'सिंगल', कानों की लौ में एक 'बारीक' कर्ण फूल या झूमर और बस, भला ये भी कोई ज़ेवर हुए। हमारे ज़माने में जो पहनती थीं कान भर कर सोने की पत्तियां। हा-हा 'नख़्शारों' पर झूमती हुई कैसी भली लगती थी।"

"और ये भी देखा, नाक छिदवाना तो जैसे 'ऐब' ही हो गया। छी-छी कैसी बुरी लगती है नाक।" एक बुढ़िया नथुने चढ़ा कर नफ़रत ज़ाहिर करती।

"ना-ना, ये ज़माने की छोकरियां कैसे बाल बनाती हैं? तेल नाम को नहीं। रूखे बाल सर से दो अंगुल ऊपर उठे हुए। मोटी-मोटी लटें निकली हुईं। सर को अपना ख़ासा कूड़े का ढेर बना लेती हैं। सर क्या हुआ खाद का झकड़ा हुआ। और टेढ़ी-टेढ़ी मांग निकाले कैसे इतराती फिरती हैं। हशर का दिन 'पुलसिरात' पर से फिसल-फिसल कर गिर न पड़ें, तो जब जानें। क्या हमारे बुज़ुर्गों ने झूठ कहा था। बीच में सीधी

मांग निकाला तो पल-भर में 'पुलसिरात' तय कर लो। अब तो अल्लाह ही बचाए इन टेढ़ी मांग वालों को।''

''सीधी मांग निकालो, चेहरे पर कैसा नूर झलकता है। टेढ़ी मांग तो कैसी अच्छी सूरत को बिगाड़ देती है। अब यह बच्ची ही को देख लो बुआ। कैसा फूल सा मुखड़ा, चांद-सा माथा, सीधी मांग निकालती, तो चेहरे पर कैसी रौनख आ जाती अब तो करस्टान लगती है, करस्टान।'' और एक बूढ़ी भवें चढ़ा कर नफ़रत से मुंह फेर लेती।

कोई और मेरे रेशमी फ्राक को उलट-पलट कर देखने लगती, ''अम्मा, अब के कपड़े तो देखो कैसे-कैसे फैशन।''

''वाह बुआ, फैशन की भी तुमने एक ही कही। ज़रा देखो तो पिंडलियां नंगी, बाज़ू नंगे, लानत भेजो लानत।''

''और ये रंग तो देखो बुआ, कैसा फीका छी-छी! यही क्या...अब सब रंग फीके। सच पूछो, तो उजले रंग में और उनमें कोई फ़र्क़ ही नहीं।''

''उंह, उजला रंग! अब की छोकरियां उजले कपड़े पहनने को भी शर्म नहीं समझतीं। अभी से बुढ़िया बनी फिरती हैं, भई भला इन छोकरियों को कहीं उजला रंग सजता है।''

''इन भई छोकरियों का। अरे बाबा, अब तो ग़ज़ब हो गया, ग़ज़ब। सुहागिनें तक उजले कपड़े बेधड़क पहन लेती हैं। ग़ज़ब हो गया ग़ज़ब, तौबा-तौबा कुछ सुहाग का पास भी है उन्हें?

''और हम कुछ कहें, तो ये मुई लड़कियां कहीं हमारी बातों को पास खातिर में लाती हैं। अल्लाह की मार उन पर। उलटा हम से ठट्टा मज़ाख़ करती हैं। हम बूढ़ियों से मज़ाख़। हमारा मुंह चिढ़ाती हैं। अल्लाह-अल्लाह! उन पर क्या कभी बुढ़ापा न आएगा?''

कभी शादी-ब्याह की बातें होने लगतीं।

''हमारे ज़माने की शादियां, शादियां थीं। कई हफ़्ते लगते थे, कैसी-कैसी रस्में। अब देखो, चट मंगनी पट ब्याह भी कैसा ब्याह! इधर निकाह पढ़ाया गया, उधर दुल्हन की रुख़्सती हुई। न कोई रस्म न रीत।''

''और अब की दुल्हनें तो ख़ाला! 'इब्बारी' छौरियां, तौबा-तौबा आंख का पानी बह गया है। कैसी हंसी-खुशी रुख़सत होती हैं! अपने ख़सम के घर को! हम थे कि तीन-तीन दिन तक आंख का पानी न सूखता था। रो-रो कर बेसुध हो जाते थे। अल्लाह-अल्लाह क्या ज़माना आया?''

''परसों मैं एक शादी में गई थी। अम्मा, काहे को बोलूं उस दुल्हन की बेशर्मी...'' और सब बूढ़ियां ठोड़ियों को हाथ लगाए आंखें फाड़े बड़े ग़ौर से सुनने लगतीं।

"जब उसकी हमजोलियां छेड़-छाड़ कर रही थीं, तो हंस रही थी भरी 'मजलिस' में। दूल्हे के घर वाले भी पास ही बैठे थे। तौबा-तौबा हम पर तो घड़ों पानी पड़ गया। मां बेचारी ने सर पीट लिया। क्या करती। समधनों को मुंह दिखाने से रही। जब रुख़सती का समय आया, तो वह तैयार ही बैठी थी। ऊई, मेरे अल्लाह एक बूंद भी न था। उस छोकरी की आंखों में? ना बाबा, हम से तो न रहा गया। आख़िर बेटी वालों की लाज रखनी थी। समधनों के सामने। हम दो-चार बूढ़ियों ने मिलकर कपड़े बराबर करने के बहाने इतने ज़ोर से नोचा कि उसकी चीख़ निकल गई, जब जाकर दो बूंद पानी निकला। वह तो ख़ैर हुई कि छोकरी हम पर पलट न पड़ी। वरना रही-सही इज़्ज़त भी जाती रहती।"

"अच्छा किया। बहुत अच्छा किया। उस बेशर्म के साथ ऐसा ही करना चाहिए था।" सब एक ज़बान होकर कहतीं और बूढ़े मियां भी बड़े ज़ोर से सर हिला-हिला कर दाद देते। ये बूढ़े मियां सर को हाथ लगाए क़रीब से बूढ़ियों की बातें सुना करते थे। जब कभी उनकी बारी आती, पगड़ी ज़रा हटा कर (कैसी पगड़ी, एक बड़े से रूमाल को सर पर लपेट लिया करते थे) अपने चमकते हुए गंजे सर को ज़ोर-ज़ोर से खुजलाने लगते और बड़े ही सोच-विचार के बाद एक वाक्य निकालते, जैसे उन्हीं की राय आख़री और निर्णायक है, यानी जितने मुंह, उतनी बातें होतीं, मगर यहां भी नानी बी ख़ामोशी से सबकी बातें सुनतीं। 'अब के ज़माने' पर इतने 'एतराज़ात' सुनकर भी कोई राय ज़ाहिर न करती थीं और न ही उनके चेहरे से किसी जज़्बे का इज़हार होता। शायद इन बातों से उन्हें कोई सरोकार न था...फिर जब यह महफ़िल बरख़ास्त हो जाती, तो नानी बी की चादर खींचती हुई उन्हें उस मैदान में ले जाती।

यहां हम किसी घने पेड़ के साये में बैठ जाते। गिरे हुए सुर्ख़-सुर्ख़ फूलों से खेलने लगती, फिर उन्हें समेट कर अपने दामन में भर लेती और नानी बी की गोद में आ बैठती।

"एक अच्छी कहानी सुनाओ नानी बी।"

"आज कौन-सी कानी (कहानी) सुनाऊं।" और साथ ही अपनी नसवार की डिब्बियां निकालती। मैं एक चुटकी भरकर नथुनों में चढ़ा लेतीं, फिर एक मैला-सा रूमाल अपनी सोसी के 'लहंगे' के नेफ़े से ढूंढ-ढांढ कर निकालती हुई कहानी शुरू करतीं। "अच्छा, सुनो, एक बाछा था। उसकी सात बेटियां थीं।" फिर नास पोंछती हुई आहिस्ता- आहिस्ता कहतीं, "उसने सब शहज़ादियों को बारी-बारी अपने दरबार में बुलाया। पूछा, तुम्हें कौन पालता है, सब बोलीं, "आप", परंतु छोटी शहज़ादी बोली, और नानी बी इस मैले से रूमाल को फिर नेफ़े से ठूंस लेतीं। उससे पोंछने पर भी काली-काली धूल की एक तह सी उनके नथुनों में जमी रहती। इतनी बातें

एक साथ कहने से उनके पोपले मुंह के किनारों पर पान की लाल-लाल पीक बह आती और वह एक तरफ़ फिरकर पीक थूकती हुई अपनी कहानी को जारी रखतीं। छोटी शहज़ादी बोली, ''हम सब को अल्लाह मियां पालते हैं और हज़ूर आपको भी।'' इस जवाब को सुनकर बाछा...

''कैसी छोटी शहज़ादी नानी बी? मुझ जैसी?'' मैं बीच में कह उठती और वह लपक कर मुझे गोद में उठा लेतीं, ''हां, बेटी तुम्हारी जैसी शहज़ादी, ऐसी ख़ूबसूरत शहज़ादी।'' मैं ख़ुशी से फूल जाती और नानी बी की तरफ़ मोहब्बत भरी निगाहों से देखने लगती। ''नन्ही कैसा प्यारा मुखड़ा है तुम्हारा...अहा, चांद का टुकड़ा'' नानी बी मेरी बलाइयां लेने लगतीं। तट-तट-तट ''देखो तो सब उंगलियां टूटीं। कितना प्यार है मुझे अपनी बच्ची से।'' और मैं अपनी नन्ही बांहें नानी बी की गर्दन में डाल देती। उस वक़्त मुझे उन नथुनों पर जमी राख, धूल और पोपले मुंह से बहती हुई पीक से भी नफ़रत महसूस न होती।

फिर नानी बी अपनी हथेली पर ज़रा-सा चूना फैला कर फूंक-फूंक कर सुखा लेतीं और उसमें थोड़ी-सी नसवार उंड़ेल कर मलने लगतीं। साथ-ही-साथ कहानी बोलती जाती थीं। नास घिस कर छोटी-छोटी गोलियां बनातीं और एक प्यारी, बड़ी सफ़ेद डिबिया में बिल्कुल मेरे क्रीम की नन्ही-सी डिबिया की सी। उन्हें डालती जाती थीं। यह सब करती हुई वह बड़ी ही देर से कहानी सुनाती थीं। एक-एक वाक्य मज़े ले-लेकर। नानी बी को कहानी सुनाने में बड़ा ही कमाल हासिल था। बार-बार किसी-न-किसी बहाने से ऐसी जगह ठहरा देतीं, जहां मेरी उत्सुकता बढ़ी होती। उनकी पीक थूकने के बहाने या जैसे गोलियां बनाने में बहुत ही लीन हों। मैं बेताब हो जाती।

''उसके बाद क्या हुआ नानी बी? जल्दी-जल्दी कहो ना।''

''ना बेटी, जल्दी बोलूं तो खाक मज़ा आएगा।'' और यह सच था। उनके यूं बयान करने में कहानी का दो गुना मज़ा आता और वह घटनाओं को ऐसी तफ़्सील से इतनी अच्छी तरह बयान करतीं कि मैं अपने आपको उस माहौल में कल्पना करने लगती। मुझे नानी बी की हर कहानी की शहज़ादी से मोहब्बत हो जाती, परंतु न जाने क्यों उनकी हर 'शहज़ादी' पर कोई-न-कोई मुसीबत आ पड़ती, फिर कहीं से एक 'शहज़ादा' आ टपकता। शिकार खेलते हुए या कुछ और तरीक़े से और उस शहज़ादी को मुसीबत से निजात दिला कर अपने महल ले जाता। दोनों हंसी-ख़ुशी ज़िंदगी गुज़ारने लगते। नानी बी की हर कहानी यूं ही ख़त्म होती। यह शहज़ादा कितना अच्छा है! छोटी शहज़ादी को बचाने वाला, मैं सोचा करती।

मैं छोटी शहज़ादी हूं, नानी बी, मुझे भी एक ऐसा छोटा शहज़ादा ले जाएगा? मैं बड़े ही भोलेपन से पूछ बैठती और नानी बी की अंधी आंखों में क्षण-भर के लिए

चमक आ जाती ।

"हां, क्यों नहीं मेरी नन्ही, जब तुम बड़ी होकर अंग्रेज़ी पढ़ोगी। ख़ूब पढ़ कर बी.ए. पास हो जाओगी, तो...उस पर तुम हो भी ख़ूबसूरत, तुम्हें ज़रूर एक बड़ा आदमी ब्याह ले जाएगा। कोई बहुत बड़ा हाफ़ीसर।"

"हूं-हूं, बड़ा हाफ़ीसर नहीं चाहिए। छोटा शहज़ादा।" मैं मचलने लगती।

"हां, नन्ही, वह शहज़ादा ही होगा। मेरी शहज़ादी वह दिन कब आएगा। अल्लाह मुझे उस वख़्त तक जीता रखे, तुम्हें दुल्हन बनी देख लूं, तो चैन से मर सकूंगी..." आह नानी बी, शहज़ादी को लेने आ गया है, परंतु तुम इस दुनिया में नहीं हो। काश, तुम चंद दिन और ज़िंदा रहतीं। वह दिन भी देख लेतीं, जिसको देखने की तुम्हारी आख़री आरज़ू थी...देख कर ख़ुशी के अहसास से फूली न समातीं। उनके हसीन चेहरे की कितनी ही बलाइयां न लेतीं! तुम ज़रूर उन्हें शहज़ादा ही समझतीं...

हां, तो हमारा नियम था। मैं प्रतिदिन नानी बी के साथ उस मैदान में जाती। कुछ दूरी पर एक छोटा-सा 'गंदले' पानी का तालाब था। कई बार मैं नानी बी से कहना चाहती थी कि उस तालाब तक हो आए, परंतु नानी बी के कहानी बोलने में ही अंधेरा हो जाता और हम घर लौट आते। एक दिन नानी ने अभी कहानी शुरू नहीं की थी कि मैंने एक आदमी को बंदरिया साथ लिए आते देखा। उसके पीछे बहुत से बच्चे शोर मचाते आ रहे थे। तालाब के पास आकर बंदर वाला उकडूं बैठ गया और उसने तमाशा दिखाना शुरू किया। लड़के उसके पास घेरा बांध कर खड़े हो गए। चंद बेफ़िक्रे मर्द भी जमा हो गए, "मैं बंदर का तमाशा देखूंगी। नानी बी तालाब के पास ले चलो।" नानी बी मेरी हर ख़्वाहिश को पूरा करती थीं। उन्होंने मुझे दूर ले जाकर एक ऊंचे टीले पर खड़ा किया। जहां से मैं अच्छी तरह देख सकती थी। "यहां नहीं और भी क़रीब ले चलो नानी बी।" "ना बेटी ये मुझसे न होगा। इतने ग़ैर मर्दुए खड़े हैं। उई, मेरे अल्लाह!" और नानी बी ने चादर खींच कर अपने चेहरे को और ज़्यादा ढांप लिया।

"अच्छा तुम नहीं आओगी, तो मैं भी यहीं रहूंगी।" मैं नानी बी की चादर थामे तमाशा देखने लगी।

"अच्छा, बेटा, अब अपनी मां के घर का काम करो।" बंदर वाले ने डुगडुगी बजा कर हुक्म दिया।

बंदरिया ने जल्दी से एक छड़ी उठाई और उसे सर पर रखकर इधर-उधर फिराने लगी। जैसे बहुत काम कर रही है। "अच्छा, अब सास के घर का भी काम कर दो बेटा।" बंदरिया ने ज़ोर से छड़ी ज़मीन पर फेंक दी और मुंह फुलाए एक तरफ़ जाकर बैठ रही।

"बंदरिया ने छड़ी क्यों फेंक दी नानी बी?" कोई जवाब न मिला। मैंने चादर

को दो-एक झटके देकर फिर वही पूछा, फिर भी नानी बी ने कोई जवाब न दिया।

मैंने मुड़ कर देखा, तो नानी बी एक मिट्टी के ढेर में 'कुरेद-कुरेद' कर कोई चीज़ निकाल रही थीं। उन्होंने मेरी बात सुनी थी। कुछ देर बाद नानी बी ने वह चीज़ निकाल ली। एक आईने का टुकड़ा, "कैसा आईना नानी बी, मुझे भी दिखाना!" नानी बी ने फिर भी कोई जवाब न दिया। वह बड़े ग़ौर से आईने को उलट-पलट कर देख रही थीं। बहुत देर के बाद उन्होंने दबी आवाज़ में कहा, मुझसे नहीं अपने आपसे।

"आह! उन्होंने ऐसा ही आईना मेरे लिए मंगवाया था।"

"ऐसा आईना किसने मंगवाया था नानी बी?"

"वही हमारे घरवाले, हमारे आदमी।"

"तुम्हारे घरवाले कौन नानी बी?"

"वही, बुजुर्गों ने जिनसे मेरा ब्याह कराया था।"

"तो तुम्हारा ब्याह हुआ था नानी बी? बाजे बजे थे तुम्हारे ब्याह में? और तुमने अच्छे-अच्छे कपड़े और ज़ेवर पहने थे। अपने ब्याह का क़िस्सा सुनाओ नानी बी, आज कहानी के लिए ज़िद न करूंगी।"

"मेरी भोली बच्ची, हां मैंने अच्छे-अच्छे ज़ेवर और कपड़े पहने थे, परन्तु ब्याह के मानी यही नहीं। अच्छा आज कानी (कहानी) न सुनोगी, लेकिन मेरी ज़िंदगी कहानी से कम है बेटी! क्या बताऊं, कितनी धूम-धाम से हुआ था मेरा ब्याह! कहते हैं पांच हज़ार खरच हुए थे। पांच हज़ार! बराबर एक महीना लगा था, पूरा एक महीना। क्या कहूं मैं तो गहनों से जैसे लद गई थी। गले में इतना माल कि बोझ से गर्दन झुकी पड़ी थी। झूमर, मांग के मोती, माथे पर टीका झूमता हुआ, हाथों में कंगन, पोंचियां, गोट और गोटों के बीच में हाथ-भर कर हरी रेशम की चूड़ियां। इतनी बड़ी-सी नथ, पांव में चार जोड़ी ज़ेवर, कान-भर के सोने की पत्तियां। मुझे कैसा संवारा गया था। बाल पेशानी पर उतार कर ऐसे साफ़ किए गए थे, ऐसे साफ़ कि अपनी सूरत देख लो। मुंह पर चमकता हुआ रेज़, चिमकियां, मेहंदी, काजल मिस्सी से सोलह सिंगार और मैं ऐसी काहे को थी बेटी।" नानी बी ने पिचके हुए गालों पर हाथ फेर कर आईने में देखते हुए कहा, "गोल सूरत, फूले-फूले गाल, कैसी रौनख़ थी चेहरे पर। अब क्या देखती हो बेटी, हड्डी-चमड़ा होकर रह गई हूं। उस ज़माने में कैसी भरी जवान थी। एक-एक बाजू ये मोटे, दरवाज़े में न समाती थी...और कपड़ों की भड़क का क्या कहना, लाल दामनी ये बड़े-बड़े कलाई बूटों वाली।" नानी बूटों की चौड़ाई बताने के लिए अपनी हथेली फैला दी, "हरा बनारसी लहंगा। ऊदा अतलस का कुर्ता, कैसी बन-संवर कर बैठी थी मैं।" मैं नानी बी के क़िस्से को बड़ी दिलचस्पी से सुन रही थी और कल्पना में नानी बी को दुल्हन बनी देख रही

थी। पिचके हुए नहीं 'फूले-फूले गालों वाली' नानी बी को।

"मैं एक अच्छे खाते-पीते घराने से थी और हम थे ही कितने, एक भाई एक बहन! बाबा ने मेरे ब्याह पर जी खोल कर रुपया ख़र्च किया। उनके मां-बाप तो हमसे भी ज़्यादा माल वाले थे। क्या मजाल मेरा दिल कोई चीज़ मांगे और न मिले? बात भी ज़बान पर नहीं आती थी, वह चीज़ मेरे ख़दमों में। क्या कहूं बेटी मेरे ब्याह के बाद चंद साल कैसे सुख से गुज़रे। उनके बाबा मुझ पर जान छिड़कते थे और मैं सास की आंखों का तारा थी। कैसे अरमानों से बहू को ब्याह लाई थी। आख़िर एक ही तो बेटा था। जिगर का टुकड़ा। मैं सेजों पर बैठी रहती। काम करने की भी एक बात थी। मैं तो तो इधर का तिनका उठा कर न रखती थी और 'वह' मुझे कितना प्यार करते थे, मुझे घर की 'पाछा जावनी' कहा करते थे। मुझसे पूछे बिना कोई काम न करते, हर बख़त कोई-न-कोई अच्छी चीज़ मेरे लिए ले आते। कैसे-कैसे प्यार के ढंग आते थे उन्हें। न जाने कहां-कहां से सीख कर आए थे। एक दिन मसहरी पर बैठी अपनी दावनी में गोटा टांक रही थी। पीछे से आकर मेरी आंखें बंद कर दीं।" फिर जल्द ही कुछ शर्माते हुए नानी बी ने अपनी ज़बान आंखों में दबा ली। "छी-छी कैसी बातें कर रही हूं। बच्ची के सामने। ख़ैर, तुम तो बड़ी भोली बच्ची हो। उनको क्या समझोगी? हां आंखें बंद कर दीं। और चीज़ मेरे कानों में पहना कर हाथ हटा लिया। ऊई मेरे अल्लाह! मैं तो शर्म से पानी हो गई। उन्होंने दूसरे हाथ से आईना मेरे चेहरे के सामने पकड़ रखा था। कहने लगे, देखो कैसे भले लगते हैं झूमर तुम्हारे कानों में? मैंने जल्दी से झूमर निकाल डाले। मुझे तो बड़े बुरे लगते थे, इतने लंबे-लंबे लटके हुए, न बाबा, मुझे तो खाक अच्छे नहीं लगते। वह हंस कर बोले, 'तुम तो पुराने डगर पर चलती हो। आख़िर दिन-रात चारदीवारी में बंद रहती हो ना। तुम क्या जानो। जमाना कैसे बदल रहा है। अरे भई, ये नया फ़ैसन है फ़ैसन।' फैसन-वेसन मैं क्या जानूं। मुझे तो उन्हें पहनते शर्म लगती है। 'ख़ैर जाने दो, यह आईना तो नहीं नापसंद है। देखो, उसे भी न कहना। बड़ी दूर से मंगवाया हूं। छत्तर (70) रुपए लगे हैं छत्तर (70)।' अहा आईना! आईना क्या कहूं? कैसा प्यारा था। ख़ैर, यह तो एक टुकड़ा है। इससे दिल में उसकी ख़ूबसूरती की क्या ख़बर है? किनारों पर कैसे-कैसे रंगा-रंग फूल जैसे हीरे-जवाहरात जड़े थे। दिल में तो मैं बहुत खुश थी, परंतु यूं ही गिला करने लगी। 'अरे, भले आदमी! काहे को इतने रुपए ख़र्च करते हो मुझ पर, तुम्हें तो पैसों की ख़दर ही नहीं। क्या ठेकरियां हो गई हैं तुम्हारी नज़र में। छत्तर (70) रुपए बाबा?' वह मेरी तरफ़ कैसे प्यार से देखकर बोले, 'जहरा तुम्हें यूं खुस देखकर खीमत-वीमत सब कुछ भूल जाता हूं। तुम्हारी खुसी पर छत्तर रुपए तो क्या सब कुछ सदखे है।' आह! उनकी कौन-कौन-सी बात याद करूं। उन बातों को याद करती हूं तो कलेजा मुंह को आता

है।'' नानी बी ने आंसू पोंछे और दबी आवाज़ में कहने लगीं, ''आह, उस ज़माने में वह मुझे कितना चाहते थे, छत्तर रुपया देकर इतनी ज़ोर से, पराए मुल्क से मेरे लिए आईना मंगाए थे। अल्लाह-अल्लाह! यह आईना तो उनकी यादगारे मुहब्बत है'' और उन्होंने इस आईना के टुकड़े को आंखों से लगा लिया, और मैं कैसे फ़ख़र से आईना अपनी सहेलियों को दिखाती फिरती थी। वह कहतीं, 'अरी, ज़हरा तू तो बड़ी भाग वाली है। कैसा अच्छा मियां मिला है तुझे।'

''आह, किसी के भाग हमेशा एक से होते हैं, यह आसमान का चक्कर है! यह ज़माना किसी को सुखी नहीं देख सकता। अपना दुखड़ा क्या सुनाऊं बेटी, मेरा सितारा भी गर्दिश में आ गया। मेरी ख़िस्मत ऐसी फूटी, खुदा वह दिन दुश्मन को भी न दिखाए।'' नानी बी फिर रोने लगीं। ''मेरे ससुर जाते रहे। अल्लाह उनको करवट-करवट जन्नत नसीब करे।'' नानी बी ने आसमान की तरफ़ निगाहें उठा कर आंचल फैला दिया। ''मेरे बाप से भी ज़्यादा थे। अल्लाह की दी हुई इतनी धन-दौलत थी। बाप के मरने पर उन्हीं के हाथ आई। उन्होंने दुनिया ही क्या देखी थी। पैसा हाथ लगा, उनका हर कोई दोस्त और हमदर्द बन गया। इतने दोस्त पैदा हो गए, हर बखत उन्हें घेरे रहते। वह तारीफ़ों के पुल बांधने और ये थे सीधे-साधे आदमी। फूले न समाते और अपनी तारीफ सुनकर, सबको सच्चा दोस्त जान कर खूब ख़ातिर करते। उन्होंने दुनिया ही क्या देखी थी कि अच्छे-बुरे की तमीज़ करते और फिर खुदा ने उन्हें ऐसा नरम दिल दिया था। किसी को अपने दरवाज़े से धुतकार कर निकालना उनके बस की बात न थी। तुम जानो बहुत से लुच्चे लफ़ंगे, गुंडे और जमा होने शुरू हुए। बुरी सोबत (सोहबत) से अल्लाह हर एक को बचाए। जब पैगम्बर का बेटा तक ख़राब हो गया, तो हम जैसों की क्या बिसात! पैसा तो हर एक को ख़राब करता ही है, फिर भरी जवानी उन शोहदों ने अपनी जेबें भरने के लिए उनको शराब और जुए का चस्का लगा दिया। ख़ुदा उन सबको ग़ारत करे। मेरे हीरे ऐसे आदमी को ख़राब किया, फिर क्या था बेटी, बाप की इतनी मेहनत से कमाई हुई पूंजी महीनों में उड़ गई, फिर मेरे दहेज़ की चीज़ें भी एक-एक करके बिक गईं। यहां तक तो ख़ैर थी। जब कुछ न रहा, तो क्या कहूं बेटी।'' नानी बी ज़ोर-ज़ोर से सिसकियां लेने लगी ''...तो मेरे गहने मांगने लगे। शराब के नशे में चूर आधी-आधी रात को आते और ज़ेवर के लिए तख़ाज़ा करते। कभी हाथ रोक लेती, तो बस, मेरी शामत ही आ जाती। इतना मारते, इतना मारते, लातों से, घूसों से, लकड़ी कहीं देख पाते, तो उससे भी बेधड़क पीटते। मेरे हाथ-पांव सूज जाते और उन पर नीले-नीले निशान उभर आते। सारे ज़ेवर, कपड़े, बरतन सब ठिकाने लग गए। यहां तक कि मेरे बदन पर एक दामनी के सिवा कुछ न रहा। फ़ाक़े पर फ़ाक़े गुज़ार के मेरे दीदे अंदर धंस गए, कल्लों में जाले पड़ गए। सूख कर कांटा

हो गई। एक रात उन्होंने ख़ूब शराब पी ली थी। लड़खड़ाते, गिरते-पड़ते आए और बाहर दरीचे से पुकारा। मैंने डरते-डरते दरवाज़ा खोला, मगर वह अंदर नहीं आए। मुझे वहीं से बुलाया। गई तो क्या कहूं बेटी, उन्हें बराबर होश भी नहीं था। रहा-सहा कपड़ा भी खींचने लगे। या अल्लाह! मैं क्या करती? पूरी ताख़त लगाई। बहुत रोई भी, उन्होंने दामनी खींच ली। वह दामनी थी रेशम की। यूं चंद पैसों की उम्मीद में मुझे नंग-धड़ंग छोड़ कर चले गए। मैं उस रात क्या सोती? बदन पर एक कपड़ा भी नहीं, भूखी ठंड से ठिठुरी हुई। एक कोने में दुबकी बैठी रही। रात-भर अपनी फूटी क़िस्मत पर रोया की। सुबह रसोई में इधर-उधर से कुछ कोयले जमा करके उन्हें सुलगा कर चूल्हे के पास बैठी आग ताप रही थी। ऐसे में क्या देखती हूं, मेरा भाई आकर खड़ा हुआ है। .ख़ुदाया, मुझ पर घड़ों पानी पड़ गया। ज़मीन में गड़ जाती! ऐसी हालत में 'मादरजाद' नंगी। .ख़ुदाया, ज़मीन फट जाती और मैं उसमें समा जाती, आह! हम जैसी घुनागारों की दुआ कहां क़ुबूल होती है! वह तो अगली नेक बीवियों का ही हख़ था। इधर दुआ होंठ से निकली और ज़मीन सूख गई। ख़ैर, क्या करती? इधर-उधर देखा, तो हांडिया पकड़ने का कालिख से भरा कपड़ा पड़ा था। तन ढांकने को भी वह ग़नीमत था। जल्दी से ओढ़ कर कोने में सिमट कर बैठ गई। भाई फटी-फटी नज़रों से मुझे घूर रहा था। ज़बान से एक लफ़्ज़ भी न बोला। मेरे मैके वालों को कुछ ख़बर न थी कि मुझ पर यहां क्या गुज़र रही है। यहां एक-दो दफ़े मेरा भाई आया था। मैं कुछ न बोली। लाख ख़राब आदमी हो। कितना ही सताए। आख़िर मेरे मियां थे। मैं उनके ख़िलाफ़ कैसे ज़बान खोलती। अब मेरा भाई कुछ दिनों के लिए मुझे मैके ले जाने आया था। पिछली दफ़े कह गया था, ज़हरा कितने दिन हो गए तुम्हें मैके आकर। बेचारी अम्मा बहुत याद करती हैं। अब मैं नौकरी की ख़ातिर पराई बस्ती जा रहा हूं। वहां से लौट आऊंगा, तो अब की दफ़े तुम्हें ज़रूर लेकर जाऊंगा और बेटी, जब वह आया, तो मैं ऐसे हाल में थी। ऐसी लाचार, ऐसी बेबस। उसे कितना दुख पहुंचा होगा! आख़िर ख़ों से ख़ों लगा था।'' उसके बाद देर तक नानी बी कुछ बोल न सकीं। रोते-रोते उनकी हिचकी बंध गई थी। कैसी बुरी हालत हो रही थी उनकी। आवाज़ ही न निकलती थी। लटका हुआ निचला होंठ और ज़्यादा लटक आता और आंसू उबल-उबल आते। नानी बी को इस हालत में देखकर मेरा नन्हा दिल भर आया। जैसे मैं उनकी कहानी को पूरे तौर पर समझ न सकी थी, फिर भी नानी बी को यूं रोती देखकर मैं भी रोने लगी। उन्होंने बहुत मुश्किल से अपनी हालत संभाली। आंसू पोंछे और मुझे सीने से लगा लिया, ''रो ना बेटी, तुम काहे को रोती हो नन्ही शहज़ादी। इतना दर्द है मेरी बच्ची को।''

''अच्छी नानी बी, तुम्हें कहानी सुनाने से इतना दुख होता है, तो न सुनाओ।

मैं अच्छी बच्ची हूं। ज़िद नहीं करती। चलो घर चलें।''

''नहीं बेटी, तुम्हें अपनी दुख-भरी कहानी सुनाकर मेरे दिल का बोझ हलका हो रहा है। अब तलक मैं किसी से न बोली थी। किससे बोलती? इस ख़ुदग़र्ज़ दुनिया में कोई मेरा दर्द पहचानने वाला नहीं, तुम बेटी, नन्हीं हो, लेकिन कैसा दर्द भरा दिल रखती हो। अब तुम सब कुछ नहीं समझ सकतीं। जब बड़ी होगी, तो समझोगी। नानी बी की याद के साथ तुम्हें आज की बातें याद आएंगी...और दुख-सुख का कहना ही क्या? वह तो इस ज़िंदगी में लगा ही रहता है, फिर मैं इतना सुख न पाती, तो इतना दुख काहे को उठाती। ख़ैर, लो तुम्हें बाक़ी कहानी भी सुनाए देती हूं। कम-से-कम दिल का बोझ तो हलका हो जाएगा।''

'' 'ये तुम्हारा क्या हाल हुआ है ज़हरा', मेरे भाई ने पूछा? मैं फिर भी कुछ न बोली खुदा हाज़िर-नाज़िर है। उनके ख़िलाफ़ मेरी ज़बान न खुली, पर मेरी आंखों से आंसुओं की झड़ी लगी थी। मेरा भाई रोता हुआ चला गया। कुछ देर बाद वह आया। एक गठरी फेंक के बोला, 'लो ज़हरा, ये पहन लो।' और आप दूसरी तरफ़ मुंह फेर कर तेशादान में से कुछ खाने की चीज़ें निकालने लगा। मैंने गठरी खोली, कपड़े पहने और हम दोनों खाने पर बैठे। खाते हुए उसने कोई बात न की। नज़रें नीची किए बैठा रहा। खा चुकने के बाद आहिस्ता से दबी आवाज़ में बोला, 'चलो ज़हरा, घर चलो, मुझे इस बदमाश के सब करतूत मालूम हो चुके हैं। खुदा की ख़सम मैं तुम्हें फिर इस नालायख़ के घर भेजूं, इस ज़ालिम को अपने घर में ख़दम रखने दूं, तो एक बाप की औलाद नहीं। फिर भी उस बेग़ैरत ने ख़दम रखा, तो महल्ला में फ़ज़ीती (फज़ीहत) कराऊंगा।' फिर वह कुछ न बोला। ख़ामोशी से मुझे गाड़ी में बैठा कर घर ले आया। मैं तभी समझ गई थी कि वह ऐसा ज़रूर करेगा। आह! मैं तभी समझ गई थी कि वह मुझे फिर उनसे मिलने न देगा। नानी बी बहुत ज़ोर से सिसकियां भरकर रोने लगीं। ''वह घुस्सा (गुस्सा) में बातें कहता तो और बात थी। घुस्सा उतर ही जाता और मुझे कुछ आस होती, लेकिन ये कहते वख़्त उसके चेहरे पर कैसा सख़ून था। घुस्सा नाम को नहीं...मैं तभी जान गई, उसका इरादा पक्का है''...नानी बी ने एक सर्द आह भरी, ''मेरा ख़याल सही निकला। कुछ दिन बाद वह आए। आह, बेटी, मैं अचंभे से तकने लगी।'' नानी बी के सीने में एक हलचल-सी मची हुई थी। वह फूट-फूट कर रो रही थीं, ''आह, क्या कहूं बेटी...उनके चेहरे पर पछतावा था। उदासी थी। वह ज़रूर अपने किए पर दुखी थे और उनके हाथ में एक नई साड़ी भी थी। मैं दरवाज़ा खोलने भागी। बहुत जल्द भागी, फिर भी मेरा भाई आ ही गया...आ ही गया। मुझे ज़ोर से ढकेल कर आगे बढ़ा। उन्हें ऐसी-ऐसी बातें सुनाईं। उन्हें शोहदा, लफ़ंगा, बदमाश कहा। बेशरम कहा। बेग़ैरत कहा। मेरे अल्लाह! नहीं, कभी नहीं। वह बेग़ैरत नहीं थे। उनमें शरीफ़ों का ख़ून

था। मैं भाई के पांव पर गिर पड़ी, 'अल्लाह वास्ते ऐसा न कहो भाई।' उसने मुझे बेग़ैरत कहा। अल्लाह-अल्लाह! ये सुनकर भी ख़ामोश खड़े थे। सिर्फ़ इतना बोले, 'मैं तुम्हारे घर पर रहने नहीं, ज़हरा को लेने आया हूं।' 'अब इसका तुमसे कोई ताल्लुख़ नहीं। सरम नहीं आती इसे इतना सताकर।' मेरा भाई दांत पीस कर बरस पड़ा, 'क्या मेरी बहन इतनी सस्ती है। हमारे पास दो टुकड़े रोटी भी नहीं कि उसे पाल सकें? ख़ुदा की ख़सम मेरी बहन भूखों मरे, उसे तुम जैसे ज़ालिम के पास न भेजूंगा। मार तो दिया इसे।' मेरे भाई ने उनके हाथ से साड़ी खींच कर नाली में फेंक दी।

'मुझे ज़हरा से तो पूछ लेने दो। अगर वो ना कहे, तो मैं ज़रूर चला जाऊंगा। अगर राज़ी है, तो तुम्हारा कोई हख़ नहीं, इस पर। वह मेरी बीवी है। मैं उसे ज़रूर ले जाऊंगा।' 'हुंह, ना क्यों कहेगी? फिर आ जाएगी। तुम्हारे साथ अपना मुर्दा निकलवाने'। और मैं पीछे से रो-रो कर विनती कर रही थी। 'भाई, मैं जाऊंगी भाई, मुझे जाने दो।' और भाई ने मुझे आग बरसाती नज़रों से देखा। 'चुप बेग़ैरत कहीं की।'

'नहीं, मैं ज़हरा से पूछूंगा।' उन्होंने दहलीज पर ख़दम रखते हुए कहा। ख़रीब था मेरा भाई, उन्हें धक्का देकर बाहर निकाल दिया। बेशरम अंदर ख़दम रखता है? ऐसा बेशरम न होता, तो औरत जात के गहने बेचता। क्या पूछना है ज़हरा से? वह तो रो-रो कर कह रही है, मैं इस ज़ालिम के साथ न जाऊंगी, आह भाई ने कैसा झूठ बोला...! कैसा झूठ बोला! 'अगर तुममें ज़रा भी ग़ैरत है, तो जा, तुरंत यहां से चला जा, फिर कभी इधर न फटकना।' फिर मेरे भाई ने इतने ज़ोर से किवाड़ बंद किए। कुछ देर बाद मैंने डरते-डरते खिड़की में से जाकर देखा। वह हमारे घर से कुछ दूर खड़े थे। आह, बेटी, मैंने अच्छी तरह देखा, उनकी आंखों में पानी था...उनकी आंखों में आंसू थे, फिर वह चले गए। हमेशा के लिए चले गए। वह बड़े ग़ैरत वाले थे बेटी, इतना होने के बाद फिर इस घर पर आते?...आह, मेरे भाई ने मुझे क्यों न जाने दिया? न जाने दिया, तो क्या हुआ? मैं मोख़ा पाकर रात वहां से चली आई। वहां से निकल कर उन्हें बहुत ढूंढा भी, पर कहां मिलते! मेरे ऐसे नसीब कहां, वहां से जो निकली बेटी, तो नौकरी के लिए मारी-मारी फिरी, पर फिर इस घर में ख़दम न रखा...मैं मां के यहां चैन से रह सकती थी, लेकिन मेरी ग़ैरत कैसे ख़बूलती कि वहां पड़ी हूं। मुझे किसी के घर की नौकरी तो क्या, मजूरी करना मंजूर था, पर इस दरवाज़े पर से जाना मंजूर न था, जो उस पर बंद हुआ था...हमारे बाबा इस वख़्त पर ज़िंदा होते, तो कभी ऐसा न करते। मुझे ज़रूर भेज देते। उन्हें बेटी का लाख दर्द सही, वह मियां का दर्जा पहचानते थे। कहा करते थे, औरत का मुक़ाम शौहर का घर ही है। भाई ने जोश में ये न पहचाना। बाबा होते, तो

ज़रूर भेज देते...सभी ठोकरें खाते हैं। उनकी तो भरी जवानी थी। बाद में संभल ही जाते और मुझे तो ऐसा मालूम पड़ता कि वह तभी डेढ़-दो महीनों में ही बहुत संभल गए थे, फिर मेरी ज़िंदगी कैसे सुख से गुज़री! एक-दो दिन तकलीफ़ सह ही लेती। और फिर वह मारते थे, तो क्या कुछ जानकर मारा करते थे? शराब पीकर उन्हें होश थोड़े ही रहता था। सुबह जब उनकी हालत अच्छी रहती, तो इन नीले सूजे हुए हिस्सों पर हाथ फेरा करते, फिर एक-दो बार उन्होंने गर्म पानी में रूई भिगोकर सेंका भी था। इन दिनों भी कभी-कभी कैसी प्यार भरी नज़रों से देख लिया करते थे! मैं सब कुछ भूल जाती। ओ .ख़ुदा! खुदाया, उनकी ऐसी ही एक नज़र बस थी...एक नज़र ही बस थी।'' नानी बी फूट-फूट कर रो रही थीं। मैं तो डर ही गई। उनका सूखा जिस्म ऐसे हिल रहा था, जैसे उनके अंदर भूचाल आ गया हो।

कुछ देर बाद नानी बी ख़ामोश हो गईं, फिर जब तूफ़ान आहिस्ता-आहिस्ता थमा, कहने लगीं, ''और उनमें कोई ऐसी-वैसी बात भी न थी। शराब-जुए को क्या कहना अगर ये लत फरिश्तों को भी पड़े, तो भी न छूटे, पर किसी की क्या मजाल कि दूसरी बातों में उनकी तरफ़ उंगली उठाए। ऐसे थे वह। ग़ैर औरत की तरफ़ कभी नज़र उठाकर भी न देखते थे और बेटी, जब मर्द में ये बात हो, तो औरत कुछ नहीं, सह लेती।''

नानी बी की लंबी कहानी ख़त्म हुई, परंतु इस कहानी की बहुत-सी बातें मेरे दिमाग़ के किसी कोने में जा घुसी थीं। सिर्फ़ एक बात मुझे बहुत ही अहम मालूम हो रही थी, नानी बी का आदमी उन्हें मारकर उनके ज़ेवर छीन लिया करता।

और मैं बड़ी बेसब्री से इंतज़ार कर रही थी कि नानी बी अपनी कहानी ख़त्म करे, तो अपनी नन्ही ज़बान से टूटे-फूटे शब्दों में हमदर्द सूरत बनाए बोली, ''नानी बी, तुम सचमुच कितना दुःख उठाई हो। कैसा ख़राब था तुम्हारा आदमी। तुम्हें यूं मार कर तुम्हारे अच्छे-अच्छे ज़ेवर छीन लेता था? कैसा ख़राब आदमी था? तुम्हें उसकी सूरत से नफ़रत होती थी ना?''

''नफ़रत बेटी, उसकी सूरत से नफ़रत! क्या बताऊं तुम्हें, वह कैसा था, कैसा हंसमुख! कैसा बांका सजीला जवान, गठा हुआ बदन, चौड़ा-चकला सीना और सूरत का तो क्या कहना! चौड़ी सूरत, ये ऊंची नाक, चौड़ी पेशानी, मोटी-मोटी काली आंखें। मैं तो घंटों बैठी इस सूरत को ताका करती थी, फिर भी जी न भरता, जब उजले-उजले कपड़े पहने, लाल कश्मीरी रूमाल कंधों पर डाले बाहर निकलता था, तो देखने के लिए ये दो आंखें काफ़ी नहीं थीं। मैं जल्दी-जल्दी लाल-पीला पानी ले आती और ड्योढ़ी के बाहर ख़दम रखते ही उतार फेंकती के कहीं चांद से मुखड़े को नज़र न लग जाए। उसकी सूरत से नफ़रत बेटी! वह तो बाछाहों का बाछा था।

शहज़ादों का शहज़ादा!"

....

"क्या कर रही हो परवीन? अगर तुमने अपनी सहेलियों के नाम चिट्ठियां लिख दी हैं, तो लाओ, उन्हें रहीम के हाथ भिजवा दूं। सब सामान आ गया है, तुम आओ न ख़ैरून बी की मदद करो। बेचारी अकेली इतनी चीज़ें कैसे तैयार कर सकेगी। दो-एक तुम कर लो। तुम देखती हो तसनीम तो मेरी गोद छोड़ता ही नहीं।"

"नहीं अम्मी, आज पार्टी नहीं दूंगी।"

"क्यों बेटी? तुम भी अजीब हो, आज ख़ुशी का दिन है। जी भर कर ख़ुशियां मनाओ।"

"इस दुनिया में तो बस खुशी ही नहीं है अम्मी, उसके साथ ग़म भी तो लगा हुआ है।"

"हुंह!" अम्मी ज़ोर से हंस पड़ीं। "अभी से 'क़नूती' होती जा रही हो। अपनी ज़िंदगी के सबसे रंगीन ज़माने में ही।"

"अम्मी शायद आपको मालूम नहीं कल नानी बी इंतक़ाल कर गईं।" मैंने गंभीरता से जवाब दिया।

"फिर वही नानी बी! सचमुच उस बूढ़ी ने तुम पर जादू कर दिया था।"

"अम्मी तुम अब भी नानी बी को न समझ सकीं...!"

लिहाफ़

इस्मत चुग़ताई

जन्म : 1915, बदायूं, निधन : 24 अक्तूबर, 1991 मुंबई। उर्दू महिला-लेखन का सबसे 'गर्म' नाम। 'लिहाफ़' सबसे चर्चित अफ़साना। उर्दू में एक ज़माने में मंटो और इस्मत के उरियां (नंगे) अफ़सानों की न सिर्फ़ चर्चा होती थी, बल्कि अक्सर घरों में उनके पढ़ने पर भी पाबंदी थी। जैसी क़लम, वैसा ही जीवन भी रहा। एकदम से बिंदास और बोल्ड। मृत्यु उपरांत बवाल उठ खड़ा हुआ। क्योंकि उन्होंने क़ब्र की नहीं, चिता की मांग की थी, जीवन से मृत्यु और मृत्यु के बाद भी इस्मत का लेखन अभी तक विवादों में घिरा है।

जब मैं जाड़ों में लिहाफ़ ओढ़ती हूं, तो पास की दीवार पर उसकी परछाइयां हाथी की तरह झूमती हुई मालूम होती हैं और एकदम से दिमाग़ बीती हुई दुनिया के पर्दों में दौड़ने-भागने लगता है। उस समय ना जाने क्या कुछ याद आने लगता है।

माफ़ कीजिएगा, मैं आपके लिए ख़ुद अपने लिहाफ़ का रूमान भरा वर्णन करने नहीं जा रही हूं। न लिहाफ़ से किसी प्रकार का रोमांस ही जोड़ा जा सकता है। मेरे ख़याल में कंबल कम आराम देने वाला सही, मगर उसकी परछाईं इतनी भयानक नहीं होती, जितनी लिहाफ़ की परछाईं दीवार पर जब डगमगा रही हो। यह तब का ज़िक्र है, जब मैं छोटी-सी थी और दिन-भर भाइयों और उनके दोस्तों के साथ मार-कुटाई में गुज़ार दिया करती थी। कभी-कभी मुझे ख़याल आता है कि मैं कमबख़्त इतनी लड़ाका क्यों थी? उस उम्र में, जबकि मेरी और बहनें आशिक़ जमा कर रही थीं।

यह वजह थी कि अम्मा जब आगरा जाने लगी, तो हफ़्ता-भर के लिए मुझे अपनी मुंहबोली बहिन के पास छोड़ गईं। उनके यहां अम्मा ख़ूब जानती थी कि चूहे का

बच्चा भी नहीं है और मैं किसी से भी लड़-भिड़ न सकूंगी। सज़ा तो ख़ूब थी मेरी। हां, तो अम्मा मुझे बेगम जान के पास छोड़ गईं। वही बेगम जान जिनका लिहाफ़ अब तक मेरे ज़हन में गर्म लोहे के दाग़ की तरह महफ़ूज़ है। यह वह बेगम जान थीं, जिनके ग़रीब मां-बाप ने नवाब साहब को इसलिए दामाद बना लिया कि यूं तो वह पक्की उम्र के थे, मगर थे निहायत नेक। कभी कोई रंडी या बाज़ारू औरत उनके यहां नज़र नहीं आई। .ख़ुद हाजी थे और बहिनों को हज करा चुके थे।

मगर उन्हें एक निहायत अजीब-ओ-ग़रीब शौक़ था। लोगों को कबूतर पालने का जनून होता है, बटेरे लड़ाते हैं, मुर्गेबाज़ी करते हैं। इस क़िस्म के वाहियात खेलों से नवाब साहब को नफ़रत थी। उनके यहां तो बाल-विद्यार्थी रहते थे। नौजवान, गोरे-गोरे, पतली कमर के लड़के, जिनका सारा ख़र्च वह .ख़ुद बर्दाश्त करते थे।

मगर बेगम जान से शादी करके तो वह उन्हें कुल साज़-सामान के साथ ही घर में रखकर भूल गए और वह बेचारी दुबली-पतली नाज़ुक-सी बेगम एकांत के ग़म में घुलने लगीं।

न जाने उसकी ज़िंदगी कहां से शुरू होती है! वहां से जब वह पैदा होने की ग़लती कर चुकी थीं या वहां से जब कि बेगम बन कर आई और छपरखट पर ज़िंदगी गुज़ारने लगीं या जब से नवाब साहब के यहां लड़कों का ज़ोर बंधा। उनके लिए मुर्ग़न हलवे और लज़ीज़ खाने जाने लगे और बेगम जान दीवानख़ाने की दराज़ों में से लचकती कमर वाले लड़कों की चुस्त पिंडलियां और इत्र में डूबे बारीक शबनम के कुर्ते देख-देखकर अंगारों पर लोटने लगीं।

या जब से, जब वह मन्नतों, मुरादों से हार गईं। चिल्ले बंधे और टोटके और रातों का वज़ीफ़ा पढ़ना भी चित हो गया। कहीं पत्थर में भी जोंक लगती है! नवाब साहब अपनी जगह से टस-से-मस न हुए, फिर बेगम जान का दिल टूट गया और उन्होंने इल्म की तरफ़ ध्यान दिया, लेकिन यहां भी उन्हें कुछ न मिला। इश्क़िया नॉवल और रोमांटिक शेर पढ़कर भी पस्ती छा गई। रात की नींद भी हाथ से गई और बेगम जान जी छोड़कर बिल्कुल ही निराशा की पोट बन गईं।

चूल्हे में डालो ऐसा कपड़ा लत्ता! कपड़ा पहना जाता है किसी पर रौब गांठने के लिए। अब न तो नवाब साहब को फ़ुर्सत कि शबनमी कुर्ते को छोड़कर ज़रा इधर ध्यान करें और न वह उन्हें कहीं आने-जाने देते हैं। जब से बेगम जान ब्याह कर आई थीं, रिश्तेदार आकर महीनों रहते और चले जाते, मगर वह बेचारी क़ैद में रहतीं।

इन रिश्तेदारों को देख कर उनका भी ख़ून जलता था कि सब-के-सब मज़े से माल उड़ाने, उम्दा घी निगलने, जाड़े का साज़-ओ-सामान बनवाने आ मरते हैं और वह बावजूद नई रूई के लिहाफ़ में पड़ी सर्दी में अकड़ जातीं।

हर करवट पर लिहाफ़ नई-नई सूरतें बना कर दीवार पर छाया डालता मगर कोई भी छाया ऐसी न थी, जो उन्हें ज़िंदा रखने के लिए काफ़ी हो। मगर क्यों जिए फिर कोई? बेगम जान की ज़िंदगी जो थी! जीना बदा था नसीबों में। वह फिर जीने लगीं, ख़ूब जीईं।

रब्बू ने उन्हें नीचे गिरते-गिरते संभाल लिया। सरपट देखते-देखते उनका सूखा जिस्म भरना शुरू हुआ। गाल चमक उठे और हुस्न फूट निकला। एक अजीबो-ग़रीब तेल मालिश से बेगम जान की ज़िंदगी में झलक आई। माफ़ कीजिएगा इस तेल का नुस्ख़ा आपको बेहतरीन-से-बेहतरीन रिसाले में भी न मिलेगा।

जब मैंने बेगम जान को देखा, तो वह चालीस-बयालीस की होंगी। ओफ़्फ़ोह! किस शान से मसनद पर अधलेटी थीं और रब्बू उनकी पीठ से लगी बैठी कमर दबा रही थी। एक ऊदे रंग का दुशाला उनके पैरों पर पड़ा था और वह महरानी की तरह शानदार मालूम हो रही थीं। मुझे उनकी शक्ल अत्यंत पसंद थी। मेरा जी चाहता था, घंटों बिल्कुल पास से उनकी सूरत देखा करूं। उनकी रंगत बिल्कुल सफ़ेद थी। नाम को सुर्ख़ी का ज़िक्र नहीं और बाल काले और तेल में डूबे थे। मैंने आज तक उनकी मांग ही बिगड़ी नहीं देखी। क्या मजाल जो एक बाल इधर-उधर हो जाए? उनकी आंखें काली थीं और भौंहों पर फालतू बाल अलग कर देने से कमान सी खिंची हुई थीं। आंखें ज़रा तनी हुई रहती थीं। भारी-भारी फूले हुए पपोटे, मोटी-मोटी पलकें। सबसे ज़्यादा जो उनके चेहरे पर आश्चर्यजनक देखने लायक़ चीज़ थी, वे उनके होंठ थे। प्रायः वे सुर्ख़ी से रंगे रहते थे। ऊपर के होंठ पर हलकी-हलकी मूछें-सी थीं और कनपटियों पर लंबे-लंबे बाल। कभी-कभी उनका चेहरा देखते-देखते अजीब-सा लगता था, कम उम्र के लड़कों जैसा।

उनके जिस्म की त्वचा भी सफ़ेद और चिकनी थी। मालूम होता था, किसी ने कसकर टांके लगा दिए हों। प्रायः वह अपनी पिंडलियां खुजाने के लिए खोलतीं, तो मैं चुपके-चुपके उनकी चमक देखा करती। उनका क़द बहुत लंबा था और फिर गोश्त होने की वजह से वह बहुत ही लंबी-चौड़ी मालूम होती थीं, लेकिन बहुत संतुलित और ढला हुआ जिस्म था। बड़े-बड़े चिकने और सफ़ेद हाथ, सुडौल कमर...तो रब्बू उनकी पीठ खुजाया करती थी, यानी घंटों उनकी पीठ खुजाती। पीठ खुजवाना भी ज़िंदगी की ज़रूरतों में से था, बल्कि शायद ज़िंदगी की ज़रूरतों से भी ज़्यादा।

रब्बू को घर का कोई काम न था। बस, सारे वक़्त उनके छपरखट पर चढ़ी कभी पैर, कभी सिर और कभी जिस्म के दूसरे हिस्सों को दबाया करती थी। कभी तो मेरा दिल बोल उठता था, जब देखो, रब्बू कुछ-न-कुछ दबा रही है या मालिश कर रही है। कोई दूसरा होता, तो न जाने क्या होता? मैं अपनी कहती हूं, कोई

दूसरी छुए भी, तो मेरा जिस्म तो सड़-गल कर ख़त्म हो जाए।

और फिर वह रोज़-रोज़ की मालिश काफ़ी नहीं थी। जिस दिन बेगम जान नहातीं...या अल्लाह! बस दो घंटा पहले से तेल मालिश और .ख़ुशबूदार उबटनों की मालिश शुरू हो जाती और इतनी होती कि मेरा तो कल्पना से ही दिल टूट जाता। कमरे के दरवाज़े बंद करके अंगीठियां सुलगतीं और चलता मालिश का दौर। प्रायः सिर्फ़ रब्बू ही रहती। बाक़ी नौकरानियां बड़बड़ातीं और दरवाज़े पर से ही ज़रूरतों की चीज़ें देती जातीं।

बात यह थी कि बेगम जान को खुजली का मर्ज़ था। बेचारी को ऐसी खुजली होती थी कि हज़ार तेल और उबटने मले जाते थे, मगर खुजली थी कि कायम! डाक्टर-हकीम कहते कुछ भी नहीं, जिस्म सफाचट पड़ा है। हां, कोई जिल्द के अंदर बीमारी हो तो ख़ैर। नहीं, भई डाक्टर तो हुए हैं पागल। कोई आपके दुश्मनों को मर्ज है? अल्लाह रखे ख़ून में गर्मी है। रब्बू मुस्करा कर कहती और महीन-महीन नज़रों से बेगम जान को घूरती रहती और यह रब्बू, जितनी बेगम जान गोरी थीं, उतनी वह काली। जिनती बेगम जान सफ़ेद थीं, उतनी ही यह सुर्ख़। बस, जैसे तपाया हुआ लोहा। हलके-हलके चेचक के दाग़, गठा हुआ ठोस जिस्म, फुर्तीले छोटे-छोटे हाथ, कसी हुई छोटी तोंद, बड़े-बड़े फूले हुए होंठ, जो हमेशा नमी में डूबे रहते और जिस्म में से अजीब घबराने वाली बू के शरारे निकलते रहते थे और वे नन्हे-नन्हे फूले हुए हाथ किस क़दर फुर्तीले थे! अभी कमर पर, तो यह लीजिए फिसलकर गए कूल्हों पर, वहां से रपटे रानों पर और फिर दौड़े टखनों की तरफ़। मैं तो जब कभी बेगम जान के पास बैठती, यही देखती कि अब इसके हाथ कहां हैं और क्या कर रहे हैं?

गर्मी-जाड़े बेगम जान हैदराबादी जाली कारगे के कुर्ते पहनतीं। गहरे रंग के पाजामे और सफ़ेद झाग से कुर्ते और पंखा भी चलता हो, फिर भी वह हलकी दुलाई ज़रूर जिस्म पर ढके रहती थीं। उन्हें जाड़ा बहुत पसंद था। जाड़े में मुझको उनके यहां अच्छा मालूम होता। वह हिलती-डुलती बहुत कम थीं। कालीन पर लेटी हैं। पीठ खुज रही है। खुश्क मेवे चबा रही हैं और बस। रब्बू से दूसरी सारी नौकरानियां ख़ार खातीं। चुड़ैल बेगम जान के साथ खाती, साथ उठती-बैठती और माशाअल्लाह साथ ही सोती थी। रब्बू और बेगम जान आम जलवों और महफ़िलों की दिलचस्प बातचीत का विषय थीं। जहां उन दोनों का ज़िक्र आया और क़हक़हे उठे। लोग न जाने क्या-क्या चुटकले ग़रीब पर उड़ाते, मगर वह दुनिया में किसी से मिलती ही न थी। वहां तो बस वह थीं और उनकी खुजली।

मैंने कहा कि उस वक़्त मैं काफ़ी छोटी थी और बेगम जान पर फ़िदा। वह भी मुझे बहुत प्यार करती थीं। संयोग से अम्मा आगरा गईं। उन्हें मालूम था कि अकेले

घर में भाइयों से मार-पिटाई होगी, मारी-मारी फिरूंगी, इसलिए वह सप्ताह भर के लिए मुझे बेगम जान के पास छोड़ गईं। मैं भी .खुश और बेगम जान भी .खुश। आख़िर वो अम्मा की मामी बनी हुई थीं!

सवाल यह उठा कि मैं सोऊं कहां? कुदरती तौर पर बेगम जान के कमरे में। अतः मेरे लिए भी उनके छपरखट से लगाकर छोटी-सी पलंगड़ी डाल दी गई। दस-ग्यारह बजे तक तो बातें करते रहे। मैं और बेगम जान चैस खेलते रहे और फिर मैं सोने के लिए अपने पलंग पर चली गई और जब मैं सोई, तो रब्बू वैसी ही बैठी उनकी पीठ खुजा रही थी। ''भंगिन कहीं की।'' मैंने सोचा। रात को मेरी एकदम से आंख खुली, तो मुझे अजीब तरह का डर लगने लगा। कमरे में घुप अंधेरा और उस अंधेरे में बेगम जान का लिहाफ़ ऐसे हिल रहा था, जैसे उसमें हाथी बंद हो।

''बेगम जान!'' मैंने डरी हुई आवाज़ निकाली। हाथी हिलना बंद हो गया। लिहाफ़ नीचे दब गया।

''क्या है? सो रहो।'' बेगम जान ने कहीं से आवाज़ दी।

''डर लग रहा है,'' मैंने चूहे की-सी आवाज़ में कहा।

''सो जाओ, डर की क्या बात है? आयतुल्कुर्सी पढ़ लो।''

''अच्छा।'' मैंने जल्दी-जल्दी आयतुल्कुर्सी पढ़ी, मगर ''याअल्मू माबीन'' पर हर बार आकर अटक गई। यद्यपि मुझे इस वक़्त पूरी आयत याद है।

''तुम्हारे पास आ जाऊं, बेगम जान...?''

''नहीं, बेटी, सो रहो।'' ज़रा सख़्ती से कहा और फिर दो आदमियों के खुसर-फुसर करने की आवाज़ सुनाई देने लगी।

''हाय रे, यह दूसरा कौन?'' मैं और भी डरी।

''बेगम जान, चोर-वोर तो नहीं।''

''सो जाओ बेटा, कैसा चोर? रब्बू की आवाज़ आई। मैं जल्दी लिहाफ़ में मुंह डालकर सो गई।

सुबह-सवेरे मेरे दिमाग़ में रात के ख़ौफ़नाक नज़ारे का ख़याल भी न रहा। मैं हमेशा की वहमी हूं। रात को डरना, उठ-उठकर भागना और बड़बड़ाना तो बचपन में रोज़ ही होता था। सब तो कहते थे मुझ पर भूतों का साया हो गया। अतः मुझे ख़याल भी न रहा। सुबह को लिहाफ़ बिल्कुल मासूम नज़र आ रहा था, मगर दूसरी रात जब मेरी आंख खुली, तो रब्बू और बेगम जान में कुछ झगड़ा बड़ी ख़ामोशी से छपरखट पर ही तय हो रहा था और मेरी ख़ाक समझ में न आया था कि क्या फ़ैसला हुआ। रब्बू हिचकियां लेकर रोई, फिर बिल्ली की तरह सपड़-सपड़ रकाबी चाटने जैसी आवाज़ें आने लगीं। उंह, मैं तो घबराकर सो गई।

आज रब्बू अपने बेटे से मिलने गई हुई थी। वह बड़ा झगड़ालू था। बहुत कुछ बेगम जान ने किया। उसे दुकान करवायी, गांव में लगाया, मगर वह किसी तरह मानता ही न था। नवाब साहब के यहां कुछ दिन रहा। ख़ूब जोड़े-जामे भी बने, पर न जाने क्यों ऐसा भागा कि रब्बू से मिलने भी न आता। अतः रब्बू ही अपने किसी रिश्तेदार के यहां उससे मिलने गई थी। बेगम जान जाने न देतीं, मगर रब्बू भी मजबूर हो गई।

सारा दिन बेगम जान परेशान रहीं। उनका जोड़-जोड़ टूटता रहा। किसी का छूना भी उन्हें न भाता था। उन्होंने खाना भी न खाया और सारा दिन उदास पड़ी रहीं।

"मैं खुजा दूं बेगम जान।" मैंने बड़े शौक़ से ताश के पत्ते बांटते हुए पूछा। बेगम जान मुझे ग़ौर से देखने लगी।

"मैं खुजा दूं। सच कहती हूं।" मैंने ताश रख दिए।

मैं थोड़ी देर तक खुजाती रही और बेगम जान चुपकी लेटी रहीं। दूसरे दिन रब्बू का आना था, मगर वह आज भी ग़ायब थी। बेगम जान का मिज़ाज चिड़चिड़ा होता गया। चाय पी-पीकर उन्होंने सिर में दर्द कर लिया।

मैं फिर खुजाने लगी, उनकी पीठ, चिकनी मेज़ के तख़्ते जैसी पीठ, मैं हौले-हौले खुजाती रही। उनका काम करके कैसी ख़ुशी होती थी!

"ज़रा ज़ोर से खुजाओ, बंद खोल दो।" बेगम जान बोली, "इधर...अय है, ज़रा शाने के नीचे। हां, वाह, भाई वाह! हां-हां-हां!"

वह सरूर में ठंडी सांसें लेकर इत्मीनान ज़ाहिर करने लगीं।

"और इधर," हालांकि बेगम जान का हाथ ख़ूब जा सकता था, मगर वह मुझसे ही खुजवा रहीं थीं और मुझे उलटा गर्व हो रहा था, "यहां...ऊई...तुम तो गुदगुदी करती हो...वाह..." वह हंसीं। मैं बातें भी कर रही थी और खुजा भी रही थी।

"तुम्हें कल बाज़ार भेजूंगी। क्या लोगी? वही सोती-जागती गुड़िया?"

"नहीं, बेगम जान, मैं तो गुड़िया नहीं लेती। क्या बच्चा हूं अब मैं?"

"बच्चा नहीं तो क्या बूढ़ी हो गई?" वह हंसीं, "गुड़िया नहीं तो बबुआ लेना...कपड़े पहना देना...मैं दूंगी तुम्हें बहुत-से कपड़े, सुना।" उन्होंने करवट ली।

"अच्छा।" मैंने जवाब दिया।

इधर उन्होंने मेरा हाथ पकड़कर जहां खुजली हो रही थी, रख दिया। जहां उन्हें खुजली मालूम होती, वहां मेरा हाथ रख देतीं और मैं बेख़याली बबुए के ध्यान में डूबी मशीन की तरह खुजाती रही और वह लगातार बातें करती रहीं।

"सुनो तो, तुम्हारी फ़्रॉकें कम हो गई हैं। कल दर्ज़ी को दे दूंगी कि नई सी लाए। तुम्हारी अम्मा कपड़ा दे गई हैं।"

"वह लाल कपड़े की नहीं बनवाऊंगी, चमारों जैसी।" मैं बकवास कर रही थी

और हाथ न जाने कहां से कहां पहुंचा बातों-बातों में मुझे मालूम भी न हुआ। बेगम जान तो चित्त लेटी थीं। अरे, मैंने जल्दी से हाथ खींच लिया।

"ऊई लड़की, देखकर नहीं खुजाती, मेरी पसलियां नोचे डालती है।" बेगम जान शरारत से मुस्कराईं और मैं झेंप गई।

"इधर आकर मेरे पास लेट जा..." उन्होंने मुझे बाजू पर सिर रखकर लिटाया।

"अय है, कितनी सूख रही है, पसलियां निकल रही हैं।" उन्होंने मेरी पसलियां गिननी शुरू कर दीं।

"ऊं।" मैं मुनमुनाई।

"उई, तो क्या मैं खा जाऊंगी? कैसा तंग स्वेटर बुना है।"

"गर्म बनियान भी नहीं पहना तुमने।" मैं कुलबुलाने लगी।

"कितनी पसलियां होती हैं।" मैंने स्कूल में याद की हुई हाईजीन की मदद ली। वह भी ऊटपटांग।

"हटाओ तो हाथ...हां, एक-दो-तीन-।"

मेरा दिल चाहा किसी तरह भागूं और उन्होंने ज़ोर से भींचा।

"ऊं।"...मैं मचल गई। बेगम जान ज़ोर-ज़ोर से हंसने लगीं। अब भी, जब उनका उस वक़्त का चेहरा याद करती हूं, तो दिल घबराने लगता है। उनकी आंखों के पपोटे और वज़नी हो गए। ऊपर के होंठों पर स्याही फिरी हुई थी। बावजूद सर्दी के पसीने की नन्ही-नन्ही बूंदें होंठों और नाक पर चमक रही थीं। उनके हाथ ठंडे सर्द थे, मगर नर्म-नर्म जैसे उन पर की खाल उतर गई हो। उन्होंने शाल उतार दी थी और करगे के महीन कुर्ते में उनका जिस्म आटे की लोई की तरह चमक रहा था। भारी जड़ाऊ सोने के बटन गले के एक तरफ़ झूल रहे थे। शाम हो गई और कमरे में अंधेरा घुट रहा था। मुझे एक नामालूम डर से दहशत-सी होने लगी। बेगम जान की गहरी-गहरी आंखें। मैं रोने लगी दिल में और वह मुझे एक मिट्टी के खिलौने की तरह भींच रही थीं। उनके गर्म-गर्म जिस्म से मेरा दिल बौराने लगा, मगर उन पर तो जैसे कोई भुतना सवार था। मेरे दिमाग़ का यह हाल कि न चीख़ा जाए और न रो सकूं।

थोड़ी देर बाद वह पस्त होकर निढाल लेट गईं। उनका चेहरा फीका और बदरौनक़ हो गया और लंबी-लंबी सांसें लेने लगीं। मैं समझी कि अब मरीं ये और मैं वहां से उठकर सरपट भागी बाहर।

शुक्र है कि रब्बू रात को आ गई और मैं जल्दी में लिहाफ़ ओढ़कर सो गई, मगर नींद कहां! चुप घंटों पड़ी रही।

अम्मा किसी वजह से आ ही न सकी थीं। बेगम जान से मुझे डर लगता था। मैं सारा दिन मामाओं के पास बैठी रही, मगर उनके कमरे में क़दम रखते ही दम

निकलता था और कहती किससे और कहती क्या कि बेगम जान से डर लगता है? और वह बेगम जान, जो मेरे ऊपर जान छिड़कती थीं!

आज रब्बू और बेगम जान में फिर अनबन हो गई। मेरी क़िस्मत की ख़राबी कहिए या कुछ और मुझे उन दोनों की अनबन से डर लगा, क्योंकि फ़ौरन बेगम जान को ख़याल आया कि मैं बाहर सर्दी में घूम रही हूं और मरूंगी नमूनिए से।

''लड़की, क्या मेरा सिर मुंडवाएगी। जो कुछ हो-हुआ गया, तो और आफ़त आएगी।'' उन्होंने मुझे पास बैठा लिया। वह मुंह-हाथ चिलमची में धो रही थीं। चाय तिपाई पर रखी थी।

''चाय तो बनाओ, एक प्याली मुझे भी देना,'' वह तौलिये से मुंह .खुश्क करके बोलीं, ''मैं ज़रा कपड़े बदल लूं।''

वह कपड़े बदलती रहीं और मैं चाय पीती रही। बेगम जान नाईन से पीठ मलवाते वक़्त अगर मुझे बुलवातीं, तो मैं गर्दन मोड़े-मोड़े जाती और वापस भाग आती। अब जो उन्होंने कपड़े बदले, तो मेरा दिल उलटने लगा। मुंह मोड़े मैं चाय पीती रही।

''हाय अम्मा!'' मेरे दिल ने बेकसी से पुकारा, ''आख़िर मैं भाइयों से क्या लड़ती हूं, जो तुम मेरी मुसीबत?'' अम्मा को हमेशा से मेरा लड़कों के साथ खेलना नापसंद है। कहो, भला क्या लड़के शेर-चीते हैं, जो निगल जाएंगे उनकी लड़की को? और उनके लड़के भी कौन? खुद भाई और दो-चार सड़े-सड़ाए ज़रा-ज़रा से उनके दोस्त! मगर नहीं, वह तो औरत ज़ात को सात तालों में रखने की क़ायल और यहां बेगम जान की वह दहशत कि दुनिया-भर के गुंडों से नहीं बस चलता, तो उस वक़्त सड़क पर भाग जाती, पर यहां न टिकती, मगर लाचार थी। मजबूरन कलेजे पर पत्थर रखे बैठी रही।

कपड़े बदलकर सोलह सिंगार हुए और गर्म-गर्म .खुशबुओं के इत्र ने और भी उन्हें अंगारा बना दिया और वह चलीं मुझ पर लाड़ उतारने।

''घर जाऊंगी।'' मैंने उनकी हर राय के जवाब में कहा और रोने लगी।

''मेरे पास तो आओ। तुम्हें बाज़ार ले चलूंगी। सुनो तो...'' मगर मैं खली की तरह फैल गई। सारे खिलौने, मिठाइयां एक तरफ़ और घर जाने की रट एक तरफ़।

''वहां भैया मारेंगे चुड़ैल।'' उन्होंने प्यार से मुझे थप्पड़ लगाया।

'पड़े मारें भैया की।' मैंने अपने दिल में सोचा और रूठी, अकड़ी बैठी रही।

''कच्ची अमिया खट्टी होती हैं, बेगम जान!'' जली-कटी रब्बू ने राय दी और फिर उसके बाद बेगम जान को दौरा पड़ गया। सोने का हार, जो थोड़ी देर पहले मुझे पहना रही थीं, टुकड़े-टुकड़े हो गया। महीन जाली का दुपट्टा तार-तार और वह मांग, जो मैंने कभी बिगड़ी न देखी थी, झाड़-झंखाड़ हो गई।

''एेह-एेह-एेह-एेह...'' वह झटके ले-लेकर चिल्लाने लगीं। मैं रपटी बाहर।

बड़े जतनों से बेगम जान को होश आया। जब मैं सोने के लिए कमरे में दबे पांव जाकर झांकी, तो रब्बू उनकी कमर से लगी जिस्म दबा रही थी।

"जूती उतार दो।" उसने उनकी पसलियां खुजाते हुए कहा और मैं चुहिया की तरह लिहाफ़ में दुबक गई।

सर-सर, फट-कच...बेगम जान का लिहाफ़ अंधेरे में फिर हाथी की तरह झूम रहा था।

"अल्लाह! आं!" मैंने मरी हुई आवाज़ निकाली। लिहाफ़ में हाथी फुदका और बैठ गया। मैं भी चुप हो गई। हाथी ने फिर लोट मचाई। मेरा रूआं-रूआं कांपा। आज मैंने दिल में ठान लिया कि ज़रूर हिम्मत करके सिरहाने का लगा हुआ बल्ब जला दूं। हाथी फड़-फड़ कर रहा था और जैसे उकडूं बैठने की कोशिश कर रहा था। चपड़-चपड़ कुछ खाने की आवाज़ें आ रही थीं, जैसे कोई मज़ेदार चटनी चख रहा हो। अब मैं समझी। यह बेगम जान ने आज कुछ नहीं खाया और रब्बू मुर्दी तो है सदा की चटोर। ज़रूर यह तर माल उड़ा रही है। मैंने नथुने फुलाकर सूं-सूं हवा को सूंघा। सिवाय इत्र, संदल और हिना की गर्म-गर्म ख़ुशबू के और कुछ न महसूस हुआ।

लिहाफ़ फिर उभरना शुरू हुआ। मैंने बहुतेरा चाहा कि चुपकी पड़ी रहूं, मगर उस लिहाफ़ ने तो ऐसी अजीब-अजीब शक्लें बनानी शुरू कीं कि मैं लरज़ गई। मालूम होता था, गों-गों करके कोई बड़ा-सा मेढक फूल रहा है और अब उछलकर मेरे ऊपर आया।

"आ-न-अम्मा!" मैं हिम्मत कर के गुनगुनाई, मगर वहां कुछ सुनवाई न हुई और लिहाफ़ मेरे दिमाग़ में घुसकर फूलना शुरू हुआ। मैंने डरते-डरते पलंग के दूसरी तरफ़ पैर उतारे और सिरहाने टटोलकर बिजली का बटन दबाया। हाथी ने लिहाफ़ के नीचे एक क़लाबाज़ी लगाई और पिचक गया। क़लाबाज़ी लगाने में लिहाफ़ का कोना फुट भर उठा।

अल्लाह! मैं गड़ाप से अपने बिछौने में!

ज़नाने–मिस्र और ज़ुलेख़ा

अख़्तर जमाल

'ज़नाने-मिस्र और ज़ुलेख़ा' जैसी मशहूर कहानियों की पाकिस्तानी लेखिका अख़्तर जमाल का अदब में बड़ा रुतबा है। अख़्तर ज़माल सर्वाधिक चर्चित और विवादास्पद रही हैं। कई कथा-संग्रह प्रकाशित।

''यूसुफ़ और ज़ुलेख़ा की कहानी मज़हबी किताबों में 'भेदिगित' में बयान हुई है, लेकिन बहुत से कवियों और साहित्यकारों ने इस क़िस्से को कहानी की सूरत में गद्य एवं पद्य में लिखा है, परंतु वह तमाम चीज़ें मर्द की नुक्ते-नज़र के फेरबदल हैं, जिनमें हर चीज़ का इलज़ाम औरत पर थोपा जाता है। इस कहानी में 'भेद' को नए अंदाज़ से देखने की कोशिश की है।''

मिस्र की सबसे सुंदर और कुलीन महिला ने कहा, ''हाशा, यह इन्सान नहीं कोई बुज़ुर्ग फ़रिश्ता है'' और उन्होंने यूसुफ़ को देखकर मारे हैरत के अपने अंगूठे काट लिए और उनके अंगूठों से ख़ून रिसने लगा। ज़ुलेख़ा ने कहा, ''वह एक जीता जागता आदमी है, जो खाता-पीता और सोता है। वह फ़रिश्ता नहीं, फ़रिश्तों से बड़ा है। मैं चाहती हूं तुम सब उसे 'सजदा' करो। इस तरह तुम्हारे अंगूठों से ख़ून बहना बंद हो जाएगा और तुम्हारे ज़ख़्म भर जाएंगे।''

ज़ुलेख़ा बशर थी और बशर तो शक और ईर्ष्या का पुतला है। इसलिए ज़ुलेख़ा सोच में पड़ गई कि ज़नाने मिस्र की हैरत का कारण यूसुफ़ का हुस्न है या उसे यहां देखने की हैरत में ख़ौफ़ शामिल है। ज़ुलेख़ा ने सोचा कि आख़िर उसने भी तो यूसुफ़ को देखकर अपने होशो-हवास ठीक रखे हैं। फिर ये औरतें होशो-हवास क्यों खो बैठीं? अज़ीज़ मिस्र और सारे दरबार ने भी यूसुफ़ का हुस्न देखा था, फिर आख़िर शहर की कुलीन महिलाओं ने अपने अंगूठे क्यों काट लिए? क्या वह यूसुफ़ से डरती हैं? क्या वह उनके राज़ों का 'आमीन' है और उसी लम्हा ज़ुलेख़ा बुरी

धारणा से त्रस्त हो गई। उसने सोचा कि यूसुफ़ उन महिलाओं को देखकर घबरा क्यों गया था? वह हैरान और परेशान-सा जल्दी से वहां से निकल गया था। यदि खड़ा हो जाता, ठहर जाता, तो शायद फिर वह अंगूठे न काटतीं। क्या यूसुफ़ उन महिलाओं को पहले से जानता था? इस भेद को जानने के लिए ज़ुलेख़ा मचल उठी। आख़िर अंगूठे काटे जाने में क्या मज़ा है? फिर उसने सोचा, अब वह यूसुफ़ को लाएगी। उन सब महिलाओं को 'सजदे' का हुक्म देगी। देखें, वे उसे 'सजदा' करती हैं या नहीं...। ज़ुलेख़ा दौड़ी-दौड़ी यूसुफ़ के पीछे-पीछे गई और भागते हुए यूसुफ़ का दामन पकड़ कर बोलीं, "ठहरो!" वह एक क्षण को रुका। ज़ुलेख़ा ने कहा, "ज़रा मेरे साथ अंदर आओ।"

यूसुफ़ हैरान-परेशान घबराया था। वह ज़ुलेख़ा का मतलब नहीं समझ सका। उसने सोचा, वह उन सब महिलाओं से कैसे पीछा छुड़ाए! उसने दुआ की कि ख़ुदा मुझे इन महिलाओं के शहर से महफ़ूज़ रखे।

ज़ुलेख़ा की नीयत का हाल ख़ुदा ही जानता था। वह इतनी मासूमियत से उसका दामन पकड़े उसे अंदर बुला रही थी, परंतु यूसुफ़ ज़ुलेख़ा को भी मिस्र की दूसरी कुलीन महिलाओं की तरह समझा और भाग खड़ा हुआ।

तब ज़ुलेख़ा ने भागते हुए यूसुफ़ का दामन ज़ोर से पकड़ लिया। यूसुफ़ तेज़ी से दरवाज़े की ओर भागा। दामन की धज्जी फट कर ज़ुलेख़ा के हाथ में रह गई। ज़ुलेख़ा अंदर आई, तो उसने देखा कि मिस्र की कुलीन महिलाएं अपने अंगूठे पकड़े दर्द से तड़प रही थीं। ज़ुलेख़ा ने दामन की वह धज्जी फाड़-फाड़ कर सब औरतों को बांट दी और कहा, "लो, अपने अंगूठों पर पट्टी बांध लो।" औरतों ने अंगूठों पर पट्टियां बांध लीं, तो खून बहना बंद हो गया और उनके अंगूठे चमक उठे। वे पट्टियां रोशन हो गईं। इसलिए कि यूसुफ़ के दामन की धज्जी तो बस रोशनी की एक लकीर थी।

ज़ुलेख़ा ने मुस्कराकर उन औरतों से कहा, "यदि तुम अंगूठे की जगह हाथ काट देतीं, तो तुम्हारा पूरा हाथ रोशन हो जाता।" फिर ज़ुलेख़ा ने बारी-बारी सब औरतों को गले लगाया और वह अपने रोशन अंगूठों को देखती हुई ख़ुशी-ख़ुशी विदा हुईं।

जब 'काहिन आज़म' को बताया गया कि मिस्र की कुलीन महिलाओं के अंगूठों से प्रकाश की किरनें निकलती हैं, तो 'काहिन आज़म' ने कहा, "वे सब पवित्र महिलाएं हैं और उनके साथ पवित्र प्रकाश है।" यह सुनकर मिस्र के शरीफ़ और बड़े आदमी अपनी-अपनी औरतों पर गर्व करने लगे और उन औरतों को देवदासियों से भी बड़ा पद दिया गया। हर तरफ़ उनकी पवित्रता और 'बुज़ुर्गी' की धूम मच गई।

अज़ीज़ मिस्र ने ज़ुलेख़ा से कहा, "मिस्र की सब पवित्र और पाकदामन औरतों के अंगूठे प्रकाशित हो गए हैं। तुम अपना अंगूठा दिखाओ।" ज़ुलेख़ा ने मुस्कराकर हाथ बढ़ाया, तो उसका अंगूठा प्रकाशित नहीं था। वह तो एक साधारण हाथ था।

तब अज़ीज़ मिस्र ने दुःख से कहा, "मैं तुम्हें ऐसा नहीं समझता था। आज मिस्र के सब मर्दों के सामने मेरा सर झुक गया।" 'काहिन आज़म' ने जब सुना कि ज़ुलेख़ा का हाथ एक साधारण औरत का हाथ है और उसके अंगूठे से रोशनी की किरनें नहीं निकलतीं, तो उसने कहा, "अफ़सोस अज़ीज़ मिस्र की बीवी ऐसी हो।"

उधर सब लोगों ने यूसुफ़ का कटा हुआ कुर्ता देखा, तो ज़ुलेख़ा के मुजरिम होने में किसी को शक न रहा। बुज़ुर्गों ने गवाही दी कि कुर्ता पीछे से फटा है, इसलिए ज़ुलेख़ा मुजरिम है।

ज़ुलेख़ा का दिल दुःख से भर गया। उसने सोचा कि यूसुफ़ के दिल में कोई चोर था। आख़िर वह भागा क्यों? खड़ा न रहा। उसके साथ अंदर क्यों न आया? न वह भागता, न कुर्ता फटता, परंतु वह किसी से क्या कहती? वह मुजरिम बनी ख़ामोश खड़ी रही।

ज़ुलेख़ा का जी चाहा कि वह उन सब बुज़ुर्गों को यह राज़ बता दे कि यदि वह यूसुफ़ का दामन न फाड़ती, तो उन सब औरतों के अंगूठे रोशन न होते, परंतु वह ख़ामोश रही। उसे अपनी छोटी-सी नेकी का ढिंढोरा पीटना अच्छा न लगा। यह कमज़र्फ़ी थी और लोग नीयत नहीं देखते। वह स्पष्ट प्रक्रिया देखते हैं और उसका नाम उन्होंने इंसाफ़ रख लिया है, लेकिन ज़ुलेख़ा को दुःख इस बात का था कि यूसुफ़ ने भी उसे नहीं पहचाना और वह उसे ग़लत समझा। वह तो सब को उसके सामने सजदा कराना चाहती थी।

ज़ुलेख़ा चुप रही। वह किसी से क्या कहती? कोई उसकी बात समझने वाला न था।

ज़ुलेख़ा पर दोष लगाया गया, हालांकि उसका अंगूठा ठीक था। शायद उसका जुर्म यही था कि उसने अंगूठा नहीं काटा था और यूसुफ़ को देखकर भी अपने होशो-हवास बरक़रार रखे थी।

अज़ीज़ मिस्र ने ज़ुलेख़ा की रोशन आंखों में देखे बिना नफ़रत से मुंह मोड़ लिया और बोला, "तुमने बुरी नज़र से ग़ैर की तरफ़ देखा है।" ज़ुलेख़ा ने कहा, "मुझे कोई ग़ैर नज़र ही नहीं आता।" फिर उसने अज़ीज़ मिस्र, सब बुज़ुर्गों की आंखों में आंखें डाल कर देखा और अपना सर बुलंद रखा।

फिर वह सब यूसुफ़ को सामने लाए और उसका पीछे से फटा हुआ कुर्ता दिखाया गया। यूसुफ़ ने ज़ुलेख़ा की तरफ़ देखा, ज़ुलेख़ा मुस्कराई। यूसुफ़ अपना सर ऊंचा

उठाए चल रहा था।

अज़ीज़ मिस्र ने ज़ुलेख़ा से कहा, "अब तुम क्या कहती हो?"

ज़ुलेख़ा मुस्करा कर बोली, "बेशक यह सच्चा है।" और अपना सर झुका लिया। ज़ुलेख़ा दिल से यूसुफ़ की 'सदाक़त' पर ईमान ले आई थी और वह यूसुफ़ के वहां से भागने का भेद समझ गई थी।

अज़ीज़ मिस्र ने कहा, "तू मान गई कि तूने बुरी निगाह से ग़ैर को देखा है।"

ज़ुलेख़ा ने फिर वही बात दोहराई, "मैंने आज तक किसी ग़ैर को नहीं देखा। मुझे ग़ैर नज़र ही नहीं आता। मेरी आंखें तो बस आपको देखती हैं।"

अज़ीज़ मिस्र ने कहा, "लेकिन मैं तो यहां हूं।"

ज़ुलेख़ा ने मुस्कराकर यूसुफ़ की तरफ़ देखा और बोली, "मैं यहां हूं।"

यूसुफ़ उसकी बात समझ गया और उसका सर झुक गया, "मुझे जेलख़ाने जाना मंज़ूर है।" ज़ुलेख़ा ने अपना झुका हुआ सर उठा लिया और मुस्कराने लगी।

ज़ुलेख़ा अपने महल में आकर सोचने लगी कि क़ाफ़ले वाले जब यूसुफ़ को मिस्र लेकर आए, तो रास्ते में उन्होंने जगह-जगह पड़ाव डाला होगा। काश, वह घूम-फिर कर देख सकती कि और कहां-कहां किन-किन औरतों ने मारे हैरत के अंगूठे काटे थे। ज़ुलेख़ा का जी चाहा कि वह एक इनाम निश्चित करे, ताकि सब औरतें उसे अपने कटे हुए अंगूठे दिखाने आएं और इनाम ले लें, फिर उसने सोचा कि इनाम के लालच में तो हर एक अपना अंगूठा काट कर आ जाएंगी और यह काम ज़ुलेख़ा के मर्तबे और शान के ख़िलाफ़ था कि वह सारे जहां की औरतों के अंगूठे देखती फिरे, फिर उसने सोचा आख़िर यह जान कर क्या करेगी? उसकी बला से। अरे, जहां की औरतें अपने अंगूठे काट डाले। जीत उस समय यूसुफ़ की होती, यदि ज़ुलेख़ा भी अपना अंगूठा काट लेती? लेकिन उसका अंगूठा सलामत है। इसलिए जीत उसकी हुई और इंसाफ़ के दिन तो यूसुफ़ भी उसे पहचान ही लेगा और वह इंसाफ़ के दिन का इंतज़ार करने लगी।

जेलख़ाने का रक्षक तंग और अंधेरे तहख़ाने के 'हुजरे' में बंद करने यूसुफ़ को लेकर चला, परंतु जैसे-जैसे तहख़ाने में उतरता जाता था, उसकी आंखें चौंधियाई जाती थीं। उसने सोचा सूर्य आसमान पर निकलता है या वह ज़मीन की गहराइयों में कहीं दफ़न है। उसे यह नहीं मालूम था कि सूर्य उसके साथ चल रहा है। इसलिए कि उसकी आंखों पर पर्दे पड़े हुए थे। उसे जेलख़ाने का दारोग़ा बने हुए कई वर्ष हो गए थे। रोशनी से लाकर अंधकार में बंद करना उसका काम था, परंतु आज पहली बार उसे नया काम दिया गया था, रोशनी को क़ैद करने का काम।

दारोग़ा ने तहख़ाने के आख़री तंग और अंधेरे 'हुजरे' का दरवाज़ा खोल कर यूसुफ़ को उसमें बंद कर दिया और जब कोठरी में बड़ा-सा ताला डालकर मुड़ा तो

घबरा कर फिर दरवाज़े की ओर बढ़ा। दरवाज़े की दरार से रोशनी की किरणें निकल रही थीं और वे किरणें लोहे के ताले के आर-पार नज़र आ रही थीं। दारोग़ा हतबुद्धि होकर वहां से चला। वापसी में वह क़दम-क़दम पर ठोकर-पे-ठोकर खाता था और गिरता था। उसे ताज्जुब था कि जिस अंधेरे हुजरे में वह पल भर में दाख़िल हुआ था, उस 'हुजरे' से वापसी में वक़्त इतना लंबा क्यों हो गया? ऐसा लग रहा था कि सारी उम्र अंधेरी गुफाओं में धक्के खाता रहेगा और रास्ता नहीं मिलेगा। दरवाज़ा नहीं आएगा। उसका जी चाहा कि वह वापस जाए और यूसुफ़ के क़दमों पर गिर कर उससे माफ़ी मांग ले, मगर फिर अज़ीज़ मिस्र के ख़ौफ़ से वह अंधेरे में रास्ता टटोल-टटोल कर चलता रहा।

जब वह क़ैदख़ाने से बाहर निकला, तो रात का वक़्त था। उसने सोचा, ख़ुदा जाने एक रात गुज़री है या इस सफ़र में कई रातें गुज़र चुकी हैं। इसलिए कि उसकी दाढ़ी के काले बाल सफ़ेद हो गए थे।

अंधेरी रात में मिस्र के बालाख़ानों में दीये रोशन नज़र आए, तो उसने लोगों से पूछा, "क्या आज कोई त्यौहार है? मिस्र की सब औरतों ने चिराग़ां क्यों किया है?"

लोगों ने उसे बताया कि आज रात मिस्र में इतना अंधेरा हो गया था, जैसे चांद छिप गया हो। अज़ीज़ मिस्र ने अंधेरे से घबरा कर चिराग़ां का हुक्म दिया, फिर भी अंधेरा दूर न हुआ, तो मिस्र की वह सब पाकदामन औरतें अपने-अपने बालाख़ानों पर हाथ उठाकर खड़ी हो गईं, जिनके अंगूठे रोशन थे और ये जो चिराग़ों की लौएं नज़र आ रही हैं, ये मिस्र की बुज़ुर्ग और नेक औरतों के अंगूठे चमक रहे हैं।

ज़ुलेख़ा ने उस रात अजीब ख़्वाब देखा, परंतु उसने अपने ख़्वाब का किसी से ज़िक्र नहीं किया और सोचा, आज की रात 'मुक़द्दर' को नींद आ रही है, परंतु वह ज़रूर जागेगा। अंधेरे में सारा मिस्र सो रहा था। रोशन अंगूठों वाली औरतें भी अपनी शयनागारों में वापस चली गई थीं और गहरी नींद में थीं। 'तक़दीर' का फ़रिश्ता भी सो गया था। वह बहुत थका हुआ था। क़लम और काग़ज़ सोते में भी उसके पास थे। वह नींद की ग़फ़लत में कुछ लिख रहा था। ज़ुलेख़ा ने चुपके से 'तक़दीर' के फ़रिश्ते के हाथ से क़लम ले लिया और कहा, "अपनी कहानी मैं ख़ुद लिखूंगी।" सारा मिस्र सो रहा था। ज़ुलेख़ा जाग रही थी।

ज़ुलेख़ा ने वह ख़्वाब भी सोते हुए नहीं, जागते हुए देखा था और वह अजीब उलझन में थी कि यह 'आलमे बेदारी' है या 'आलमे ख़्वाब' और आप से आप उसका सर अनदेखे ख़ुदा के सामने झुक गया। उसने झुक कर सजदे में अनदेखे ख़ुदा से इक़रार किया, न मैं हूं, न यूसुफ़ है, बस, तू है और यूसुफ़ तो तेरे उजाले की किरन लाया था, जो कुछ मैंने अज़ीज़ मिस्र के सामने कहा था, वह तेरा ही

हुक्म था। तू क़यामत के दिन गवाह रहना।'' फिर ज़ुलेख़ा ने सजदे से सर उठा लिया और सोचा, अब मेरा किसी से कोई वास्ता नहीं है, न यूसुफ़ से और अज़ीज़ मिस्र से...? और फिर ज़ुलेख़ा के दिल पर से बोझ हट गया। उसकी रूह हर्ष के नशे में डूब गई। उसे गहरी नींद आ गई।

जब ज़ुलेख़ा की आंख खुली, तो उसके काले बाल सफ़ेद हो चुके थे और उसके चेहरे पर झुर्रियां पड़ गई थीं। उसके गुलाबी होंठों की पंखुड़ियां मुर्झा गई थीं। उसका सुंदर शरीर कमान की तरह 'ख़म' हो चला था। मिस्र की वे सब औरतें, जो ज़ुलेख़ा की हमउम्र थीं, अपने रोशन अंगूठों को देख-देखकर .ख़ुशी में मग्न थीं कि ग़म और बुढ़ापा उनके क़रीब से भी न गुज़रा था, उनके बाल काले थे और होंठों की कलियां तरोताज़ा, इसलिए कि उन्हें सच्ची .ख़ुशी और इज़्ज़त हासिल थी। वह मिस्र की सबसे सम्मानित औरतें थीं, परंतु उन सब के मर्द अज़ीज़ मिस्र की तरह बूढ़े हो गए थे।

एक दिन उन औरतों ने ज़ुलेख़ा पर तरस खाकर कहा, ''यदि तुमने अपना अंगूठा काट लिया होता, तो तुम भी आज जवान होतीं और न यूसुफ़ क़ैद होता। हम सब की लौंडियां और गुलाम आज़ाद हैं, परंतु तुमने एक अनहोनी बात की है और उसकी सज़ा भुगत रही हो।''

ज़ुलेख़ा बोली, ''यदि मैं अपना अंगूठा काट लेती, तो दामन कौन फाड़ता और फिर तुम्हारे ज़ख़्म कभी न भरते।'' यह सुनकर उन्होंने सर झुका लिया और ख़ामोश हो गईं।

ज़ुलेख़ा उनकी बातों पर मुस्कराने लगी। वह उन औरतों को क्या बताती कि उन्होंने तो केवल अंगूठे काटे थे, परंतु जब ज़ुलेख़ा ने अज़ीज मिस्र से यह कहा था कि मैंने आज तक किसी को ग़ैर नहीं देखा, तो उस क्षण उसने अपना सर काट कर हथेली पर रख लिया था और जब उसने यूसुफ़ से कहा था, ''मैं यहां हूं'', तो उसके जिस्म पर घमंड का सर नहीं था। उसकी 'अना' ख़त्म हो चुकी थी। वह कहीं भी नहीं थी। वह एक क्षण में सारा सफ़र तय कर चुकी थी, वह सफ़र, जिसको तय करने के लिए मजनूं ने सारी ज़िंदगी जंगल की मिट्टी छानी थी। फ़रहाद ने नहर खोदी थी और यूसुफ़ ने जेल जाना गंवारा किया था। वह सारा सफ़र ज़ुलेख़ा ने पलक झपकते में तय कर लिया था। ज्ञान के उस क्षण में, जब उसने अपना सर काट कर हथेली पर रखा था। उसका सारा 'वजूद' रोशनी बन गया था, परंतु ये सब बातें वह किसी को नहीं समझा सकती थी। वह ख़ामोश रही। ज़ुलेख़ा ने अपनी सहेलियों को जब अपने बुढ़ापे पर तरस खाते देखा, तो कहा, ''यह भी कितनी अच्छी बात है कि मैं तुम्हें इस बूढ़े जिस्म के कारण नज़र आ रही हूं। मैं तो खुद को नज़र भी नहीं आती। बस, वही है।''

उसकी एक सहेली हंसकर बोली, ''कौन? यूसुफ?''

जुलेख़ा ने कहा, "तुम ये बातें नहीं समझ सकतीं हो, इसलिए उसे यूसुफ़ कह लो, तो कोई हर्ज नहीं है।"

फिर जुलेख़ा उन्हें अपने साथ लाई और कहा, "देखो ये आलमारियां, इनमें वह सब लिबास टंगे हुए हैं, जो आरंभ से अंत तक के हैं। मैं जो लिबास चाहूं पहन सकती हूं। अनोखे देशों के सुंदर लिबास! तुम जिसे मेरा जिस्म समझ कर मेरे बुढ़ापे पर तरस खा रही हो, वह तो मेरा लिबास है।" फिर उसने उन्हें वह लिबास पहन कर दिखाए। कभी वह सीता बन गई, कभी द्रौपदी, कभी लैला, कभी शीरीं, फिर वह हंस कर बोली ज़िंदगी के इस 'रवां-रवां' समुद्र में से आख़िर मैं तुम्हें लिबास कहां तक निकाल-निकाल कर दिखाऊं, यह हीर है, यह सोहनी है, यह क्ल्योपेत्रा है, यह अनारकली है और यह नूरजहां और यह सबसे ख़ूबसूरत लिबास, यह जोगिया रंग की साड़ी और मनकों की माला, यह वह जोगन है, जिसका नाम मीरा था और जिसके बोल क़यामत तक ज़िंदा रहेंगे, फिर उसने सब आलमारियां बंद कर दीं। मिस्र की सब औरतें हैरान-परेशान थीं, जैसे किसी जादू में हों। वह कभी आंखें मलती थीं और कभी खोलती थीं। आख़िरी आलमारी बाक़ी रह गई थी। ज़ुलेख़ा ने कहा, "मैं उसे नहीं खोल सकती। उसमें 'आलमे मिसाल' के लिबास हैं। वह सब लिबास जिन्हें मोहब्बत ने जन्म दिया है। ये वह सब विचार हैं, जो कल हक़ीक़त बनेंगे।"

औरतों ने कहा, "ये लिबास कैसे हैं?"

जुलेख़ा ने कहा, " 'आलमे मिसाल' न शरीर है, न विचार, बस, वह लिबास तो केवल एक हुक्म है।"

एक औरत ने पूछा, "क्या हुक्म है?"

जुलेख़ा बोली, "वह रूह है।"

जुलेख़ा ने फिर कहा, "तुम सब मौत से डरती हो। बुढ़ापे से ख़ौफ़ खाती हो और सदा जवान रहने की 'आरज़ू' करती हो। अब यह लिबास देखकर तुम्हारा ख़ौफ़ दूर हुआ या नहीं?"

औरत ने कहा, "हां, अब हमारे दिलों से मौत का ख़ौफ़ जाता रहा है।"

जुलेख़ा बोली, "मौत का दुःख और ख़ौफ़ तो बांझ ज़मीन का दुःख और ख़ौफ़ है। वह ज़मीन, जिस पर फल और फूल आते हैं, उसे मौत कहां।" फिर वह मुस्कराने लगी।

एक और बोली, "हमें मौत के बारे में बताओ, मौत क्या है?"

जुलेख़ा ने कहा, "जिस्म से जिस्म का मिलाप मौत है। फना है और तुम जिसे फ़िराक़ कहती हो, वह ज़िंदगी है। रूह का रूह से मिलाप होता है।"

एक औरत ने कहा, "क्या रूह का मिलाप ज़िंदगी में संभव है?"

जुलेख़ा बोली, "हां संभव है, परंतु उस समय, जब तुम जीते जी जिस्म से बाहर

निकल सको और यह वह राज़ है जो केवल ख़िज़्र को मालूम है और वह किसी को नहीं बताता। आओ, मैं तुम्हें 'आबे बक़ा' का राज़ बताऊं, ताकि तुम 'हयाते जावेद' पा लो।''

एक औरत ने कहा, ''हयाते जावेद क्या है?''

ज़ुलेख़ा हंस पड़ी, ''वह एक क्षण है, देखने का एक क्षण! देख लेना और पहचान लेना। यदि हयात के अथाह समुद्र में वह एक क्षण तुम्हें प्राप्त हो गया, तो तुम 'जाम जहां नुमा' की मालिक हो।''

एक औरत ने पूछा, ''जाम जहां नुमा क्या है?''

ज़ुलेख़ा बोली, ''वह तुम्हारा दिल है। इस आइने को जितनी जिला दे सकूंगी, उतनी ही दूर देख सकोगी। भूत, वर्तमान, भविष्य एक लकीर के सब रोशन नुक़्ते नज़र आएंगे, फिर तुम समय की क़ैद में नहीं होगी। समय तुम्हारी क़ैद में होगा।''

एक औरत ने कहा, ''देखो, तुम सब मिट्टी के कूज़ों की परवाह करना छोड़ दो। हस्ती के बाज़ार में इन कूज़ों की कमी नहीं, जो चीज़ प्याले में है, वह क़ीमती है। वह शराब ही 'आबे हयात' है। वह रोशनी है। वह तुम्हारी रूह है और सच रूह की ग़िज़ा है।''

उन औरतों ने कहा, ''अब हम तुम्हारी बातें समझ गए। हम आज अपने रोशन अंगूठों का हाल अपने पतियों को बता देंगे। यूसुफ़ सच्चा है और अज़ीज़ मिस्र के सामने तुम्हारी बेगुनाही भी साबित हो जाएगी।''

ज़ुलेख़ा ने मोहब्बत से उन्हें गले लगा लिया और बोली, ''तुम्हारा राज़, मेरा राज़ है, यदि तुमने यूसुफ़ को चाहा और पसंद किया, तो मैं ख़ुश हूं। इसलिए कि यूसुफ़ मुझसे अलग नहीं, न मैं यूसुफ़ से जुदा हूं। तुमने उसे चाहा, तो मुझे चाहा और मेरी बेगुनाही और सब पर तो साबित है, अज़ीज़ मिस्र के साथ मैंने ज़िंदगी गुज़ारी है, वह मुझे जानता है। तुम सब जानती हो, मिस्र के सब लोग जानते हैं, परंतु मेरी बेगुनाही यूसुफ़ पर इंसाफ़ के रोज़ साबित होगी, जब उसे मेरी नीयत का हाल मालूम होगा।''

उस रात उन सब सम्मानित और पाकदामन औरतों ने अपने-अपने पति को अपने अंगूठे ज़ख़्मी होने का हाल सुनाया और कहा, ''यूसुफ़ भी सच्चा है और ज़ुलेख़ा भी सच्ची और पाकदामन है।''

उन सब के अंगूठों की रोशनी अचानक ग़ायब हो गई, तो उन मर्दों ने कहा, ''काश, तुमने अपनी ज़बानों पर ताला ही रखा होता, तो अच्छा था।''

औरतों ने मर्दों से कहा, ''वह रोशनी अपने स्थान पर वापस आ गई है और अब वह हमारे दिलों में है।''

जब उन्होंने ज़ुलेख़ा की बातें अपने मर्दों को सुनाईं, तो वे बोले, ''यदि मिस्र

के 'काहिनों' ने ज़ुलेख़ा की बातें सुन लीं, तो वह उसे भी जेलख़ाने में डलवा देंगे या उससे बदतर कोई सज़ा देंगे। औरत मूर्ख बुद्धि होती है। उसकी बात मानकर तुमने अंगूठों की पवित्र रोशनी खो दी। वह जो बढ़-बढ़कर बातें बना रही है, उससे पूछो कि आज तक कोई औरत 'पैग़म्बर' या 'अवतार' हुई है?'' औरतें यह सुनकर चुप हो गईं।

जब वे औरतें ज़ुलेख़ा के पास आईं, तो उन्होंने अपने मर्दों की बातें सुनाईं। ज़ुलेख़ा उनकी बातें मुस्करा-मुस्कराकर सुनती रही, फिर बोली, ''औरत ने पैग़म्बर और अवतार होने का दावा नहीं किया, इसलिए कि दावा करना औरत को शोभा नहीं देता। सूर्य दुनिया से यह नहीं कहता कि मेरे पास रोशनी है। वह तो सबको रोशनी देता है। औरत पैग़म्बर और अवतार पैदा करती है।''

फिर उन औरतों ने कहा, ''वह सब कहते हैं औरतों की अक़्ल अधूरी है।''

ज़ुलेख़ा बोली, ''ये सच कहते हैं। औरत अक़्ल में अधूरी है और इश्क़ में पूरी है। मर्द अक़्ल में पूरा बनता है, परंतु वह इश्क़ में अधूरा है और जो इश्क़ में पूरा हो, उसे नज़र आता है, हक़ीक़त का ज्ञान देखा है, न सुना। मर्दों का ज्ञान ज़ाहिर का है औरतों का ज्ञान 'बातिन' (छिपा) का है। ज़ाहिर को बातिन का इल्म नहीं, इसलिए वे औरत को अधूरी अक़्ल कहते हैं, परंतु 'बातिन' को ज़ाहिर का हाल मालूम है, इसलिए औरत कोई दावा नहीं करती, न किसी बात का बुरा मानती है। वह हंस कर चुप हो जाती है।''

उन मर्दों ने जब यह सुना कि ज़ुलेख़ा उनकी बातों पर हंस कर चुप हो जाती है, तो वे खिसियाने हो गए और उलटा अपनी 'तक़दीर' को कोसने लगे कि उन्होंने रोशन अंगूठों वाली औरतों से शादी करने के बजाय साधारण औरतों से शादी क्यों न की, जो उनकी हर बात बेझिझक मानतीं और आंखों पर पट्टी बांध कर उनके पीछे चला करतीं।

अज़ीज़ मिस्र ने उस रात एक ख़्वाब देखा और दूसरे दिन अपने सभासदों के आगे बयान दिया और फिर वह गुलाम, जो उसे शराब पिलाने पर नियुक्त था, 'दोज़ानों' होकर बोला कि उसे ख्वाबों की ताबीर बताने वाले का पता मालूम है और उसने यूसुफ़ का हाल बयान किया।

अज़ीज़ मिस्र ने यूसुफ़ की रिहाई का हुक्म दिया और वर्षों बाद वह ख़्वाबों का हाल जानने वाला और उनकी ताबीर बताने वाला जेलख़ाने से बाहर आया। वह जेलख़ाने जाकर समय की धूप-छांव से महफ़ूज़ था। वहां समय ठहर गया था। हुस्न, सेहत, जवानी सब चीज़ें समय के साथ ठहर गई थीं और यूसुफ़, वही यूसुफ़ था।

परंतु ज़ुलेख़ा, वह ज़ुलेख़ा नहीं थी और जिस तरह फल पक कर पेड़ से लटक जाता है, उस तरह वह जीते जी जिस्म की क़ैद से निकल आई थी। 'फ़ना' की

मंज़िल से गुज़र कर 'बक़ा' की उस मंज़िल में थी, जहां सब लिबास की आलमारियों में बंद थे, परंतु उसे अपना बूढ़ा झुर्रियों वाला लिबास पसंद था। यदि वह लिबास बदल लेती, तो अज़ीज़ मिस्र और दूसरे लोग उसे न पहचानते और यूसुफ़ के जेलख़ाने से आने तक वह उस लिबास में रहना चाहती थी, ताकि यूसुफ़ का इम्तहान ले सके और देख सके कि यूसुफ़ उसे पहचानता है या नहीं।

जब यूसुफ़ ज़ुलेख़ा के सामने आया, तो वह उसे नहीं पहचाना। वे बेगानों की तरह एक-दूसरे के सामने से ख़ामोश गुज़र गए।

फिर क़हत साली का दौर आया, तो अज़ीज़ मिस्र के ख़्वाब की ताबीर लोगों ने अक्षर-अक्षर पूरी होती देख ली। अज़ीज़ मिस्र ने यूसुफ़ को अपने तख़्त का वारिस बनाया, क्योंकि वही उन्हें क़हत, बीमारी और अंधेरे से निजात दिलाने वाला था और उसे यूसुफ़ पर भरोसा था और मिस्र के लोग उसे अपना निजात दिलाने वाला समझते थे।

और जब याक़ूब की आंखें रोशन हुईं और उसने यूसुफ़ को उसके ख़्वाब का मतलब समझाया, तो सब के सर उसके समने झुक गए।

सब के ख़्वाब सच बनकर ज़ाहिर हुए, परंतु ज़ुलेख़ा ने अपने ख़्वाब का किसी से ज़िक्र नहीं किया था। वह अपने ख़्वाब की 'ताबीर' जानना चाहती थी और ख़्वाबों की ताबीर बताने वाला यूसुफ़ था, जो उसे पहचानता न था। इसलिए अपने ख़्वाबों की ताबीर पूछने जाना ज़ुलेख़ा को कुछ अच्छा न लगा, फिर उसने सोचा कि उसके ख़्वाब की ताबीर भी उसी तरह एक दिन सामने आएगी, जिस तरह सबके ख़्वाबों की ताबीर सामने आई हैं और उस दिन से यूसुफ़ पहचान लेगा।

कुछ दिनों बाद यूसुफ़ ने अपने महल में दावत की, जिसमें सब प्रतिष्ठित लोग आमंत्रित थे। इस दावत में वो औरतें भी थीं, जिनके अंगूठों की एक ज़माने में बड़ी चर्चा थी। उनके पति भी साथ थे। उस दावत में यूसुफ़ ने अज़ीज मिस्र की विधवा को भी बुलाया था।

जब ज़ुलेख़ा उन सब औरतों के बीच बैठी, तो यूसुफ़ की उस पर नज़र पड़ी और वह सोच में पड़ गया। ज़ुलेख़ा ने फ़ैसला कर लिया कि वह यूसुफ़ को आज याद दिलाएगी कि वह कौन है और एक लम्हे के लिए ज़ुलेख़ा ने वह लिबास पहन लिया, जिसे उतार कर उसने मिस्र की मलिका का लिबास पहना था। वह लिबास 'कुनान' की उस औरत का था, जो यूसुफ़ के साथ लड़कपन में भेड़ें और बकरियां चराया करती थीं और जब एक बार उसने यूसुफ़ के भाइयों को कुएं में धक्का देकर उसे गिराते देखा, तो उन्हें निकालने दौड़ पड़ी थी। उसके भाई जा चुके थे। वह बेक़रारी की हालत में कुएं में कूद गई। और जब वहां उसने यूसुफ़ को जीवित चौदहवीं के चांद की तरह चमकते देखा, तो उसे इतनी .ख़ुशी हुई कि इस .ख़ुशी को

बर्दाश्त न कर उसने अपनी जान दे दी या फिर यह हुआ कि यूसुफ़ के पास जाकर उसने दूसरा जिस्म बेकार समझ कर फेंक दिया हो।

यूसुफ़ ने उस लम्हा ज़ुलेख़ा को पहचान लिया। क़ैदख़ाने का पूरा समय गुज़ार कर यूसुफ़ वह राज़ समझा, जो ज़ुलेख़ा अज़ीज़ मिस्र और सब बुज़ुर्गों के सामने समझाना चाहती थी। जब ज़ुलेख़ा ने कहा था कि मैं यहां हूं, तो यूसुफ़ ने सोचा था कि ज़ुलेख़ा ने अपनी मोहब्बत का इज़हार किया है, परंतु आज जब उसने ज़ुलेख़ा को 'कुनान' की औरत के पुराने लिबास में देखा, जो कुएं में रह गया था, तो वह उस क्षण उस वाक्य का अर्थ समझ गया कि मैं यहां हूं।

जब हक़ीक़त बेनक़ाब हुई, तो कुएं से निकाल कर मिस्र के बाज़ार में लाया जाना, सब औरतों के अंगूठे काटना और ज़ुलेख़ा का दामन पकड़ना सब बातें उसकी समझ में आ गईं। ज़ुलेख़ा का वह लिबास बहुत सुंदर था और मिस्र की सब सम्मानित औरतों के लिबास भी बहुत सुंदर थे और इसलिए यूसुफ़ ने उनके 'शर' से बचने की दुआ की थी। यूसुफ़ ने सोचा कि काश, ज़ुलेख़ा उस समय भेद और संकेत में बात न करती और वह बता देती कि वह कौन है, तो फिर मिस्र के तख़्त पर बैठने के बाद वह वर्षों दुःखी न होता कि वह मिस्र का बादशाह होने के स्थान पर 'कुनान' का एक फ़क़ीर होता। उसने सोचा, कुएं से अज़ीज़ मिस्र के महल तक उसे जो चीज़ लाई थी वह 'कुनान' की मिट्टी की खुशबू थी, जिसमें उसकी आत्मा क़ैद थी और वह तमाम अरसे अपनी आत्मा को तलाश करता रहा। अब यदि मिस्र की औरतों ने अपने अंगूठे काट लिए तो उसमें उसका क्या क़ुसूर था?

जब ज़ुलेख़ा ने देखा कि उसे यूसुफ़ ने पहचान लिया, तो दुःख का बोझ उसकी आत्मा से हट गया और उसका दिल खुशी से भर गया। उसका रोआं-रोआं खिल उठा।

मिस्र के लोगों ने जब उस क्षण ज़ुलेख़ा को फूल की तरह हंसते देखा, तो वह बोले कि यूसुफ़ को देखकर ज़ुलेख़ा खुशी से जवां हो गई है। यह बात सुनकर यूसुफ़ भी मुस्कराने लगा और ज़ुलेख़ा भी मुस्कराने लगी। इसलिए कि अपनी हक़ीक़त वह खुद जानती थी, या फिर यूसुफ़ जानता था।

यूसुफ़ बेक़रार होकर मसनद से उतरा और चाहा कि हाथ पकड़ के उसे मसनद पर अपने बराबर जगह दे, परंतु ज़ुलेख़ा मोहब्बत और सभ्य के भेद से परिचित थी। यूसुफ़ को वह लिबास कैसे दे देती, जो अज़ीज़ मिस्र की मिलकियत था।

यूसुफ़ ने हाथ बढ़ाकर लम्हे को अपनी पकड़ में लेना चाहा। सूर्य और चांद ठहर गए। लम्हा उसकी गिरफ़्त में आ गया। उसने ज़ुलेख़ा का हाथ पकड़ लिया और फिर पकड़ कर तुरंत ही छोड़ दिया।

यूसुफ़ यदि उसका हाथ अपने हाथ में लेकर उसी तरह खड़ा रहता तो समय

का वह लम्हा हमेशा के लिए ठहर जाता और सूर्य, चांद तो सफ़र करने के लिए हैं। यूसुफ़ को वह एक लम्हा मिस्र की बादशाहत से ज़्यादा क़ीमती मालूम हुआ जब उसने समय को अपनी पकड़ में ले लिया था।

और जब यूसुफ़ ने ज़ुलेख़ा का हाथ पकड़ा, तो ज़ुलेख़ा अपने ख़्वाब की 'ताबीर' जान गई। ज़ुलेख़ा ने देखा कि वह तो केवल रोशनी था, जिस्म नहीं था और यूसुफ़ ने ज़ुलेख़ा का हाथ पकड़ कर महसूस कर लिया था कि उसके हाथ में कोई हाथ नहीं है और इसीलिए उसने उसका हाथ पकड़ते ही छोड़ दिया था। लम्हे को अपनी पकड़ से आज़ाद कर दिया था। चांद और सूर्य को सफ़र करने दिया था।

सब लोग हैरान और परेशान कभी यूसुफ़ को देख रहे थे और कभी ज़ुलेख़ा को और उनकी समझ में कुछ नहीं आता था और फिर उन सबकी हैरत दूर करने को यूसुफ़ ने अपने छोटे भाई से कहा कि वह फटा-पुराना कुर्ता ले आए, जिसे आंखों पर रखते ही उसके बाप की आंखें रोशन हो गई थीं।

यूसुफ़ का छोटा भाई वह कुर्ता ले आया। सबने देखा, यह वही कुर्ता था, जिसका दामन पीछे से फटा हुआ था।

सबके सामने यूसुफ़ ने वह पुराना फटा हुआ कुर्ता पहना, तो सबकी आंखें चौंधिया गईं। वहां यूसफ़ के स्थान पर उन्हें रोशनी का एक 'हाला' नज़र आया, तब यह भेद उनकी समझ में आ गया, वर्षों पहले यूसुफ़ ने अपने बाप को जो फटा-पुराना कुर्ता भेजा था, तो उसे रोशनी भेजी थी। ज़ुलेख़ा ने अपना सर झुका लिया और यूसुफ़ से बोली "तू सच्चा है, मैं ही नादान थी। काश, मैंने यह कुर्ता न फाड़ा होता।"

यूसुफ़ ने मुस्करा कर कहा, "यदि तू वह कुर्ता न फाड़ती, तो रोशनी कुर्ते ही में रहती। तू ने वह कुर्ता फाड़ा, तो रोशनी हर ओर फैल गई, जब तक मैं अपने जिस्म की क़ैद में था, रोशनी न थी।" फिर उसने सबको 'मुख़ातिब' करके कहा, "हम जब तक अपनी क़ैद से बाहर न निकलें, स्वयं भी अंधकार में रहते हैं और जब अपनी क़ैद से बाहर आ जाते हैं, तो सबको रोशनी में ले जाते हैं।"

और उस लम्हा मिस्र के लोगों ने रोशनी से चकाचौंध में चौंधियाई हुई आंखें मल-मल कर देखा, तो वहां न यूसुफ़ था और न ज़ुलेख़ा थी। बस, हर ओर रोशनी ही रोशनी थी।

पहला सज्दा

किश्वर नाहीद

पाकिस्तानी, महिला साहित्यकारों में अपने विशेष तेवर में पहचानी जाती हैं। 'बुरी औरत की आत्म-कथा' विवादास्पद एवं विशेष रूप से चर्चित रही। अन्य कृतियों में ताबे-गोया, बे-नाम मुसाफ़त, नज़्में, गलियां धूप दरवाजे, मलामतों के दर्मियान, ख्याली शख़्स से मुक़ाबला, स्याह हाशिये में गुलाबी रंग (शायरी), औरत खाल और ख़ाक के दर्मियान (आलोचना), बाकीमांदा ख्वाब (आलोचना), आ जाओ अफ्रीका (सफरनामा), शामिल हैं।

जब कभी जुमे को मुझे माल रोड से गुज़रना हो, तो मैं मस्जिदे-शोहदा के पास गाड़ी आहिस्ता कर देती हूं, कभी-कभी फुटपाथ के किनारे खड़ी हो जाती हूं। माइक्रोफ़ोन से ख़ौफ़नाक आवाज़ में अल्फ़ाज़ निकल रहे होते हैं, "और तुम पर हराम कर दी गई तुम्हारी ख़ालाएं, तुम्हारी फूफियां..." "...है कोई ग़ाज़िए-इल्मे-दीन[1] कि उठे और जाकर उस बदकार आसिमा जहांगीर[2] को क़त्ल करके आए, जिसने गुस्ताख़िए-रसूल की है!"..."है कोई ईरानी तर्ज़ का हाकिम, जो शातिमे-रसूल[3] सलमान रुश्दी को अपनी गोलियों से भून सके!"..."रसूल-अल्लाह ने फ़रमाया—तुम सूराख़ में से भी कोई बुराई होती देखो, तुम पर वाजिब है कि उसकी तकज़ीब[4] करो, उसको रोको और फैलने से मना करो।"

मैं सोचती हूं कि मेरे पूरे घराने के बच्चे और बड़े, सब-के-सब बड़े .ख़ुशू-.ख़ुज़ू[5] के साथ नमाज़ पढ़ने जाते हैं, रोज़े रखते हैं, पंजगाना[6] अदा करते हैं, बहिश्ती-ज़ेवर खोलकर उसमें लिखी आयात पढ़कर कुर्बानी करते हैं। ख़वातीन मीलाद[7] पढ़ती हैं। वे दुआएं मांगती हैं, जिसमें सवाब इतने हज़ारों-लाखों फ़रिश्तों और इमामों से होता हुआ, किसी मिस्कीन[8] तक मुश्किल ही से पहुंचता होगा। यह सारे मेरे अपने, मौलवी के .ख़ुत्बेनुमा

हिज़्यान[9] को अपने-अपने मोहल्लों में सुनकर और सब्र की मोहर मुंह में लगाकर आते हैं और फिर अगले हफ़्ते मस्जिद पहुंच जाते हैं।

हम सबने सात साल की उम्र में क़ुरान पढ़ लिया था। अम्मा .ख़ुद पढ़ाती थीं और सबुह का नाश्ता सिपारह[10] दोहराने के बाद मिलता था। मैंने कई बार कोशिश की कि सफ़ह छोड़-छोड़कर पढ़ूं कि भूख बहुत लग रही होती थी, मगर रोटी पकाते हुए दूसरे बहन-भाइयों को स्कूल भेजने में मसरूफ़ होने के बावजूद, अम्मा तड़ाख़-से कहतीं, "क्या? क्या? ग़लत। सही पढ़ो।" मैं झेंपती और गुस्से में बड़बड़ाती हुई फिर छोड़े हुए सफ़हे उलटाती। अम्मा की नज़र का अंगारा गिरता, मेरी आंखों में भी ख़ून उतर आता, चीख़ती, "मुझे भूख लगी है!" एक थप्पड़ सिर चकरा देता और फिर आंसुओं से भीगता सिपारह और हिचकियों में डूबी आवाज़ का सिलसिला, पूरे सिपारह का तराजू बनता।

क़ुरान को मानी के साथ पढ़ना मना था कि इस तरह सवाब ख़त्म हो जाता है। जो अनपढ़ थे, उन्हें कहा जाता, "तुम बस आयात की सतरों पर उंगलियां फेरते रहो। तुम्हें क़ुरान पढ़ने के बराबर सवाब मिलेगा।" हर मज़हबी काम को अल्लाह के हुक्म की तरह, अम्मा के हुक्म की शक्ल में लाज़मी अदा करना होता था। सख़्त गर्मियों में सारे बच्चे भी रोज़े रखते और पैदल स्कूल जाते थे। मज़े की बात यह थी कि तंबीह[11] में शरारत के सारे रास्ते बता दिए जाते थे। हुक्म मिला, "ख़बरदार, जो किसी ने छुपकर बाथरूम में भी पानी पीने की कोशिश की, अल्लाह देख रहा होता है!" मैं प्यास से तंग आकर बाथरूम जाती और कहती, "ऐ अल्लाह, तू देख रहा है, मुझे कितनी प्यास लगी है! देख, मैं पानी पी रही हूं..." पता नहीं अल्लाह को मेरा यह बराहे-रास्त-तख़ातुब[12] पसंद है कि नहीं, मगर मेरा सारी उम्र का यह दस्तूर है कि मैं अपनी लाचारी के लम्हों को अल्लाह से बराहे-रास्त मुख़ातिब होकर बयान करती हूं और मुदावा[13] देखती हूं।

मगर अल्लाह ने वह दिन भी दिखाए, जब लोग दिखावे के लिए अपने कमरे में मुसल्ला[14] और लोटा सामने रखवाते थे...जब पब्लिक सर्विस कमीशन डॉक्टरों का टैस्ट लेते हुए कहता था, "नमाज़े-जनाज़ा सुनाओ!"...उर्दू प्रोफ़ेसर से कहता था, "दुआए-क़ुनूत सुनाओ!" जुग़राफ़िया के उस्ताद से कहता था, "तीसरा कलमा सुनाओ!" और साइंसदां से कहता था, "कहो, हाइड्रोजन और ऑक्सीजन मिलने से .ख़ुदा के हुक्म से पानी बनता है!"

पाकिस्तान आने के बाद ग़रीबी के दिनों, अजब आज़ादी और असीरी[15] थी। बहुत-से ख़ानदान एक घर में, नए घरों में अलग-अलग मुंतक़िल[16] होने से पहले, बाड़े के जानवरों की तरह भरे हुए थे। किसी भी उम्रज़ाद हमउम्र से बात करने पे पाबंदी थी, खिड़की में खड़े हो, अनारकली बाज़ार की दुकानों में शोकेस में बने बुत के पहने

कपड़ों को देखने को मना किया गया था। पढ़ने को किताबें न मिलती थीं, सिर्फ़ कुरान शरीफ़ था। मैंने दिन-रात क़ुरान शरीफ़ पढ़ना, मानी पढ़ना और तहज्जुद[17] की नमाज़ें तक अदा करना अपने रोज़ के काम में शामिल कर लिया। अब फिर सब नाराज़, ''बावली हो गई है! हर वक़्त नमाज़-वजू! ज़वाल के वक़्त और दोनों वक़्तों के मिलने के समय क़ुरान शरीफ़ पढ़ना अच्छा नहीं, उस वक़्त कुछ खाना-पीना भी अच्छा नहीं। बस करो।''

मुझे याद आया, एक ज़माने में मेरी हरकतों से तंग आकर अम्मा ने मुझे किसी बीबी के पास क़ुरान ख़त्म करने के लिए बिठा दिया। उनका घर कुछ दूर गली के नुक्कड़ पर था। वह बीबी पहले तो मुझसे अपने घर के बरतन धुलवातीं या घर में झाड़ू दिलवातीं, आटा गुंधवातीं और कहतीं, ''हजरत बीबी फ़ातिमा सारे काम अपने हाथ से करती थीं। तुमको भी आदत पड़ेगी, तो सुखी रहोगी।'' मैं सिपारह सामने रखे बड़बड़ाने लगती, ''क्या मुसीबत है, घर में अम्मा मसाले पिसवाती हैं और हाथों में मिर्चें लगती हैं, बुआ झाड़ू दिलवाती हैं और चुना हुआ दुपट्टा गंदा होता है।'' रोज़ यही होता, मैं बड़बड़ाती ज़्यादा और सिपारह कम पढ़ती।

एक शाम मोहल्ले की लड़कियां इकट्ठी सिपारह पढ़कर आईं। हमारी गली आगे से बंद थी। हम सब मिलकर आंख-मिचौली खेलते थे। घरवाले बेफ़िक्र थे कि यहां बाहर से कोई नहीं आ सकता, चलो ज़रा घड़ी-भर बच्चियां सब साथ खेल रही हैं कि एक दिन 'चोर लड़की' ने चीख़ मारी, ''ऊई, यह क्या है!'' सारी लड़कियां 'चोर लड़की' के पीछे पड़ी थीं, ''बोलो ना, क्या हुआ था? बाबा जी ने कुछ कहा?'' और वह 'चोर लड़की', जो मैं थी, बस, उंगली उठाए, घिघियाते-लरज़ते होंठों और शराबोर बदन के साथ, सामने देखे जा रही थी। दो-चार घरों की बड़ी-बूढ़ी औरतों ने मौक़े की नज़ाकत और बात को कुछ-कुछ समझकर, सब लड़कियों को अपने-अपने घर में धकेल दिया। उसके बाद मेरा बीबी के घर जाना बंद हो गया।

तहज्जुद और जलाली[18] वज़ीफ़ों[19] के ज़माने में मेरी उम्र कोई दस साल थी। रात के दो बजे उठने और वजू करके मुसल्ले पर बैठने में मुझे ज़रा डर न लगता। गर्मियों का ज़माना था। सब छत पर सोए थे। मैं मुसल्ले पर थी। अजब लम्हा आया कि मेरे वजूद के अंदर से होती कोई उंगली साये की तरह गुज़र गई। मेरा मुंह कड़वा हो गया। एक दफ़ा फिर मेरा बदन पसीने से शराबोर हो गया। मैं अम्मा के पलंग की तरफ़ पलटी, अम्मा बिस्तर पर नहीं थीं, अब्बा के पलंग की तरफ़ देखा, उनका पलंग भी ख़ाली था। निचली मंज़िल की छत पर देखा, वही साया मुसल्ले पे खड़ा था। मैंने गुस्से में अपना मुसल्ला उठाया और नीचे फेंक दिया। मेरी समझ में न पहले कुछ आया था, न अब कुछ आया। मेरी समझ में तो 'ठंडा गोश्त'[20] भी नहीं आया था और जब मैंने किताब ले जाकर भाई से पूछा कि इसमें क्या है, जिस पर मुक़दमा चल रहा है, मैंने तो कई

बार पढ़ा है, मुझे पता नहीं चल रहा, तो तड़ाख़-से मेरे मुंह पर थप्पड़ और किताब हाथ से छीन ली गई थी।

बांगलादेश की तस्लीमा नसरीन ने तो अपनी किताब *'लज्जा'* में एक हिंदू घराने की तबाही का मंज़र खींचा था, जिसको अयोध्या मस्जिद शहीद करने की सज़ा के तौर पर सारे हिंदुओं का नुमाइंदा समझकर बरबाद कर दिया गया था। जब इस किताब की पचास हज़ार कापियां बिक गईं, तो सारे बुनियादपरस्तों[21] के मुंह पर तड़ाख़-से थप्पड़ पड़ा। उन्होंने किताब पर भी पाबंदी लगाई और फ़तवा दिया कि तस्लीमा को इस्लामी क़ानून के तहत फ़ांसी दी जाए कि वो मज़हब के ख़िलाफ़ लिखती है। तस्लीमा सारी दुनिया के अख़बारों में लिख रही है, "अगर मुल्लाओं को मुझे क़त्ल करने की इजाज़त दे दी गई, तो वे बांग्लादेश में किसी को नहीं छोड़ेंगे। अगर आज वो मेरे ख़िलाफ़ हैं, तो कल मेरे मुल्क की प्रधानमंत्री ख़ालिदा ज़िया के ख़िलाफ़ भी तो यही हथकंडे इस्तेमाल करेंगे!" मैं तस्लीमा की यह बात सुनकर शर्मिंदा हो जाती हूं।

अंधी सफ़िया बीबी ने भी जब सवाल किया, "मेरे साथ ज़्यादती हुई, मैं हामला[22] हुई, मैं ज़्यादती करने वाले का नाम नहीं जानती!" तो शरई अदालत ने उसके मुंह पर थप्पड़ मारा, उसके लिए बीस कौड़ों और सोलह साल क़ैद की सज़ा तजवीज़ की। वह भी सज़ा सुनकर शराबोर हो गई थी। ज़मीन एतबार नहीं करती, आसमान यक़ीन नहीं करता, मगर पाकिस्तान में यह हुआ, पिछले चौदह बरस में 1979 से अब 1993 तक कि शौहरों ने बीवियों को ज़िना[23] के जुर्म में जेल भिजवा दिया कि वह सुकून से दूसरी शादी कर सकें। भाइयों ने बहनों पे ज़िना का इलज़ाम लगाया और उनका हक़े-विरासत हड़प कर लेने में मर्दानगी महसूस की। बेटियों को बापों ने ज़िना का मुजरिम गरदाना कि वे अपनी मर्ज़ी की शादी न कर सकें और बाप वह ज़रे-फरोख़्त[24] हासिल कर सकें, जिसके बदले उनकी ज़िंदगी में खुशहाली आ सके।

इस तहरीर और इन वाक़यात को कोई वालपोर्ट या ख़ुशवंत सिंह नहीं लिख रहा कि उसे तास्सुबगीर[25] या झूठा कहा जा सके। हिना, आसिमा, रशीदा पटेल, शाहीन सरदार अली और फ़ख़रुन्निसा जैसी वकील न होतीं, तो शायद यह सच भी शहज़ादियों की तरह दीवारों में चिनवा दिया गया होता।

लोग फ़िरऔन के ज़माने की इब्रतें[26] सुनाते हैं। उसे तो इस्लाम से पहले का ज़माना कहा जाता है। इस्लाम नाफ़िज़[27] करने वालों और शरई अदालतों ने तो यह भी कह दिया कि बलूचिस्तान की तेरह साला बच्ची, बाप की ज़्यादती की शिकायत, मामू के उकसाने पर कर रही है कि मामू बच्ची के हिस्से की जायदाद पर क़ब्ज़ा करना चाहता है, मैं देख रही हूं, मैं सुन रही हूं।

फिर वह ज़माना आया कि जिस बाप ने अपने घर के सहन में बेटी को थप्पड़ मारा, सरकार ने उसको बीस हज़ार रुपए तावान[28] की शक्ल में रेडियो और टेलीविज़न के

ज़रिए रुस्वाई मुक़र्रर की। यह दौर फ़िरऔन के ज़माने का नहीं, 1993 में पाकिस्तान नामी सरज़मीन के देहातों के ज़िंदा वाक़यात हैं। बापों ने ज़र के बदले इस बदनामी को गले लगाया और हमारे नामी-गिरामी सपूतों ने टेलीविज़न पर दिखाया और सारी औरतों के मुंह पर थप्पड़ मारा।

बचपन की यादों में परियों की कहानियां या अलिफ़ लैलवी शहज़ादियों के क़िस्से कम और ख़ौफ़ के ताज़ियाने[29] ज़्यादा हैं। यह अलग बात है कि जवानी और बुढ़ापे को भी ज़िंदा रहने के लिए इन्हीं भट्टियों की आंच में भूभल होना पड़े।

क़यामत से डराने की हवा होश के पहले झोंके के साथ आई थी : गुड़ियां खेलना, तो आवाज़, "मत खेलो, नहीं तो क़यामत के दिन जान डालना पड़ेगी!" दो चोटियां बांधीं, तो तबर्रा, "क़यामत के दिन दो सांप तेरे सिर के साथ बंधेंगे!" चूड़ियां न पहनतीं, तो कहना, "अल्लाह मियां चूड़ियां ना पहनने वाली की नमाज़ क़ुबूल नहीं करता, क़यामत के दिन पूछ होगी!" छत पर चढ़ जाना, तो शोर, "ऐहे! कोई बला-भूत चिमट जाएगा!... ऐहे, लंबी पाटदार चुटिया है, कोई जिन-भूत देख लेगा, आशिक़ हो जाएगा! चल सिर ढक! नीचे उतर, नहीं तो क़यामत के दिन मुझे तेरा हिसाब अल्लाह मियां के सामने देना पड़ेगा!" जब कभी सरकंडों को अलम[30] की तरह पकड़कर अज़ादारों[31] की तरह सीना-कोबी करते और मर्सिया पढ़ते चले, तो अम्मा ने देखते ही चुटिया पकड़कर घसीटा, "कलमुंही सय्यद घराने को बदनाम कर रही है! सीना पीट रही है![33] ऐ, क़यामत में अल्लाह मियां तेरा सीना पीटेंगे!"

"ऐहे, ख़ुद शादी कर रही है? शरअ मना करती है। मैं दूध नहीं बख़्शूंगी! मैं उसका चेहरा नहीं देखूंगी!" अम्मा ने कई साल तक मेरा चेहरा नहीं देखा और जब देखा, कलेजे से लगाकर प्यार नहीं किया। अधूरा-सा हाथ मेरे सिर पर था। कोख की गर्मी तो तलुओं तक आ जाती है, अपनी आंच छुपाती नहीं है।

"ऐहे, शौहर के मरने के पंद्रह दिन बाद ही दफ़्तर जा रही है! इद्दत[33] भी पूरी नहीं कर रही! तौबा-तौबा, क्या ज़माना आ गया है! हां, घर में रहकर सारा दिन चूल्हे पर झुके रहो, मौजूद ख़ानदानों के लिए ख़िदमतगारी में जुटे रहो, वह शरई इद्दत है और उनको छोड़कर अपनी तन्हाइयों को फ़ाइलों में डुबाने का नाम क़यामत के बोरिए समेटना है!

"औरत तो है कमतर दर्जा...नहीं तो औरत ख़ुदा न होती, पयंबर होती, मर्द के बराबर होती...इसलिए औरत सरबराहे-मुम्लिकत[34] नहीं हो सकती।" कौन कह रहा है...? कौन फ़ैसला दे रहा है...? वह सब, जिनको अवाम ने नकार दिया...? वोट नहीं दिया? अपनी नुमाइंदगी के लायक़ नहीं समझा? वह मज़हब की ढाल इस्तेमाल करने की जुर्रत हर उस दूसरे दिन से शुरू कर देते हैं, जब अवाम उनके ख़िलाफ़ फ़ैसला सुनाते हैं। वे मर्द हैं...वे ख़ुदा हैं...कि उन्होंने ख़ुदा को हमेशा मर्द बनाकर पेश किया है। मेरे

सामने बचपन में .खुदा का रौब और दबदबा जिस तरह बयान किया जाता, मैं उसे आसमान में बादशाह के रूप में बैठा तसव्वुर करती। यह तो किसी ने बताया ही नहीं कि पनाह और दुआ सिर्फ़ आसमान की तरफ़ देखकर क्यों मांगी जाती है, जबकि अगर वह है, तो आपकी शह-रग से भी क़रीबतर है। अगर वह है और पत्ता भी उसके हुक्म के बग़ैर नहीं हिलता, तो औरत का वज़ीरे-आज़म होना, एक बार नहीं, दोबारा चुना जाना आख़िर किसी हिकमत[35], किसी तंबीह[36] की दलील तो है।

लंदन की मेरी दोस्त आलूफ़ मैरिज कहती हैं, ''औरत मां है, बच्चा पैदा करती है। आप पैदा करने वाले को .खुदा कहते हैं और औरत की बराबरी से इनकार करते हैं।'' यार लोगों ने उसकी किताब पर पाबंदी लगाने और फिर उसको डिपार्टमेंट से निकालने का शोर मचाया। मेरी किताब पर भी पाबंदी का जवाज़[37] मज़हबी अख़लाक़ियात[38] की गोद में डाल दिया गया। मैं 1983 में अमरीका में थी। मुझे अमरीकी प्रेस के द्वारा अपनी किताब पर पाबंदी की जानकारी हुई। मैंने क्या किया था? सिर्फ़ सिमोन द बोउआ की *'सैकिंड सैक्स'* का तर्जुमा किया था, अंग्रेज़ी एडीशन कभी बंद नहीं किया। कहा गया, उर्दू के द्वारा औरत के बदन के बारे में ग़ैरअख़लाक़ी बातें करने की यह निंदनीय कोशिश है, इसीलिए हर प्रदेश में अलग-अलग पाबंदी लगने के पांच ऐलाननामे अख़बारों में प्रकाशित हुए। मैंने तो फिर भी कोंपल बनती हुई औरत के जिस्म का हाल नफ़्सियाती तफ़सील[39] के साथ पेश किया था। चलो उसे पढ़कर क्लर्कों को पसीना आ गया होगा। भला इकरामुल्लाह की किताब *'गुर्गे-शब'*[40] में क्या था? फ़ख़्र ज़मां की किताब *'इक वखरेबंदे की कहानी'* में क्या था?

शब्दों के क्लर्कों द्वारा सेंसर होने का ज़माना दस वर्ष तक रहा कि जब क़ुरानी आयात तक सेंसर करने की हिम्मत की गई। अल्लामा इक़बाल के, 'या अपना गरेबां चाक, या दामने-यजदां चाक''[41] के ऐलान की रेडियो-टीवी पे इजाज़त न थी।

टेलीविज़न पे मर्द को, औरत को हाथ लगाने की इजाज़त न थी एक पलंग पे बैठने की इजाज़त न थी। यह सोलहवीं सदी की बातें नहीं, यह उन लोगों की बातें हैं, जो ऐलान करते थे, ''हम इक्कीसवीं सदी में दाख़िल होना चाहते हैं।''

यह सारी बात मुझे हंगरी के कथाकार ग़ीज़ा कज़ारथ की कहानियों की तरह लगती है। उसके ख़याल में औरत मां और तवायफ़ दोनों तरफ़ क़ाबिले-मज़म्मत[42] है कि यह सारे रिश्ते मर्द की मेहनत और दौलत को हड़प कर जाने के शाख़साने[43] हैं। उसके ख़याल में, ख़्वाब में आने वाली औरत ही अच्छी है कि वह कुछ मांगती नहीं है कि मैं उसे जन्नत-मुक़ाम कह सकूं।

मैं क्या करूं? मज़हब मुझे सलमान रुश्दी को पढ़ने की इजाज़त नहीं देता। मज़हब मुझे मसीही और यहूदी लेखकों की किताबें हासिल नहीं करने देता। इस वक़्त बलाज़ियू में, मैं जहां हूं, वहां पे उगने वाले फल हम रोज़ खाते हैं, वहां सामने बहने वाली झील

का पानी हम पीते हैं। बलाज़ियू की ठंडी हवा की ताज़गी .खुद को तरो-ताज़ा देखकर भी मुझे इजाज़त नहीं।

मज़हब के नाम पर शाहबानो जैसी अस्सी साला ख़ातून को अदालत से मिला हुआ हक़ वापिस लौटाना पड़ता है। मज़हब के नाम पर मर्द को चार शादियों का हक़ देकर समाज .खुद को बड़ा मुतमइन ख़याल करता है। मुझसे मेरे एक लेबनानी दोस्त ने पूछा, "ख़ंसा की शायरी पढ़ी है?" मैंने कहा, "हां, जहां मिली।" उसने कहा, "और जहालत के दौर[44] की शायरी?" मैंने कहा, "मैं इस बारे में कुछ नहीं जानती।" लेबनानी दोस्त ने कहा, "अराल इल्म और असल शायरी तो उस वक़्त थी।" हमें तो स्कूल के कोर्स में वह शायरी नहीं पढ़ाई गई है, मगर हमें मज़हब के नाम पर *बहिश्ती ज़ेवर, पक्की रोटी* और *कामसूत्र* जैसी किताबें जायज़, 'सही बुख़ारी'[45] क़बूल। इल्म के दरवाज़े बंद, दौरे-जाहिलिया की शायरी नामंजूर!

(सारांश प्रकाशन से प्रकाशित आत्मकथा *बुरी औरत की कथा* से)

संदर्भ

1. धर्म का ज्ञान रखने वाला सूरमा, 2. मानवाधिकारों की मशहूर वकील, 3. हज़रत मोहम्मद का अपमान करने वाला, 4. निंदा, 5. आदर, 6. पांचों नमाज़ें, 7. हज़रत मोहम्मद की कथा, 8. निरीह, 9. धर्मोपदेश रूपी बकवास, 10. कुरान का एक खंड, 11. नसीहत, 12. सीधा संबोधन, 13. उपचार, 14. नमाज़ पढ़ने का आसन या चटाई, 15. क़ैद, 16. एक जगह से दूसरी जगह जाकर रहना, 17. आधी रात के बाद पढ़ी जाने वाली नमाज़, 18. रोबदार/प्रतापी, 19. मंत्रों, 20. मंटो की बहुचर्चित कहानी, 21. कट्टरपंथियों, 22. गर्भवती, 23. बलात्कार (अवैध संबंधों का सख़्त क़ानून ज़ियाउल हक़ के समय में बना, जिसके तहत सज़ा बलात्कारियों के बजाय बलात्कृत औरतों को दी गई, 24. बिक्री मूल्य, 25. सांप्रदायिक, 26. भयावह उदाहरण, 27. लागू, 28. हर्ज़ाना, 29. कौड़े, 30. झंडा, 31. मातम करने वाले, 32. कुछ लोग मुहर्रम के मातम को ग़लत मानते हैं, 33. पति की मृत्यु के बाद तीन महीने के शोक की अवधि, 34. देश की नेता, 35. ज्ञान, 36. ख़बरदारी / चेतावनी, 37. बहाना, 38. नैतिकता, 39. मनोवैज्ञानिक विवरण, 40. पाकिस्तान का एक बहुचर्चित, किंतु विवादास्पद उपन्यास। इसका हिंदी रूपांतर सारांश प्रकाशन से *'रात एक भेड़िया'* शीर्षक से प्रकाशित हुआ है, 41. जुनून में ख़ुदा का दामन या अपना दामन क़यामत में फाड़ डालूंगा, 42. निंदा की पात्र, 43. हथकंडे, 44. अरब का पूर्व-इस्लामी युग। इस दौर की शायरी में औरत के सौंदर्य और प्रेम का वर्णन बहुत अधिक मिलता है। हज़रत मुहम्मद ने इस शायरी को नापसंद किया है, 45. इमाम बुख़ारी की धार्मिक नियमावली।

पानियों में सराब[1]

ज़ाहिदा हिना

इधर यथार्थ के धरातल पर लिखी जाने वाली कहानियों में पाकिस्तानी लेखकों की बेचैनी साफ़ झलकती है। बंद-बंद से 'मआशरे की घुटन कैसी होती है? देखा जाए, तो ज़्यादातर फ़नकारों ने इसी 'घुटन' को अपने साहित्य का हथियार बनाया। राजनीति आज के साहित्य का मूलमंत्र है। ज़ाहिदा हिना की कहानियां दरअसल इसी मंत्र से जन्मी हैं। उन्हें आसानी से पाकिस्तानी उर्दू साहित्य की अरुंधति राय कहा जा सकता है। सोशल एक्टीविस्ट भी और साहित्यकार भी। वह न मार्शल लॉ से घबराईं, न सामंती व्यवस्था से। हमेशा ही पाकिस्तानी कट्टरवाद से जंग लड़ती रहीं। ज़ाहिदा हिना समूचे विश्व की राजनीति पर अपनी पैनी दृष्टि रखती हैं और हर बार 'विश्व-संग्राम' की मुख्य धाराएं कहानी में उनके चिंतन का कारण बनी हैं। अफ़गान युद्ध हो, या भारत से निकला 'सच' हो, ज़ाहिदा हिना की कलम हर बार पूरी रवानी से अपनी बात कहती, सुनाई देती है।

ज़ाहिदा हिना पाकिस्तान तो चली गईं, लेकिन अपनी धरती अपना हिंदुस्तानी नहीं भूल पाईं। बिहार के रोहतास (सासाराम) जिले में जन्मी ज़ाहिदा पाकिस्तान में 'शेरशाह' के गीत गाती रहीं। वह पूरी बहादुरी से आज भी साहित्य-मंथन से गुज़रती हुई अपने रचना-संसार में मस्त हैं। 'राह में अजल है' और 'कैदी सांस लेता है' दो संग्रह प्रकाशित हो चुके हैं।

लौहे मज़ार पर 'असमत पनाह' पढ़ कर मैं बेधड़क हंसी और मैंने अज़फ़र से कहा, ''मेरी क़ब्र पर भी 'असमत पनाह' कुंदा करवा देना।''

---

1. वह रेत जो गर्मियों में दूर से पानी की तरह चमकता हुआ दिखाई पड़ता है और प्यासे उसे पानी समझकर उसकी ओर दौड़ते हैं, मरीचिका।

अज़फ़र बेमानी से अंदाज़ में मुस्कराया और हम क़ब्रों के दर्मियान से गुज़रते हुए बलहर आ गए। गाड़ी रवाना हुई, तो अहसन ने अचानक 'असमत पनाह' की तरकीब का ज़िक्र छेड़ दिया और बात नज़रिया असमत और इतिहास के विभिन्न युगों में असमत के 'मेयार' तक पहुंची। अलिफ़ लैला का शहरयार, बेवफ़ा शहज़ादियां और उनके शयनगार में 'बार' पाने वाले हब्शी गुलाम, बग़दाद के गली-कूचे, नेपल्ज़ और फ्लोरेंस की हवेलियां और बाग़-बग़ीचे, 'डी कैमरून' की पामपीना, नीनीती और मेडीलेनी। दिल हथेली पर रख कर फिरने वाले प्रेमी और पतियों के पीठ फेरते ही शयनगारों के दरवाज़े खोल देने वाली नाज़नीनें।

मैंने विषय बदलना चाहा, लेकिन बात से बात निकलती चली गई और फिर इस 'नुक़्ते' पर बहस होने लगी कि असमत और इफ़त की कल्पना 'मतलक़' है या 'असनाफ़ी'? बीच-बीच में लतीफ़े और चुटकुले भी बयान हो रहे थे और फिर चैस्टिटी बैल्ट का ज़िक्र निकल आया।

अहसन ने तुरत ही 'सलीबी जंग' पर जाने वाले एक ऐसे मसीही सूरमा का क़िस्सा छेड़ दिया जिसने जंग पर खानगी से पहले अपनी बीवी को चैस्टिटी बैल्ट पहनवाई और चाबी अपने प्रिय दोस्त के हवाले कर गया। उसूली तौर पर चाबी उसे अपने साथ ले जानी चाहिए थी, लेकिन वह एक मुंसिफ़ मिज़ाज आदमी था और इसीलिए उसने चाबी दोस्त के हवाले कर दी थी कि यदि वह जंग में मारा जाए, तो चाबी उसकी बीवी को दे दी जाए, ताकि वह जिससे चाहे शादी कर सके। अभी वह 'सूरमा' कुछ ही दूर गया था कि उसका दोस्त घोड़ा सरपट दौड़ाता हुआ उसके पास पहुंचा और कहने लगा, "तुम मुझे ग़लती से कोई दूसरी चाबी दे आए हो, ये चैस्टिटी बैल्ट की चाबी तो नहीं है।"

एक क़िस्सा किसी शहज़ादी का था, जिसने अपने महबूब शौहर की जंग पर रवानगी से पहले चैस्टिटी बैल्ट पहन कर चाबी शौहर के सामने ही एक तालाब में फेंक दी थी। कुछ दिनों बाद जब वह किसी दूसरे मर्द के इश्क़ में गिरफ़्तार हुई, तो उसने अपनी सारी दौलत उन गोताख़ोरों को दे डाली, जो काफ़ी कोशिश के बावजूद चाबी की तलाश में नाकाम रहे थे। ये और उसी क़िस्म के दूसरे क़िस्से उस वक़्त तक बयान होते रहे, जब तक कि हम कंझर झील न पहुंच गए।

और अब हम पानियों पर थे। सोना लुटाती धूप झील के पिछले कांच जैसे सब्ज़ पानी पर बिछी थी। तह में पानी वाले पौधे लहरों के साथ हिलकोरे ले रहे थे और हरी काई उनसे लिपटी हुई थी। जलकव्वों की एक डार फड़फड़ाती उतरी और पानियों पर सफ़र करने लगी। कश्ती आगे बढ़ रही थी, ज़मीनी मंज़र दूर होते जा रहे थे। पेड़, उन पेड़ों के साये में बैठे इन्सान, बड़े-बड़े ट्रक, जो झील के किनारे बड़ी तत्परता से धोए जा रहे थे, अब दूरी के कारण छोटे लग रहे थे।

मेरे पीछे आवाज़ हुई, तो मैंने गर्दन घुमा कर देखा, किनारे के क़रीब अज़फ़र ने एक मछली पकड़ी थी और अब वही कश्ती के फ़र्श पर तड़प रही थी। ये उसी के तड़पने-फड़कने की आवाज़ थी।

"अज़फ़र प्लीज़, इसे पानी में फेंक दो।" मैंने बेताबी से कहा, "बड़ी मुश्किल से एक तो हाथ आई है और तुम कह रही हो कि उसे वापस फेंक दूं। जवाब नहीं है तुम्हारा भी।" अज़फ़र की आंखों में मछली को तड़पते देख कर 'लज़्ज़त' की एक लकीर खिंच गई। मैंने अपने सामने बैठे यूसुफ़ की तरफ़ देखा और उसने अपनी निगाहें झुका लीं।

सफ़िया अहसन ने थर्मस खोल कर मगों में कॉफ़ी उड़ेलनी शुरू की और मैं न चाहते हुए भी उसका हाथ बटाने लगी। समोसे ठंडे हो गए थे, लेकिन गर्मा-गर्म कॉफ़ी के साथ वह भी लुत्फ़ दे रहे थे।

कॉफ़ी घूंट-घूंट करके पी जाने के लिए है। समोसे 'लुक़मा-लुक़मा' कर के खाए जाने के लिए हैं और मैं इसलिए हूं कि दिन में 'हिज्र का अज़ाब' मुझे पानी करे और मैं इसलिए हूं कि रात आए, तो मेरे 'मजाज़ी .ख़ुदा' के बदन की तृप्ति का गिद्ध मेरे अस्तित्व को टुकड़े-टुकड़े कर के खा जाए। मुझसे अच्छी, तो यह कॉफ़ी ठहरी, जो एक लम्हे में पी ली जाती है और समाप्त हो जाती है, मुझसे बेहतर तो समोसे का यह लुक़मा है, जिसे एक बार चबाया जाता है और फिर निजात पा लेता है। हर रात मुझे चबाती है और मैं ख़त्म नहीं होती। हर दिन मुझे पीता है और मैं मौजूद रहती हूं।

कॉफी पीते हुए अहसन ने गुनगुनाना शुरू कर दिया, "अकेले मत जइयो राधे जमना के तीर"। मैंने लरज़ कर उसे देखा। तुम दिलों के भेद किस तरह जामते हो? सुना है, दिलों का भेद तो बस .ख़ुदा जानता है और कौन जाने कि या न जानने के मर्तबे पर 'फ़ाइज़' मौजूद है या लुप्त।

अहसन की आवाज़ पानियों पर बगोले की तरह चकराती हुई उठी, "अकेले मत जइयो राधे, अकेले मत जइयो राधे।" कंझर झील का पानी उतरने लगा। ज़मीन की गहराइयों में समाने लगा और आंख की पुतली पर यमुना का गहरा सब्ज़ पानी फैल गया, गहराइयों में उतरता हुआ, विस्तार में फैला हुआ।

मैं अकेली तो न गई थी, मैं तन्हा तो न गई थी। मुझे तो .ख़ुद अज़फ़र तन्हा छोड़ गया था। बम्बई में कई लोगों से मुलाक़ातें ज़रूरी थीं, वरना जिस बिज़नेस टूर पर वह गया था, वह नाकाम हो जाता। वह दो दिन के लिए गया था, फ़िर उसका फ़ोन आया कि उसे अभी दो दिन और लगेंगे।

मैं और यूसुफ़ दिल्ली में घूमते रहे, मैं उससे अज़फ़र की बेफ़िक्रियों का ज़िक्र करती रही और वह सुनता रहा। मैंने उससे कहा, सिर्फ़ रुपया ही तो कोई चीज़

नहीं होता। सब से बड़ी चीज़ मोहब्बत है, दूसरा... है, जिसके लिए अज़फ़र के पास वक़्त नहीं। बीवी, बच्चे और रिश्तेदार, ये सब 'सानवी' चीज़ें हैं। असल समस्या रुपया है और अधिक रुपया।

मेरा ज़हनी सफ़र ख़्वाबों से शुरू होकर किताबों पर ख़त्म होता था। रुपए से किताबें तो ख़रीदी जा सकती थीं, लेकिन ख़्वाब किसी बाज़ार में नहीं बिकते थे और 'सिक्का-ए-राएजुल वक़्त' से ख़रीदे नहीं जा सकते थे, फिर मैं इतना बहुत-सा रुपया लेकर क्या करती? हमारा भविष्य सुरक्षित से अति सुरक्षित हो रहा था, लेकिन मैं कहां थी? मेरी गुज़रती हुई ज़िंदगी के बर्बाद क्षणों का हिसाब कहां था?

यूसुफ़ और अज़फ़र बचपन के दोस्त थे, गहरे दोस्त। मिज़ाजों में अंतर के बावजूद जब भी उन्हें मौक़ा मिलता, वे मिल बैठते। अज़फ़र ने बाप की तरह व्यापार किया और लाखों कमाए। यूसुफ़ शुरू ही से ख़्वाब देखता था महलों के, क़िलों के, हवेलियों और भूल-भुलैयों के, वह अर्किटेक्ट बन बैठा। सीमेंट, बजरी, पत्थर, चूने, लोहे और एल्युमीनियम के ढेर को ख़्वाबनुमा इमारतों में बदल देने वाला इन्सान।

यूसुफ की बनाई हुई ख़्वाब-ख़्वाब इमारतें अमेरिका कॉन्टीनेंट और पूर्व के दूर-दूर के मुल्कों में फैली हुई थीं। वह इंटरनेशनल सेलीब्रीटी था।

लंदन में जब मेरा समय यूसुफ़ के साथ गुज़रा, तो उसकी 'ज़ात' की एक नई दिशा मुझ पर खुली। रेत-पत्थर और चूने जैसी खुदरा चीज़ों से विभिन्न इमारतों की 'तजसीम' करने वाला अंदर से पोर-पोर शायर था। वह जब संतुष्ट होता, तो 'फ़ने-तामीर' पर अजीब कोणों से गुफ़्तगू करता। एक बार उसने कहा था कि किसी इमारत की तामीर (भवन निर्माण) वास्तव में मूल तत्त्वों का दिल है।

वह गोथिक प्रकार के निर्माण का और गिरजाघरों का आशिक़ था। उनकी क़ुर्बानगाहें, उनकी राहदारियां, उनके 'हुजराए एतराफ़ात', ये सभी स्थान उनके विचार से इंगित थे। इन्सानी नफ़्स की गहराइयों, पछतावे और ईसामसीह से निकटता के इशारे।

वह कहता कि कोई भी महान इमारत अपने समय का 'इस्तेआरा' (रूपक, लक्षण) होती है और जब तक उस 'इस्तेआरे' को अपने अंदर समा न लिया जाए, इमारत का हुस्न देखने वालों पर खुल नहीं सकता।

एक रात वह मेरे फ़्लैट पर पी रहा था और बातें कर रहा था। चार उंगल शराब उसके पेट में पहुंच जाती, तो उसके अंदर का शायर जाग जाता और उसके मुंह से फूल झड़ने लगते। उस रात वह बातें कर रहा था, बोरोमैनी की, बर्मीनी की, अल्बर्टो और माइकेल एंजलो की। वह उस पुराने राज़ को अपना 'रूहानी' उस्ताद समझता था और उनकी बनाई हुई इमारतों के एक-एक ताक़चे और पायों पर उसकी जान जाती थी।

इसी गुफ़्तगू के दौरान जाने किस तरह प्राचीन भवनों और खंडहरों को चांदनी रात में देखने की बात निकल आई, तो वह बिखर गया, ''कैसी बातें करती हो, ये केवल रोमांटिक औरतों और नालायक़ मर्दों के करने की बातें हैं कि रोम के 'फलां' खंडहर को चांदनी रात में देखना चाहिए और पेरिस का फ़लां कलीसा चांदनी में किस तरह सुंदर लगता है। मैं तुम्हें बताऊं, शालीमार बाग़ और ताजमहल के अतिरिक्त चंद इमारतें ही ऐसी हैं, जो चांदनी में देखने के लिए बनाई गई हैं। दुनिया की सभी महान इमारतें दिन के उजाले में देखने के लिए निर्माण हुए हैं। चढ़ते हुए और तीसरे पहर के सूर्य की तिरछी किरणें उन इमारतों के 'शिकवा' को ज़ाहिर करती हैं, एक-एक दीवार के हुस्न को उजागर करती हैं और एक-एक गुंबद की गोलाई का 'अहाता' करती हैं। क़िले, महल, हवेलियां दिन में देखने की चीज़ें हैं। रात अधिकतर इमारतों का हुस्न चुरा लेती है और उनके 'ख़दोख़ाल' का तीखापन छिपा लेती है। यदि कोई इमारत केवल चांदनी रात ही में मनमोहक नज़र आती है, तो समझ लो कि उसे बड़ी इमारतों की पंक्ति में शामिल नहीं किया जा सकता।''

वह भवन निर्माण के मूल्यों पर बहस करता। फ़लां इमारत पर कितना ख़र्च हुआ? यह धन कहां से आया था? लगान किस इलाक़े के लोगों से वसूल किया गया था और उन पर कितनी सख़्ती रखी गई थी? इन इमारतों को बनाने वाले आज़ाद मज़दूर थे या मज़बूर और बेबस गुलाम? उनके राज आविष्कारक थे या 'लकीर के फ़क़ीर'? उनके मजदूर काम करते हुए गीत गाया करते थे या फ़िज़ा केवल उनकी पीठ पर पड़ने वाले चाबुकों की आवाज़ से गूंजती थी?

भवन निर्माण के हवाले से सियासत के बारे में उसके विचार बहुत उलझे हुए और नापसंदीदा थे और यह एक ऐसा विषय था, जिस पर मेरी खूब-खूब बहस होती। उसका कहना था कि दुनिया के अधिकतर महान भवन निर्माण राजे-महाराजे के जारी किए गए फ़ैसलों और ख़्वाहिशों की धरोहर हैं और यह कि गणतंत्रता निर्माण कला को रास नहीं आ सकती।

यूसुफ़ ने लंदन की एक-एक ऐतिहासिक इमारतें मुझे दिखाईं, वह जब किसी इमारत के सुतूनों, मेहराबों, दरों, दरवाज़ों और ताक़ों के बारे में बात करता, जब वह रोशनी के साये का हिसाब बताता, जब मौसमों के एतबार से हवा के चलने और धूप के उतरने का फ़र्क़ बयान करता, तो मुझे यूं महसूस होता, जैसे ये सूनी इमारतें आबाद हो गई हैं, फिर से सांस ले रही हैं, जैसे अभी धूप फ़सीलों से होती हुई क़िले के दिल में उतरी है और हेनरी अष्टम ने अपनी मसहरी पर करवट बदल कर सुबह का पहला घूंट कंठ से नीचे उतारा है।

यूसुफ़ को दोस्ती निभाने का अजीब हुनर आता था। वह अज़फ़र का दोस्त था, लेकिन मैं जब उससे मिलती, बातें करती, तो यूं महसूस होता, जैसे वह केवल मेरा

दोस्त है, खरा सच्चा, मेरे सभी दुःख समझने वाला। उससे मिले हुए कुछ दिन गुज़र जाते, तो दिल में ख़लिश होती। उसका ख़त न आता, तो मैं परेशान होकर उसे ख़त लिखती। कैसे हो? कहां हो? किस हाल में हो? इतने दिनों से ख़त क्यों नहीं लिखा? और फिर उसका जवाब आता, 'तूल-तवील', दुनिया-जहां की बातों से भरा हुआ। मैं और अज़फ़र दोनों उसका ख़त पढ़ कर खुश हो जाते।

अज़फ़र और मैं हिंदुस्तान के लिए रवाना होने वाले थे कि अचानक एक शाम यूसुफ़ लंदन से आ पहुंचा। वह कुछ दिनों हमारे साथ रहने आया था। आराम करने, अपनी थकन उतारने। युसुफ़ को मालूम हुआ कि हम हिंदुस्तान जा रहे हैं, तो वह भी हमारे साथ चल पड़ा। हम तीनों दिल्ली पहुंचे और अज़फ़र आदत के मुताबिक़ मुझे होटल में छोड़ कर बंबई चला गया। वह माया-मोह में फंसा था और उस जाल से निकलना उसके बस की बात न थी।

यूसुफ़ और मैं, हम दोनों दिल्ली के गली-कूचों में घूमते रहे। क़िले, मस्जिदें, मज़ार, दरवाज़े, बावड़ियां, कौन सी जगह थी, जो हमने छोड़ी। कौन-सा वीराना था, जो हमने आबाद न किया। हम यमुना गए, हम घाट की सीढ़ियां उतरे और एक-दूसरे के अगल-बग़ल में बैठ गए। दोपहर का गर्म सूर्य हमारे सरों पर था। हर तरफ़ वीरानी थी। सन्नाटा था और शायद यह वैसा ही कोई लम्हा था, जब ख़ुदा की रूह पानियों पर जुंबिश करती थी।

मैंने झुक कर पानी में हाथ डाला। पानी जो हयात की असल था और यूसुफ़ से मुड़ कर कुछ कहा, वह मेरी तरफ़ देख रहा था और उन आंखों में क्या नहीं था।

हम अपने तमाम 'बातिनी अज़ाबों और सवाबों', नादानियों और और 'पशेमानियों' के साथ एक-दूसरे के सामने नग्न थे। आदम और हव्वा की तरह जब उन्होंने वर्जित पेड़ का फल खाया था और नग्न शरीर हो गए थे, हम दो न थे, हम जुदा न थे, हम बहुत दिनों से एक-दूसरे को दोस्ती के नाम पर और 'ख़ुलूस' के नाम पर धोखा देते रहे थे। वह एक लम्हा हर बात बदल गया, प्रत्येक चीज़ परिवर्तित हो गई। न तू तू रहा, न तू मैं रहा। वह अजब घड़ी थी, मैंने जिस घड़ी लिया पाठ इश्क़ का।

अचानक कश्ती डगमगाई। आंख की पुतली पर जो रासलीला रची थी, वह लुप्त हो गई। यमुना का पानी आंखों की ओट में ग़ायब हो गया। हम कंझर झील के पानी पर थे। यूसुफ़ अपना 'ज़र्द' स्वीमिंग कास्ट्यूम पहने कश्ती के अगले हिस्से में खड़ा था। बदन को तौलता हुआ, फिर छपाका हुआ और उसका सुनहरा बदन सब्ज़ पानियों में उतर गया। वह हमारी कश्ती के साथ तैर रहा था। हम पर पानी के छींटे उड़ाता हुआ, पानी में डुबकी लगाकर फिर उभरता हुआ। उस नंगे बदन को देख कर मुझे यूं महसूस हुआ, जैसे मैंने उसी की पसली से जन्म लिया हो, जैसे हम एक तन हों, ज़मीन का पहला जोड़ा। मैंने नज़रें नीची कर लीं, मैं उन लम्हों

से डरती थी, जब अज़फ़र मेरे दिल की तहरीर मेरे चेहरे पर पढ़ ले।

ज़मीन और आसमान से दूर एक-दूसरे से लिपटे हुए थे, केवल नज़र का धोखा। मेरी आंखें भीग गईं। हम दोनों भी क्षितिज का वह किनारा थे, जिसे दूर से देखो, तो महसूस होता है कि ज़मीन और आसमान 'शीरो शक्कर' हो रहे हैं और जब नज़र का फ़रेब बीच से हट जाता, तो हम ज़मीन और आसमान थे, जो कभी नहीं मिल सकते।

मैं ज़मीन थी, ठोस, पथरीली, अपनी जगह अटल और वह आसमान था, केवल अंतरिक्ष, आंख का धोखा। मैं औरत थी, कमज़ोर, अयोग्य। मैं इसके लिए किसी भी हद तक जा सकती थी, लेकिन यूसुफ़ मर्द था, बहादुर, जानदार, इसलिए कुछ नहीं कर सकता। लोग क्या कहेंगे, बच्चों का क्या होगा, अज़फ़र पर क्या गुज़रेगी? वह दुनिया के सभी महादेश घूम आया। दुनिया-भर की दौलत उसने इकट्ठी कर ली। इंटरनेशनल सेलीब्रीटी बन बैठा, लेकिन मध्यमवर्ग की 'इख़लाक़ी इक़दार' उसके अंदर अपने पंजे गाड़े बैठी थी। वह दोस्त की अज्ञानता में उसकी बीवी को 'शेयर' तो कर सकता है, लेकिन इस बात की कल्पना भी नहीं कर सकता कि अज़फ़र का सामना करे और उसे ईमानदारी के साथ अपने और मेरे नफ़्स की हालत से अवगत करे और फिर फ़ैसला उस पर छोड़ दे, मुझे मालूम था कि अज़फ़र का फ़ैसला क्या होगा? और यूसुफ़ भी जानता था, लेकिन यूसुफ़ का 'इख़लाक़ी इक़दार' भी खूब था, केवल 'मुनाफ़िक़त', केवल 'रियाकारी'।

और अब मैं दो मर्दों के बीच ज़िंदगी गुज़ारती हूं। अफ़ज़र, जिसकी ज़मीन अपनी नहीं, जिसके घर में सेंध लग चुकी है और यूसुफ़, जो अपनी ज़मीन को दूसरे के अधिकार से आज़ाद कराते हुए डरता है, जिसकी ज़मीन का लगान किसी दूसरे के ख़ज़ाने में जमा होता है और उन दोनों के दर्मियान मैं हूं...'तल्फ़े है मुर्ग़े क़िब्लानुमा आशियाने में।'

"बेग़म अज़फ़र, क्या आप जानती हैं कि इस वक़्त आप कहां हैं?" अहसन ने अचानक ड्रामाई अंदाज़ में सवाल किया।

"मैं आपका मतलब नहीं समझी?" मैंने बहुत हैरान होकर अहसन को देखा, वह अज़फ़र के लंदन आफ़िस का मैनेजर था और इन दिनों अपनी बीवी के साथ कराची आया हुआ था। "आप इस वक़्त नूरी जाम तमाची के मज़ार पर से गुज़री हैं।" उसने मुझे सूचना दी।

"क्या पहेलियां बुझा रहे हो अहसन?" अज़फ़र ने भी अब इस ओर ध्यान दिया था।

"अज़फ़र साहब, हम वाकई नूरी जाम तमाची के मज़ार पर से गुज़रे हैं"। यह वास्तव में मानसून का मौसम है। पानी छलका पड़ रहा है इसलिए दोनों के मज़ार

पानी में डूबे हैं, वरना आम दिनों में एक छोटे से टापू पर इन दोनों के 'शिकस्ता' मज़ार नज़र आते हैं, आसपास के लोग तो यह भी कहते हैं कि चांदनी रातों में नूरी उन्हें झील की सैर करती नज़र आती है।'' अहसन ने कहा।

''भई तुम लोग आख़िर किस चक्कर में पड़ गए हो, अभी थोड़ी देर पहले हमारी बेगम साहिबा मकनी के मज़ारों से लौ लगा रही थीं, बड़ी मुश्किल से उन्हें वहां से घसीट कर लाए हैं। अब तुम फिर मज़ारों का ज़िक्र ले बैठे हो।'' अज़फ़र ने बुरा-सा मुंह बना कर कहा, ''उधर यूसुफ़ है, तो वो इतनी गंभीरता से फिर पानी में डुबकियां लगा रहा है, जैसे कुछ ढूंढ रहा हो।'' उसने बाआवाज़ बुलंद यूसुफ़ को पुकारा, ''यार पलट आओ, किसी शहज़ादी ने अपनी चैस्टिटी बैल्ट की चाबी यहां नहीं फेंकी है, जो तुम डुबकियां लगा रहे हो।''

यूसुफ़ ने उसका वाक्य सुना तो मुस्कराया और कश्ती की ओर पलटा, अहसन भी हंसने लगा। ''यूसुफ़ साहब ने तो बहुत सी चाबियां इकट्ठी की होंगी।''

''यह मेरा यार जो है, बहुत घुन्ना है ऐसी बातों की हवा भी नहीं लगने देता'' अज़फ़र ने कहा। अब यूसुफ़ कश्ती में पहुंच चुका था और उसके बदन से टपकते हुए पानी के क़तरे कश्ती के फ़र्श पर जमा हो रहे थे। वहां पड़ी मछली अब ख़त्म हो चुकी थी। सोफ़िया अहसन ने निगाहें उठा कर बेफ़िक्री से हम सब को देखा और फिर अपनी स्केचबुक पर झुक गई। इसमें सबसे बड़ी ख़राबी कमगोई और सबसे बड़ी ख़ूबी 'मुसव्वरी' (तस्वीर बनाना) थी। कुछ हफ्तों बाद सिडनी में उसकी तस्वीरों की नुमाइश होने वाली थी।

मैंने झुक कर पानी को देखा, पानी, जो बहती हुई 'सरीयत' है, फैली हुई 'हैबत' है, हयात की असल है, 'रगे दीद' में कहा गया है।

उस वक़्त न यमलोक था, न दुनिया, न जानदार और न आसमान, जो उससे परे है। क्या चीज़ सब को व्याप्त थी और सब कुछ कहां क़ायम था? क्या वह पानी और बहुत गहराई तक था?

यह पानी, जिसके सीने पर हम उस वक़्त थे, बहुत गहराई तक न था, लेकिन पानी था। पानी, जिसमें सबसे पहले 'काम' (इच्छा) नमूदार हुई और यह ख़्वाहिश, अक़्ल या रूह का शुरुआती 'तख़्म' था।

ख़्वाहिश, अक़्ल, रूह, इश्क़ मैं उन चारों के जाल में थी। बादल का एक टुकड़ा हमारी कश्ती के ऊपर छाया किए हुए था और साथ-साथ चल रहा था, शायद हम वाक़ई नूरी जाम तमाची के मज़ार पर से गुज़रे होंगे। सदियों पहले का वह ज़माना कैसा रहा होगा, जब कंझर के किनारे मछेरों की एक बस्ती थी और 'सम्मा' ख़ानदान का सरदार जाम तमाची इस बस्ती की एक मछेरन नूरी को अपना दिल हार गया था।

ये जो साथ जागते थे, अब सदियों से साथ सो रहे थे और उनके साथ न जाने कितने मुकम्मल और नामुकम्मल बोसे सो रहे थे, कितनी संतुष्ट और असंतुष्ट 'हमआग़ोशियां' सो रही थीं। मुझे शाह का 'सुर का मूड' याद आया। यह रागिनी जिसका संबंध दीपक-राग से बताया जाता है, शुरू से आख़िर तक नूरी जाम तमाची के इश्क बलाख़ीज़ का क़िस्सा सुनाती है। शाह की आवाज़ आई, ''धन दौलत जनता में बांटे, मायाजाल को तोड़ा, कंझर की गंदगी के कारण राजपाट को छोड़ा।''

राजपाट को छोड़ने वाला और कंझर के गंदे पानी की तह, सोते थे, लेकिन ग़र्क़ दरिया होने की तमन्ना तो ग़ालिब ने की थी। 'होए क्यों न ग़र्क़े दरिया, न कहीं मज़ार होता'।

मकली के मज़ार मेरी निगाहों के सामने घूम गए। चौदहवीं सदी की क़ब्रों पर साया किए छतरियां, फ़ीरोज़ी और गहरे नीले रंग की शीशे की तरह चमकती ईंटें, काई ने दीवारों को काला कर दिया था। ये मिर्ज़ा ख़ां बाबा बिन मिर्ज़ा ईसा ख़ां तर खान (प्रथम) का मज़ार है। यहां मलिक राजपाल और अहिंसा बाई, मिर्ज़ा बाक़ी बेग उंजबेक, मिर्ज़ा तुग़रल बेग। ये सोने वाले जाने कहां-कहां से आए थे? किस-किस इलाक़े के मिट्टी का ख़मीर यहां पंक्ति पर पंक्ति सोता था? तुर्क, राजपूत, मुग़ल, उजबेक, अरग़ोन दोस्त, दुश्मन, बाप, बेटे, मेहरम, ना मेहरम सब मिट्टी में मिलकर मिट्टी हो गए थे। मिट्टी ने तमाम राज़ अपने अंदर छुपा लिए थे, जैसे मां अपने सीने में बच्वें के ऐब छुपा लेती है।

और जब चलते-चलते रुक कर मैंने एक क़ब्र का कुतबा पढ़ा, तो ठिठक गई थी। लौहे मज़ार पर लिखा था— बतारीख़ बीस्त शशम ज़िलहिज्जा 1082 हिज्री असमत पनाह जहां बेगम फ़ौत शुद।

इस क्षण मुझे विचार आया कि मेरी लौहे मज़ार पर 'असमत पनाह' का लफ़्ज़ कितना सजेगा और इसीलिए मैंने हंस कर अज़फ़र से कहा था, ''मेरी लौहे मज़ार पर भी 'असमत पनाह' 'कुंदा' करा देना।''

हम कंझर के बीच में थे, जब अज़फ़र ने कश्ती वाले से वापसी के लिए कहा। जिस पानी में हमने आगे का सफ़र किया था, उसी पानी में अब वापस जा रहे थे।

अक्सर मेरा जी चाहता है कि मैं वक़्त में पीछे चली जाऊं, लेकिन वापसी का सफ़र संभव नहीं। मेरा जी चाहता है, यूसुफ़ से पूछूं कि तुम यह कब तक छुपाओगे कि CHESTITY BELT की चाबी तुम्हारे पास है? मैं किसी एक मर्द की औरत होकर रहना चाहती हूं।

कश्ती किनारे की ओर जा रही है, लेकिन मैं किनारे की ओर नहीं जा सकती। मुझे पानी के बीचोबीच रहना है और उस दिन का इंतज़ार करना है, जब चाबी यूसुफ़ से गुम हो जाए। अज़फ़र तो उसे गुम कर ही चुका है।

सोन गुड़ियां

इल्ताफ़ फ़ातिमा

पाकिस्तानी महिला लेखन का एक बड़ा नाम। 'सोन गुड़ियां' और कई कहानियां चर्चित। 'तहरीके-निस्बां' और महिलाओं के लिए इनका लेखन तलवार की धार साबित हुआ।

तब वह दिन भर की थकी-मारी दबे पांव उस कोठरी की ओर बढ़ती, जहां दिन-भर और रात गए तक काम, सेवा में व्यस्त रहने के बाद आराम करती और फिर एक बार इधर-उधर नज़र डालने के बाद कि आसपास कोई जागता या देखता तो नहीं, वह कोठरी का किवाड़ बन्द कर लेती, ताक़ पर से डब्बा उठाती और खोल कर कोठरी के बीचों-बीच धर देती और फिर एक के बाद दूसरी गुड़ियां निकल-निकल कर अपने-अपने कार से लग जातीं। पहले पानी वाला आता और पानी छिड़क जाता, फिर झाड़ू लगाने वाला आता और झाड़ू लगा जाता, फ़र्राश फ़र्श बिछाता, मसनद, तकिया लगाता, महफ़िल सज जाती, तब सोन गुड़ियां भड़कीले लिबास में प्रकट होतीं और गाने-बजाने, पीने-पिलाने की महफ़िल गर्म होती। तमाम रात यूं गुज़रती और सुबह का सितारा डूबने से पहले सोन गुड़ियां बेदम होकर गिर पड़तीं। महफ़िल तितर-बितर होती और जो जहां होता, वहीं रह जाता।

तब बीबी सर्द आह भरती। गुड़ियों को समेट कर डब्बे में रखती और कहती, "जो बीबी थी, लौंडी बनी, जो लौंडी थी सो बीबी बनी।" तो बस मैं यह कहानी यहीं तक सुन पाता था कि बेसुध हो जाता था। हर रात मैंने इस उम्मीद पर यह कहानी सुनने की ज़िद की, कभी तो सोन गुड़ियों के अंजाम तक कहानी पहुंचेगी ही और हर रात मैं उस बीबी के उस वाक्य तक पहुंचते-पहुंचते क़िस्सा-कहानी और परियों के असल देश, यानी ख़्वाब की दुनिया में पहुंच जाता।

और अब ज़हन में इतनी देखी और अनदेखी, सुनी और अनसुनी कहानियां गड्डमड्ड

हैं कि मैं स्वयं यह तमीज़ नहीं कर पाता कि उनमें से कौन-सी कहानियां मैंने सुनी हैं और कौन-सी देखी हैं, लेकिन इतना ज़रूर जानता हूं कि मेरे अंदर अब हक़ीक़तें भी कहानी बन कर आती हैं और अब नहीं कह सकता कि आगे जो बात मैं बयान करूंगा, वह किस कहानी, किस दास्तान का अंश है। यह कहानी यदि मुझे किसी ने नहीं सुनाई, तो फिर यह मेरे अंदर कहां से आई है? और यह क़िस्सा मेरे अंदर कुछ इस अंदाज़ में सर उठाता है।

यह कि इस वीराने में जंगल घूमा करता था। भूख लगती थी, तो खजूर के चंद दाने खा लेता और छागल से चंद घूंट पानी लेकर कंठ तर करता और फिर आसमान की ओर मुंह उठा कर देखता ही चला जाता कि ऐसे वीरानों में आसमान और भी नीला और रहस्यमय नज़र आता है, फिर यूं हुआ कि एक सुबह वह यूं ही फ़र्श रैग पर पांव फैलाए बैठा था कि पश्चिम की ओर से एक 'आहनी' चिड़िया उड़ती हुई उस ओर आई और काफ़ी समय तक इधर ठहर गई, फिर एक मर्द सफ़ेदफ़ाम गेहुएं बालों और कंजी आंखों वाला उसकी ओर तेज़ क़दमों से चलता हुआ आया और उसकी फैली हुई टांग को अपनी छतरी से छूकर यूं गोया हुआ : ऐ, जवान राना, यूं टांग पसार कर बेफ़िक्री से बैठा है। उठ कि तेरी दौलत उस 'रैगज़ार' दिल में मौजें मार रही है। उठ कि तेरी जबीं सितारा होशमंदी नहीं। मैं भूला, सितार-ए-मुराद-मंदी से दमक रही है। उसे हातिम .ख़ुशख़बरी हो कि दोनों हाथों से दौलत लुटाएगा और अपनी चापलूसियों की लालच का तमाशा करेगा।

तब वह जवान बड़ी हिक़ारत से यूं बोला कि तेरी तमाम बातों से झूठ और छल की बू आती है। पहले तो यह कि आजिज़ उम्र के उस दौर को तय कर चुका है, जबकि उसको जवान राना की उपाधि से पुकारा जाए। दूसरा यह कि तूने मुझे हातिम के नाम से पुकारा कि हातिम नाम का एक व्यक्ति हो गुज़रा है। बहुत पहले 'तै' में कि उसकी दादो-हब्श की चर्चा सारे पूरब में है। कहीं हातिमताई, कहां यह मजबूर और दरिद्र, तब वह सफ़ेदफ़ाम उसकी हिक़ारत पर बड़े सब्र से मुस्कराया और बोला, 'मर्द दाना की बात मान। नासमझी से काम न ले। तेरे हिस्से की दौलत और शुभदर्शन को ढूंढना मेरा काम है और तेरा काम केवल उसको दोनों हाथों से लुटाना और उसका दर्जा फेंकना है कि हातिमताई को भी शर्मा दे, तो मुझे केवल इजाज़त दे कि मैं तेरी दौलत की तलाश में कुओं में बांस डालूं और उनको अच्छी तरह खंगालूं।'

तो बस यह कुछ उसी प्रकार का क़िस्सा था, जो कुछ दिन मेरे तहत विवेक या न मालूम कौन से विवेक में भटक रहा था, परंतु उन दिनों कि जब मैं अभी कॉलेज में शिक्षा ग्रहण कर रहा था और ग्रेजुएशन की तैयारी कर रहा था, मेरे विचार में कभी न आता था और फिर जब मैंने इम्तहान में थर्ड डिवीज़न ली, जब भी ज़हन के किसी गोशे से कभी उस गोशे ने सर न उठाया, तो यह उस समय की बात

और थी। मेरे भ्रम में भी न था कि मेरी यह थर्ड डिवीज़न ऊंट के गले में बिल्ली बन जाएगी। फिर धीरे-धीरे मुझ पर यह ज़ाहिर हुआ कि क्लर्की की पोस्ट के लिए मैंने दरख़्वास्त स्वयं टाइप की थी। उसके लिए पांच सौ प्रथम, बारह सौ द्वितीय और हज़ारों तृतीय श्रेणी वाले आवेदक थे। इसलिए इस पोस्ट को रिक्त रखा गया कि जब एक अनार सौ बीमारियों की चारागरी नहीं कर सकता, तो उसको खुर्द-बुर्द कर देना ही उचित है। क्लर्की की इस नायाब पोस्ट के अलावा जल, थल और वायु सेना की भर्ती के कार्यालयों से भी हर प्रकार के फार्म हासिल करके भरे गए थे कि यहां भर्ती का बाज़ार गर्म और नफ़री की मांग शदीद होती है, लेकिन इसमें भी नाकामी और कार्यालयों में एक के बाद दूसरा कई इंटरव्यू देने के बाद मुझ पर चंद ज़रूरी बातें ज़ाहिर हुईं, यानी यह कि मेरी नज़र हद से ज़्यादा कमज़ोर है, इसलिए कम पावर वाले बल्ब में रात गए तक ग़लत रुख़ बैठ कर पढ़ने की बिना पर मेरी ऐनक के शीशों के नंबर सही नहीं हैं, फिर यह कि मेरा क़द काफ़ी छोटा निकलता या फिर ज़रूरत से ज़्यादा लंबा निकलता। इसी तरह मेरा वज़न भी ठीक नहीं पाया गया और इनके अलावा जो मैंने प्राइवेट इंटरव्यू दिए, उनके परिणाम इस प्रकार रहे :

1. इस पोस्ट पर सलेक्शन तो पहले ही हो चुका था और यह इश्तहार तो केवल यह जायज़ा लेने के लिए दिया गया था कि मुल्क में बेरोज़गारी की स्थिति क्या है?
2. आपको धक्का दे कर उस दरवाज़े में दाख़िल करने वाला कोई न था।
3. काफ़ी दिनों से बीमार रहने के कारण आपकी शारीरिक शक्ति कमज़ोर हो चुकी है और ऐसी स्थिति में हम आपको राष्ट्रसेवा के योग्य नहीं समझते।

सारांश यह कि हमें खेद है और घटना यह है कि अफ़सोस तो मुझे भी था कि अब मुझ में सौतेले चाचा की चुभती हुई नज़रें बर्दाश्त करने की शक्ति भी घटती जा रही थी। वह मुझ पर दबाव इसलिए डालते थे कि मेरे दोनों ट्यूशनों की कुल आमदनी केवल तीस रुपए बनती थी और यह कि मकान का सारा किराया उनको ही देना पड़ता था। हमने बिजली के बिल भी एक मुद्दत से अदा नहीं किए थे और सबसे ज़्यादा यह कि हम मां-बेटे तो उन ही की छत के नीचे बैठ कर बिना बघारी दाल से तंदूरी रोटियां खाते थे, तो उनके 'वक़ार' को सदमा पहुंचता था। इसलिए वह मेरे दिल से परिचित थे और यह उनकी दिली आरज़ू थी कि मेरे खाने में कम-से-कम डालडा घी शामिल हो।

तो ये ठीक था कि वह उन दिनों मेरी मां पर बुरी तरह गरजते-बरसते थे कि अपने साथ लड़के का दिमाग़ भी 'अर्शे-मोअल्ला' पर पहुंचा रही है और जो यह सोचे कि मेरे लड़के की बराबरी करे, तो मेरे लड़के की बात और है। मैंने उन पर अहसान किया था। बस अहसान ही समझो। वह अहसान की तफ़सीलों में जाने

से इंकार करते थे।

तो उन्होंने यह गरमा-गरमी जिन दिनों दिखाई, उन दिनों शहर में एक होटल खुलने की चर्चा थी कि उसके संबंध में जो भी बात सुनी, ऐसी कि यक़ीन न आए। ऐसे जैसे अहमक़ों को ख़याली जन्नत की बात और चचा ने अपनी या मेरी उस जन्नत का ज़िक्र कई दिन इस तरह लगातार किया कि मुझे उनकी और अपनी दोनों ही के दिमाग़ी स्वास्थ्य पर शक होने लगा और एक दिन वह आया कि मेरी मां पर पिछले सभी दिनों से ज़्यादा बढ़-चढ़ कर गरजे-बरसे और फिर उन्होंने धमकी दी कि 'तआवुन' न करने की सूरत में उनकी आख़री प्रक्रिया यह होगी कि वह हमारा सामान उठा कर गली में फेंक देंगे।

और फिर .ख़ुश्क होंठों, सूखी आंखों और थरथराते जिस्म के साथ मां ने प्रतिज्ञा की कि वह जिस बात में उनका 'तआवुन' मांगते हैं, वह उनको मिलेगा, लेकिन बात तो पता चले कि क्या है?

और वह बात यह पता चली कि भर्ती होने के बाद मैं अपना छोटा-सा ट्रंक उठा कर तेज़ काम की तलाश में स्टेशन की ओर रवाना हुआ, ताकि बड़े शहर जाकर उस बड़े होटल में वेटर और बटलर की पूरी ट्रेनिंग लेने और एप्रेन्टिस की हैसियत से काम करने के बाद यहां वापस आकर अपने उस प्रिय पर्दे का चार्ज संभाल लूं कि एक थर्ड डिवीज़न में पास ग्रेजुएट तो इस वेतन की कल्पना सपनों भी नहीं कर सकता।

तब मैंने इस शहर की जागती-जगाती रातों में बार-बार सोन गुड़ियों की कहानी को नहीं मालूम कि सुना, देखा या सोचा था और मेरा विचार था कि सोन गुड़ियां और उनका विचार मुझे केवल इसी शहर की रोशन रातों में सताता है, जिसकी सड़कें और शाहराहें दिन को आमतौर पर ख़ामोश और चुपचाप नज़र आती हैं।

मैं इस नई ज़िंदगी में ख़ासा फिट हो गया था, इसलिए कि अब वह घुटनों पर से घिसी हुई पतलून मैंने एक साइल को दे दी थी और मार्केट की दुकानों में सजी रहने वाली कई पतलूनें अब मेरा अपना धन था और फिर यह कि ट्रेनिंग और काम के दौरान हमको विचित्र प्रकार के और रंगों की यूनीफ़ार्म पहनने को मिलती थीं, जिनमें हमारे रंग-रूप तो काफ़ी चमक जाते थे, लेकिन उनको पहन कर हम में से अक्सर को अपने स्कूल और कॉलेज के दिनों में विदूषकों और मूर्खों के वह बहुरूप और लिबास याद आ जाते थे, जिनको पहन कर हम कॉलेज स्टेज पर दनदनाते फिरते थे और दर्शक पर अपने 'टेलेंट' की धाक जमाया करते। कुछ मूर्ख लड़के हमारे 'तरतीबी' ग्रुप में ऐसे भी शामिल थे, जो उसकी रंगा-रंग यूनीफ़ार्म को न पहनने और केवल सफ़ेद क़मीज़ पतलून में सर्विस करने पर आग्रही हुए। यह एक अच्छा-ख़ासा हंगामा रहा, जब तक कि उनके हाथ में बरख़ास्तगी के परवाने न थमा दिए गए।

हम जैसों ने उनको हैरत की नज़र से देखा, वह अपनी मार्केट से ख़रीदी पतलूनों के बंडल समेत इस बड़े शहर की सड़कों पर धक्के खाने रवाना हो गए।

तो एक दिन ऐसा भी आया कि मैं चंद सौ रुपयों के अलावा कटपीस के कई अच्छे टुकड़ों और अहमद के हलवे सहित फिर अपने शहर वापस आया और दूसरे दिन अपनी मां सहित इस मौजूदा फ़्लैट, यानी दो कमरों में चला गया।

इस फ़्लैट के फ़र्श साफ़ हैं और उसमें एक नए बने हुए नेमतख़ाने में कई तरह की खाने की चीज़ें रखी मिल जाती हैं। दीवार में जो आलमारियां हैं, उनमें सचमुच के कपड़े, यानी मेरे अपने ख़रीदे और सिलवाए हुए लिबास मौजदू हैं, परन्तु अब क़िस्सा यह है कि फरज़ाना मुझ से नहीं मिलती। पहले वह चचा के घर आती थी, तो मैं उसके डर से अपने पुराने जूते और फटे-पुराने कोट छिपाता फिरता था और अब तो मेरे दो जोड़े जूते सामने ही शू-रेक में रखे रहते हैं और मेरा ओवर कोट सामने खूंटी पर टंगा हुआ है।

परन्तु फ़रज़ाना उसी तरह नाराज़ है।

वह मुझे मिलती, तो मैं उससे कहता, आओ, तुम्हें सोन गुड़ियों की कहानी सुनाऊं, परंतु यह कुछ ऐसा चलता-फिरता समय है कि कौन किसी की सुनता है और कौन सुनने के क़ाबिल बात बोला है और अब तो मुझे इतनी भी तमीज़ नहीं कि कौन-सी कहानी सुनी थी, कौन-सी देखी थी और कौन-सी खुद सोची थी।

ज़िंदगी की तेज़ी में सारी कहानियां गड्डमड्ड हो रही हैं और हम सुबह से रात तक विभिन्न शिफ़्टों की शक्ल में रंग-बिरंगी 'मसख़री-मसख़री' वर्दियों में बेतहाशा खानों से भरे बर्तनों से लदी-फंदी मेज़ों के इर्द-गिर्द मंडलाते और खाने वालों को चौंधियाते रहते हैं, जो इस फ़िक्र में रहते हैं कि किस तरह अपने दस रुपए प्रति व्यक्ति ज़्यादा वसूल कर लें।

हम यहां खाने वालों को चौंधियाएं या फिर उनके सामानों और ताला लगे कमरों के रख-रखाव का ख़याल रखें, जो स्वीमिंग पूल के इधर-उधर रंग-बिरंगी कुर्सियों पर कम लिबासी और बेफ़िक्री के साथ धूप में पड़े टन (Tan) हो रहे हैं, यानी अपने आपको भूरा कर रहे हैं, परंतु क्यों? गेहुएं बालों, कंजी आंखों वाले सफ़ेदफ़ाम किस ख़ब्त में ग्रस्त हैं?

मैंने अभी-अभी सोचा था और साथ मेरे ज़हन में वह कहानी उभरी है। मैं और मेरे साथी, जो हर समय इस ख़ौफ़ में ग्रस्त हैं कि कभी कहीं उन मेज़ों पर आकर वह लोग न बैठ जाएं, जो हमारे वर्ग में साथ-साथ पढ़े, साथ-साथ खाने-पीने वाले हुआ करते थे, तो फिर इस ख़याल से बचने के लिए हम खूब सोचते हैं, यहां तक कि चीज़ें जो हमें पकड़ाई जाती हैं, हमारे हाथों से फिसल-फिसल जाती हैं।

तो फिर वह कहानी यूं गड्डमड्ड हुई कि इन दिनों में हातिम दौरां के आने का

शोर बुलंद हुआ कि उसको किसी अक़्लमंद आदमी ने शुभ सूचना दी थी और दौलत को दोनों हाथों से लुटाने की 'तलक़ीन' की थी, फिर उसका शिकार यह ठहरा कि सर्दियां गर्म मशरिक़ी इलाक़ों की सैरो-शिकार में गुज़रतीं और गर्मियां पश्चिमी देश के निशात-ख़ानों में और बाक़ी समय उसी वीराने में चिड़ियों के शिकार में गुज़र जाता, लेकिन उसके इर्द-गिर्द लोग जमा रहते कि वह लालच के पात्र का तमाशा करे।

और वह जवान राना, जो अपनी उम्र के चालीस से ऊपर कई साल गुज़ार चुका था, आया और बड़ी शान से आया, फिर उसने लालच के पात्र का तमाशा किया और हमने उसका और सबका तमाशा किया कि इस दौर के हातिम का दस्तूर भी नया था कि जिसके पास है, उसको दिया जाएगा।

और जिसके पास था, उन्होंने उसके क़रीबी हलक़े को तंग किया और फिर उन हलक़ों में सोन गुड़ियों का हस्तक्षेप हुआ कि नए हातिम के आसपास 'हलक़ा' डालने वालों और 'मसाहीन' को .ख़ुशी की महफ़िल भी जमानी थी।

और सोन गुड़ियों की कहानी मेरे ज़हन में यूं गड्डमड्ड हुई कि अब आधी रात को कोई बीबी डब्बा न खोलती, बल्कि यूं होता कि आधा पहर दिन होने के बाद हम नए सिरे से मेज़ें सजाते, फूलदानों के फूल बदलते। पीने-पिलाने के दौर तैयार करते और तब वह मर्द हातिम और उसके साथी नीचे आते और सोन गुड़ियां .ख़ुद से नज़र फ़रेब और दिलरुबा लिबासों में आकर उसके आसपास घेरा डाल लेतीं कि वह हर तरह के लोग और मर्द हातिम के साथी तैयार होता और इस हलक़े के बाहर एक और घेरा सोन गुड़ियों के साथ हंगामा और पीने-पिलाने की तैयारी करते, और अच्छा समय गुज़ारते और अच्छा हाथ मारते। यह सब कुछ होता परंतु मर्द हातिम उस सबके ठीक बीच में एक नन्हे से 'न्यूकल्स' की तरह स्वयं अपने आसपास चोट लगाने की क्रिया को तेज़ी से करता देखता, तमाशा करता और मुस्कराता कि उसका काम और मक़सद हंगामा, पीने-पिलाने का दौर करना न था, बल्कि 'अहले अर्ज़' का तमाशा करना था और सोन गुड़ियों की निर्धनता पर मुस्कराता था। वह 'अहले ग़र्ज़' और उसके लोगों के बीच 'वसीला' बनकर अपने आप बहुत बाला थी।

कहानी जब यूं गड्डमड्ड हुई, तो मैं अपने साथी को, कि मैं और वह मर्द हातिम की रात और दिन सेवा पर रखे हुए थे, कहता—

दोस्त, मैं तुमको उन गुड़ियों की कहानी नहीं सुना सकता, जो आधी रात को टीन की संदूक़ची से निकल कर खुशियां जमाती थीं। अब तुम इन सोन गुड़ियों को देखो कि दिन के उजाले और शाम के झुटपुटे में 'बेमहाबा' महफ़िलें बरपा करती हैं और किसी को ज़रूरत नहीं महसूस होती कि इधर-उधर देखकर संतोष करे कि कोई देखता तो नहीं और यूं मेरे ज़हन में अनसुनी कहानी उभरती कि मुझे 'एतराफ़'

है कि 'दादो दहश' के इस सिलसिले में मेरा भी हिस्सा रहा और मेरी सारी जेबें बहुत गर्म रहने लगीं। तब हमने एक और फ़्लैट बदला और मैंने और मेरी मां ने सौतेले चचा से यूं संबंध विच्छेद किया कि 'मबादा' वह अपने इस अहसान के बदले चुकाने हमारे पास आ जाए, जो उन्होंने आख़री बार वह हंगामा करके मुझे यहां फिट करवाकर किया था।

लेकिन फ़रज़ाना का मामला बहुत पेचीदा था कि हमारे नए फ़्लैट में पहुंचने के बाद उसके रवैये में नर्मी आ गई थी और उसने बार-बार यह कहना छोड़ दिया था, ''तुम्हारी इज़्ज़त क्या है?''

अब तो कई बार वह स्वयं मुझसे मिलने आई थी, परंतु क़िस्सा यह है कि मैंने सोन गुड़ियों की कहानी 'चश्मदीद' तौर पर देखी और उनकी शक्तियों और श्रेष्ठता का नज़ारा किया। अब मुझे सुबह का सितारा डूबने से पहले टीन की पिटारी को बंद करते-करते, जो रंडी थी, सो बीवी बनी, जो बीवी थी, वह बांदी बनी, कहने वाली महिला से क्या दिलचस्पी हो सकती थी। मेरे थर्ड डिवीज़न में पास होने वाले सभी दोस्तों का फ़ैसला यही था कि उस डिग्री और ऐसी मूर्ख महिला, कि बीवी से 'लौंडी' बन जाए, के मुक़ाबले सोन गुड़ियां बहुत ही अच्छी साबित होती हैं।

परंतु यह फ़रज़ाना जैसी लड़कियों की समझ में कब आ सकता है कि सुबह-सुबह काली नक़ाब मुंह पे डाल कर और दाहिने हाथ में नोटिस की कॉपी उठाकर वह अपने भविष्य के प्रकाश की तलाश में बसों के धक्के और कंडक्टरों की घुड़कियां खाने घर से निकल पड़ती हैं...

जबकि सोन गुड़ियां।

ख़ैर, सोन गुड़ियों की बात और है। मैं ऐसी ही एक पिटारी की तलाश में हूं कि जिसमें एक या कई सौ गुड़ियां बंद हों।

उतरन

वाजदा तबस्सुम

जन्म : हैदराबाद। कहानी में हैदराबादी ज़बान के लिए मशहूर। विशेष आकर्षण उनकी लेखनी में हैदराबादी नवाबों के क़िस्से व अछूता तर्ज़े-बयान है। 'उतरन' सबसे विवादास्पद कहानी, जिसका एक हिस्सा 'कामसूत्र' जैसी चर्चित फ़िल्म में भी उपयोग में लाया गया। 'नथ उतराई', 'उतरन' जैसे दर्जन-भर कहानी-संग्रह प्रकाशित। कुछ दिनों तक फ़िल्म-निर्माण से भी जुड़ी रहीं। इन दिनों क़लम ख़ामोश है।

"नक्को अल्लाह, मेरे को बहुत शर्म लगती..."

"अब्बू, उसमें शर्म की क्या बात है? मैं नईं उतारी क्या अपने कपड़े?"

"ऊं...।" चमकी शर्माई।

"अब उतारती कि बोलूं अन्ना बी को?" शहज़ादी पाशाजिन की रग-रग में हुक्म चलाने की आदत रची हुई थी। चिल्लाकर बोलीं।

चमकी ने कुछ डरते-डरते, कुछ शर्माते-शर्माते अपने छोटे-छोटे हाथों से अपना कुर्ता उतारा, फिर पाजामा, शहज़ादी पाशा के हुक्म पर झागों भरे टब में उनके साथ कूद पड़ी।

दोनों स्नान कर चुकीं, तो शहज़ादी पाशा ऐसी मोहब्बत से, जिसमें घमंड और मालकिनपन की गहरी छाप थी, मुस्कराकर बोलीं, "हौर ये तो बता कि अब तू कपड़े कौन से पैन रई?"

"कपड़े?" चमकी गंभीरता से बोली, "यही इच मेरा नीला कुर्ता-पाजामा..."

"यही इच?" शहज़ादी पाशा हैरत से चिल्लाकर नाक सिकोड़ते हुए बोलीं, "इत्ते गंदे, बदबू वाले कपड़े? फिर पानी में नहाने का फ़ायदा?"

चमकी ने उलटा सवाल जड़ दिया, "हौर आप क्या पैन रए पाशा?"

"मैं?" शहज़ादी पाशा बड़े संतोष और गर्व से बोलीं, "वो मेरी बिस्मिलाह के वख़्त का चमक-चमक का जोड़ा दादी मां ने बनाए थे, येई इच...मगर तूने काए को पूछी?"

चमकी एक क्षण को तो सोच में पड़ गई, फिर हंस कर बोली, "मैं सोच रई थी..." वह कहते-कहते रुक गई।

"क्या सोच रई थी?" शहज़ादी पाशा ने पूछा।

एकदम उधर से अन्ना बी की तेज़ चिंघाड़ सुनाई दी, "हो, पाशा, ये मेरे को हमाम में से भगा ले को तुम उजाड़ मार चोट्टी के साथ क्या मटाखे मार लेते बैठीं? जल्दी निकलो, नईं तो बी पाशा को जाकर बोलतियों।"

अपनी सोची हुई बात चमकी ने जल्दी से कह सुनाई, "पाशा, सोच रही थी कि कभी आप हौर मैं ओढ़नी बदल बहना बन गए, तो आपके कपड़े मैं भी पहन ले सकती ना?"

"मेरे कपड़े? तेरा मतलब है कि वो सारे कपड़े, जो मेरे संदूख़ां में भर-भर के रखे पड़े हैं?"

जवाब में चमकी ने ज़रा डर कर सर हिलाया।

शहज़ादी पाशा हंसते-हंसते दोहरी हो गई, "अय्यो, कुत्ती, निडर छोकरी है! आगे तू तो नौकरानी है। तू तो मेरी उतरन पहनती है। हौर उम्र-भर उतरन ही पहनेगी।" फिर शहज़ादी पाशा ने मोहब्बत से, जिसमें घमंड और गर्व अधिक और निःस्वार्थता कम थी, अपना अभी-अभी का, स्नान के लिए उतारा जोड़ा उठाकर चमकी की तरफ़ उछाल दिया, "ये ले, उतरन पहन ले। मेरे पास तो बहुत कपड़े हैं।"

चमकी को गुस्सा आ गया, "मैं काए को पहनूं? आप पहनो ना मेरा ये जोड़ा।" उसने अपने मैले जोड़े की तरफ़ इशारा किया।

शहज़ादी पाशा गुस्से से हुंकारी, "अन्ना बी...। अन्ना बी...!"

अन्ना बी ने ज़ोर से दरवाज़े को भड़भड़ाया और दरवाज़ा, जो सिर्फ़ हलका-सा भिड़ा हुआ था, पाटों-पाट खुल गया।

"अच्छा, तो आप साहिबान अभी नंगे इच खड़े हैं!" अन्ना बी नाक पर उंगली रखकर बनावटी गुस्से से बोलीं।

शहज़ादी पाशा ने झट स्टैंड पर टंगा हुआ नर्म-नर्म गुलाबी तौलिया उठा कर अपने शरीर पर लपेट लिया। चमकी यूं ही खड़ी रही।

"ये अन्नू, शहज़ादी पाशा ने बोले कि तू भी मेरे साथ पानी नहा।"

अन्ना बी ने डरते-डरते इधर-उधर देखा कि कोई देख न रहा हो, फिर जल्दी से उसे हमाम से बाहर खींच कर बोलीं, "चल, जल्दी से जाकर नौकरख़ाने में...नीं तो सर्दी-वर्दी लग गई, तो मरेगी।"

"अब ये चीकट गोंद कपड़े नक्को पैन। वों लाल पेटी में शहज़ादी पाशा परसों अपना कुर्ता-पाजामा दिए थे, वह जा को पैन ले।"

वहीं नंगी खड़ी-खड़ी वह सात वर्ष की नन्हीं सी जान बड़े गहरे सोच के साथ रुक-रुक कर बोली, "जब मैं हौर शहज़ादी पाशा एक बराबर के हैं, तो उनों मेरी उतरन क्यों नहीं पहनते?"

"ठैर ज़रा, मैं मम्मा को जाकर बोलतियों कि चमकी मेरे को ऐसा बोली"...

लेकिन अन्ना बी ने डर कर उसे गोद में उठा लिया, "अगे पाशा इने तो छिनाल पागल हो गई है। ऐसे दीवानी के बातां काए को मम्मा से बोलते आप? उसके संगात खेलना, न बात करना, चुप उसके नाम पर जूती मार देव आप।" शहज़ादी पाशा को कपड़े पहना कर, कंघी-चोटी करके खाना-दाना खिलाकर जब सारे कामों से निश्चिंत होकर अन्ना बी अपने कमरे में पहुंची, तो देखा कि चमकी अभी तक नंगा झाड़ बनी खड़ी है। आव देखा न ताव, आते ही उन्होंने अपनी बेटी को धनकना शुरू कर दिया।

"जिसका खाती उसी से लड़ाइयां मोल लेती...छिनाल घोड़ी! अभी-कभी बड़े सरकार निकाल बाहर कर दिए, तो किधर जाएंगे इन नख़रे?"

अन्ना बी के अनुसार तो यह बड़ा सौभाग्य था कि वह शहज़ादी पाशा को दूध पिलाने के वास्ते रखी गई थीं। उनके खाने पेशे लगभग वही था, जो 'बेगमों' का था कि भई आख़िर वह नवाब साहब की इकलौती बच्ची को अपना दूध पिलाती थीं। कपड़ा-लत्ता भी बेहिसाब था कि दूध पिलाने वाली के लिए साफ़-सुथरा रहना अनिवार्य था और सबसे अधिक मज़े तो ये थे कि उनकी अपनी बच्ची को शहज़ादी पाशा की अनगिनत उतरनें मिलती थीं। कपड़े-लत्ते मिलना तो लगभग तय था। हद यह कि कभी-कभी चांदी के ज़ेवर और खिलौने तक भी उतरन में दे दिए थे। इधर वो हर्राफ़ा थी कि जब से ज़रा होश संभाल रही थी, यही ज़िद किए जाती थी कि मैं बी पाशा की उतरन क्यों पहनूं? कभी-कभार तो आईना देखकर बड़ी सूझ-बूझ से कहती, "अमन्नी मैं तो बी पाशा से भी ज़्यादा ख़ूबसूरत हूं ना? फिर तो इनो मेरी उतरन पहनाना।"

अन्ना बी हर समय होलती थीं। बड़े लोग, तो बड़े ही ठहरे। यदि किसी ने सुन-गुन पा ली कि मुई अन्ना बी असल की बेटी ऐसे-ऐसे बोल बोलती है, तो नाक-चोटी काट कर निकाल बाहर न करेंगे? वैसे भी दूध पिलाने का बख़्त तो काफ़ी पहले बीत गया था। वो तो ड्योढ़ी का रिवाज कहिए कि अन्ना लोगों की मेरे बाद ही छुट्टी की जाती थी, लेकिन गुनाह भी माफ़ किए जाने के लायक़ हो, तो ही मिलता है। ऐसा भी क्या? अन्ना बी ने चमकी के कान मरोड़ कर उसे समझाया, "आगे से कुछ बोली तो याद रखना...तेरे को उम्र भर बी पाशा की उतरन पहनना

है। समझी की नीं, गधे की औलियाद।"

गधे की औलियाद ने उस समय ज़बान सी ली, लेकिन ज़हन में लावा पकता ही रहा।

तेरह वर्ष की हुईं, तो शहज़ादी पाशा की पहली बार नमाज़ क़ज़ा हुई। आठवें दिन 'गुलपोशी' हुई, तो ऐसा ज़रतार, झमाझम जोड़ा मम्मा ने सिलवाया कि आंख ठहरती न थी। जगह-जगह सोने के घुंघरुओं की जोड़ियां टंकवाईं कि जब बी पाशा चलतीं, तो छुन-छुन पाज़ेबें-सी बजतीं। ड्योढ़ी के नियम के अनुसार वह क़ीमती जोड़ा भी उतरन में दे दिया गया। अन्ना बी ख़ुशी-ख़ुशी यह 'सौग़ात' लेकर पहुंचीं, तो चमकी जो अपनी उम्र से कहीं ज़्यादा समझदार हो चुकी थी, दुःख से बोली, "अमन्नी मजबूरी नाते लेना हौर बात है, लेकिन आप ऐसे चीज़ां को लेकर ख़ुश मत हुआ करो।"

"अगे बेटा..." वह राज़दारी से बोलीं, "ये जोड़ा अगर बिकाने को भी बैठे, तो दो सौ रुपए तो कहीं नईं गए। अपन लोगां नसीब वाले हैं कि ऐसी ड्योढ़ी में पड़े।"

"अमन्नी", चमकी ने बड़ी जिज्ञासा से कहा, "मेरा क्या जी बोलता कि मैं भी कभी बी पाशा को अपनी उतरन दियूं।"

अन्ना बी ने सर पीट लिया, "अगे तू भी अब जवान हो गई, ज़रा अख़ल पकड़, ऐसी-ऐसी बातां कोई सुन लिया, तो मैं क्या करूंगी मां? ज़रा मेरे बुड्ढे चोंढे से पूरहम कर..."

चमकी मां को रोता देखकर ख़ामोश हो गई।

मोलवी साहब ने दोनों को साथ-ही-साथ क़ुरान शरीफ़ और उर्दू क़ायदा शुरू कराया था। बी पाशा ने कम और चमकी ने ज़्यादा तेज़ी दिखाई। दोनों ने जब पहली बार क़ुरान शरीफ़ का दौर ख़त्म किया, तो बड़ी पाशा ने चमकी को भी एक हलके कपड़े का नया जोड़ा सिलवा दिया था। कुछ दिनों बाद बी पाशा का भारी जोड़ा भी उतरन में मिल गया था, लेकिन उसे अपना वह जोड़ा जान से ज़्यादा प्यारा था। उस जोड़े से उसे किसी तरह का अपमान महसूस नहीं होता था। हलके केसरिया रंग का सूती जोड़ा, जो कितने सारे जगमगाते, लस-लस करते जोड़ों से सजा था।

अब जबकि ख़ैर से शहज़ादी पाशा ज़रूरत भर पढ़-लिख भी चुकी थीं, जवान भी हो चुकी थीं, उनका घर बसाने की फ़िक्र की जा रही थी। ड्योढ़ी सुनारों, दर्ज़ियों, व्यापारियों का केंद्र बन चुकी थी। चमकी यही सोचे जाती कि वह शादी के इतने बड़े हंगामे के दौरान भी अपना वही जोड़ा पहनेगी, जो किसी का उतरन नहीं था।

बड़ी पाशा, जो सचमुच बड़ी दयालु महिला थीं, हमेशा अपने नौकरों का अपनी औलाद ही की तरह ख़याल रखती थीं। इसलिए शहज़ादी पाशा के साथ वह चमकी

की शादी के लिए भी इतनी ही फ़िक्रमंद थीं। आख़िर नवाब साहब से कह-सुनकर उन्होंने एक उचित लड़का चमकी के लिए तलाश कर ही लिया। सोचा कि शहज़ादी पाशा की शादी के बाद उसी झोड़ झुमके में चमकी का भी 'अक़्द' (निकाह) करा दिया जाए।

उस दिन जब शहज़ादी पाशा के अक़्द को सिर्फ़ एक दिन रह गया था और ड्योढ़ी मेहमानों से ठसाठस भरी पड़ी थी और लड़कियों का टिड्डी दल ड्योढ़ी को सर पर उठाए हुए था, अपनी सहेलियों की झुरमुट में बैठी हुई शहज़ादी पाशा पैरों में मेंहदी लगवाते हुए चमकी से कहने लगीं, "तू ससुराल जाएगी, तो तेरे पैरों को मैं मेहंदी लगाऊंगी।"

"अय्यो, खुदा न करे!" अन्ना बी ने प्यार से कहा, "उसके पावां आपके दुश्मनां छूईं। आप ऐसा बोले सो बस है। बस, इत्ती दुआ करना पाशा कि आपके दूल्हे मियां वैसा शरीफ़ दूल्हा उसका निकल आए।"

"उसकी शादी कब हो रई जी?" कोई चुलबुली लड़की पूछ बैठी।

शहज़ादी पाशा बी वही बचपन वाले घमंड भरी हंसी हंस कर बोली, "मेरी इत्ती सारी उतरन निकलेगी, तो उसका दहेज़ तैयार समझो।"

उतरन...उतरन...उतरन...! कई हज़ार सूइयों की बारीक-बारीक नोकें जैसे उसके दिल को छेद गईं। वह आंसू पीते हुए अपने कमरे में आकर चुपचाप पड़ गई।

शाम होते ही लड़कियों ने ढोलक संभाल ली। एक वाहियात गाना गाया जा रहा था। पिछली रात रतजगा हुआ। आज फिर होने वाला था। परली तरफ़ सहन में ढेरों चूल्हे जलाए बावर्ची लोग तरह-तरह के खाने बनाने में व्यस्त थे। ड्योढ़ी में रात ही से दिन का भ्रम हो रहा था।

चमकी का रोता हुआ हुस्न, ऐतिहासिक जोड़े में और खिल उठा था। यह वही जोड़ा था, जो उसे कमींपन के अहसास के पाताल से उठा कर 'अर्श' की बुलंदियों पर बैठा देता था। यह जोड़ा किसी की उतरन नहीं था। नए कपड़ों से सिला हुआ जोड़ा, जो उसे ज़िंदगी में एक ही बार नसीब हुआ था, वरना सारी उम्र शहज़ादी पाशा की उतरन पहनते ही गुज़री थी और अब चूंकि दहेज़ भी उनकी उतरन ही पर शामिल था, इसलिए बाक़ी की सारी उम्र भी उसे उतरन ही इस्तेमाल करनी होगी।

"लेकिन बी पाशा, एक सैयदज़ादी कहां तक पहुंच सकती है? यह तुम भी देख लेना। तुम एक-से-एक पुरानी चीज़ां मुझे इस्तेमाल करने को दिए ना? अब तुम देखना..."

मलीदे के थाल उठाए वह दूल्हे वालों की कोठी में दाखिल हुई। हर तरफ़ चिराग़ां हो रहा था। यहां भी वही चहल-पहल थी, जो दूल्हन वालों के महल में थी। सुबह

अक़्दख़्वानी (निकाह पढ़ना) जो थी।

इतने बड़े हंगामे और इतनी बड़ी कोठी में किसी ने उसका नोटिस भी न लिया। पूछती-पाछती वह सीधे दूल्हा मियां के कमरे में जा पहुंची। हलदी मेहंदी की रीतो-रस्मों से थके थकाए दूल्हा मियां अपनी मसहरी पर लेटे थे। पर्दा हिला, तो वह मुड़े और देखते-के-देखते रह गए।

घुटनों तक लंबा ज़ाफ़रानी कुर्ता। कसी-कसी पिंडलियों पर मंढा हुआ तंग पाजामा, हलकी-हलकी कामदानी का कढ़ा हुआ केसरिया दुपट्टा...रोई-रोई, भीगी-भीगी गुलाबी आंखें...छोटी-छोटी आस्तीनों वाले कुर्ते में झांकती मांसल बांहें...बालों में मोतिया के गजरे...होंठों पर एक क़ातिल-सी मुस्कराहट...ये सब नया नहीं था, लेकिन एक मर्द, जिसकी कई-कई रातें किसी औरत की कल्पना में बीती हों, शादी से एक रात पहले बहुत ख़तरनाक हो जाता है...चाहे कैसा ही शरीफ़ हो।

रात जो दावत गुनाह होती है।

तन्हाई जो गुनाहों की हिम्मत बढ़ाती है।

चमकी ने उन्हें यूं देखा कि वह जगह-जगह से टूट गए। चमकी जान-बूझकर मुंह मोड़ कर खड़ी हो गई। वह तिलमिलाए से अपनी जगह से उठे और ठीक उसके सामने आकर खड़े हो गए। आंखों के कोण से चमकी ने उन्हें यूं देखा कि वह ढेर हो गए।

"तुम्हारा नाम?" उन्होंने थूक निगल कर पूछा।

"चमकी।" और एक चमकीली हंसी ने उसके प्यारे-प्यारे चेहरे को चांद कर दिया।

"सचमुच तुममें जो चमक है, उसका तक़ाज़ा यही था कि तुम्हारा नाम चमकी होता..."

उन्होंने डरते-डरते अपना हाथ उसके कंधे पर रखा। ख़ालिस मर्दों वाले लहजे में, जो किसी लड़की को पटाने से पहले ख़ामाख़्वाह इधर-उधर की हांकते हैं। कांपते हुए अपना हाथ कंधे से हटाकर उसके हाथ को पकड़ते हुए बोले, "ये थाल में क्या है?"

चमकी ने उनकी हिम्मत बढ़ाई, "आपके वास्ते मलीदा लाई हूं...रतजगा था ना रात को!" और उसने तलवार के बिना उन्हें घायल कर दिया।

"मुंह मीठा करने को..." वह मुस्कराई।

"हम मलीदे-वलीदे से मुंह मीठा करने के क़ायल नहीं हैं...हम तो...हां..." और उन्होंने होंठों के शहद से अपना मुंह मीठा करने को अपने होंठ बढ़ा दिए और चमकी उनकी बांहों में ढेर हो गई...उनकी पाकीज़गी लूटने...खुद लुटने और उन्हें लूटने के लिए।

विदाई के दूसरे दिन ड्योढ़ी के चलन के अनुसार जब शहज़ादी पाशा अपनी उतरन, अपना सुहाग का जोड़ा, अपनी अन्ना, अपनी खिलाई की बिटिया को देने गईं, तो चमकी ने मुस्कराकर कहा, "पाशा...मैं...मैं...मैं ज़िंदगी-भर आपकी उतरन इस्तेमाल करती आई, लेकिन अब आप भी...।"

और वह दीवानों की तरह हंसने लगी, "मेरी इस्तेमाल करी हुई चीज़ अब ज़िंदगी-भर आप भी..." उसकी हंसी थमती ही न थी।

सब लोग यही समझे कि बचपन से खेली सहेली की जुदाई के ग़म ने अस्थायी तौर से चमकी को पागल कर दिया है।

शीरीं

जमीला हाशमी

पाकिस्तानी 'आक़ाओं' के खेल पर जमीला की कहानियां जहां अपनी नाराज़गी ज़ाहिर करती रहीं, तो दूसरी ओर 'बनवास' जैसी कहानी से पाकिस्तान का दर्द भी तलाश करने में जुटी रहीं। जमीला हाशमी की 'आतिशरफ़्ता' यादगार कहानी है। एक सशक्त हस्ताक्षर।

मेहर का तार अम्मा के नाम आया—शीरीं को ब्रिटिश एयरवेज़ की फ़्लाइट 32 से ले लीजिएगा।

बहुत गुस्सा आया। मैंने उसे लिखा था—तुम शीरीं को यहां क्यों भिजवा रही हो? अम्मा अपना ख़याल तो ढंग से रख नहीं सकतीं, उसका क्या करेंगी? ढंग का कोई नौकर इन दिनों मिलना मुश्किल है और जो हैं, वो भी अच्छी जगहों की तलाश में यहां अनमने से रह रहे हैं। जब तक पापा थे, तो सब कुछ था। अब तुम्हें मालूम ही नहीं हो सकता, मैं अकेले घर की यह कश्ती कैसे खे रही हूं। परेशानी और अधिक व्यस्तता का शिकार रहती हूं। उम्मीद है, तुम अपने फ़ैसले पर दोबारा ग़ौर करोगी और ज़िद्दी होने के बावजूद मेरी बात में तुम को वज़न मालूम होगा।

मेरी बहन हमेशा ही बदतमीज़, बेमुरव्वत और अपने सामने किसी को कुछ न समझने वाली थी और 'मुख़्तसर नवीस' होने के बावजूद उसने मुझे कई पृष्ठों का कोसनों, तानों और गालियों से भरा ख़त लिखा था कि 'घर पर उसका भी इतना ही हक़ था, जितना किसी और का। शादी के बाद लड़कियों का मैके से कोई नाता टूट तो नहीं जाता कि उसे भी अपने लिए इतनी सहूलियत लेने में कोई बाधक हो सकता था। अम्मा भी सब की थीं और यदि ज़रूरत पड़े तो मदद भी कर सकती थीं और मैंने कब से अपने आपको उस घर का मालिक कल्पना करना शुरू कर दिया था। पापा नहीं थे, तो क्या हुआ? मकान पर तो अब भी उन्हीं का रुपया

ख़र्च होता था। शीरीं यहां रह सकता था और अम्मा स्वयं ही उसके लिए उचित देखभाल का बंदोबस्त कर लेंगी।' फिर आख़िर में यह कि मेरी तन्हा उजाड़ ज़िंदगी और वीरान दिनों की ज़िम्मेदारी केवल मेरे अपने किसी पर न थी। मेरी तेज़ मिज़ाजी और ज़बानदराज़ी और दूसरों से ज़रूरत से ज़्यादा आशा रखने और नालायक़ दोस्तों के कारण मामला यहां तक पहुंचा था, वरना वह कर्नल क्या बुरा था, जो तुम्हारे पीछे फिरा करता था। ये और बात है कि उसने तुमसे दोस्ती के दौरान दो-चार और लड़कियों से भी संबंध बनाकर रखे थे, परंतु तुम्हें स्वयं मालूम है, तुम पर तो पूरा भरोसा अंतिम समय तक नहीं किया जा सकता। तुम तो बस ख़ूब-से-ख़ूबतर की तलाश में सख़्त वफ़ादारी को खोजती रही हो, जो मेरी जान से संसार में लुप्त है। भला मर्दों को ग़ुलाम बनाकर इम्तहान लेकर तुम कभी किसी नतीजे पर पहुंच सकी हो! तुमने दुनिया के मर्दों को अपने पांव में रगेदा और क़दमों के नीचे देखना चाहा है। तुम को अपने हुस्न पर क्या-क्या नाज़ रहे हैं, जिसने दो कौड़ी को नहीं पूछा। समझती हो तुम्हारी इन चमकती हुई आंखों के जादू में कोई गिरफ़्तार न होगा। कभी नहीं, कभी नहीं।

ख़त पढ़ कर मैंने सोचा, हटाओ, मारो गोली। यदि शीरीं को वह अम्मा के पास भेजना चाहती है, तो मेरी बला से। मैंने उस बेहूदा तहरीर का भी कोई जवाब नहीं दिया था। जब वह अक़्ल की बात सुनने की शक्ति ही नहीं रखती, तो क्यों सुनाई जाए और फिर मेहर से चिट्ठी-पत्री की इस लड़ाई में हार हमेशा मेरी होती थी। वह अम्मा की लाडली बहन की चहेती थी। रुस्तम ने उसे घर की शांति दी थी, जो उसकी शक्ति और उसका मान था, फिर उसकी बेटी नूर तो उसकी दीवानी थी और इसलिए वह मेरी वीरान ज़िंदगी का मज़ाक़ उड़ाया करती थी।

उसका तार पढ़ कर मैं जल-भुन गई। अम्मा स्वयं जाती फिरीं शीरीं को बुलाने कराची। कम-से-कम इस वाहियात ख़त के बाद मेरा तो इस सारे वाक़िये से कोई सरोकार ही नहीं रहा था। अम्मा जानें, मेहर जाने, फिर एक तीसरे पहर जब मैं अभी दफ़्तर से आई थी, अम्मा अपने सूजे घुटने और सख़्त टांगें घसीटती आईं, ''ए लड़की, सीट बुक करवा ली है?''

''क्यों''?

''लो, और सुनो, क्यों भला इस हालत में मुझ से कराची जाया जाएगा? तुम्हारे वालिद के बाद से यूं भी मुझे कहीं जाना मुसीबत लगता है। सफ़र करने का मज़ा तो उनके साथ था। पूरा डिब्बा अपना है। बस, चले जा रहे हैं। खाते-पीते, हंसते-हंसाते, जैसे अपने घर में हूं।'' वह यादों में गुम सी हो गई। बीते दिनों में रेल के हिचकोले से उन्हें जैसे नींद आने लगी हो। चुपचाप दूर देखती हुई बैठी रही, फिर अचानक कहने लगीं, ''तुझे जाना ही पड़ेगा। ख़र्च का फ़िक्र न कर। तू मेरे

लिए इतना सा काम भी नहीं कर सकती?"

बिना कोई सवाल किए मैंने स्टेशन फ़ोन किया।

फ़्लाइट लेट थी। मैं वेटिंग हॉल में लोगों की भीड़ के बीच टहलती रही।

दौलत की तलाश में पराये देशों को जाने वालों की आंखों में आंसू और ख़्वाब, बच्चे और सामान, ट्रॉलियां, कुली, गुर्राते हुए लैंड करते जहाज, गड़गड़ाहट से सर के ऊपर से गुज़र कर मंजिलों को जाते हुए जहाज़, आवाज़ में रोना, हंसी, बिछड़ना, वायदे चाहतीं अतिरिक्त आरजूएं एक गंगा-जमनी भीड़।

नई रोशनी की तेज़ लड़कियां अजीब सुसज्जित लिबास पहने स्वयं बाल झुला-झुला कर सर को घुमा कर अपने आसपास देखती हुईं, खनकते क़हक़हे, गूंजती हंसी तेज़ ऊंची गुफ़्तगू, दिखावा। बनावट पसंदीदा नज़रों के घेरे में अपने सहर (जादू) से परिचित, जिन्हें देखकर अचानक सीटी बजाने को जी चाहे।

लड़के परिहासपूर्ण चूहों की तरह फ़िल्मों के हीरो, लड़कियों के गिरोहों के गिर्द चक्कर काटते हुए अपने बाप के साथ दिलचस्पी से अश्लील निगाहों से अपने आसपास निगाह दौड़ाते नीचे सुर में बातों के सैलाब में बहते हुए मग्न, ऊपर-ऊपर घूमते-फिरते हुए घाघ शिकारियों के सारे दांव से परिचित।

मैं ज़रा टहलती हुई पास के जंगले के साथ दूर चली गई और उससे सर लगा कर मीलों तक फैले हुए 'रनवे' की ओर देखने लगी, जहां छोटे-बड़े जहाज़ों की भीड़ थी, सीढ़ियां घसीटी और लगाई जा रही थीं, एक भगदड़ मची थी। कर्मचारी, मोटरें, सामान और जाने क्या-क्या। इस मंज़र से थक कर मैंने अपने चारों ओर देखा।

लड़की के गाल, घड़ी-घड़ी गुलाबी हो जाते, कान सेबों की तरह 'सुर्ख़ी' से चमकने लगते। वे दोनों चुप थे, एक-दूसरे के बहुत क़रीब भी न थे। लड़का मेरी तरह अपने सामने देख रहा था, परंतु जब वह सर को घुमा कर उसकी ओर देखता, तो वह यूं छूई-मूई सी अपने हाथों तक उंगलियों की पोरों तक रंगीन हो जाती। हाय! यह निगाह की रंगीनी थी। भीगी हुई चीज़ की तरह की यह लड़की रंग में डूबी थी। संतुष्ट, बेचैन, शांत।

मुझे समय घसीट कर पीछे ले गया। इस जंगले से दूर बरामदों में, जहां मैं ऊंची एड़ी का जूता पहने खटखट करती चलती थी, जैसे ज़ेबा असफ़हानी के दिल पर चल रही हों। ज़ेबा को अपने हुस्न का घमंड और अपने ईरानी होने पर गर्व था। वह अभी नया-नया आया था और लेक्चर देते समय जब वह समझता और सीधा तुम्हारी आंखों में देखता, तो दिल सीने में डोल जाता था। मैं जिसे अपनी शोख़ी पर भरोसा था, समझती रही कि वह कहां जाएगा? कुछ दिनों में उसका घमंड नियाज (श्रद्धा) में और उसका सर मेरे क़दमों में होगा। ऐसी छोटी-छोटी विजयों से तो मेरा दामन भरा हुआ था। ज़ेबा तो उसे चिंता के योग्य ही न समझती थी। चंद दिनों

बाद मुझे और अच्छा लगने लगा। वह क्लास में जब भी ज़ेबा की ओर देखता, मैं महसूस करती कि ज़ेबा की लंबी-लंबी पलकें गालों पर झालर की तरह झुक जातीं और वह गुलाबी हो जाती। स्वयं की भूल से वह उसकी निगाह का जवाब देने के बजाय अपने सामने दोनों हाथ रखे नाखूनों की ओर देखती, जिनमें लाली तेज़ी से झलकने लगती थी। अच्छा, तो इस खेल में कहीं कोई ग़लती हो गई है, यह अजीब बेढंगा त्रिकोण था। बीच में वह था और उसकी निगाहों की सारी रोशनियां उसके लिए थी। जो उसके लिए कुछ न थी और जिसका दिल क्लास में आने से पहले फिर बाद में सारा दिन यूं ही धड़का करता था। एक दहकती हुई गर्मी मेरे सारे अस्तित्व को तड़पाती रहती, परंतु मेरा हुस्न, जहां व्यर्थ तपन मेरी आज तक की 'विजयों' ग़लत थी। मैंने इतनी ज़िल्लत कभी न उठाई थी। मैं उसके पास से गुज़रती भी तो वह मेरी ओर मुड़ कर न देखता। रोज़ मेरे लिए एक नया मुक़ाबला होता था। मैंने अपना आप आज़माना चाहा और नर्क में से गुज़र गई।

मैंने उसे पैग़ाम भिजवाया, रात को दरवाज़ा खुला रखना। मैं ज़ेबर का एक विशेष पैग़ाम लेकर आऊंगी। वह .ख़ुशी से लगभग दीवाना हो गया था, जैसे उसने सुर्ख़ गुलाबों का अक्स अंधेरे में देख लिया हो। जैसे अंधेरे पानियों में डोलते कंवल के होंठों को सूर्य की किरण छुए और वह हौले-हौले खिलने लगे। मेरे सीने में दिल को कोई चुपके-चुपके मसल रहा था। मैं जैसे मौत के बंद किवाड़ों को खोलने जा रही थी। अपने भाग्य के लिखे को पढ़ने के लिए मैंने रो-रो कर उसे अपने दिल का हाल सुनाया। मैंने कहा था, ज़ेबा एक ख़्वाब है। तुम उसे कभी हासिल न कर सकोगे। वह पराये देश चली जाएगी, तो लौट कर आ न सकेगी। उसका वतन कोई और था—मैं तुम्हारी ज़िंदगी संवार दूंगी। मेरे पास साधन थे, ख़ानदान था। वह निगाहों में उपहास लिए बड़ी ख़ामोशी से मेरी बातें सुनता रहा। उस समय मुझे लगता था, मेरी आत्मा टुकड़े-टुकड़े होकर किर्चियां बन मेरी आंखों से बह रही है। मैं टूटे हुए शीशे चबा रही हूं और अभी गिर कर बेहोश हो जाऊंगी।

उसने हंस कर कहा था, ''बीबी, चाहत को तुम क्या समझती हो कि जब चाहो क़ीमत चुका कर ख़रीद लो? या चिराग़ है कि जब तीली दिखाओ, जलने लगे। मैं तुम्हारी कोई मदद नहीं कर सकता। अब तुम जा सकती हो।''

जब वार्डन ने मुझे उसके कमरे से निकलते हुए देखा, तो मेरा रंग हल्दी की तरह पीला था। चेहरा आंसुओं से धुला हुआ, आंखें धुंधलाई हुई थीं और मैं लगभग गिरी जा रही थी। रात आधी से ज़्यादा गुज़र चुकी थी।

उसे दो बातों में से एक चुनने का अधिकार दिया गया। वह मुझसे शादी कर ले और यहीं ठहरा रहे या फिर स्वयं त्यागे और चला जाए।

हाय कैसे उसने इनकार कर दिया था और चुपचाप चला गया था। उसने मेरे

बदले वह ज़िल्लत क़बूल कर ली थी। मेरी ज़िल्लत की क़ीमत भी कम थी। अल्पशून्य बेक़ीमत मैं। उसके जाने के बाद से मर्दों पर से मेरा भरोसा उठ गया। अपने हुस्न की चमक भी धुंधली और बेकार का फ़साना लगी। मेरे चारों ओर शून्य आकाश था जिसमें लड़कियों के क़हक़हे गूंजते और उनकी निगाहें तीरों की तरह मेरे आरपार होती जातीं, परंतु मैं सर ऊंचा किए ज़ेबा असफ़हानी के दिल पर चलती रहती। बेपनाह, खुद के भरोसे के साथ, क्योंकि मैं आग की मेहराब के नीचे से गुज़र गई थी और मैंने सारा अतीत, सारा भविष्य जला डाला था। मैंने मोहब्बत की खुशबू के बदले अंगारे सूंघे थे और दिल जलने की बू सारी उम्र मेरे दिमाग़ में तैरती रही है।

हाय मुझे किसी ने कभी ऐसे क्यों नहीं चाहा कि मैं रंग से भीगी हुई 'चीज़ी' लगूं। ब्रिटिश एयरवेज़ के लैंड करने का ऐलान किया गया।

वायुयान रनवे के दूसरे सिरे पर एक बड़े परिंदे की तरह उतरा, फिर वह उसे और क़रीब लाए। सीढ़ियां, मुसाफ़िरों के लिए लारियां, सामान के लिए गाड़ियां, रौनक़ और चहल-पहल हो गई, फिर लोग अपने सामान के साथ बाहर आने लगे। सबसे अंत में वह उसे लाए। खूबसूरत पिंजड़े में चमकते हुए सुनहरे बालों वाला, रोशन और ज़हीन आंखें, थूथनी न बहुत लंबी और न ही छोटी, साफ़-सुथरा धुला-धुलाया। बड़े ही स्मार्ट कालर पहने बड़ी लापरवाही से अपने आसपास देखता हुआ, कभी सर अपनी अगली फैली हुई टांगों पर रख लेता और आंखें बंद कर लेता। मुझे वह बहुत अच्छा लगा।

मैंने पिंजड़े के साथ-साथ चलते पुकारा, ''शीरीं...! शीरीं...!''

उसने हवा में नाक उठाई कोई मानूस सी बू सूंघी, ग़ौर से मुझे देखा, इफ़-इफ़ किया, जैसे पुकार का जवाब दे रहा हो और फिर मुंह अपनी टांग पर रख लिया। उसका सर हिल रहा था, जैसे वह हांफ रहा हो, चल-चल कर थका हुआ बैठा हो। एयर होस्टेस ने उसकी ज़ंजीर मुझे थमाई। उसके साथ एक ख़त भी था। काश, मैंने तुम्हारी बात मान ली होती और शीरीं को न भेजा होता! इससे जुदा होते समय मेरा दिल कट-कट गया है। रुस्तम उदास है। नूरी बहुत रोई है और मैं तो पूरी तरह से दुखी हूं। जब वैन उसे लेने आई, तो यह उनसे छूट कर घर में घुस गया और स्नान-घर में छिप गया। बड़ी मुश्किल से उसे घसीट कर निकाला गया। यह हमें बहुत प्यारा है। लगभग एक आदमी की हैसियत से इसमें बहुत से गुण हैं। यह बहुत मोहब्बत करने वाला है और उम्मीद है, तुम अम्मा के घर में सारी कोशिशों के बावजूद इससे नफ़रत नहीं कर सकोगी। हम लोग कल जद्दा रवाना होंगे। विदा! एयरपोर्ट से बाहर आकर मैंने वह ज़ंजीर उसके कालर में अटकाई। उसने गहरी नज़रों से मेरी ओर देखा, मेरे हाथों को सूंघा। मेहर की और मेरी महक एक सी होनी चाहिए।

उसने बिना किसी रोक-टोक के जंज़ीर के साथ मुझे अपना मालिक तस्लीम कर लिया। मैंने उसे बिस्कुट दिया, जो उसने खा लिया और पानी पीकर हम दोनों अम्मा की ओर चल पड़े।

ट्रेन में वह सीट पर बैठा शीशे के साथ मुंह लगाकर बाहर झांकता रहा। खेतों, नदी-नालों और उन सब पर झुका नीला आसमान, धूप की रोशनी की तरह भरी हुई और बहुत तेज़ हवाएं। वह उस नई ज़मीन से जानकारी पैदा कर रहा था, जिसकी आम आदमी को ज़रूरत नहीं होती। वह उसके रंगों और खुशबुओं और बदलते दृश्यों और हवाओं को महसूस कर रहा था, जहां टिमटिमाती बत्तियों पर और दूर जलते चिराग़ों पर काले बादलों से भरी रात छाई हुई थी और चांद-तारों के साथ आंख-मिचौली खेलता फिरता था।

शीरीं की तन्हाई और 'ग़रीबुलवतनी' ने मेरे दिल को आंसुओं से भर दिया।

अम्मा बीमारी के बाद से नींद की गोलियां खाने लगी थीं और इसलिए दिन चढ़े तक सोया करतीं। मैं दफ़्तर जाने के लिए लगभग तैयार हो चुकी होती, तो वह शीरीं कर के पुकारतीं। बड़ी तमीज़दारी से मेज़ के क़रीब नीचे बैठ कर वह अपने प्याले में कभी दूध, कभी डबलरोटी, कभी गोश्त खाता, चबा कर आहिस्ता-आहिस्ता, जैसे कोई आहट भी न करना चाहता हो। अम्मा कहतीं, मेहर ने इसे क्या उम्दा पाला है। आदमी के बच्चों से ज़्यादा तमीज़दार है।''

उन्हें मेहर की प्रशंसा करने की आदत सी थी।

मौसम बदला। तापमान बढ़ने लगा गर्मी में तेज़ी आती गई और शीरीं बहुत घबराया हुआ रहने लगा। हांफता हुआ, ज़बान लटकती हुई, तेज़ सांस लेता हुआ। अम्मा उसे अपने साथ कमरे में बंद रखतीं। शाम को मुझसे कहतीं, ''ज़रा इसे टहला दिया कर। बेचारा परदेस में आ फंसा है। मेहर ने जुल्म ढाया है। भला ठंडे देशों से तो आकर यहां लोग यह गर्मी बर्दाश्त नहीं कर सकते। यह तो ज़रा सा बेज़बान जानवर है।''

और यूं शामों को जब गर्म रेत की ठंडक मिलने लगती, हवा नर्म-नर्म झोंकों से बर्दाश्त के लायक़ हो जाती, शीरीं को टहलाने ले जाने लगी। वह सायों पर भौंकता, टिड्डों की चर-चर सुन कर ख़ामोश खड़ा होता, जैसे दूर के किसी देश का संगीत हो, फिर भागता और उसकी छोटी-सी दुम उठी हुई होती। घास पर उलटा लेट कर लोट लगाता और जुगनुओं को पकड़ने की कोशिश करता, फिर इफ़-इफ़ करता और मेरे क़दमों में झुकता, फिर चकफेरियां लेता और मेरे साथ चलता रहता। बिल्लियों के पीछे भागने में उसके सुनहरे बाल सीधे खड़े हो जाते और वह तेज़ी से उन पर झपटता। जब दो बिल्लियां इकट्ठी होतीं, तो उससे ज़रा न डरतीं। उसे थप्पड़ मारतीं। बेचारा चूं-चूं करता और दुम दबाकर मेरी टांगों से लग कर खड़ा हो जाता, जैसे

पनाहगाह में हो। कभी चिड़ियों को देख कर आंखें बंद करके सोता हुआ बन जाता। वे उसकी गर्दन पर आ बैठतीं, जैसे उसकी परवाह ही न करती हों। कभी एकाध को पंजे में दबोच कर वह बैठा रहता। जब वह दिल की तरह ख़ौफ़ से धड़कने लगती, तो यकायक उसे उड़ा कर तमाशा देखता। उसकी तबीयत में नुक़सान पहुंचाना न था, इसलिए घर में जो मेहमान आता, शीरीं से उसका परिचय कराया जाता। अम्मा उसकी नस्ल और मुल्क और उसके अंग्रेज़ी ज़ुबान समझने से बहुत खुश थीं, फिर और गुण, तमीज़दारी, उम्दगी, खेल और खाने के ढंग, सब कुछ थे। अम्मा के सुबह देर से उठने की आदत ने मुझे शीरीं की ओर अधिक ध्यान देने पर मजबूर कर दिया। मैं तैयार हो रही होती, तो वह पास ही डोलता रहता। मेरे जूते क़रीब लाकर रख देता। मेरे हाथ से कोई चीज़ छूट जाती, तो लपक कर मुंह में उठा कर मुझे पकड़ा देता और अब मैं अक्सर उसके बालों में कंघी कर देती और उनके सुनहरे मुलायम बहाव को महसूस करके मेरा जी खुश होता। यदि कभी मैं मेहर की पसंदीदा खुशबू लगा लेती, बस दीवाना होने लगता। मेरे गिर्द घूमता, मेरे दामन पर अगले दोनों पांव रख देता, मुझे सूंघता, गूं हमकता, जैसे गोद में आना चाहता हो, परंतु मैंने किसी भी बात से प्रभावित होने और मेहर की किसी भी चीज़ को पसंद न करने की जी-ही-जी में क़सम उठा रखी थी और शीरीं की ये सारी हरकतें मुझे छू न सकतीं, लेकिन जानवर की जो संभव देखभाल हो सकती थी, उसमें मैं अम्मा का हाथ बंटाती और यूं मैंने हौले-हौले उसका ज़्यादा ख़याल रखना शुरू कर दिया।

अत्यधिक गर्मी के दिन थे। लू चल रही थी, झुलसाये देती थी। दफ़्तर से आकर मैं बेहद ठंडे पानी से नहा ली और लगभग बेहोश हो गई, फिर एकदम तेज़ बुख़ार आ गया। अम्मा घबरा ही गई होंगी कि उन्होंने इधर-उधर मेरी दोस्तों को फ़ोन किए। कई दिनों 'हिज़्यानी' कैफ़ियत रही और फिर लोट-पोट कर मैं तंदुरुस्त हो गई। शीरीं मुझे दुबला लगा और बहुत ही उदास भी। उस दिन मैंने पास बुलाकर उसके सर पर हाथ फेरा और उसके प्याले में गोश्त स्वयं डाला।

अम्मा कहने लगीं, ''इसे देखो, तुम बीमार क्या हुई, इसका तो खाना-पीना ही छूट गया। दिन-रात पलंग की पाइंती के नीचे बैठा रहता, जैसे उसे तुम्हारी बीमारी की बहुत फ़िक्र हो, अपनी औलाद से भी बढ़ कर।''

हंस कर मैंने शीरीं की ओर देखा, एक शुक्रिया का अहसास, इस घर में कोई तो है, जो मेरे लिए परेशान हुआ। अम्मा फिर बोलीं, ''चलो आज उसके मुंह पर रौनक़ तो आई। मुझे तो सख़्त फ़िक्र लग गई थी कि कहीं यह मर ही न जाए। अजीब जानवर है। अपने असल मालिकों को भूल कर तुम से इतना हिल गया।''

मैंने चिड़चिड़ा कर अम्मा से कहा, ''क्या मतलब है आपका? मुझ से अगर एक

जानवर भी मानूस हो, तो आप को एतराज़ होता है।"

"अरे, नहीं, बदनसीब, मुझे किसी बात पर एतराज़ नहीं है। अगर तुझ से कोई इन्सान ऐसे सधा हो, तो मेरा बोझ न टल जाए, लेकिन तेरी सख़्त तबीयत की वजह कोई तेरे क़रीब ही क्यों आएगा। हर किसी को तो काट खाने को दौड़ती है, लोगों को फ़रिश्ता चाहती है। ऐसी उम्र में कौन ऐसा वफ़ादार मिलेगा?"

मेरी और अम्मा की खूब तू-तू, मैं-मैं हुई। किसी ने खाना न खाया। हम दोनों दुश्मन की तरह एक-दूसरे पर चीख़ती रहीं। मेरा जी चाहता था, खूब धाड़ें मार-मार कर रोऊं और दीवारों से सर टकराऊं या उस घर को आग लगा दूं, जो मेरा क़ैदख़ाना बन गया था। मैं उस दिन को याद करके ऊंचे-ऊंचे बैन करके रोई, जब मैंने पाया कि बीमारी के कारण अम्मा के उदासी भरे ख़त पढ़ कर एकदम अमेरिका छोड़ने का फ़ैसला किया था और सब कुछ छोड़-छाड़ भविष्य के सुनहरे और रूपहले ख़्वाबों को अपने पीछे कश्तियों की तरह जला कर घर वापस आ गई थी और अब अम्मा मुझ ही को इलज़ाम दे रही थीं। दुश्मन की तरह मेरी तबीयत और मेरी आदतों में सौ-सौ कीड़े निकालती थीं। अमेरिका में क्या कुछ नहीं था? समय, आज़ादी, चाहने वाले लोग, निबाह करने को तैयार, मेरे अपनेपन में मुसर्रत महसूस करने वाले और वह भी तो था मेरा जर्मन दोस्त।

छुट्टी के दिन अपने कमरे में, जो ऊपर की मंज़िल में था, मुझे आमंत्रित करता, वह गिटार बजाता, मैं पूर्वी खाने पकाती, फिर मिल कर रॉयल-वाइन पीते घूंट-घूंट और अपने-अपने मुल्क़ की कहानियां, लतीफ़े सुनाते। कभी बहस चल निकलती संगीत और आर्ट और .खुदा जाने क्या-क्या? उसके कमरे की खिड़कियां झील की तरफ़ खुलती थीं, जहां लोग नौका विहार करते। स्केटिंग रिंग थे, फ़व्वारे थे और पार्क में लोग निहायत पुरानी धुनें बजाते थे। कभी-कभी हम चुपचाप बैठे रहते। इतनी खूबसूरती और तकमील में बातें करना बेअर्थ लगता। बस, इस कमरे में, इस लम्हे में हम दोनों ज़िंदा हैं, यह बहुत था। उसने कभी मुझे नहीं कहा कि वह मुझे चाहता है। चूंकि मैं दूसरों से भिन्न थी, उसे अच्छी लगती थी, वह बहुत सीधा था और मुझे कहा करता था, "तुम अपने देश जाकर जब किसी से शादी करोगी, तो वह बहुत भाग्यशाली होगा। तुम में बहुत गुण हैं मर्दों को समझने के, उन्हें .खुश रखने के।" हम दोनों हंसते रहते। समय गुज़रता रहा और फिर समय गुज़र गया।

आख़िरी दिन जब हमारा इम्तहान हो चुका था, हम अपने देश को लौट रहे थे। छुट्टियां गुज़र चुकी थीं। गिटार में रुके सब गीत गाए जा चुके थे, तो उसने सीढ़ियों के नीचे बड़े दोस्ताने से मेरा हाथ पकड़ कर कहा था, " क्या मुझ से शादी करोगी?"

हंस कर मैंने कहा था, "मैं सारी उम्र खाना पकाकर तुम्हारा जी .खुश नहीं कर सकती। तुम हमेशा पूर्वी ख़ानों के आसक्त नहीं रहोगे। गुज़री हुई सोहबतों और

साथ गुज़ारे दिनों और मोहब्बतों का शुक्रिया।'' वह देर तक मेरी आंखों में देखता रहा, जहां हंसी उबल रही थी और मेरे रुख़सार अधिक सर्दी के कारण गहरे गुलाबी हो रहे थे, फिर उसका रंग फीका पड़ा और पीला हो गया और उसके कुछ कहे बिना मुड़ जाने का औचित्य यह था कि उसे जल्दी थी। मैंने ज़हन में बेकार की तस्वीर कभी नहीं बनाई। सर को झटक कर मैं शाम की फ़्लाइट से वापस वतन आ गई और इस डर से कि मुझे कोई लौटा न दे, मैंने उसे लौटा ही दिया। हाय, बरबाद शुदा!

कुछ दिन अम्मा और मैं रूठे रहे। शीरीं अम्मा के बुलाने पर भी उनकी ओर न जाता। मेरे अतिरिक्त उसे किसी से कोई सरोकार न था। अम्मा मुझे खूब कोसतीं। एक दो बार उन्होंने शीरीं को हल्के से थप्पड़ भी मारे। वह पिट कर आता और मेरे पांव के क़रीब निहायत सआदतमंदी से बैठ जाता। ज़बान निकाले सर हिलाता डरा हुआ बेबस-सा और मुझे उसके प्रवासित होने पर प्यार आता, फिर मैं उसे समझाने लगती, ''देखो शीरीं, तुम्हें घबराना नहीं चाहिए। तुम तो बहुत बहादुर बच्चे हो। यह बुरा और जुदाई का ज़माना है, गुज़र जाएगा, फिर तुम अपने वतन लौट जाओगे। जहां ठंड होगी। तुम अपने नर्म और गर्म बिस्तर में लेटोगे। तुम्हारे साथ नूर खेला करेगी। वह तुम्हें नहलाने ले जाया करेगी। असल मोहब्बत जिसमें दिल का फूल खिलता है और कोई तुम्हारी पिटाई नहीं कर सकेगा। तुम नूर के पास हर जलने वाली आंख से महफ़ूज होगे।''

उसकी आंखों में आंसू होते और वह मेरी टांगों से अपना सर मलता मेरे पांवों को सूंघता।

क्या वह अभी तक नूर का और मेहर का और रुस्तम का ख़ास था? क्या उस के जाने से मैं उदास नहीं हो जाऊंगी? मैं सर को झटकती। मुझे पराए शीरीं से, जो केवल समय बिताने के लिए यहां भेजा गया था, इस लगाव का कोई हक़ नहीं। मैं उ़ठकर ऊपर के कामों में लग जाती। वह मेरा पीछा करता। मैं कहती, ''शीरीं मेरे पीछे मत आओ, वहीं बैठो।'' वह अपनी साफ़ निगाहों से मेरी ओर तकता रहता। अजीब विपत्ति में फंस गई थी मैं। जब वह नूर को देखेगा, तो उस से भी यूं ही चाहेगा। यह लगाव का चक्कर भी क्या है भला?

मैं इन्सानी फ़र्ज़ समझ कर उसकी देखभाल करती रही। उसे नहलाने ले जाती रही, उससे बातें करती रहती, ताकि वह तन्हाई महसूस न करे। चंद दिनों के लिए मुझे किसी दूसरे शहर जाना पड़ गया। फिर दोस्तों की ज़िद के कारण दो-चार दिन और रुकी रही। घर में मेरा था ही क्या? अम्मा जिन से बात-बे-बात मेरा झगड़ा हो जाता था। वह मुझसे अकारण उलझती थी और मैं भी उनकी बात बर्दाश्त नहीं करती थी। खींचा-तानी चलती ही रहती। मैं उन्हें एक भारी बोझ लगती थी, जिसे

महसूस करके उनका जी दहलता था। वह खोज-खोज कर मुझमें कोताहियां और ग़लतियां निकालतीं। मेरे अकेलेपन को मेरा दुर्भाग्य समझतीं। असल हिसाब तो आदमी का अपने से होता है। अम्मा के अपने हिसाब में कहीं गड़बड़ ज़रूर थी। मुझे देख कर आहें भरतीं। बहुत उदास-उदास रहतीं। मुझे कुछ भुलाने ही न देतीं, हालांकि उनकी दूसरी बेटियां, उनके बेटे और बहुएं कोई साल-दो-साल में एकाध बार ही उस घर में झांकता था। वह उन सबको याद करके सोचती रहतीं। उन्हें पुकारतीं, ख़त लिखतीं, उनके लिए दुआएं करतीं और मैं गुस्से के मारे अपने कमरे में उबलती और जलती रहती।

आख़िर मुझे इसी क़ैदख़ाने में वापस आना होता था। मेरा एकमात्र शरण-स्थल था।

भौंक-भौंक कर शीरीं ने बुरा हाल कर लिया। खुशी से पागल हो गया। मेरा बैग अपने कब्ज़े में कर लिया। पर्स को मारे गुस्से के क़ालीन पर घसीटता रहा। सोफ़े पर चढ़कर बैठ गया और मुझे कोने से बाहर जाते देखकर कूद कर कंधों पर दोनों अगले पांव से लटक गया। अज़ीब दीवानेपन से रोता रहा, जैसे ख़ुशी के बोझ तले बहुत परेशान हो। रात जब मैं लेटी हूं, दिन-भर की धूल झाड़ कर ख़यालों की गूंज तक से बचने के लिए मैंने करवट बदली, तो शीरीं आंखें बंद किए मेरे साथ लेटा था। मैं आहिस्ता-आहिस्ता उसे सर पर हाथ फेरती रही। संतोष और राहत के शदीद अहसास के साथ, फिर वह और क़रीब आ गया और उसने सर मेरे सीने के साथ लगा दिया। मुझे वह लड़का याद आया, जो समुद्री-यात्रा के दौरान जहाज़ की छत पर मुझे मिला था।

जवानी में क़दम रखता हुआ अल्हड़-सा, शर्माया हुआ सा वह हवाख़ोरी के दरमियान मुझसे बातें किया करता। बच्चों की सी बेकार बातें, समुद्रों और हवाओं, तूफ़ानों की लहरों की, बादलों और आंधियों के झक्कड़ों और समुद्री 'मख़्लूक़' की। दरियाओं और पहाड़ों से उसे इश्क था। रंग उसे बहुत पसंद थे। मुझे ख़ूबसूरत कपड़े पहने देख कर खिल उठता। फ़रमाइश करता कि कल मैं नीले रंग की साड़ी पहनूं। यह बेकार सी ख़्वाहिश मुझे भी खुश करती। उसे फूल अच्छे लगते थे। मुझे कहता इस रंग में तुम डेज़ी लग रही हो। अज़ीब दीवाना सा बच्चा था। समझदार भी और सीधा भी। एक शाम उसने फ़रमाइश की कि मैं उसके साथ नाचूं। लहरों के तेज़ संगीत पर हम क़दमों से क़दम मिलाए और बांहों के सहारे झूलते रहे और जब हम अंधेरे स्थान में गए, तो उसने अपना सर मेरे सीने से लगा दिया। मुझे अपने कमज़ोर बाजुओं के घेरे में ले लिया और मुझसे उसी तरह लगा खड़ा रहा। अजीब कैफ़ियत थी। सुकून की लहरें तृप्ति के साथ उसके सुर से निकल कर मेरी सारीं हंसी को हिलकोरे दे रही थी। समुद्र की तरह उसकी मासूम चाहत ने मुझे अपने घेरे में लिया।

मुझ पर से गुज़रने लगी। सीप में बंद मोती की तरह समय की मौजें हम पर से बहती रहीं।

और अब शीरीं मेरे सीने से लगा था। आंखें बंद किए घबड़ा कर मुझ में सुकून ढूंढता हुआ। यह नूर का और मेहर का और रुस्तम का नहीं, मेरा शीरीं था और मैंने सोच लिया कि अब इसे कभी नहीं लौटाऊंगी, कदापि नहीं।

छुट्टियों और शदीद गर्मी के दिनों में वे लोग अम्मा से मिलने आए। शीरीं को देखकर वह हैरान हो गए। इस एक साल में उसने खूब क़द निकाला था। उसके डर के कारण किसी अजनबी को घर में आने की हिम्मत न होती थी। लोगों ने आना कम कर दिया था। अम्मा सख़्त ख़फ़ा थीं। आख़िर सीज़र भी तो उस घर में रहा था। उन दिनों ख़ान साहब ज़िंदा थे और उसे उन्होंने सर पर नहीं चढ़ाया था। मेहर से कहने लगीं, "अजीब जंगली हो गया है। तुम अबके इसे अपने साथ ले जाओ"। मैं चुपके से यह सब सुनती रही।

मेरी तरफ़ मुड़ कर कहा, "जब तुम घर नहीं होती हो और मैं उसे खाने को कोई चीज़ दूं, तो बिल्कुल नहीं खाता। मुझ पर भौंकता है और बरामदे में बैठा रहता है। जब तुम आती हो तो यह दिखाई ही नहीं देता, चाहे बिल्लियां घर में भरी रहें और अवारा कुत्ते दौड़ लगाते रहें।

परंतु असली मालिकों के आने पर भी शीरीं ने कोई ख़ुशी का इज़हार नहीं किया। दुम हिला कर उनके पास नहीं घूमा। नूर से भी बस उचित इज़हारे मोहब्बत किया। वह खींच कर बाहर हो जाती, तो चला जाता और फिर फ़ौरन आकर मेरे पलंग के नीचे घुस जाता। वह चीख़ती हुई मेहर से कहती, "मम्मा, शीरीं बहुत बदल गया है। बिल्कुल जंगली हो गया है।"

और मेहर कहती, "तसल्ली रखो बच्चे, अब हम उसे साथ ले जाएंगे, तो उसकी पुरानी अच्छी आदत लौट आएगी। यह तुम्हारा प्यारा शीरीं बन जाएगा"। मैं चुप रहती। उनके इरादों पर जी-ही-जी में हंसती और कुढ़ती, भई, क्या, मैंने मेहर को मना किया था कि वह इसे यहां न भिजवाए और मैंने उसका क्या बिगाड़ा था? यह हमदर्दी का अनदेखा रिश्ता, जो उसके और मेरे दरमियान क़ायम हुआ था। इसमें हालात का दख़ल था। न शीरीं का और न मेरी मर्जी का, जैसे समय के समुद्र पर बहते दो तिनके किसी तेज़ हवा के ज़ोर से एक-दूसरे के साथ पेवस्त हो जाएं। मोहब्बतें, जो मुझसे की गईं, उनमें मेरी मर्ज़ी शामिल न थी। मेरे लिए तो अब हर चीज़ बेकार थी और फिर किसी ने मुझे इतना कब चाहा था कि मैं उसके दामन से लग जाऊं। मुझे उस रात की अपनी पीली रोती हुई सूरत अक्सर याद आई। वह कौन थी? जिसके आंसुओं में उसका दिल बह गया। टुकड़े-टुकड़े होकर ज़िल्लत के अहसास से लौटाए जाने के दर्द से अब भी बेताब हो जाती थी।

उस दिन गर्मी सख़्त थी। नूर और रुस्तम शीरीं को टहलाने ले जाना चाहते थे। मुझे रोकने का कोई अधिकार तो नहीं था, परंतु मैंने कहा, " नूर अभी न ले जाओ। दिन को ज़रा ठहरने दो। शाम को आने दो हवा में 'ख़ुनकी' हो ले, फिर जाना।"

उसने कंधे उचकाए। बाप की ओर देखा और शीरीं को मेज़ के नीचे से निकालने के लिए उस के कालर को खींचा। शीरीं न 'ज़च' होकर और कोई राह फ़रार न पाकर उसके हाथ पर काट लिया। मेहर ने चीख़-चीख़ कर घर को सर पर उठा लिया। सब एक साथ चीख़ रहे थे। नूर शिकस्त और तकलीफ़ के अहसास से ज़मीन पर लेट रही थी। अम्मा ने जो उनके जी में आया कहा। अगली तमाम तलख़ियां उन्हें याद आ गईं। खूब-खूब उन्होंने मुझे कोसा और घर में फ़िज़ा एकदम तनावपूर्ण हो गई। रात शीरीं ने लेट कर सख़्ती से सर मेरे सीने के साथ लगा दिया। वह शायद अपनी ग़लती पर नादिम था और अपने आप को इतने शोर-शराबे का क़सूरवार समझता था।

तुम बेवकूफ़ हो बच्चे, वह आख़िर चले जाते, नूर ने तुम से ज़्यादती की है। तुम बहुत जल्दबाज़ हो। वह दम साधे पड़ा रहा। मेरे हाथ के नीचे बिल्कुल शांत और सोया हुआ और निहायत खुश।

खुसर-फ़ुसर में बातें होतीं, मुझ से हर बात छुपाई जाती, अम्मा की और मेरी बोलचाल बंद थी। हम दोनों में और शीरीं जैसे ज़ात-बिरादरी बाहर कर दिए गए थे, खाना दो बार में खाया जाता या फिर मैं अपने कमरे में खाती और शीरीं को भी वहीं खिलाती। जब मैं काम पर चली जाती, तब भी कोई उसको नहीं बुलाता था। आख़िर वह कब तक मेरी पनाह में रहेगा। आख़िर उसे उनके साथ ही तो जाना था। जैसे-जैसे उनकी रवानगी के दिन क़रीब आ रहे थे यह इरादा भी पक्का हो गया था।

मैंने अपने शीरीं के लिए रेल में सीट बुक करवाई, सामान अपनी एक दोस्त के मारफ़त स्टेशन भिजवाया। उस दिन शाम को 'मामूल' के मुताबिक़ मैं उसे टहलाने के लिए बाहर ले गई और हम दूसरी ओर अपने सफ़र पर रवाना हो गए। जब उन्हें पता चला, तो क्या हुआ, यह एक अलग दास्तान है। उनकी हाउ-हू का नतीजा यह हुआ कि मेहर ने अदालत में आर्डिनेंस की सीमा के तहत मेरे ख़िलाफ़ एक मुक़दमा दायर कर दिया, जो उसके चले जाने और पैरवी न होने के कारण खारिज़ हो गया।

शीरीं और मैं मरी से लौट आए।

अम्मा कुछ दिनों सख़्त ख़फ़ा रहीं, फिर जब बर्फ़ पिघली और शदीद तन्हाई ने परेशान किया, तो कहने लगीं, "अच्छा हुआ शीरीं नहीं गया। थोड़ी रौनक़ रहती है।"

मैं अम्मा से क्या कहती कि अम्मा , इस ढंडार बेकार ज़िंदगी में, इस ख़ाली

घर में मेरे आने पर कोई तो होता है, जो मोहब्बत से मेरी राह देखता है। उछलता-कूदता शौक़ का इज़हार करता और मेरे पीछे फिरता है। मेरे क़दमों में लोटता है। मेरे सीने पर सर रखकर मुझे सकून देता है। हमक कर मेरी बांहों में आने की कोशिश करता है। मुझ पर इतना हक़ समझता है। भला टूट कर ऐसा किसी ने मुझे कभी चाहा है! मिलने वाले कहते हैं, जैसा तुम शीरीं को चाहती हो, ऐसा तो बहुत कम माएं अपने बच्चों को चाहती हैं।" मैं उनकी आवाज़ में छुपे तंज़ को समझती हूं, परंतु यही मोहब्बत तो अब मेरी ज़िंदगी है। वह मेरा महबूब, मेरा हमदम, मेरा साथी है। जब सब तरफ़ सन्नाटा होता है, तो उससे अपने दिल की बातें कहती हूं। उसको खोई हुई चाहतों के तज़करे सुनाती हूं। मोहब्बतें, जो मुझ तक पहुंच न पाईं और छिन गईं। लगाव, जो मेरा मुक़द्दर न बन सके। वो सारे गुज़रे विलाप, जो जानेवालों के लिए मेरे दिल में बंधे, मैंने शीरीं को सुनाए। उसके सीने में मेरे राज़ हैं, वह पूरा साथी है। चुपचाप मुझे काम में संलग्न देखकर रोक-टोक न करने वाला, मेरी स्थिति खुशी और ग़म सब उस पर ज़ाहिर, वह नब्ज़ की तरह मेरे दिल के साथ धड़कता हुआ। इन्सानों की मोहब्बतों में यह गर्मजोशी और खुदसुपुर्दगी कहां होती है। शीरीं तो मेरे लिए जान से गुज़र सकता है।

मेहर के साथ मुक़दमे के सिलसिले में मेरी एक मैजिस्ट्रेट से मुलाक़ात हुई। मेरे कामों में उसने बहुत दिलचस्पी ली फिर आहिस्ता-आहिस्ता मेरी मुलाक़ातें बढ़ीं। मैं अपने दफ़्तर से आते हुए या उधर से गुज़रते हुए उसके पास चली जाती। कॉफी का प्याला लेकर इधर-उधर की गप हुई। शीरीं की बातें, उसकी तेज़ बुद्धि, उसकी चालाकियां, घर में उसकी ज़िंदगी की रौनक़ में उसका स्थान, वह सुनता और दिलचस्पी से यह सब सुनता, परंतु उसने कभी यह नहीं कहा, वह शीरीं को देखना चाहता है। अजीब आदमी था। अब मैं उलझने लगी थी। भला वह क्यों नहीं देखना चाहता। हमारी दोस्ती बढ़ती भी रही और उसमें दरार भी पड़ती गई। मेरा जी चाहता, वह मुझसे शीरीं की बातें पूछे, फिर मैंने महसूस किया, जब मैं शीरीं की बात करती हूं, वह ध्यान से नहीं सुनता। इधर-उधर की कहानी सुनाने लगता है। अपनी ज़िंदगी की ख़लाओं का ज़िक्र, अपने दुखों और अरमानों का तज़करा अपनी बीवी की बीमारी के अज़ाब के क़िस्से, अपनी तन्हाई के दुःख की कहानी, अपनी ख़ाली-ख़ाली बेकार का अलमिया, जिसमें पारसाई और बेरंगी के सिवा कुछ न था। खुदा के साथ अपने संबंध का कहता, जो कभी दृढ़ न हो सके थे। ख़्वाबों और परछाइयों की सी दास्तान। पता नहीं वह मुझे क्या कहना चाहता था? क्या समझाना चाहता था? मैं जो दिल बहलाने के लिए गप और ज़हनी संतुष्टि के लिए उसके पास चली जाती थी। उसकी क्या मदद कर सकती थी भला? क्या हलकी-फुलकी दिलचस्पी की धारा किसी और रुख पलटना चाहता था। एक दिन उसने पूछा :

"तुम शीरीं से, एक जानवर से इतनी शदीद, बेपनाह मोहब्बत क्यों करने लगी हो? जबकि कई और इन्सान उससे अधिक ध्यान के योग्य और अभिलाषी हैं।" उसकी हंसी बड़ी अर्थपूर्ण थी। पहली बार मुझे भारी ज़हनी धक्का लगा।

"और पता है, लोग कैसी-कैसी बातें करते हैं, तुम्हारे संबंध में?" उसने आंखें झुका कर कहा।

"लोग किस-किस की कहानियां नहीं कहते जनाब?" मैं खड़ी हो गई। मैं कांपती रही गुस्से और रंज से। दिनों मैं उधर से नहीं गुज़री फिर सुना उसका स्थानांतरण हो गया। उस साल गर्मी शदीद पड़ी, लगता था क़यामत उससे ज़्यादा क्या होगी। रेत के झक्कड़ चलते, आसमान पीले धूल के बादलों पीछे छुप गया था जो न बरसती थी और न हटती थी। बस अजीब खंड-खंड होकर वजूद को हकारती थी और घुटन इतनी थी कि सांस रुकती हुई लगती थी। कमरों में भी पनाह न मिलती, मैं शीरीं को देखती कि उसकी आंखें पीली हुई जाती हैं। वह बहुत कम जागता और नहलाए जाने के बावजूद गर्मी की लपटें उसकी सांस से निकलती थीं। बर्फ़ का ब्लाक मंगवाकर मैं कमरे में रखती। आग बरसाता हुआ पंखा और कूलर कुछ न कर सकते। शीरीं दिन-ब-दिन घुलता जा रहा था। मैं उसे तसल्ली देती, जी से लगाती।

शीरीं हिम्मत पकड़ो ये ज़रा से सख़्त दिन हैं, निकल जाएंगे। मौसम बदलेगा। गर्द छंट जाएगी, मज़ेदार सर्दी आएगी। अब के देखना खूब हड्डियों का गूदा जमाने वाली ठंड पड़ेगी, तुम्हारे वतन की तरह मेरे लाडले। मैं तुम्हारे लिए कुढ़ने के अतिरिक्त और क्या कर सकती हूं। यदि मां का बुढ़ापा न होता, घर में कोई और होता, मेरे साधन होते, तो मैं तुम्हें किसी ठंडे शांतिपूर्ण इलाक़े में ले जाती। मेरे चांद, हौसला रखो। मैं उसके सुनहरे बालों पर हाथ फेरती, जो उसकी खाल को छूती तो बुख़ार का अहसास होता। वह ज़रा सी इफ-इफ करता। मैं बेताब होती, मैं क्या कर सकती थी? अपने प्यारे के लिए, इस परदेसी के लिए।

मेहर का तार आया। रुस्तम की तबीयत ख़राब थी। वह अस्पताल में था। नूर अकेली थी और परदेस में थी। अम्मा को बुलवाया था।

अम्मा ने कहा, "तुम चली जाओ ना, आख़िर बहन हो। मुझसे हिला भी नहीं जाता। मैं उसके किस काम की होऊंगी। पिछली बातें भूल जाओ। उसे माफ़ कर दो।" शीरीं को इस हाल में छोड़ते हुए मेरा दिल उथल-पुथल हो रहा था, परंतु मजबूरी थी। हाय मैं क्या करूं?

अम्मा ने कहा, "तुम फिक्र न करो। मैं यहां घर में उसकी खूब देखभाल कर लूंगी।" जाने से पहले मैंने बर्फवाले को ताकीद की कि वह रोज़ खुद कमरे में रख जाया करे। अलमारी में एकदम सामने मैंने दवाइयां, बिस्कुट, ज़रूरी सामान रख दिया, ताकि ज़रूरत पड़ने पर खोजने में तकलीफ़ न हो। जाते हुए मेरा दिल टुकड़े-टुकड़े

हो रहा था। मैं दरवाज़े से पलट आई। शीरीं आंखें मूंदे लेटा था और गर्मी की शिद्दत से तप रहा था। सीने से लगाकर मैंने उसके कान में कहा, "शीरीं, मैं जल्द लौट आऊंगी, घबराना नहीं। बस, यूं समझो मैं गई और आई।"

जद्दा में मुझे ज़्यादा दिन ठहरना पड़ा। रुस्तम पर दिल का जानलेवा दौरा पड़ा था और वह बहुत आहिस्ता स्वस्थ हो रहा था।

अम्मा का फ़ोन आता, मेहर बड़े धीमे सुरों में बात करती। बड़ी ग़मज़दा होती। मुझे भी उस पर तरस आता। कभी-कभी कहती, "अम्मा, तुम्हारा पूछ रही थीं। ख़ैरियत से थीं, रुस्तम के लिए बड़ी फ़िक्रमंद थीं, परंतु अपने तंदुरुस्ती की वजह नहीं आ सकती।" मैं उससे ये न कह पाती कि अब के जब अम्मा का फ़ोन आए, तो शीरीं का भी पूछ लेना।

जिस दिन डॉक्टर ने इत्मीनान का सांस लिया और रुस्तम की हालत को ख़तरे से बाहर क़रार दिया मेहर की आंखों में खुशी के आंसू और चेहरे पर रौनक आई। मैंने उसके मना करने के बावजूद अपनी सीट बुक करवा ली।

"आख़िर जल्दी क्या है तुम्हें? अम्मा की ख़ैरियत तो मालूम हो ही जाती है। यहां से तार देकर छुट्टी बढ़वाई जा सकती है।"

"बस, अब मैं जाना चाहती हूं। शीरीं बीमार था।"

अपनी सारी कमीनगो को आवाज़ में भर कर उसने कहा, "ओह!" और फिर पलट कर तेज़ी से कहने लगी, "यदि वह न रहा, तो तुम विधवा तो नहीं हो जाओगी।" मैं उसके घर में उसके पति के स्वास्थ्य की देख-रेख के लिए मुसीबत में सम्मिलित होने के लिए इतनी दूर से आई बैठी थी और वह मुझे शीरीं के ताने दे रही थी। बिना उससे कुछ बात किए मैं सामान लेकर एयरपोर्ट आ गई। घर में चारों ओर अजीब सन्नाटा था। हालांकि दिन के क़रीब दस बजे थे। अम्मा अभी तक सोई हुई थीं। कमरों में इधर-उधर देखती, शीरीं को पुकारती मैं अंदर आई। शीरीं अपने वजूद का साया लग रहा था। सहमा हुआ। घुला हुआ। उसके पास झुक कर मैंने पुकारा, "शीरीं, देखो, मैं आ गई हूं।"

कमज़ोरी के कारण उसकी आंखें नहीं खुलीं। हलके से इफ़ करके रह गया। मैंने उसके सर को सहलाया, "शीरीं...! शीरीं!" मैंने ज़ोर से पुकारा।

अम्मा कहने लगीं, "तुम्हें मैंने मेहर से कहलवाया तो था कि शीरीं सख़्त बीमार है।" वह भी दुखी हो रही थीं।

मैं भागी। डॉक्टरों को फ़ोन किए। दुआ करती रही। खुदा से मैंने कहा, "देख, यदि तूने मुझसे शीरीं ले लिया, तो मैं तेरी हस्ती में यक़ीन करना छोड़ दूंगी। अगर तुझे कोई फ़र्क़ नहीं पड़ता, तो मुझे भी कोई फ़र्क़ नहीं पड़ता। तेरा ख़याल है, तेरी इस दुनिया में मोहब्बत की रोशनी के बिना जिया जा सकता है? इतने गहरे अंधेरे

तूने बनाए हैं, क्या उजाले की एक किरण देने की मेहरबानी भी नहीं करना चाहता। तू सुनता है कि नहीं, यह चाहने वाली आंखें हैं। उन्हें अंधा न कर। प्रेम भरा दिल है, उसे धड़कने के लिए छोड़ दे।''

परंतु वह आसमानों पर कहीं दूर बैठा जाने किस ताने में कौन-सा बाना पिरोने में मगन था कि उसने मेरी बात सुनी ही नहीं। पता नहीं वह क्यों मुझ से खफ़ा था कि उसने मेरी तड़प का कोई जवाब ही नहीं दिया। डाक्टरों की सारी भाग-दौड़ बेकार गई।

मेहर, मैं विधवा हो गई।

अम्मा ने कहा, ''वह तो तुम्हारे जाते ही सख़्त बीमार हो गया था। मैं बेआस थी, परंतु पता नहीं कैसे इतने दिन तुम्हारे इंतज़ार में जी लिया। अपने तौर पर मैंने डाक्टरों से इलाज करवाया था। तुम समझती नहीं हो, मुझे भी इसकी बहुत परवाह थी। बड़ी रौनक़ रहती थी उसकी वजह से।''

मेरा दिल एक वीराना था, जिसे तेज़ दुखद आंधियों के शोर के अतिरिक्त कुछ सुनाई नहीं देता था। पीड़ा और बेचारगी ने मेरे दिल को मसल कर रख दिया था। यह एक 'जानकाह' अज़ाब था, जिसका इससे पहले मैंने कभी तजुर्बा नहीं किया था, तब भी नहीं, जब मैंने उसका दिल ज़ेबा की तरफ़ से अपनी तरफ़ लगाना चाहा था। बेख़्वाब रातें, अंधेरा दिन। केवल एक ही विचार था, हाय, शीरीं ने मेरे लिए कितनी पीड़ा बर्दाश्त की, आख़िर क्यों की?

और अब वे सब मुझे याद आते हैं, शीरीं के पीछे वे सब।

वे, जो कभी मेरी राहों से गुज़रे। मैं, जो कभी उसकी राहों में आई।

क्या आदमी इतनी निश्छल, अटूट और असीम मोहब्बत करने के लायक़ है?

कूपी

फ़रख़न्दा लोधी

पाकिस्तानी अफ़साने का एक सशक्त हस्ताक्षर। 'स्त्री-विमर्श' को छूती ज़्यादातर कहानियां, अदब में संगेमील साबित हुईं।

प्यार का क्या पता चलता है? कब हो? किस से हो और कैसा हो? यह तो नशा है कि चढ़े, तो यूं लगे, हो गया, कुछ हो गया। बेगम साहिबा माशाअल्लाह दूधों नहाती, पूतों खेलती थीं। घर में किस चीज़ की कमी थी? हर चीज़ मौजूद। इस मौजूदगी में मशरफ़ ही जान का रोग हो गया। एक बेटा और दो बेटियां पाल-पोस कर बड़ा कर चुकी थीं। बच्चे अपनी-अपनी जगह ज़िम्मेदार और समझदार थे। उनका सबसे छोटा बेटा ज़िंदा होता, तो वह भी अब तक आठ-नौ वर्ष का होता। छोटी बेटी निछी के लाड़-प्यार एक अरसे तक चलते रहे, लेकिन वह भी स्यानी हो चुकी थी। बेगम के मियां ख़ां साहेब अधेड़ उम्र की इंतहाई मसरूफ़ ज़िंदगी बसर कर रहे थे। इस उम्र में न तो उनके पास पागल किए रखने वाले जज़्बात थे और न बुढ़ापे की मायूसियां और पछतावे। चालू मशीन की तरह हर पुर्ज़ा ठीक और लती था।

बेगम साहिबा को घर का काम अब काम न लगता था। यूं भी ख़ां साहेब अच्छे पद पर थे। अर्दलियों, चपरासियों और चौकीदारों की कमी नहीं थी। हर काम के लिए हाथ बांधे हाज़िर बांदियां, बेकार पड़ी जमाहियां लेती रहतीं। पढ़ी-लिखी थीं, लेकिन अब किताबों में क्या रखा था? वह अक्सर कहा करतीं, ''जवानी क्या गई, जीने का मज़ा जाता रहा।''

एक रोज़ उन्होंने अचानक जाने किस ख़याल के तहत, नौकरों को जमा किया और अच्छा ख़ासा लेक्चर देते हुए कहा, ''जाहिलो, तुम्हारी आने वाली नस्लें भी जाहिल ही मरेंगी। तुम नौकर हो। तुम्हारे बच्चे भी बर्तन मांजेंगे और हंड़िया चाटेंगे।''

नौकरों ने जवाब दिया, "जनाब हमारी क़िस्मत में यही लिखा है। क्या करें? घोड़े और गधे बोझ न ढोएं, तो भूखे मर जाएं।" बेगम साहिबा को उनके इस मूर्खतापूर्ण जवाब पर निहायत गुस्सा आया, जैसे उन्हें शिकस्त दी गई हो।

"जियो भाई जियो...हमारी जिए बला।"

"भला कोई अच्छी ज़िंदगी का रास्ता ख़ाक समझाए, जबकि लोग इस पर चलना क़ानूनन फ़ितरत की नामंज़ूरी के चरितार्थ समझते हैं। वह बैठी बड़बड़ाए जाती थीं कि ख़ान साहेब आए। बीवी का हाल-चाल पूछा, तो फट पड़ीं। अपनी निजी अभिव्यक्ति थी या राष्ट्र के सुधार का जज़्बा कि उन्होंने एक स्कूल खोलने की स्कीम मियां के सामने पेश की। ख़ान साहब बीवी का दिल बहलाए रखना चाहते थे। बोले, "बेकार ज़हन शैतान का घर होता है। बस, ग़रीबपरवरी शुरू कर दो, यह एक ऐसा काम है, जो कभी ख़त्म होने का नाम नहीं लेगा। 'मशग़ले का मशग़ला सवाब का सवाब'।

बेगम तो पहले ही संकल्प किए बैठी थीं। ग़रीब माता-पिता को मनाने में भी देर न लगी। हफ़्ते के अंदर-अंदर घर के पिछले आंगन में दो-तीन दर्जन बच्चे शिक्षा प्राप्त करने के उद्‌देश्य से जमा थे।

बरामदे की सीढ़ियों पर बच्चे बैठ जाते और बेगम साहिबा सामने कुर्सी डाले आंखों पर ऐनक चढ़ाए बूढ़ी उस्तानियों की तरह हमें छड़ी पकड़े सबक़ रटवाया करतीं। बच्चे तख़्तियों की जगह कच्चा फ़र्श इस्तेमाल करते और फ़िल्मों के बजाय शहादत की उंगलियां...लिखाई का पीरियड शुरू होता, तो बच्चे ज़मीन पर यूं रेंगने लगते, जैसे कीड़े। क़ायदे और दूसरी आवश्यकताओं की चीज़ें बेगम साहिबा ने ख़ास अपनी जमा की हुई पूंजी से ख़रीदीं। पानी के लिए कोरे मटके रखवा दिए गए। घंटी की जगह टीन का कनस्तर लटका दिया गया, जिसे बच्चे समय-समय पर खड़काते, तो बेगम साहिबा का पारा चढ़ जाता और दिल मुसर्रत और इतमीनान से यूं भर जाता, जैसे वह केवल यही काम करने के लिए दुनिया में तशरीफ़ लाई हैं।

इन सारे बच्चों में कुछ मंद-बुद्धि थे या अपने घर के माहौल के कारण पढ़ाई में दिलचस्पी न लेते थे। कुछ औसत दर्जे का ज़हन रखते थे। बेगम साहिबा किसी के साथ 'तख़्सीस' न बरतती थीं। लगन और प्यार से पढ़ातीं। इनाम और मिठाई का लालच भी देती थीं, लेकिन तीन वर्षीय हुमायूं ने उनके जी को अपनी ओर यूं खींच लिया था, जैसे वह अपना बच्चा हो। छोटा-सा ज़हन, सांवला, सेहतमंद हुमायूं कुछ ऐसा दिलकश था कि बेगम साहिबा की नज़रें अक्सर उसी पर जमी रहतीं।

"तो यह है 'क़ुदरत' कैसे-कैसे मोतियों को मिट्टी में रोल देती है।" वह घर वालों के सामने उसका ज़िक्र करते हुए कहतीं, प्यार की परख की निर्भरता कुछ

उम्र पर नहीं। कुल लोग बुढ़ापे तक इस राज़ को नहीं समझ सकते और कुछ बचपन ही में उसकी समझ रखते हैं। हुमायूं छोटा-सा था, परंतु मोहब्बत भरी निगाह को पहचानता था, फिर बड़े घर की प्रफुल्लता बेगम साहिबा के साथ ऐसा मानूस हो गया कि दिन-भर घर का रुख़ नहीं करता। वह पुचकार-दुलार करके भेजतीं या सो जाता, तो कोई उठा कर ले जाता, लेकिन दूसरे गेट पर मुन्ने-मुन्ने हाथों की दस्तक देती, "अम्माजान दरवाज़ा खोलिए। आ गया है।"

मामता, बेगम के सारे हवासों को चमकी देती और गेट खोलने के लिए लपकी चली जातीं।

छोटे से मैले कुर्ते का खुला गिरेबान, पीछे की ओर ढलका हुआ। आगे से दामन उठा हुआ। टंगू-मंगू सा हुमायूं गेट खुलने का इंतज़ार कर रहा होता। बेगम को देखते ही तुरंत माथे पर हाथ रख देता।

"छलाम अम्माजान।" बेगम साहिबा झूठ-मूट चौंकती।

"अरे, तू इतनी सुबह...और तू जांघिया क्यों नहीं पहनता रे...टंगू-मंगू।" वह हंसते हुए उसका बाज़ू खींचतीं अन्दर ले जातीं।

जब बेगम साहिबा 'कलाम पाक की तिलावत' कर रही होतीं, हुमायूं कुछ देर चुपचाप सुनता रहता, फिर कलाम पाक के पन्ने को उंगली से छूने की कोशिश करता, तो बेगम साहिबा हाक्ले से हाथ झटक देतीं, "गंदे हाथ हैं बेटे।" फिर वह गंदे हाथ धुलवाने के लिए लोगों को जगाता फिरता।

"बाजी, उठिए ना...आपा जागो भी दिन हो गया...अब्बू छोए हैं बाबा..."

भाई जान के पलंग के क़रीब जाकर वह अब्बू का मज़ाक़ उड़ाता, झूठी नींद के नशे में कोई खुली आंख से देखता, तो हुमायूं झट से 'छलाम' दाग़ देता। अपनी प्यारी बातों से उसने घर के सभी लोगों के मन मोह लिए थे। इफ़्फ़त आपा ने, जो अंग्रेज़ी साहित्य की छात्रा थीं, उस नंगे बच्चे का नाम 'क्यूपिड' रखा। अब सारा घर उसे क्यूपिड कहता।

हुमायूं के घर में इस तरह घुल-मिल जाने से बेगम साहिबा को यूं लगता, जैसे उनका छोटा बेटा नोमान वापस आ गया हो, जिसके लिए तन्हाई में बैठकर वह आंसू बहाया करती थीं।

बच्चों का स्कूल जैसे-तैसे चल निकला था। बेगम साहिबा व्यस्त रहतीं। उनकी व्यस्तता में हुमायूं का कितना हिस्सा था! उन्हें मालूम न था। वह एक महबूब ज़िम्मेदारी थी कि सब .खुशी-.खुशी निभाते। इफ़्फ़त आपा यूनीवर्सिटी से लौटतीं, तो कभी ख़ाली हाथ न आतीं। भाईजान बाज़ार से खिलौना न ला सकते, तो काग़ज़ों और तितलियों से फिरकियां, जहाज़ और जाने क्या-क्या बनाकर देते रहते और बाजी निछी अपनी सिलाई, रंगाई, धुलाई के सारे अरमान हुमायूं पर पूरे करतीं। घर भर

के कपड़ों में से बचे हुए टुकड़े ख़ूब काम आ रहे थे। वह विभिन्न रंगों के टुकड़ों को मिला-जुला कर लिबास के नए-नए डिज़ाइन तैयार करतीं। हुमायूं के मांसल शरीर पर ऐसे फबते कि सब दाद देते।

निछी ने हुमायूं को क्यूपिड से 'कूपी' कहना शुरू किया, तो सब लोग हुमायूं को बिल्कुल भूल गए। कूपी प्यारा और छोटा-सा नाम था, जो कूपी को भी पसंद था। वह बड़े गर्व से लोगों को बताता, ''मैं कूपी हूं, प्यार का तीर चलाने वाला देवता।''

यह बात उसे इफ़्फ़त आपा ने अच्छी तरह रटवा दी थी।

ग़रीब बस्ती के लोग कूपी को दौलतमंद घराने का लाडला देखकर जलते थे। बेगम को तरह-तरह के भ्रम सताने लगे। उन्होंने कूपी की मां सकीना को बुला कर कहा कि यदि वह पसंद करे, तो बच्चा हमेशा उन्हीं के घर में रहे, वह उसे अपने बच्चों की तरह पालें-पोसेंगी और पढ़ा-लिखा कर नौकरी करवाएंगी। सकीना को और क्या चाहिए था? एक ज़रा ममता की 'जाबिर' लहर ने कलेजे को तलपट किया। उसे तसल्ली थी कि बच्चा हमेशा आंखों के सामने रहेगा और उसकी ज़िंदगी भी बन जाएगी।

कभी-कभी जाने क्यों छोटे-छोटे लुक़्मे बनाकर कूपी के मुंह में डालने के लिए सकीना का जी तड़प उठता। उसके और भी चार-छः बच्चे थे, लेकिन कूपी आठवें-दसवें रोज़ उससे मिलने के लिए आता, तो वह उसे ठूंस-ठूंस कर दाल-रोटी खिलाती। वह मज़े-मज़े से खाए जाता। शाम को वापस जाता, तो कपड़े मैले और पेट में ज़्यादा खाने के कारण ऐंठन होती। भाईजान डॉक्टर थे, घर पर इलाज कर लेते। उस रोज़ की बकबक से तंग आकर बेगम साहिबा ने नया हुक्म जारी किया कि सकीना अपने सभी बच्चों को मिलाने के लिए आया करे। जिस दिन सकीना बच्चों के साथ आती, तो बरामदे में चारपाइयां डाल दी जातीं और दाल-भात की दावत होती। बहन-भाई जाने लगते, तो कूपी थोड़ी देर के लिए चुप सा हो जाता। सकीना जिज्ञासु नज़रें डाल कर चल देती। बेगम साहिबा से ये नज़रें बर्दाश्त न होती थीं। एक दिन उनसे रहा न गया, तो उन्होंने सकीना को समझाते हुए कहा, ''देख बीबी, यदि तू अपने बच्चे की भलाई चाहती है, तो थोड़ा-सी जज़्बात की कुर्बानी देनी पड़ेगी।''

''अच्छा बेगम साहिबा।''

सकीना मुस्कराती हुई विदा हुई, परंतु उसकी डबडबाई हुई आंखों के ख़याल से बेगम साहिबा का मन हमेशा ग़ोते खाता रहा।

धीरे-धीरे कूपी को अपने घर वाले और माहौल भूलते गए। अब वह ज़रा-सी भी गंदगी बर्दाश्त न करता था। मिज़ाज के ख़िलाफ़ कोई बात हुई, ज़िद करने लगा। स्कूल के दूसरे बच्चों से अपने आपको अलग और उत्तम समझता, क्योंकि उसके

पास रंग-बिरंगी बुशर्टें, नए-नए सूट-बूट, स्वेटर और टोपियां थीं। स्कूल के मामलात में वह अच्छा-ख़ासा बेगम का मददगार साबित हो रहा था। हाथ में छड़ी पकड़े इधर-उधर भागते बच्चों को घेर लाता और उनकी मुन्नी-मुन्नी शिकायतें भी करता। बच्चे उससे दबते थे। कभी-कभी जीदार मौक़ा पाकर छोटे से कूपी की अच्छी तरह मरम्मत कर छोड़ते। वह रोता-चीख़ता बेगम साहिबा के पास आता। वह बच्चों की मांओं से कहतीं, ''अपने लड़कों को समझाओ, मैं तो सबका भला चाहती हूं। कूपी बच्चा ही ऐसा है। स्वयं प्यार लेता है।''

एक मां ने चमक कर कहा, ''अपना-अपना नसीब है बेगम साहिबा, आपने उसे गोद ले लिया है, तो अपने बच्चों की तरह अच्छे स्कूल में भिजवाओ ना।''

औरत की इतनी बात बेगम साहिबा के सीने को छेदती चली गई। अब 'ख़ुलूस' से ज़्यादा 'अना' का सवाल था। वह अपने प्यार को नीचा न देखना चाहती थीं। अच्छे स्कूल में दाख़िले के लिए दौड़-धूप शुरू हुई। हज़ार कोशिशों और सिफ़ारिशों से अंग्रेज़ी स्कूल में सीट मिल गई। अब कूपी बड़े ठाठ से भाईजान के साथ स्कूटर पर बैठकर पढ़ने जाने लगा। नए स्कूल में कोई नहीं जानता था। कि उसका बाप फेरीवाला सब्जी-फ़रोश है और उसकी मां लोगों के घरों में बर्तन मांजती है और उसके ढेर सारे भाई-बहन न देखने योग्य, कमज़ोर, चेहरा पीला और गंदे हैं। बात-बेबात गालियां देते और लड़ते हैं। कूपी तो साफ़-सुथरा सेहतमंद बच्चा था और फिर आंखों में फ़रिश्तों की सी मासूमियत और निस्पृहता और एक दिलफ़रेब मुस्कराहट कि दौलतमंदी की साक्ष्य थी। दमकता रंग कहता था, खाते-पीते घराने का चश्मो-चिराग़ है। वह अपनी उम्र के मुताबिक़ मजलिस के नियम भी सीख गया। मेज़-कुर्सी न हो, तो उसे खाने का मज़ा ही न आता। बड़ों के दर्मियान निहायत तमीज़ और ढंग से बैठता-उठता और बातचीत करता। निछी उसकी शिक्षिका थी और हमजोली भी। वह उसकी बात मानता भी था और टालता भी।

कूपी कुछ समझदार हुआ, तो ख़ां साहेब ने अच्छे इलाक़े में नया घर बनवा लिया। भाईजान ने वहां अपना क्लीनिक खोल लिया। निछी का कॉलेज भी उसी तरफ़ पड़ता था और कूपी का स्कूल भी। इसके अलावा जब से उन्होंने कूपी को गोद लिया था, ग़रीब वर्ग उनके ख़िलाफ़ हो गया था। औरतें कहती थीं, ''क्या लाल जड़े थे छोकरे में?''

ज़िद में आकर एक-एक करके लोगों ने अपने बच्चों को बेगम साहिबा के स्कूल से उठा लिया। गलियों में आवारा फिरते। बेगम की टें तो टूटी।

ग़रीबों और जाहिलों में मोहब्बत और नफ़रत कोई क्षणिक भावुकता होती हैं। सोच-विचार के न होने के कारण कोई भावुक अधिक समय ज़िंदा नहीं रहता।

ख़ां साहेब ने इस इलाक़े से अपना डेरा उठा कर अपना भला किया। नए घर

में जाने से सब को फ़ायदा हुआ, परंतु सकीना को यूं लगता था, जैसे ज़िंदगी की कुछ सांसें कम हो गई हैं। ख़ां साहेब की कोठी क्या ख़ाली हुई, सकीना की गोद ख़ाली हो गई। इतने बच्चों की मां, सकीना, कूपी के लिए कोख पकड़ कर रह गई। रोती थी और याद करती थी। उसका मियां भी एक-दो रोज़ चुप साधे रहा। सकीना की उदासी ख़त्म न हुई, तो तंग आकर उसने बीवी को दो-चार लगाई और कहा, "जो लड़का मर जाता, तो क्या कर लेती? भले लोग उसकी ज़िंदगी बनाना चाहते हैं और तेरी ममता मोड़ा ही नहीं लेती, जा, जाकर लड़के को वापस ले आ।"

सप्ताह-पखवाड़े बाद कूपी मिलने के लिए आता, तो सकीना खोज-खोज कर पूछती, "तू बाजी वाले कमरे में मसहरी पर ही सोता है ना? तुझे मेज़ पर ही खाना खिलाते हैं ना? और तू कार में स्कूल जाता है ना?"

बेगम साहिब के सलूक में कहीं भी तो ढील न थी। यूं ही आते-जाते कूपी सयाना हो गया। सकीना को उसे वापस लाने की कभी हिम्मत न हुई।

बारहवीं साल में क़दम रख कर बच्चे छलांगें भरने लगते हैं। कभी जवानी का अहसास होता है, कभी बचपन का, मनमानी करने को जी बेक़रार रहता। घर से बाहर की दुनिया में जांच-पड़ताल के लिए तबियत मचलती और अस्तित्व के अंदर चौंका देने वाली दुनियाएं जन्म लेती हैं। बच्चे चाहते हैं कि लोग उनके नए अस्तित्व को जल्दी तस्लीम कर लें। अपनी हैसियत आज़माने और मनवाने के मौक़े कुछ घर से बाहर ही मिल सकते हैं।

कूपी उस उम्र को पहुंचा, तो उसे क़ैद तथा बंद से आज़ाद होने के कई मौक़े थे। सकीना के घर में हर प्रकार की अनुचित हरकतें की जा सकती थीं। जहां चाहे, जिस तरह चाहे उठे-बैठे, आए-जाए, गाली दे या बुराई करे, कोई न टोकता था। छुट्टी के दिन मिलने आता, तो उसे यूं महसूस होता, जैसे उसके पर उग आए हैं और पिंजरे की तीलियां कमज़ोर पड़ गई हैं। वह उन्हें तोड़ना चाहे, तो किसी समय भी तोड़ सकता है। यहां हर समय घुड़कियां देने वाली बाजी निछी न थीं, "देखो, यूनीफ़ार्म बदलो, फिर खाना मिलेगा। अम्मी यह गंदे लड़कों के साथ खेलता है। अम्मी उसने मेरा 'नीलपाश' काग़ज़ों पर लेप कर फूल बनाए हैं आदि।"

न इफ़्फ़त आपा थीं कि साथ चलते हुए कहें, "तमीज़ से चलो। रास्ता देख कर चलो। ये कबूतर, ये पतंगें एक दिन ज़रूर तेरा एक्सीडेंट करवाएंगे।"

मां के घर में तो वह पतंग लूटता-लूटता, गलियां, बाज़ार, जोहड़ और कूड़े के ढेर सब अपने पांवों से रौंद देता और उसे कोई रोक न सकता था। भाईजान स्कूल का काम न करने पर कान खिंचाई करने यहां न आते थे। सकीना के घर की फ़िज़ा खुली और आज़ाद थी। पढ़ा-लिखा रहे हैं, तो अपने फ़ायदे को। रोटी, कपड़े पर पढ़ा-लिखा गुलाम क्या बुरा है?"

सकीना अनपढ़ और ग़रीब थी, जो बेटे को पैदा होते ही, लक्ष्मण दास, समझती थी, उसके दूसरे दो लड़के तंदूरों पर रोटी बर्तन पकड़ाने पर मुलाज़िम हो गए थे। वहां वो खाना भी खाते और दस रुपए माहवार लाकर मां को भी देते। सकीना उन पर भरोसा करती थी। उनके मुक़ाबले में कूपी नाज़ों में पला, बिगड़ा हुआ छोकरा था। कभी मां के लिए कोई तोहफ़ा आदि ले भी आता, तो सकीना का दिल ख़ुश न होता।

उधर बेगम साहिबा के घर में कोई चोर घुस आया था। छोटे-मोटे कपड़े, लड़कियों के सजने की चीज़ें, पिन, पेंसिलें, आए दिन कोई-न-कोई चीज़ ग़ायब होती। शुरू-शुरू में किसी को भी अंदाज़ा न हुआ, लेकिन जब धड़ल्ले से चोरियां होने लगीं, तो घर के नौकरों से पूछा गया। डराया, धमकाया और तनख़्वाह काटने तक की धमकियां दी गईं। चीज़ें ग़ायब होने का सिलसिला तो न टूटा, लेकिन ठहराव लंबे होने लगे। कूपी पर कोई भी शक करने को तैयार न था। प्रत्येक व्यक्ति अपनी-अपनी जगह कूपी पर इलज़ाम लगाता। गुनाह का विचार करता। बेगम के मुंह से बात ने निकलना चाहा भी, तो उन्होंने रोक ली, जैसे भरे बाज़ार अपनी 'तौहीन' को मानने का उनमें याराना था, परंतु कूपी के लिए इतने वर्षों से पला हुआ प्यार का पौधा इतनी पक्की जड़ें पकड़ चुका था कि शक की आंच उसे झुलसा तो सकती थी, जड़ तक जला न सकती थी।

कूपी अब घर से दिन-भर ग़ायब रहता। कोई पूछता, तो बेतुका-सा जवाब देता था, बिसूरने लगता और बेगम का जी उबल आता, "ऐ हे, इस उम्र में लड़के ऐसे ही करते हैं, ठीक हो जाएगा।"

समय बीतता गया। बेगम साहिबा बच्चों के ब्याह-शादियों के चक्कर में पड़ गईं। अब कूपी की उम्र सतरह वर्ष की थी। उसने मैट्रिक पास कर लिया था और बेगम साहिबा सोच रही थी कि उसे कॉलेज में दाख़िल करवा दें। इफ़्फ़त आपा शादी के बाद बच्चों वाली हो गई थीं। भाईजान पसंद की लड़की के ख़याल में अब तक कुंआरे बैठे थे। निछी ने किसी को पसंद करके फ़ैसला भी दे दिया था। मंगनी हो चुकी थी। अतिथि-सत्कार ज़ोरों पर था। आना-जाना, मेहमान, मिलने वाले, निछी प्रत्येक क्षण व्यस्त रहती। वह अब कूपी के साथ कम-से-कम बहस करती और कूपी अपने-आपको तन्हा-तन्हा महसूस करता।

निछी के सास-ससुर आए हुए थे। वह घबराई-घबराई घर के कामों में लगी थी। अपने हाथों से तरह-तरह के खाने तैयार करके सजाए-लगाए। आख़िर में खुद बनने-संवरने लगी, तो मंगनी की अंगूठी ग़ायब!

इतने अरमान भरे दिन में शगुन की अंगूठी गुम हो जाए। लोगों के हाथों के तोते उड़ गए। दबी-दबी तहक़ीक़ात हुई। निछी की सास के कान में भनक पड़ी,

तो वह चीख़ उठीं।

"कूपी से पूछो, इस उम्र में बच्चों को ऐसी लत पड़ जाती है। पूछ लेने में क्या हर्ज है।"

कूपी ने बड़ी बी को यह कहते सुना, तो मुंह फुलाए घर से चला गया। उसके इस तरह चले जाने पर सब लोग परेशान थे। उन्हें बड़ी बी से शर्मिंदगी भी थी और उन पर गुस्सा भी आ रहा था।

घर को एक मुसलसल और बोझिल क़िस्म की ख़ामोशी ने घेर लिया। कोई भी एक-दूसरे से खुल कर बात न करता था। रात के खाने पर भी मज़ेदार गुफ़्तगू न हो सकी। किसी ने भी .ख़ुशगवार विषय छेड़ने की कोशिश न की। मेज़ पर कूपी की जगह ख़ाली थी। उसकी ग़ैरमौजूदगी का सबको अहसास था। वह देर तक उसकी वापसी का इंतज़ार करते रहे। यहां तक कि रात का डेढ़ बज गया।

नींद अभी कच्ची-पक्की थी। बाहर के कंपाउंड का गेट ज़ोर से खड़का। बेगम साहिबा दुपट्टा संभालती, अल्लाह-अल्लाह करती उठीं।

परंतु यह कूपी के हाथों की दस्तक तो न थी। वह तो आहिस्ता से बजाता है।

बेगम सोचती और 'क़याफ़े' लगाती चलीं। घर के सभी लोग जाग उठे थे। बत्तियां जल गईं। बेगम ने बाहर झांक कर देखा, कई मर्द खड़े थे।

"पुलिस।"

बेगम साहिबा का जी धक से रह गया। इसी बीच उनका बेटा दीवानों की तरह चीख़ता हुआ अंदर दाख़िल हुआ, "अम्मी-अम्मी...कूपी मर गया...उसने .ख़ुदकुशी कर ली अम्मी।"

फिर क्या था, देखते-देखते घर में कोहराम मच गया।

कूपी का ख़त पढ़कर सबने मान लिया कि उसने .ख़ुदकशी की है। उसकी लाश देखकर सब को यक़ीन था कि वह मर गया, लेकिन यह कोई न जान सका कि वह क्यों मर गया? क्यूपिड का तीर उलटा क्यों चल गया?

बायां हाथ

ख़ालिदा हुसैन

जन्म : 1938 लाहौर। पहले अफ़साने 'नग़मों के तनावें टूट गईं' से ही चर्चा में आ गईं। ख़ालिदा की कलम ने ज़्यादातर अपने आसपास के माहौल को ही अपनी कहानी का हिस्सा बनाया। 'पहचान', 'दरवाज़ा', 'मसरूफ़ औरत' आदि कई कहानी-संग्रह प्रकाशित। पाकिस्तानी अफ़साने का एक अहम नाम।

जनाबे आला, मैं सच कहूंगी, बिल्कुल सच। पूरा सच और कुछ नहीं, लेकिन सच यह सब कहते हुए भी मैं नहीं जानती, सच क्या है? यह तो एक ऐसा छाया चित्र है, जो कोई एक देखे तो काली, बिल्कुल काली नज़र आती है। कोई दूसरा देखे, तो चमकती धूप जैसी रोशन, तो क्या यह कोई आंख का नुक़्स है? दोनों में कौन आंख के मर्ज़ का शिकार है? यह तो बिल्कुल संबंध रहित सी बातचीत में आ पड़ी।

मैं तो बात उस लम्हे से शुरू करना चाहूंगी, जब अपने हवास पर मेरा ईमान उठ गया। वह दिन बड़ा तबाही का दिन था। सौ-सौ धिक्कार उस दिन पर कि जब मैंने एकदम यह जाना कि दुनिया से रंगों, खुशबुओं और आवाज़ों का नयापन मर गया। हर चीज़ का स्वाद एक-सी कठोर तह में ज़बान पर जमने लगा और तमाम लम्स एक से 'मस' हो गए। बस, एक मटियाला, पीला नींद में डूबा दिन हर चीज़ पर व्याप्त हो गया। मैंने जो चीज़ मुंह में डाली, एक मटियाला स्वाद छोड़ गई। चीज़ों के रंग उन मुट्ठी-भर क्षणों में डूब गए और अपने प्यारों के लम्स दूर-दराज़ के संपर्क बन गए।

कुछ दिन तो मेरे ख़ानदान के लोग यह सब कुछ देखते रहे और बर्दाश्त करते रहे, फिर सबको मेरे चेहरे के और आंखों के ख़ालीपन से परेशानी होने लगी। मेरे पति ने तंग आकर कहा, "मुझे लगता है, मैं किसी पत्थर के साथ क़ैद काट रहा

हूं।" मुझे उसकी यह बात बहुत पसंद आई, क्योंकि एक अरसे से मुझे सड़क के किनारे खड़े, गर्द में अटे पेड़ सा लगता और जैसे मैं सब उड़ाती चली जा रही थी और अब हर ओर केवल शां-शां की आवाज़, उभरती हुई गूंज रही थी। शायद ये सब बातें आपको अनावश्यक नज़र आती हैं, परंतु फिर आख़िर आंख को कुछ तो देखना, कान को कुछ तो सुनना है। यदि यह नहीं, तो इसके अतिरिक्त और जो कुछ भी है, यही है। शायद अब भी वास्तव में ये रोना, गिड़गिड़ाना, कुछ अजब था कि अंदर से जैसे गहरे ख़ाली कुएं में से कोई बराबर कहता था कि ऐसा न हो, तो अच्छा। उसी तरह ठीक है। एक अंधेरी जिज्ञासा पंजे खोले मुझे पकड़ने को पल-प्रतिपल बढ़ रही थी।

जनाबेआला, आप इन बातों से यह अंदाज़ा लगाइए कि मैं उन दिनों नॉर्मल ज़िंदगी बसर नहीं कर रही थी। जी नहीं, अभी मुझमें इतनी अध्यात्म शक्ति थी कि मैं तमाम संसारिक नियमों को पूरा कर सकूं और देखने वालों को केवल इतना अहसास होता था कि उस औरत का चेहरा एकदम सपाट और ख़ाली है और उसकी आवाज़ कहीं दूर से आती महसूस होती है।

बस, यह उन्हीं दिनों का ज़िक्र है, जब मैं अपने शहर के इस बड़े स्टोर के क़रीब से गुज़री। उन दिनों अकेले-अकेले सड़कों पर फिरना मेरा नियम-सा हो गया था। मैं उस स्टोर के बाहर खड़ी हो गई और उसके बड़े-बड़े शो केसों में झांकने लगी। कुछ लम्हे मैंने तमाम चीज़ें एक अनचाह से देखीं, जो एक अरसे से मुझ पर हावी थी, परंतु फिर वह अजीब हादसा हुआ।

जनाबेआला, मुझे यूं लगा, जैसे किसी ने बिजली का तेज़ झटका लगाया हो। उससे बिजली की थरथराहट सर से लेकर मेरे पांव के नाख़ूनों तक फैल गई, फिर एकदम अजीब तरह की मीठी संतुष्टि मेरे तमाम जिस्म में भर गई और मुझे अपने गिर्द रंग-ही-रंग खुशबूएं-ही-खुशबूएं, सर-ही-सर फैले नज़र आए। इतनी ख़ूबसूरत दुनिया तो मैंने कभी भूले-बिसरे बचपन में देखी होगी, जब कभी मां का हाथ थामे खिलौनों भरे बाज़ार से गुज़री थी। अब मुझे हैरत थी कि दुनिया इतनी ख़ूबसूरत, इतनी रंगीन क्यों कर हो गई? शोकेस में सजी ख़ूबसूरत बोतलों और उन पर लगे रंगारंग लेबल मेरी आंखों से चिपक गए। वहां उन शीशों के अंदर रंग, बू, हुस्न और संगीत की एक दुनिया आबाद थी। वह दुनिया, जो मेरे लिए मर चुकी थी। यह दुनिया ख़रीदी तो जा सकती थी, परंतु उसके भाव-ताव में मृगतृष्णा हो जाने का ख़तरा था। मैं मशहूर नज़रों से वह सब कुछ देखती रही, मुझे वह सातरंगा शीशा याद आ गया, जो कभी बचपन में अपने बहन-भाइयों के साथ मिलकर रोशनी के सामने रखकर देखती थी। किस क़द्र खूबसूरत चमकते, कंचन और मनमोहक रंग निकले थे उसमें से। जी चाहता था कि उनको उंगलियों से छूकर देखूं, मुट्ठियों में

क़ैद कर लूं। वो रंग अकेले उस सतरंगे शीशे में से निकले थे। उनके साथ ही वह खुशबूओं और मोहब्बत-भरे लम्हों की तरंगें थीं, आसपास बहने लगी थीं और जाते-जाते एक नीमबेहोश उदासी दिल को दबाए जाती थी, तो आज वह सबरंग, हुस्न और संगीत की दुनिया इस शोकेस में, उस सतरंगे में बंद थी। मैंने शोकेस के शीशे के साथ नाक चिपका दी थी। इतनी बहुत-सी खूबसूरत चीज़ें, जैसे एक स्वर्ग था और इस स्वर्ग को पा लेने का एक जुनून मीठी-मीठी तरंगें बनकर मेरे दिलो-दिमाग़ को जकड़ता गया। मैं एक धड़कते सुंदर जाल में लिपट गई जिससे निकलना इस सुंदर दुनिया की मौत थी। दुनिया, जो वर्षों बाद मुझे नज़र आई थी। वह एक अजीब शौक़अंगेज़ लहर थी कि मुझे मस्त बनाती चली गई।

"बेगम साहिबा अंदर तशरीफ़ ले आइए।" स्टोर के दरवाज़े पर से सेल्समैन ने मुझे पुकारा था। मैं चौंकी, कोई अनजाना फ़ैसला, धुंध की सीमा को काटने वाले सोच, मेरे ज़हन में दाख़िल हुए। मैं मुस्कराती हुई अंदर चली गई।

जनाबेआला, मेरा बैग उस समय भी नक़दी से बोझिल था, परंतु वह प्रेत मुंह खोले चला आ रहा था। वह अटल समय आ चुका था और मैं उसके घेर में थी। मैंने बहुत-सी चीज़ें निकलवा कर देखीं, फिर .खुद ही अपनी इस फनकाराना चाबकदस्ती पर हैरान रह गई। मेरे बाएं हाथ ने ख़ूबसूरत रंग-बिरंगी चीज़ें ख़ामोशी से यूं पकड़ीं कि दाएं को ख़बर न हो और बैग में उंड़ेलो। सुरों और खुशबूओं की एक दुनिया मेरे बैग में थी। वह सातों रंग मेरी मुट्ठी में क़ैद थे। स्पष्ट रूप से मैंने एक मामूली सी बोतल पसंद करके उसकी क़ीमत अदा की और उड़ते-उड़ते क़दमों के साथ दुकान से निकल आई। मैं ज़मीन पर नहीं, जैसे बादलों पर चल रही थी। एक रंगीन उमंग मेरी आंखों में उतर आई थी। एक ख़ास वहशी जज़्बा मेरे अंदर नृत्य कर रहा था।

जनाबेआला, मेरा जी चाहता था, सड़कों पर क़हक़हे लगाती फिरूं आज फिर दुनिया इतने बहुत से रंगों और .खुशबुओं सहित ज़िंदा हो गई थी। घर की दहलीज़ पार करके मैंने धड़कते दिल के साथ बैग खोला और रंग तथा प्रकाश की इस दुनिया को मेज़ पर उंड़ेल दिया...उन सब चीज़ों को विभिन्न कोणों से उलट-पलट कर देखा, उनके रंगों को आंखों में बसाया और तब मुद्दतों रुके आंसू बह निकले।

मेरे परिवार वालों ने मुझे कभी रोते, कभी हंसते देखा और मेज़ पर लगे उस रंगो-नूर के ढेर को भी।

"यह तुमने क्या किया?" उसने ख़ौफ़ और नफ़रत भरी आवाज़ में कहा। तब मैं चौंकी और मैंने सोचा और स्वयं से पूछा, हां वाक़ई यह तुमने क्या किया? और इस सोच के साथ ही वह रंगो-नूर की दुनिया फिर मर गई। वह सबकुछ मुर्दा लकड़ी में से निकला बुरादा बन गया और तमाम दुनिया पर वह मटियाला दिन व्याप्त हो गया। चुनांचे जनाबेआला, मैंने वह सबकुछ उठाया और इलाक़ाई अफ़सरों को इस

वारदात की सूचना दी।

मुझे अपने बाएं हाथ की जुदाई का दुख नहीं। जब वह हाथ मुझसे अलग हुआ, तो जैसे काला प्रेत भी मेरा साथ छोड़ गया, तब मैंने शुक्र अदा किया कि मुझे इस बाएं हाथ से निजात मिली और अब केवल वह रोशनी भरा पाकीज़ा दायां हाथ मेरा साथी था और मैं .ख़ुश थी और कहती थी, ऐ, हव्वा की बेटी तू खुशक़िस्मत है कि आज तेरे अंदर का साया मिट गया। अब तेरा यह मुबारक रोशन दायां हाथ तेरी अच्छी-अच्छी ख़बरें सबको देगा।

परंतु जनाबेआला, अब मैं वास्तविक घटना की ओर आती हूं। यह कल रात का ही ज़िक्र है। मैं उस मटियाले दिन और मटियाली रात की आदी हो चुकी थी। रंगो-नूर, हुस्न और संगीत की इस दुनिया की तलाश मेरे ज़हन से मिट चुकी थी। वह मेरा बायां हाथ सब मनहूस यादें अपने साथ ले जा चुका था और मैं सुख की नींद सोती थी। सुख की गहरी नींद, परंतु कल रात सोई तो उस गहरी नींद से मैं एक सरसराहट से जाग उठी, जैसे मेरे बिस्तर में कोई जानदार चल रहा हो। मैंने बेडलैंप जलाया और यह देखकर कि मेरा माथा पश्चात्ताप के पसीने में डूब गया कि वह सरसराती, कुलबुलाती चीज़, वह मेरा बायां हाथ दोबारा मेरे बाजू की तरफ़ बढ़ रहा है। मैंने बहुत कोशिश की अपने आपको इस बाएं हाथ से सुरक्षित रखने की, परंतु देखिए, अब मैं आपके सामने हूं। यह फिर उसी तरह मेरी कलाई से जुड़ा है। मेरे वजूद का हिस्सा है, जिसे कभी काटा न गया हो। जनाबेआला, क्या आप भी यक़ीन न करेंगे कि यह कटा था, फिर ज़िंदा होकर आ जुड़ा। सैकड़ों पछतावा है मेरे जीवन में कि मैं अपने बाएं हाथ से निजात न पा सकी।

बंदर का घाव

हाजरा मसरूर

क़यामे-पाकिस्तान को इतिहास की सबसे बड़ी हिजरत मानकर, विशेषकर उस ज़माने पर औरतों पर हुए अत्याचार को लेकर जिन महिला कथाकारों ने सबसे ज़्यादा आवाज़ उठाई, हाजरा मसरूर का नाम उनमें से एक है। कई कहानियां चर्चित व विवादास्पद।

वह बरामदे में झिंगोला खाट पर नई दुल्हन की तरह गठरी बनी पड़ी थी। गर्मी की भरी दोपहर, उस पर ठहरा हुआ बुख़ार...। जी बौराया जा रहा था। कमरे में घर के सब लोग दरवाज़े बंद किए आराम से हंस-बोल रहे थे। कई बार उसका जी चाहा कि वह भी सूर्य की गर्मी से पनाह लेने के लिए कमरे में जा पड़े, लेकिन डर था कि कहीं उसको देखते ही कड़वी नसीहतों की बोतलें न खुल जाएं। इसलिए वह सूर्य के ताप और बुख़ार की हालत में भी इस थोड़ी-सी तन्हाई को 'ग़नीमत' समझ रही थी।

तेज़ धूप और तेज़ बुख़ार। उसे रह-रह कर ऐसा महसूस हो रहा था कि उसकी हड्डियों का गूदा पिघल गया है और उसमें उसकी नस-नस तनी जा रही है और उसकी कमानों की तरह उभरी हुई पसलियों को एक मज़बूत हाथ झाड़ू की सींकों की तरह तोड़-मरोड़ देना चाहता है। इस अजीब अहसास से उसे खांसी आने लगी। वही खांसी, इस तरह, जैसे कोई लकड़ी के घुने हुए ख़ाली संदूक़ को धपधपाए। खांसते-खांसते उसके कंठ से कोई चीज़ उमड़ आई और उसने लेटे-लेटे खाट के ढीले बानों को सरकाकर थूका। जमे हुए ख़ून का एक छोटा-सा लोथड़ा चप से ज़मीन पर चिपक गया और उससे पहले कि वह ख़ून को देख कर कुछ सोचती, बंदर के खोखियाने की आवाज़ सुनकर स्थिर पड़ गई, क्योंकि उसे बंदरों से बहुत ख़ौफ़ मालूम होता था। उसने बिना गर्दन मोड़े आंखें घुमा कर उस ओर देखा, जिधर से आवाज़

आ रही थी।

हाय अल्लाह! उसके होंठों को और भी झुलसाता हुआ निकलता उफ़्फ़ोह! बहुत से बंदर बावर्ची ख़ाने की पिछवाड़े वाले नीम से धपाधप छत पर उलटी-सीधी छलांग लगा रहे थे। उसका दिल एकदम चाहा कि वह भाग कर कमरे में घुस जाए, लेकिन इस डर के मारे वह हरकत न कर सकी कि कहीं ये सब बंदर उस पर टूट न पड़ें।

काई-से काली मुंडेर पर एक मरघिल्ला सा बंदर पड़ा सिसक रहा था और उसके इर्द-गिर्द कई मोटे-मोटे बंदर बैठे, उसकी पीठ के काले घिनौने घाव देख कर उसे फुरेरियां आने लगीं, और बंदर थे कि ज़ख़्म की जांच में पूरी तरह लीन, अभी एक घाव में हाथ घंघोल रहा है कि दूसरा खीसें निकालता, पपोटे पीटता, वही प्रक्रिया शुरू कर देता, जैसे एक ज़ख़्मी सैकड़ों जर्राह और वह बेचारा मरघिल्ला बंदर था कि मारे तकलीफ़ के सर ढलकाए देता। ऐसा मालूम होता कि बस अब मरा, अब मरा। वह सोचने लगी कि यह कमबख़्त यहां से भाग क्यों नहीं जाता? भला इस तरह अपने घाव की जांच कराते-कराते जान देने से हासिल? लेकिन नासमझ जानवर! फिर भी उसे इस मज़लूम की बेकसी पर बड़ा रहम आ रहा था। उसका जी चाहा कि वह किसी तरह इन घों-के-घों बंदरों से उसका पीछा छुड़ा दे, जो हमदर्दी के बहाने तमाशा देख रहे हैं, लेकिन...लेकिन अचानक उसकी पसलियों पर कोई मज़बूत हाथ दबाव डालने लगा। खांसी और सीने से लेकर कंठ तक गुदगुदी। उसका मुंह इस तरह भर गया, जैसे उसने उसी क्षण पान की कई गिलौरियों की पीक इकट्ठी कर ली हो, उसने घबरा कर थूका।

ही-ई-ई...सुर्ख़-सुर्ख़ जीता हुआ ख़ून! हाय पांव ढीले पड़ गए और वह अपना धमकता हुआ सर फांसों भरी खाट पर रगड़ने लगी।

बंदर ख़ोंख़िया रहे थे और कमरे में घर के लोग उसके यूं अलग-थलग रहने पर बातें बना रहे थे। उसने बेज़ार होकर ढीली-ढीली टांगें पसार कर पट्टी से अड़ा लीं और दोनों हाथ सीने पर रख लिए। उसके कानों में घरवालों के बड़बड़ाने और बंदरों के ख़ोंख़ियाने की आवाज़ें लोहे की गर्म-गर्म सलाख़ों की तरह उतरती मालूम हो रही थीं। बंदर और घरवाले कितने सहमत हैं। उसे ख़याल आया और उसे अपने सारे जिस्म में नब्ज़ों की फड़क महसूस होने लगी। जैसे उससे किसी ने कह दिया हो कि तू भी इस मरघिल्ले बंदर की तरह है, जो जानते-बूझते भयानक बीमारियों का शिकार हो रही है और फिर दलील के तौर पर उसके धमकते हुए दिमाग़ पर कुछ दिनों पहले की कई अमिट तस्वीरें उभर आईं।

"तेईस-चौबीस बरस की जवान जोधा, आंखों में नहीं समाती अब तू" मां कुछ जल कर फ़िक्रमंद लहजे में कह उठतीं और उसे अपने पहाड़ जैसे कुंवारेपन का बहुत

अहसास होने लगता। उसके ख़ानदान की हमउम्र लड़कियां, बल्कि उससे भी कमसिन लड़कियां कितने ही साल हुए ब्याही जा चुकी थीं, कई के चार-चार, पांच-पांच बच्चे भी हो चुके थे। कई अपने पतियों की नज़र में पुराना घिसा हुआ माल होकर मैके में पड़ी तावीज़ों और 'पीर साहिबान के अमलियात' के द्वारा अपनी फ़टी-पुरानी जवानियां रफ़ू करा रही थीं, लेकिन एक वही न जाने कैसी क़िस्मत लेकर आई थी कि अब तक इस अछूती बैरी पर किसी ने ढेला फेंकने की 'ज़हमत' न की। सूरत-शक्ल की कहो, तो ऐसी बुरी भी न थी। बड़ी सुघड़ और बेमुंह की लड़की थी। इसके बावजूद उसकी शादी का कहीं बंदोबस्त हो ही नहीं पाता था। इतनी बात ज़रूर थी कि केवल उसकी मां के किसी और को इतनी फ़िक्र भी न थी। बाप था, तो उसको सिर्फ़ पड़े-पड़े हुक़्क़ा पीने और हर दूसरे साल एक बच्चे की वृद्धि पर गर्व करने के अलावा तीसरा काम न था। बड़ा भाई अपनी फ़िक्र में मगन। आज धोबन पर आशिक, तो कल मेहतरानी पर फ़िदा और चुपके-चुपके भी नहीं, खुल्लम खुल्ला। जवान बहन के सामने आहें भरने, चटख़ारे लेने और खुजाने से भी नहीं चूकता।

तो वह कुछ ऐसे माहौल में सांस ले रही थी। मां ने उसकी भरपूर जवानी को घर-गृहस्थी की सिल के नीचे बहुत दबाना चाहा, लेकिन तोबा! एक समय हुआ करता था, जब सूप का अलारा सूप में नहीं रहता, आपने कभी चूल्हे पर पकती हुई दाल तो देखी ही होगी और यह भी देखा होगा कि जिस समय उबाल आता है, तो हंडिया देखने वाला जल्दी से पतीली का ढकना हटा देता है। इस तरह उबाल में कमी आ जाती है ना? और यदि ग़लती से ढकना न हटाया जाए, तो उबाल उसे ख़ुद-ब-ख़ुद उछाल कर अपने लिए राह पैदा कर लेता है। ग़लत तो नहीं? हां, तो उसकी ज़िंदगी में भी उबाल की सी कैफ़ियत पैदा हो गई। लज्जा के बोझ से झुकी हुई आंखें कुछ ढूंढने के लिए इधर-उधर उठने लगीं। वैसे तो पड़ोसन का मकान काफ़ी दिनों से ख़ाली पड़ा था, लेकिन इधर सुना कि कोई विद्यार्थी आकर रह रहा है। बस, क्या था? ज़मीन के पेट में पेंच खाते हुए लावे को फूट पड़ने के लिए ज़मीन की कमज़ोर परत मिल गई। काम-काज करते-करते उसकी नज़रें उस दीवार की ओर उठ जातीं, जिसके पीछे कोई चलता हुआ रहता होगा। उसकी 'ख़ुद फ़रामोशियों' पर मां गालियां-कोसने दे रही होतीं, लेकिन उसके कानों के पर्दे वह भारी सी अजनबी आवाज़ अपने में पिरोने के लिए फड़फड़ाते रहते। घर में मां-बाप आपस में झगड़ते होते और वह ख़याल-ही-ख़याल में दीवार पार करके किसी के पहलू से जा लगती। लावा जो था, बस, अंदर-ही-अंदर जोश खा रहा था।

"कोठे पर क्यों जा रही है?" बड़ा भाई था मनोवैज्ञानिक। उसके हाथ में रंगा हुआ गीला दुपट्टा भिंच कर रह गया।

"दुपट्टा सुखाने।" उसकी त्योरी पर बल आ गए। भूखे के सामने से थाली

सरकाई जाए और उसे गुस्सा न आए!

"क्या यहां धूप नहीं है, जो ऊपर जाने की ज़रूरत हुई?" उसने एक भाई की तरह उसे जलती हुई नज़रों से घूरा, फिर एक घटिया क़िस्म की सिगरेट सुलगाई। वह बुदबुदाती हुई दुपट्टा पलंग पर फेंक कर बैठ रही। भाई संतुष्ट होकर गुनगुनाने लगा :

नैनों में नैना डाले, हो बांके नैना वाले।

और वह चिढ़कर दिल में कोसने लगी।

इधर देखा, उधर देखा, कोई भी उसके शौक़ में विघ्नकारी न था, ओफ़्फ़ोह! कितने दिन से उसे इस सुराख से झांकने की जिज्ञासा थी। उसने मौक़ा पाकर जल्दी से अपनी आंख इस नन्हे से सूराख़ से लगा दी। थोड़ी देर बाद एक गोरा चिट्टा-सा चेहरा सामने आया और झप से गुज़र गया। एक झलक, केवल एक! उसका 'इज़्तराब' और बढ़ गया। काश, एक बार वह और सामने आ जाए। वह अपनी आंख सूराख़ से लगाए रही। कमबख़्त सूराख़ भी तो ऐसी जगह था कि न तो पूरी तरह बैठ कर झांका जा सकता था और न बिल्कुल खड़े ही होकर। बस, इस पर बिल्कुल 'रुकू' की सी कैफ़ियत थी। दोनों हाथ घुटनों पर, आंख सूराख़ पर और कान कमरे के दरवाज़ों पर। झुके-झुके कमर दुख गई, हाथ सुन्न पड़ गए और कई बार तो पलकों की रगड़ से दीवार की मिट्टी झड़कर आंख में घुस गई, लेकिन वह इसी तरह इस सूराख़ से चिपटी रही और उससे अजीब-अजीब उमंगें लिपटी रहीं।

एक दिन, दो दिन, तीन दिन...महीनों इस नन्हे से सूराख़ से नज़र के साथ-साथ जिस्म ने भी पार हो जाना चाहा, लेकिन थक कर उसे यक़ीन आ गया कि यह असंभव बात है।

"अम्मा!" उसका छोटा भाई धमाधम सीढ़ियों से उतर रहा था, "साले ने मेरी पतंग काट ली।"

"एं, किसने बेटा?" मां के छक्के छूट गए, यानी अभी कल ही तो उन्होंने चार पैसे की पतंग मंगा कर दी थी और वह भी कट गई।

"वही जो उधर आकर रह रहा है। कह रहा था, कोठे पर पतंग न उड़ाया करो। गिर पड़ोगे नीचे।" वह मारे गुस्से के पांव पटके जा रहा था।

"तो क्या बुरा कहा?" आटा गूंधते-गूंधते वह रुक कर बोली।

"चल तू चुपकी बैठी रह।" मां ने उसे फटकार दी। "वह बड़ा आया नसीहत करने... बच्चा कोठे पर न उड़ाए, तो क्या उसकी मैया के सीने पर उड़ाए? हां, तो बेटा फिर उसने पतंग किस बात पर काटी?"

"मैंने कहा, तुम कौन होते हो मना करने वाले? ख़ूब उड़ाएंगे पतंग, तुम्हारा हक़ नहीं। बस, इसी पर उसने लंगर डाल कर काट ली...।" साहबज़ादे ने मज़े में आकर

दो-चार मोटी-मोटी गालियां बक डालीं और उसके जैसे मिर्ची ही लग गई। जी चाहा कि आटा छोड़ कर लगाए दो-तीन और यह अम्मा? मना भी नहीं करतीं उसे...बालिश्त भर का लौंडा और ये गालियां! वह इतनी बड़ी हो गई थी, फिर भी जब उसने उस एक बार सिर्फ़ यूं ही एक घरेलू गाली गुस्से में आकर बक दी, तो अम्मां फुकनी लेकर मारने खड़ी हो गई थीं, परंतु...।

"हे-हे क़ुर्बान करूं ऐसे ख़ुदाई फ़ौजदार को...तो बेटा, जब वह...छत पर न हुआ करे, तो उड़ाया कर पतंग...कमीनों के मुंह नहीं लगते और फिर तेरे अब्बा हैं ज़ालिम, कहीं सुन लिया, तो अपनी-उसकी जान एक कर देंगे।"

"की न एक जान!" वह फिर बड़बड़ाई। "भला यह भी कोई बात थी कि जिसके लिए वह इतने दिनों से सूख रही थी, उसे कोई गालियां दे?"

हवा क्या न करे? वह तो शाम से डटा रहता है छत पर। पलंग-वलंग भी वहीं डाल रखा है और शायद सोता भी वहीं है, "मरे ख़ुदा करे, जनाज़ा निकले...।"

वह कोसने देकर अपना दिल ठंडा कर रहा था, लेकिन वह आप ही आप मुस्करा रही थी, जैसे कोसने सुन ही न रही हो और वाक़ई वह उस समय कुछ सोच रही थी। एक बड़े मज़े की बात...

पिंजरे का पंछी उड़ान के लिए पर तौल रहा था!

रात को मां ने पलंग पर लेटते ही चाबियों का गुच्छा कमरबंद से खोल कर देते हुए कहा, "लो यह...और कोठरी का ताला खोल कर ज़ीने के दरवाज़े में डाल दो। आज तो बच्चे की पतंग पर नीयत ख़राब की, कल को घर का सफ़ाया कर देगा। ए, हां, निगोड़ा।" और फिर अपना घड़ा जैसा चमकता हुआ पेट खोल कर इतमीनान से टांगें पसार दीं। अपने भर वह हिफ़ाज़त कर चुकी थीं, लेकिन उधर शुरू हो गया काट-पेंच। वह कोठरी का ताला खोलते हुए सोच रही थी, छत से छत तो मिली होती है। आज उससे वह सब कुछ क्यों न कह डालूं, जो होश संभालने के बाद से अब तक दिल में भरा हुआ है? ज़ीने के दरवाज़े पर ताला लगा दिया गया, लेकिन गुच्छे से उसकी चाबी ग़ायब होकर तकिये के नीचे पहुंच गई।

चौकी के घंटे ने टन-टन दो बजाय। घर में सब बेख़बर सो रहे थे। वह तकिये के नीचे से चाबी निकाल कर नंगे पांव उठ खड़ी हुई। हवा का एक भीगा-सा झोंका आया और उसकी जवानी को हिलकोरा दे गया। किसी ने सोते-सोते पांव पटका और वह दबे क़दमों पानी की घिड़ौंची के क़रीब जा खड़ी हुई। थोड़ी देर तक तारों की रोशनी में सबको घूरती रही कि कहीं कोई जाग तो नहीं रहा है, फिर इतमीनान करके उसने चुपके-चुपके ताला खोला। अब दरवाज़ा खोलने की मुहिम थी, लेकिन वह भी बिना चीं-चपड़ किए इस तरह चौड़ा हो गया, जैसे कोई भूखी भिखारन चंद टकों की ख़ातिर लोथ पड़ जाए। कितने ज़ोर से उसका दिल धड़क रहा था, जैसे

अब वह पसलियों को तोड़ कर रहेगा। ज़ीने के घुप अंधेरे में उसकी जलती हुई आंखों के सामने वह सब तारे नाच रहे थे, जो उसने शाम के समय से उस समय तक गिने थे और उसकी कनपटियां शिद्दते जज़्बात से धड़-धड़ कर रही थीं। उस पर भिन्नाए हुए मच्छरों की भिन-भिन और कचोके। जाने किस मुश्किल से आधे ज़ीने तय किए। उस समय तो सचमुच उसे अपना जिस्म पहाड़ मालूम हो रहा था। शौक़, ख़ौफ़ और अंधेरा। सांस रोकने से उसका सर चकराने लगा और फिर आंखों के सामने रंग-बिरंगे धब्बे फैल गए।

गदागद...वह जवान जोधा गेंद की तरह जीनों पर गिरती-उछलती बाप के पलंग की पट्टी से जा टकराई।

"हो-हो...हाय...चोर...अल्लाह!" चीखें़ सुनकर उसकी आंखों के सामने के रंग-बिरंगे धब्बे सिकुड़ गए। लालटेन की बत्ती ऊंची की गई।

"हे-हे-ये..." मां ने एक दोहत्थड़ सीने पर रसीद किया, "अरे, मैं तो पहले से ही इस रंडी के गुन देख रही थी। हाय, तू मर क्यों न गई?" ग़रीब मां को बेहोशी आने लगी।

"ज़िबह कर दूंगा इसे, बस, कोई रोके न मुझे...कहे देता हूं। ऊपर से होकर आई मुर्दार!" बाप की हालत मारे शर्म के शर्मसार हो गई, शाबाश है कि आपे से बाहर तो था, लेकिन कह रहा था सब चुपके-चुपके। अरे, हां, कोई और मोहल्ले वाले सुन लें, तो...तो...!

बड़ा भाई शायद अपनी नई माशूक़ा का ख़्वाब देखते-देखते चौंका था। इसलिए उसकी जो हालत थी, बयान से बाहर। दूसरे वह कितनी ही बार इशारों-ही-इशारों में उसे समझा भी चुका था कि देखो, यह कुआं है। इसमें किसी बहन को नहीं गिरना चाहिए। इस पर भी न मानी, तो यह ले...बस, चोटी पकड़ी और देना शुरू किया झटके। बाप की ग़ैरत अंदर-ही-अंदर पेंच खा रही थी। अब जो इतना आसान तरीक़ा देखा, तो ख़ुद भी जुट गया, लेकिन मां चूंकि बारहवीं उम्मीद से थी, इसलिए मेहनत से पीछे हो गई। वैसे जितनी भी ख़ास प्रकार की गालियां याद थीं, हेर-फेर कर दोहराई जा रही थीं, लेकिन वह अत्यधिक तकलीफ़ महसूस करते हुए भी चीख़ न सकती थी। इरादे की नाकामी इन्सान को बुज़दिल बना देती है और बुज़दिल ही दुनिया से ख़ौफ़ खाता है। उसमें इतनी हिम्मत न थी कि इन मुजरिम लेखकों के ख़िलाफ़ ज़बान हिला सके।

कितने ही महीने बीत गए इस वाकिये को। वह समझती थी कि बड़े भाई की अय्याशियां, 'सयाना है, यह उम्र ही ऐसी होती है,' कह कर भुला दी जाती हैं। उसी तरह उसके पाप के संकल्प को भी भुला दिया जाएगा, "लेकिन पगली, औरत की हैसियत को भूल गई। औरत एक कठपुतली है, जिसकी डोर समाज के कोढ़ी हाथों

में है और उन कोढ़ी हाथों में जब चुल होने लगती है, तो डोर के झटकों से यह कठपुतली नचाई जाती है, लेकिन यदि इस कठपुतली में जान पड़ जाए और वह अपनी मर्ज़ी के अनुसार हरकत करने लगे, तो समाज का लोथ पड़ा हुआ सड़ांध-भर जिस्म...किस से दिलचस्पी ले?" वह सोचती थी कि जिस तरह उसके घरवाले उसकी जवानी के तक़ाज़ों की तरफ़ से कान बहरे करके बैठ रहे, उसी तरह इस घटना को भूल कर अपनी ग़लती मान लेंगे, लेकिन यह केवल उसका विचार था। उसके फ़रिश्तों जैसे संरक्षकों की नज़र में ज़िंदगी पर गुनाह की जो ख़राश आ गई थी, भला वह कभी धूमिल भी हो सकती थी!

"बदमाश...!" मां उसकी सूरत देखकर एक सांस में सड़ी-सड़ी गालियां सुना डालतीं।

मामूली ख़राश तानों के ज़हरीले नाख़ूनों से कुरेदी जा रही थी। यहां तक कि वह ख़राश एक बड़ा-सा घाव बना दी गई। ऐसा घाव, जो अंदर-ही-अंदर सड़ कर ज़हरीला हो जाए और फिर उसका ज़हर ज़िंदगी पर तकलीफ़ की वर्षा कर दे, लेकिन ख़ौफ़नाक नाख़ून फिर भी चैन नहीं लेते...।

"यहां क्यों पड़ी है? निगोड़ी को बुख़ार वैसे ही रहता है। उस पर यह दीवार और धूप, पर मैं जानती हूं कि सबके संग बैठ कर काहे को दिल लगेगा। बातचीत होगी और बीवी बन्नो का ध्यान भटकेगा।" मां बोलती हुई लोटा ले पाख़ाने में जा घुसी।

उसने निढाल होकर अपनी टांगें समेट लीं, बावर्चीख़ाने की छत पर मुस्टंडे बंदर अपने हिसाब से ज़ख़्मी बंदर का इलाज कर रहे थे। उसके सीने में दर्द फिर अंगड़ाइयां लेने लगा। कंठ से सीने तक सरसराहट और फिर वही हड्डियों का पिघला हुआ गूदा अंदर-ही-अंदर तलने लगा।

"अल्लाह! " उसने ललक कर पुकारा और फिर अपनी फरियादी नज़रें नीले आसमान की ओर उठाईं, जो एक विशाल ढकने की तरह दुनिया पर रखा हुआ था। नज़रें देर तक ढकने के उस पार जाने की कोशिश करती रहीं, जहां उसके विचार से इंसाफ़ और रहम की दुनिया बसी थी, लेकिन फरियादी नज़रें नाकाम रहीं। थक कर उसे ख़याल आया कि अल्लाह मियां अपनी दुनिया को आसमान के ढकने से ढंक कर संतुष्ट हो गए हैं, जिस तरह वह एक दिन कटोरे में बची-खुची दाल ढंक कर संतुष्ट हो गई थी, लेकिन जब एक गर्म दोपहर गुज़रने के बाद उसे दाल का ख़याल आया, तो देखा दाल सड़ कर फदफदा रही थी।

मेरे आक़ा

तहमीना दुर्रानी

तहमीना इस उपमहाद्वीप की समकालीन अंग्रेजी लेखिकाओं में महत्त्वपूर्ण हस्ताक्षर हैं। माई फ्यूरल यार्ड 1996 में प्रकाशित एवं चर्चित आपबीती हैं। 'ब्लासफेमी' उनका प्रसिद्ध उपन्यास है। इन दोनों पुस्तकों के विवाद ने तहमीना को एक चर्चित बागी लेखिका का दर्जा दिया है।

मुस्तफ़ा को हिंदुस्तान से लौटे अभी बहुत दिन नहीं हुए थे कि उसने मेरी गोद में और भी निजी बम गिरा दिया। हमारे यहां किसी अनजान व्यक्ति के अजीबो-ग़रीब फ़ोन आने लगे। यह व्यक्ति बस मुस्तफ़ा से बात करता था। मुझे यह सब बचकाना लगा। ''तुम अब बूढ़े हो गए हो'', मैंने उसे डांटा (वह वास्तव में चवालीस का था)। ''अब तो सयाने हो जाओ।''

तब जाकर उसने मुझसे 'इक़बाल' किया कि हिंदुस्तानी फ़िल्मी देवी ज़ीनत अमान पागलों की तरह उससे प्यार करती थी और उससे शादी करना चाहती थी। उनकी मुलाक़ात तब हुई थी, जब वह नई दिल्ली गया हुआ था। मुस्तफ़ा ने अपने घमंड को न छिपाते हुए यह ख़बर दी कि वह उसके पीछे पड़ी थी, उसे तंग कर रही थी। उसने बताया कि ये फ़ोन उसी के आ रहे थे और यह भी कहा कि वह इनसे ऊब रहा था, लेकिन अगर ये फ़ोन सचमुच रहस्यमयी ज़ीनत अमान ही कर रही थी, तब भी मुस्तफ़ा की बातों से यह नहीं लगता था कि वह उससे पीछा छुड़ाने की कोशिश कर रहा था। ऐसे ही एक फ़ोन आने के दौरान मैं कमरे में गई, तो मुस्तफ़ा कह रहा था, ''अगर उस आदमी ने दोबारा तुम्हारी तरफ़ आंख उठाके देखा, तो मैं तुम दोनों को गोली मार दूंगा।'' तभी उसे लगा कि मैंने उसकी बात सुन ली है और उसने एकदम फ़ोन रख दिया। उसके चेहरे पर झेंप थी।

"तो यह पीछा छुड़ाया जा रहा है, क्यों?" मैंने ताना मारा। "तुम तो एक ईर्ष्यालु प्रेमी की तरह बोल रहे थे।"

लेकिन उसके पास तो हर बात की सफ़ाई थी, "मैं जानता था कि तुम यहां हो। मैंने तुम्हें सुन लिया था," वह बोला, "मैं तो तुम्हें छेड़ रहा था। फ़ोन पर कोई नहीं था।" फिर उसने अपनी बांहें फैलाईं और खीसें निपोर दीं, "यहां आओ," उसने प्यार से हुक्म दिया, और उसके केवल दो घंटे बाद ही उसने एक बार फिर शिकायत की कि ज़ीनत अमान उसका जीना हराम किए दे रही थी। "वह 'न' सुनने को तैयार ही नहीं है," उसने कहा, "वह मुझसे शादी करना चाहती है। क्या करूं मैं?"

क्या सवाल पूछा जा रहा था एक बीवी से! मैं फिर ताना मारने के लिए तैयार थी। मैंने भाषण पिलाया, "मुस्तफ़ा, तुम्हें अपनी बात रखनी चाहिए, चाहे उसके हक़ में, चाहे मेरे हक़ में। अगर तुम मुझे और हमारे दो बच्चों और मेरी कोख में पल रहे तुम्हारे बच्चे को अहमियत नहीं दे सकते, तब तो मैं सोचती हूं कि तुमको हमें छोड़ देना चाहिए। अगर तुम सोचते हो कि ज़ीनत अमान से किया तुम्हारा वायदा मेरे साथ किए गए वायदे से ज़्यादा पवित्र है, तो उसी के पास चले जाओ, लेकिन मेहरबानी से किसी के तो वफ़ादार होकर रहो। मुझे अच्छा लगेगा अगर तुम्हारे अंदर थोड़ी भी वफ़ादारी किसी के लिए, किसी के लिए भी हो, भले ही किसी पराई औरत के लिए हो।"

"मैं तुम्हें या बच्चों को कभी नहीं छोड़ सकता," वह कसम खाने लगा, "मैं उन्हें प्यार करता हूं। मैं तुम्हें प्यार करता हूं। तुम्हारे बिना तो मैं मर ही जाऊंगा।"

लगातार के इस बनने-बिगड़ने ने मुझ पर असर डाला था। हमारे रिश्ते में जो दरार आ गई थी, उसे शब्दों से नहीं भरा जा सकता था।

मुस्तफ़ा ने बताया कि उसने आज ही की रात ज़ीनत अमान के साथ एक मयख़ाने के बाहर मुलाक़ात तय की हुई थी। यह उनकी आख़िरी मुलाक़ात होगी। वह उससे हमेशा-हमेशा के लिए संबंध तोड़ लेगा। वह चाहता था कि उसके नेक इरादों की गवाह बनने के लिए मैं भी वहां चलूं, उसने अपने दोस्त और 'कामरेड' साजिद से हमारे साथ चलने को कहा।

जब साजिद और मैं मयख़ाने में बैठे थे और मुस्तफ़ा अपनी महबूबा से मिलने बाहर गया हुआ था, मुझे लगा, मैं अपने होश खो रही हूं। मुझे नहीं मालूम था कि वह किससे मिल रहा था, लेकिन वह जिस किसी से भी मिल रहा था, वह एक ऐसी कार में आया या आई थी, जिसे ड्राइवर चला रहा था। मैंने ब्लडी मैरी (काकटेल शराब) मंगवाई और इसकी तरी बनाने बैठ गई। मैंने इसमें टबैस्को (लाल मिर्च की चटनी) और वर्सेस्टर सॉस मिलाई और इसे गटकने लगी। साजिद ने मेरे सब्र की बात की, तो मैं उसे बताने लगी कि मुझे ख़ुद पक्का पता नहीं था कि मैं मुस्तफ़ा

के साथ अभी तक क्यों बनी हुई थी। मेरा एकमात्र बचाव मेरी यह कमज़ोर और बहुत बेजान सफ़ाई थी, "जिस दिन मैंने मुस्तफ़ा से शादी की उसी दिन मैं मर गई थी।"

मुस्तफ़ा ने मयख़ाने में लौटकर बताया कि उसकी ज़ीनत अमान से बहस हो गई थी और वह छोड़कर चली गई। वह बहुत विचलित दिखाई दे रहा था। इससे ज़्यादा उसने हमें और कुछ नहीं बताया।

उस रात घर में जब हम बिस्तर में थे तो वह मुझसे ऐसे चिपट गया, जैसे हौए से डरा कोई बच्चा हो। वह थका हुआ और उत्तेजित था। उसने बड़ी भावुकता में भरकर कहा, "मैं तुम्हें हमेशा प्यार करूंगा। मैं एक टेढ़ा शौहर रहा हूं। तुमसे ज़्यादा सहने वाली बीवी कोई और नहीं हो सकती थी। मैं नहीं जानता कि तुम कैसे और क्यों मुझसे निभा रही हो? मैंने तुम्हें कुछ भी नहीं दिया है। तुमने जिन कारणों से मुझसे शादी की थी, उनमें से एक भी पूरा नहीं हुआ। मैंने तुम्हें जलावतन की हालत में कष्ट दिया है। मैंने तुम्हें मेरे डर और मेरी परेशानियां सहने को मजबूर किया। मैंने अपने सारे बोझ तुम पर डाल दिए और तुमने शान के साथ उन्हें ढोया है। मेरी जो भी कुंठाएं रहीं, वे सब मैंने तुम पर उतार दीं। मैं नहीं जानता कि तुम्हारे बग़ैर मैं कैसे जी पाता। मैं जानता हूं कि तुम मुझको छोड़ दोगी। इस्लामाबाद का घर ले लो। हमारे बच्चों को लेकर वहां चली जाओ और मेहरबानी से मुझे माफ़ कर दो।"

उसके परेशान लहजे ने मुझे नरम कर दिया। मुझे नहीं पता क्या, लेकिन कुछ, या कोई था, जो उस पर दबाव डाल रहा था। मैंने नज़रें झुका लीं और महसूस किया कि मेरी आंखों में आंसू भर आए थे। मैंने एक जवाब सोचा और उससे बात करने के लिए अपना चेहरा उठाया।

वह सो चुका था! स्पष्ट था कि जो शैतानी ताक़तें उसका पीछा कर रही थीं, उसने उनसे सुलह कर ली थी। इस आदमी ने अपना जज़्बाती भाषण दिया और फिर नींद में ग़ाफ़िल हो गया था, मानो उसने मसले को हल कर लिया था। मेरा गुस्सा पूरी ताक़त के साथ लौट आया और मैं उसे फटकार लगाने ही वाली थी, उसे उसकी ग़फ़लत से उठाना ही चाहती थी कि टेलीफ़ोन ने मेरा काम बना दिया।

मुस्तफ़ा एकदम उठ खड़ा हुआ। उसने फ़ोन झपटा और पंजाबी में बात करने लगा। फ़ोन जिसने भी किया हो, मुस्तफ़ा ने उसे बार-बार भरोसा दिलाया कि वह इस मसले को सुबह हल कर देगा।

"किसका फ़ोन था?" मैंने पूछा।

"ज़ीनत अमान की मां का," वह बोला, "कह रही थी कि मैं उसकी बेटी से कल शादी कर लूं, नहीं तो हमारे रोमांस की ख़बर छपवा देंगे। अगर उन्होंने

ऐसा कर दिया, तो यह मेरी सियासी मौत होगी।''

मैं तुनककर बोली, ''अगर ऐसा है, तब तो मैं समझती हूं, तुम्हें उससे ज़रूर शादी कर लेनी चाहिए।''

''मुझे लगता है, मुझे करनी ही होगी,'' उसने बहुत धीमे-से कहा।

हम कुछ पल ख़ामोश लेटे रहे। जल्दी ही उसकी सांसों की आवाज़ से मैं समझ गई कि वह फिर से सो गया है। मैं भौचक्की हो गई और सशंकित भी। मैं धीरे से बिस्तर से निकली और नीचे रखे फ़ोन पर गई। मैंने एक दोस्त को फ़ोन किया जिसके पास मुंबई की फ़िल्मी दुनिया की जानकारी रहती थी, ''ज़ीनत अमान लंदन में है क्या?'' मैंने पूछा।

''नहीं, वह मुंबई में है,'' दोस्त ने जवाब दिया, ''मेरे ख़याल में वहां वह कोई फ़िल्म, बल्कि कई फ़िल्में कर रही हैं।''

''यह बताओ, क्या उसकी मां पंजाबी बोलती है?''

''नहीं। तुम क्यों जानना चाहती हो?''

''बताऊंगी किसी दिन।''

फिर मैं वापस बिस्तर पर आ गई। मैं चकरा गई थी। ज़ीनत अमान की यह सारी कहानी ही बिल्कुल बकवास थी, लेकिन अगर मुस्तफ़ा मयखाने के बाहर ज़ीनत अमान से नहीं मिला था तो फिर किससे मिला था? मैंने ख़ुदा से बहुत हताशा में दुआ की, और अगर उसने मेरी दुआ का जवाब नहीं दिया, तो कम-से-कम मुझे सो तो जाने दिया।

मैंने सपने में देखा कि ज़ीनत अमान हमारे घर में आई और गायब हो गई, फिर मैंने आदिला और अपनी नानी को देखा। उन दोनों ने मेरे घर में क़दम रखा और अचानक हम लपटों में घिर गए। मुझे धुएं और जलते मांस की गंध आई। मैं जाग गई। मैं ठंडे पसीने में नहाई हुई थी। क्या यह फिर आदिला ही थी? मैंने जितना कुछ छोड़ दिया था, जितना कुछ सह लिया था, उस सबके बाद भी क्या मुस्तफ़ा दोबारा मेरी बहन से जुड़ने का दुस्साहस कर सकता था?

अगले दिन तड़के ही, मेरी नानी हमारे यहां आईं। वह जरमीना की शादी के लिए पाकिस्तान से यहां आई थीं, लेकिन उन्हें अपने घर आया देखकर मैं चौंक गई। मेरी मां ने यह ऐलान कर रखा था कि जो भी हमारे साथ ताल्लुक़ रखेगा, उसको मां के साथ सारे रिश्ते तोड़ने होंगे और मेरी मां इतनी दबंग थीं कि ख़ानदान में कोई भी उनको चुनौती नहीं दे सकता था, नानी भी नहीं। अचानक मेरी समझ में आया कि पिछली रात फ़ोन उन्हीं ने किया था। वह पंजाबी बोलती थीं। मुस्तफ़ा ने उन्हें देखा, तो तेज़ी से कमरे से निकल गया। उसका तरीक़ा एक अपराधी व्यक्ति का था।

मेरी नानी हांफती हुई और बहुत परेशान-सी आकर मेरे पलंग पर बैठ गईं। आंसुओं के बीच उन्होंने मुझे बताया कि आदिला ने अपनी मां से कहा है कि वह मुस्तफ़ा से शादी करना चाहती है और उसने मुस्तफ़ा को अल्टीमेटम दिया है कि वह मुझे तलाक़ दे दे। मुस्तफ़ा ने आदिला को शादी का वचन दिया है, लेकिन मेरे गर्भ का बहाना बनाकर कुछ मोहलत मांगी है। उसने इस देरी के लिए क़ुरान का सहारा लिया है। जिसके मुताबिक़, उसका कहना था, कोई आदमी अपनी गर्भवती औरत को तलाक़ नहीं दे सकता और एक ही समय में दो बहनों को अपनी बीवी नहीं बनाए रख सकता। लेकिन मुझे विश्वास था कि इसकी असली वजह यह थी कि इस कांड से उसकी राजनीतिक छवि ख़राब हो जाएगी। आदिला की कहानी की पुष्टि के लिए मेरी नानी ने मुस्तफ़ा को फ़ोन किया था।

मेरी नानी यह बरदाश्त नहीं कर पा रही थीं कि मैं इस लगातार चलने वाले कष्ट से अकेले ही निपट रही थी, लेकिन वह इस बात पर मुझसे गुस्सा भी थीं कि मैं ऐसी बीमार मानसिकता वाले आदमी को परिवार में क्यों ले आई? आज की सुबह उन्हें मेरी मां ने इस संदेश के साथ भेजा था, मुस्तफ़ा ने तुम्हें बर्बाद कर दिया, लेकिन तुम्हारी बहन तो कमसिन है, तुम्हें उसे उस आदमी के शैतानी जाल में नहीं फंसने देना चाहिए। आदिला को बचाने के लिए तुम्हें उसे तलाक़ देने से इनकार कर देना चाहिए और इस तरह अपनी ज़िंदगी के बाक़ी बचे सालों की क़ुर्बानी दे देनी चाहिए। अगर तुम मुस्तफ़ा को छोड़ती हो, तो तुम्हारे वालदैन ने कहा है कि तुम्हें उनके पास लौटने की बात अपने मन में कभी नहीं लानी चाहिए।

नानी की बातों ने मुझे ख़ाली कर दिया। मुझे अपना भविष्य दिखाई दे रहा था और यह अंधकारमय था। मुझे शहीद होना होगा, उस ख़ानदान की ढाल बनना होगा, जिसने मुझे छोड़ दिया है, उस बहन की ढाल बनना होगा, जिसने मेरे साथ विश्वासघात किया है। और कोई चारा भी नहीं दिखाई देता था।

अपनी नानी को ऊपर छोड़ मैं मुस्तफ़ा से बात करने चल दी। मुझे आश्चर्य हो रहा था कि मैं बिल्कुल भी अशांत नहीं थी। वह मेरे पैरों पर गिर पड़ा और याचना करने लगा कि मैं उसके कटोरे में माफ़ी की भीख डाल दूं, "मैं तुम्हें रानी की तरह रखूंगा," वह क़सम खाने लगा, "मैं तुम्हें फिर कभी नहीं मारूंगा। मैं तुम्हारा गुलाम बनकर रहूंगा। जैसा तुम कहोगी, मैं वैसा ही करूंगा, जो तुम्हें अच्छा लगे वही करूंगा। मेहरबानी करके मुझे छोड़ना मत।"

हमेशा की तरह ही मैं यह देखकर स्तब्ध थी कि ऐसा वहशी शैतान इस समय इतनी दयनीय हालत में मेरे आगे नाक रगड़ रहा था। मैं जानती थी कि यह बदलाव थोड़े समय का है, फिर भी मैंने इसे हाथ से जाने नहीं दिया।

हम दोनों साथ-साथ मेरी नानी के पास आए। वह सिर झुकाकर बैठ गया और

नानी हमें बताने लगीं कि मेरी मां के सब्र का बांध टूट चुका है और उन्होंने यह अल्टीमेटम दिया है, "इस ख़ानदान की गर्दन पर एक तलवार लटक रही है। अब समय आ गया है कि इसे गिरा दिया जए। ख़ूनी कार्रवाई हो जाने दो। हम आदिला को घर से निकाल देंगे। तुम चाहो, तो उसे अपने पास रख सकते हो।" मैं जानती थी कि ऐसा कभी नहीं होगा और वह असर डालने के लिए ऐसा बोल रही थी, ताकि यह आदमी पीछे हटने पर मजबूर हो जाए।

मुस्तफ़ा ने अभी कुछ पल पहले मुझसे जो कहा था, अब उसका जवाब इससे बिल्कुल उलट था "बहुत अच्छा है," वह बोला, "अगर यही आपका फ़ैसला है, तो बहुत अच्छा है। मैं जाकर आदिला को अपने घर ले आऊंगा।" लेकिन उसने मेरी नानी से वायदा किया, "जब तक तहमीना मेरे घर में है, मैं आदिला को हाथ नहीं लगाऊंगा।"

संदेश बर्बादी की हद तक साफ़ था। मैं जानती थी कि मेरा बच्चा होते ही मुझे फेंक दिया जाएगा। क़ुरान की उसकी व्याख्या के हिसाब से तो वह आदिला को हाथ न लगाने को तभी तक बाध्य था, जब तक मैं गर्भवती थी। दुर्व्यवहार, कुर्बानी, झूठ और तिकड़म के ये साल मेरे दिमाग़ में एक तरह के ज़हरीले शोरबे की तरह खदकने लगे। मैं उन्मत्त हो गई, और चीख़ें ऐसी जगह से निकलीं, जिसकी मैं शिनाख्त भी नहीं कर पाई। मेरी चीख़ें सुनकर साजिद दौड़ता हुआ ऊपर आया और मेरे पड़ोसी मेरे सामने वाले दरवाज़े पर। मैं एकदम बेकाबू हो रही थी, बिल्कुल पागल। साजिद ने मुझे शांत करने के लिए दो गोलियां दीं, लेकिन उनका कोई असर नहीं हुआ। मेरी नानी मेरी पीड़ा के बीच ही यह कहकर चली गईं कि उन्हें मेरी मां के पास जाना है। उन्होंने बताया कि मेरी मां का अभी-अभी मोतियाबिंद का आप्रेशन हुआ है और अपना अनुमान भी जताया कि उसकी आंखें इसलिए ख़राब हुईं, क्योंकि वह हमारी बातें सोच-सोच कर हर समय रोती रहती है। नानी ने यह भी आगाह किया कि मेरे अब्बाजान अस्पताल में हैं और उनका सीने के दर्द का इलाज चल रहा है। हम सभी भुगत रहे थे। इस एक आदमी ने हम सभी को तबाह कर दिया था।

नानी के जाने के बाद मैं कुछ देर के लिए ख़ामोश हो गई। मुझे साफ़ लग रहा था कि मैं सांप के गड्ढे में गिर रही थी। मेरे दिमाग़ में मेरी अपमान भरी और बेबस ज़िंदगी की तस्वीरें उमड़ रही थीं। इस आदमी से शादी के इतने साल बीतते-बीतते मेरी हिम्मत तार-तार हो चुकी थी। मैं पलंग पर गिर गई और बेतहाशा चिल्लाने लगी। अपनी इस उन्मादी निराशा के बीच भी मैं हैरान होकर यही सोच रही थी कि मुझे इस मुकाम तक पहुंचने में इतना वक़्त क्यों लगा?

इसी बदहवासी की हालत में मैंने मुस्तफ़ा को फ़ोन पर आदिला से बात करते

सुना। "तहमीना को नर्वस ब्रेकडाउन हो गया है," वह उससे कह रहा था, "तुम्हारी मां को यह सब ख़राब लग रहा है। तुम्हारे अब्बाजान शायद मर जाएंगे। उनकी ख़ातिर हमें यह सब रोकना पड़ेगा।" मेरी चीख़ें और उन्मत्त हो गईं, मैं जानती थी कि वह महज़ समय निकाल रहा है। यह ख़त्म नहीं हुआ था।

उस रात हमें खास दावत में जाना था। मुस्तफ़ा ने ज़ोर तो दिया कि मैं चलूं, लेकिन वह भी देख रहा था कि यह मुमकिन नहीं था। वह अकेला ही चला गया।

मैं बिस्तर में लेट गई और बेतहाशा कोशिश करने लगी कि मुस्तफ़ा के लौटने से पहले सो जाऊं। दवाई का असर ख़त्म हो गया था। मैं हमेशा की तरह ही अंधेरे में फंसा महसूस कर रही थी। उस रात पाकिस्तान में, इतना अरसा पहले, सोने के कमरे में अंधेरा ही था जब उसने पहली बार मुझे बेरहमी से पीटा था। रात के समय ही मुझे उसका अकेले सामना करना होता था। रात के समय उसका ध्यान बंटाने को और कुछ नहीं होता था और वह अपने गुस्से को पूरा मुझ पर उतार सकता था। अंधेरा आता था, तो अपने साथ दुष्टता लेकर आता था। मैं इस बारे में सोचती रही कि मैं उससे कैसे मिली और मैंने उससे क्यों शादी की थी, और सभी कारण पीछे चले गए और मां बड़ी हो गई थीं। मैंने सोचा कि वह मुझसे बेहतर व्यवहार करेगी क्योंकि मैंने मज़बूत शख़्सियत वाले एक अहम आदमी से शादी की थी, जो दृढ़ रह सकता था, लेकिन उसने मेरे साथ जो सुलूक किया और आदिला को मुझसे ऊपर रखा था, उससे मैं एक कीड़ा बनकर रह गई थी, जो बेइज़्ज़ती और पतन की कीच और गंदगी में रेंग रहा था। अब फिर कभी वह मेरे लिए मां की प्रशंसा जीतने का मकसद पूरा नहीं कर पाएगा। मेरा गुस्सा बढ़ने लगा, जबकि नाउम्मीदी ने मेरे पूरे वजूद को घेर लिया।

मैंने घर के बाहर कार के रुकने की आवाज़ सुनी और मेरा मन वितृष्णा से भर उठा कि वह आ गया था। मैंने नीचे सामने का दरवाज़ा खुलने और बंद होने की आवाज़ सुनी और मैं गुस्से में कांपने लगी। उधर सीढ़ियों पर उसके क़दमों की आहट तेज़ होती गई और इधर मेरी सांस ही जैसे थम गई।

वह कमरे में घुसा। मैं सोने का बहाना करने लगी। उसने कपड़े उतारे, बिस्तर में घुसा और ढिठाई से कामुक अंदाज़ में मुझे छूने और पकड़ने लगा।

मैंने उसे दोनों हाथों से गुस्से से धक्का दिया। आज पहली बार मैं उसे इनकार करने का दुस्साहस कर रही थी।

वह एकदम ताव खा गया। उसने मेरे मुंह पर मारा। मेरे होंठ कट गए और मेरे गालों पर नीले निशान उभर आए। उसने मुझे पकड़ा और बिस्तर से खींच लिया। उसने मुझे फर्श पर पटक दिया और गिरते-गिरते भी मुझ पर लात चलाई। मेरा माथा पलंग के पास रखी मेज़ के कोने से टकराया और मैं डर के मारे चिल्ला पड़ी, क्योंकि ख़ून मेरी आंख में बह आया था।

यह देखकर मुस्तफ़ा एकदम शांत हो गया। मेरी भौंह पर कटने का घाव लंबा और गहरा था। उसने अंधेरे कमरे में इधर-उधर नज़र मारी। उसे एक तौलिया मिल गया। उसने इसे मेरी तरफ़ उछाल दिया। मैंने इसे अपने माथे पर दबाया, लेकिन ख़ून का बहाव बंद नहीं हुआ। मुझे पक्का लग रहा था कि मैं बेहोश हो जाऊंगी।

"हमें अस्पताल चलना चाहिए," वह बोला, "तुम्हें टांके लगवाने होंगे।"

कार तेज़ रफ़्तार में दौड़ रही थी और मेरा दिमाग़ घूम रहा था। उसने मुझे मारने को यह पल क्यों चुना था? दिन-भर की पीड़ा और ऊहापोह के दौरान तो उसने अपना आपा नहीं खोया था। उसने अपने ग़ुस्से को रोके रखा था। अब यह क्यों फट पड़ा था? मैं समझ गई कि इस बार उसने सचमुच अपने बचाव में मेरी पिटाई की थी। मैं अपनी नानी की शुक्रगुज़ार थी कि आज सच्चाई ठंडी, निष्ठुर रोशनी में सामने आ गई थी। इससे पहले हम सभी को आदिला के साथ उसके चक्कर के बारे में पता था, लेकिन हम अपनी अलग-अलग रणनीतियों का इस्तेमाल करके एक आवरण बनाए रहे, लेकिन अब सबसे बुरी घटना घट चुकी थी। आदिला, मां, नानी, मुस्तफ़ा और मैं सभी इस सच्चाई को खुलेआम मान चुके थे। मेरी मां की तरह मुस्तफ़ा की भी नज़र में सच्चाई एक अक्षम्य पाप था। उसकी कमज़ोरियां अब साफ़-साफ़ सामने आ गई थीं। वह इतना दयनीय पहले कभी नहीं रहा था। वह मेरे परिवार को काबू में नहीं रख सकता था, लेकिन उसे मुझको क़ाबू में रखना ही था। उसे बगावत के अंकुरों को कुचलना था, विशेषकर इसलिए कि इसके कारण सही और पर्याप्त थे।

अस्पताल में डॉक्टर से मैंने बताया कि मैं सीढ़ियों से गिर गई थी। घर लौटते समय मुस्तफ़ा ने एक बार फिर गिरगिट जैसे रंग बदले। उसने फिर से उन्हीं झीने शब्दों में माफ़ी मांगी। जब वह मेरे लिए अपने अमिट प्यार की बात कर रहा था और आदिला के मुक़ाबले मुझे अच्छा बता रहा था, तो मैं सोच रही थी, वह चुनाव करने वाला कौन होता है? मैंने इस आदमी को मेरे और मेरी बहन के बीच चुनाव करने का विशेषाधिकार क्यों दिया? हम क्यों लाइन लगाकर उसके फ़ैसले का इंतज़ार कर रहे हैं?

मैंने धमकी भरे नपे-तुले लहजे में उसे हुक्म दिया, "मुस्तफ़ा, आदिला को फ़ोन करो। उससे साफ़-साफ़ बता दो कि तुम मुझे और बच्चों को प्यार करते हो। उससे कहो कि हमारी ज़िंदगी से चली जाए। उसने हमारी ज़िंदगियों को उथल-पुथल कर रख दिया है। तुमको उससे कहना होगा कि वह निकल जाए, अभी।"

मुस्तफ़ा ने इनकार कर दिया।

"अगर तुम ऐसा करने को राज़ी नहीं हो तो," मैंने जवाब दिया, "मुझे मेरे अब्बाजान के यहां छोड़ आओ।"

वह राज़ी हो गया, लेकिन उसने साफ़ कह दिया कि मुझे बच्चों को उसके पास

छोड़ना होगा। वह बिना कुछ बोले कार चलाता रहा। वह अपनी बनावटी हंसी को रोक नहीं पा रहा था। मुझसे ज़्यादा अच्छी तरह से वह मेरे परिवार की प्राथमिकताओं को जानता था। मेरी अपनी प्राथमिकताएं इतनी सरल थीं, मुझे तो माफ़ करने और भूलने के लिए बस एक बहाने की ज़रूरत होती थी, लेकिन यह तभी हो सकता था, जब आदिला यह मान लेती कि वह मुस्तफ़ा को मेरे हाथों हार चुकी है।

मैं अपने वालदैन के यहां गई, तो मेरा सामना एक नौकरानी से हुआ, जो काफ़ी समय से आदिला का साथ देती आ रही थी और मुस्तफ़ा से उसकी गुपचुप मुलाक़ातें इसी नौकरानी ने करवाई थीं। उसके अलावा घर पर और कोई नहीं था। सब अब्बाजान को देखने क्लीनिक गए हुए थे। मैंने दुखी होकर चारों तरफ़ नज़र मारी, तो मुझे अहसास हुआ, यह मेरा घर नहीं है, यह पराई औरत का घर है। मैं उस बड़े-से घर में दुखी और हताश अकेली खड़ी थी। मेरे सिर में ज़ोरों का दर्द हो रहा था और मेरा दिल मेरे ब़च्चों के लिए तड़प रहा था। मैं यहां वापस नहीं आ सकती! मैं सोचने लगी। और मेरा और कोई ठिकाना है नहीं!

मैंने मुस्तफ़ा को फ़ोन करके कहा कि मुझे ले जाए। वह घुन्नाते हुए राजी हो गया। फिर मैंने अपने वालदैन का घर छोड़ दिया और बाहर खड़ी हो गई और ज़ार-ज़ार रोती हुई फाटक पर मुस्तफ़ा के आने का इंतज़ार करने लगी। जब मुस्तफ़ा ने मुझे बैठक में पिटी हुई और नंगी हालत में खड़ा रखा था, उसके अलावा यह मेरी ज़िंदगी का सबसे अपमानजनक पल था। मैं सोच रही थी कि काश, मैं यहां न आई होती! अब मेरे पति को पता चल गया था कि ऐसी कोई जगह नहीं थी जहां मैं चली जाती। कहीं शरण नहीं ले सकती थी मैं। जब कार आई, तो मैंने दरवाज़ा खोला और चुपचाप वापस नरक में दाख़िल हो गई।

इकॉनोमिस्ट में मुस्तफ़ा का चार पृष्ठ का लेख छपा, जिसमें उसने हिंदुस्तान के साथ पाकिस्तान के संबंधों की चर्चा करते हुए अपना यह विचार रखा था कि सैनिक शासन की वजह से प्रगति नहीं हो पा रही थी और अगर ज़रूरी हुआ, तो वह इस बार पाकिस्तान में हिंदुस्तानी टैंकों पर सवार होकर दाख़िल होगा। इससे उन लोगों को अचंभा हुआ, जो मुस्तफ़ा को हिंदुस्तान-विरोधी पंजाब का शेर के रूप में जानते थे। इस लेख ने बड़ा विवाद खड़ा कर दिया।

ज़िया के सत्ता में आने के बाद से ही पीपुल्स पार्टी के हताश नेता हिंदुस्तान के सियासी नेताओं और वहां की गुप्तचर शाखाओं से संपर्क बनाए हुए थे। ज़िया ने अफ़गानिस्तान पर अमेरिकी नीति के सिलसिले में पूरी तौर पर अमेरिका के साथ खड़े होने का फ़ैसला किया था। अफ़गानिस्तान, जो पाकिस्तान की अस्थिर पश्चिमी सरहद से लगा एक मुस्लिम देश था, जिसमें सोवियत संघ का अतिक्रमण अस्वीकार्य था। मास्को को दक्षिण और आगे बढ़ने से रोकने के लिए पाकिस्तान एक अग्रिम

मोर्चे का राज्य बन गया था। इससे ज़िया को पाकिस्तान की दक्षिणपंथी ताक़तों के पूरे राजनीतिक समर्थन को हासिल करने और एक बड़ी हद तक उन लोगों को बेअसर करने की कोशिशों में मदद मिली जो मार्शल लॉ के ख़िलाफ़ और लोकतांत्रिक व्यवस्था को बहाल करने के पक्ष में काम कर रहे थे। अमेरिका और पश्चिमी देशों ने उन्हें अपना पूरा समर्थन दिया और वह अपना शासन जारी रखने में कामयाब हो गए।

सोवियत संघ का मित्र होने के कारण हिंदुस्तान स्पष्ट तौर पर अमेरिका-पाकिस्तान धुरी के ख़िलाफ़ था। इसके अलावा, सोवियत संघ के अतिक्रमण के पहले, उसके दौरान और बाद में अफ़गान सरकारें हिंदुस्तान समर्थक रही थीं, जबकि काबुल और उसके संरक्षक के ख़िलाफ़ लड़ने वाले मुजाहिदीन पाकिस्तान समर्थक थे और उस देश से अपनी गतिविधियां चला रहे थे, जिसे वे अपना दूसरा घर समझते थे। अफ़गानिस्तान पर अपने नज़रिए और सिख अलगाववादियों को गुपचुप तरीक़े से मदद देने के कारण ज़िया हिंदुस्तानियों के गुस्से के शिकार हो गए थे। भुट्टो बंधु और उनके अनुयायी हिंदुस्तानियों के लिए ज़्यादा रुचिकर थे। इस सिलसिले में भारी सुरक्षा उपाय किए गए, ताकि भंडाफोड़ न हो जाए। पीपुल्स पार्टी के नेता अपना अधिकांश समर्थन न खो बैठें, लेकिन, पंजाब उनके रास्ते का रोड़ा बना हुआ था। पंजाबी तो हिंदुस्तान के साथ किसी भी गठबंधन का विरोध ही करते। हिंदुस्तानियों को पंजाब में एक ऐसे मज़बूत नेता की ज़रूरत थी, जो उनके मसक़द की पैरवी कर सके।

उन्होंने मुस्तफ़ा को चुना। उसका संपर्क जोशी नाम के एक व्यक्ति से करवाया गया। जोशी लंदन स्थित भारतीय उच्चायोग में ऊंचे स्तर का एक गुप्तचर अधिकारी था। ये दोनों गुप्त नामों से आपस में बात करते थे। मुस्तफ़ा तो 'दिलीप' था और जोशी था 'आसिफ अली'। ये लोग अलग-अलग जगहों पर और अधिकतर लंदन में जगह-जगह बनी विम्पी बार में मिलते थे। वे बर्गर और फ़्राइज के नाश्ते पर अपने-अपने देश के भविष्य के बारे में बातचीत करते थे।

अगले दो महीने मैंने एक गहरी ख़ामोशी में बिताए। इससे मैं अपने आस-पास के परिवेश से कट गई। मैं थोड़ी-सी भी बातचीत करने की कोशिश करती, तो थक जाती थी, एक जुमला बोलते ही मैं पस्त हो जाती थी। मैं इसलिए जी रही थी, क्योंकि मैं तनाव कम करने की ढेरों गोलियां ले रही थी। मुस्तफ़ा ने इस बात पर ग़ौर भी नहीं किया।

मैं सात महीने के गर्भ से थी, जब आदिला का मुद्दा खुला था, जैसे शेरी थी जब वह उस पहले से बने कमरे में आई थी और वहां उसने मुझे, यानी अपने शौहर की दूसरी बीवी को देखा था। मैंने शेरी के लिए जो परेशानी पैदा की थी, उसे लेकर मुझे शर्मिंदगी का एहसास हुआ था, अटपटा लगा था। अब मैं उसके दर्द को महसूस

कर रही थी। जुर्म और सज़ा के विचारों से दबी मैं माफ़ी के लिए पाक क़ुरान पकड़ कर रात-रात भर रोती थी, लेकिन यह मैं तब करती थी, जब एक सेक्स की गुड़िया के रूप में अपना फ़र्ज अदा कर देती थी। जब मुस्तफ़ा सो जाता था, तब मैं नहाती और वुज़ू करती और उससे हटकर उस एक सत्ता, यानी खुदा की शरण में चली जाती थी, जो अभी भी मुझे स्वीकार करने को तैयार रहता था।

तेईस जनवरी 1981 को सुबह के 5.30 बजे थे, जब मुझे दर्द उठने शुरू हुए। मुस्तफ़ा मुझे कार में बैठाकर नेशनल हेल्थ अस्पताल ले गया। उसकी शिकायत थी कि बच्चे पैदा करने के ये चोंचले पश्चिम की देन हैं। पहले की तरह इस बार भी वह यही भाषण पिलाता रहा कि उसके गांव की औरतें तो खेत में ही बच्चा जनती थीं और उसके बाद एकदम काम पर लौट जाती थीं। पिछली बार तो प्रसव का सारा ख़र्च मेरे अब्बाजान ने दे दिया था, लेकिन अब वह मेरी ज़िंदगी में नहीं थे और इस तरह यह ज़िम्मेदारी न चाहते हुए भी मुस्तफ़ा पर आ पड़ी थी।

अस्पताल पहुंचकर मैंने उससे चले जाने को कहा, "इसमें काफ़ी वक़्त लग सकता है," मैंने कहा, मैं डर रही थी, लेकिन मैं चाहती थी कि जब मेरा बच्चा हो, तो मुस्तफ़ा की परछाईं हम पर न पड़े।

जब मैं वेटिंग रूम में बैठी थी, तभी अचानक मेरे दर्द तेज़ हो गए और मैं डर के मारे चीख़ पड़ी। डॉक्टर वहां नहीं थे और जो नर्सें वहां थीं वे मेरी जज़्बाती हालत से अनजान थीं। उन्होंने मुझे डांट दिया, "बंद करो यह बकवास, नहीं तो हम तुम्हें घर भेज देंगे।" ये दर्द मेरी बेहूदा ज़िंदगी की संचित पीड़ा में घुल गए और मैं पूरे तौर पर टूट गई। बैरी नर्सें मुझे मेरे उन्माद के लिए जब इस तरह फटकार रही थीं, तो मेरी आंखों के आगे गुस्से से भरे चेहरे गड्डमड्ड होने लगे। उन्हें विश्वास ही नहीं हो रहा था कि बच्चा इतनी जल्दी हो जाएगा, हालांकि भयंकर दर्द के मारे मैं लगातार चिल्लाए जा रही थी। आख़िरकार, वे मुझे प्रसूति कक्ष में ले गईं। उन्होंने डॉक्टर को बताया तक नहीं था, इसलिए उन्हें खुद ही प्रसव करवाना पड़ा।

मेरा उन्माद इतना भयंकर हो गया था कि प्रसव की शारीरिक पीड़ा ने मेरी ज़िंदगी के और तमाम दर्दों को मुक्त कर दिया। दर्द चरम पर पहुंच जाने की हालत में भी मेरे दिमाग़ में यह बात साफ़ थी कि मुझे मेरे दिल और दिमाग़ के इस सुप्त संकट की तरफ़ ध्यान खींचे बग़ैर अपनी भावनाओं को व्यक्त कर देने का दूसरा कोई मौक़ा शायद अब कभी नहीं मिलेगा। मेरी दिमाग़ी टूटन को कोई नहीं समझ रहा था। इसके बजाय, मुझे अपने आस-पास के लोगों से गुस्सा और कुढ़न ही मिलती लग रही थी, मानो अगर उनका बस चलता, तो वे मेरा दम घोंट कर मुझे ख़ामोश कर देते।

जब मैंने इस नई जान को अपने जिस्म के बाहर धकेला, तो उसी पल मैंने मुस्तफ़ा, मेरे परिवार और मेरे तमाम दोस्तों को छोड़ दिया। मैंने अल्ला पाक, पैग़ंबर,

उनकी बेटी फ़ातिमा और ख़ासकर फातिमा के पति, पैगंबर के चचेरे भाई, हजरत अली से नाता जोड़ लिया। मैंने उनसे दुआ की, वे आकर मेरी बगल में खड़े हों, मेरी रक्षा करें। मुझे अजीब-सी शांति मिली, मानो वे मेरी बग़ल में थे, मानो वे मेरे परिवार के लोग थे। यह चमत्कार था।

मैंने अपने पहले बेटे का नाम अली रखा।

जब आख़िरकार डॉक्टर आई, तो उसने पूछा कि क्या मैं अपने पति को ख़बर देना चाहती हूं, लेकिन मुझे यह ज़रूरी नहीं लगा। मुस्तफ़ा को दो घंटे बाद जाकर तब पता चला, जब उसने योगाभ्यास करने के बाद अस्पताल फ़ोन किया। वह यह सुनकर बहुत .ख़ुश हुआ कि आख़िरकार मैंने एक बेटे और वारिस को जन्म दिया।

काहे का वारिस? मैं हैरान होकर सोचने लगी।

हमारे परिवार में अकेला मेरा भाई आसिम ऐसा था, जिसने हमसे संपर्क बनाकर रखा था। मेरी मां के हुक्म के बावजूद, उसने मुस्तफ़ा के साथ एक जबरन शालीनता बनाई हुई थी और वह उसके लिए अक्सर डॉम पेरिन्यॉन शैंपेन के तोहफ़े और मेरी बेटियों के लिए महंगे-महंगे उपहार लाता था। इस बार वह मुझसे मिलने आया, तो मुझे नेशनल हेल्थ अस्पताल के एक खुले वार्ड में लेटी देख उसे बहुत बुरा लगा। मैंने मुस्तफ़ा का बचाव करते हुए कहा कि वह इससे ज़्यादा ख़र्च करने की हालत में नहीं था, लेकिन आसिम ने मुस्तफ़ा से कहा, "मुझे देखकर अच्छा नहीं लगा। अगर तुम महंगे शिकार पर जा सकते हो और महंगी शराब ख़रीद सकते हो, तो अपनी बीवी के लिए कमरा क्यों नहीं ले सकते?" मुस्तफ़ा ने आसिम के इस एतराज को ग़ैरज़रूरी बताकर ख़ारिज कर दिया।

मेरे अस्पताल में रहने के फ़ायदे थे। दूसरे, आम लोगों की उपस्थिति में मैं फिर से ज़िंदा हो गई। मैंने उनकी मामूली, रोजमर्रा की परेशानियों के बारे में जाना, जिन्हें वे सब एक-दूसरे के साथ बांटते थे। दूसरी तरफ़ मैं अपनी ज़िंदगी के किसी भी दुख-सुख को किसी के साथ नहीं बांटती थी और हैरत में थी कि वे छोटी-छोटी परेशानियों को भी कितनी गंभीरता से लेते थे।

मुझसे जितना हो सकता था, मैं मुस्तफ़ा से बचती रही। मेरी नज़र में वह अब आदिला का पति था। मैं उसे बर्दाश्त करती थी, लेकिन जब वह सो जाता, तो मैं उठ जाती थी और नहा-धोकर नीचे दुआ करने चली जाती थी। मैं कुरान पढ़ती जाती और रोती जाती थी, और पवित्र आयतों को अपने आंसुओं में भिगो देती थी। गैं .ख़ुदा से गुहार लगाती थी, मैं उसकी मदद पाने को बेताब थी। हर रात मैं मुसल्ले पर बैठती और यह उम्मीद करती कि खुदा ज़रूर ग़ौर फरमाएगा। मैंने धर्म में शरण लेनी चाही, लेकिन वहां भी मेरी ज़िंदगी मेरे साथ चली आती और मैं अंल्ला के सामने बिल्कुल परेशान हो जाती। वही अकेला था, जो मेरी सुनने वाला था।

मैं मुस्तफ़ा से ज़्यादा-से-ज़्यादा दूर होती गई और अपने बच्चों से हिम्मत जुटाने लगी। मेरा नया बेटा अली मुझे आध्यात्मिक शांति का बोध कराता था। प्रसव की पीड़ा ने मुझे .खुदा के और भी नजदीक ला दिया था।

मैं अपनी ज़िंदगी का विश्लेषण करने लगी। मुझे क्या हो गया था? मैं हर चीज़ से इतनी डरती क्यों थी? मैं अपमान और लज्जा को एक सामान्य इन्सान की तरह क्यों नहीं लेती थी? मैं समझती थी कि मेरे पति ने मेरी आत्मा को कुचल दिया था। उसने मेरे परिवार के साथ मेरे पहले से ख़राब संबंधों को उलझाकर रख दिया था। उसने मुझे मेरे दोस्तों से काट दिया था। उसने मुझे एक भूलभुलैया में ला खड़ा किया था, जिससे बाहर निकलने का रास्ता मुझे पता नहीं था। उसने मेरे सारे सहारे छीन लिए थे और मुझे अपने टापू में मज़बूती से बांध दिया था। मैं बस इस भूलभुलैया में इधर-से-उधर भटक ही सकती थी और मैं इतनी थक चुकी थी कि न तो बोल सकती थी और न ही सोच सकती थी।

वह ऐसे अतिवाद में जीता था कि उसकी असली शख़्सियत पर ध्यान लगाना मुश्किल था। उसके दोनों ही रूप, क्रोधित व्यक्ति का और पश्चात्तापी व्यक्ति का, बहुत सहज थे। उसके क्रोधित रूप से जहां मुझे डर लगता था, वहीं उसके प़श्चात्तापी रूप पर मुझे तरस आता था। एक पल वह मुझे एक हुक्म न मानने वाले बच्चे की तरह सज़ा देता था, तो दूसरे पल मैं उसके लिए मां जैसी हो जाती थी, जिसका फ़र्ज़ होता था, उसकी भूलों को माफ़ कर देना। मैं उसके इन पल-पल बदलते रूपों के साथ उतनी ही तेज़ी से तालमेल नहीं कर पाती थी।

मैंने उसकी बीमारी पकड़ ली थी। वह अपने माहौल की एक भ्रमित और असुरक्षित पैदाइश था और इसका इलाज मुझे ढूंढना था। मेरे अंदर के सुधारवादी का उत्साह और मेरा अहं मुझे यह इजाज़त नहीं दे रहा था कि मैं इस परेशानी से भाग जाऊं और अपनी हार मान लूं, भले ही यह कितनी ही हतोत्साहित करने वाली और दुष्कर क्यों न दिखती हो। मैं मुस्तफ़ा की मनोचिकित्सक बन गई।

बच्चों के साथ उसके सुलूक को देखकर मुझे हलकी-सी उम्मीद बंधती थी। नसीबा की तरफ़ शुरू-शुरू में जो उसका पागलपन हुआ करता था वह फिर लौटा नहीं था। वह अभी भी अस्थिर और अनिश्चित था, लेकिन अक्सर वह ख़याल रखने और प्यार करने वाला बाप होता था। मैं इसी तिनके का सहारा पकड़े थी।

मैं जानती थी कि मुझे .खुद अपनी शख़्सियत बदलने की ज़रूरत थी। मैं समर्पित और कमज़ोर हो गई थी, ठीक उसकी पिछली बीवियों की तरह। मुझे कैसे न कैसे उससे एक अलग स्तर पर निबटना सीखना था। खुदा ने मेरी हताशा भरी दलील का जवाब दिया। जड़ता की धूल उड़ गई।

हम रसोई में थे, मैं बच्चों के लिए खाना गर्म कर रही थी। मुस्तफ़ा हमें कहीं ले जाना चाहता था, लेकिन मैं अली को ठंड में लेकर नहीं जाना चाहती थी। मुस्तफ़ा

ज़ोर देने लगा और मैं मना करती रही। बस, उसने मेरे बाल पकड़कर मुझे घुमा दिया और अपनी वही ख़ास धमकी देने लगा : "मैं तुम्हारी हड्डी-हड्डी तोड़ दूंगा।"

उसके इतना कहते ही मैंने गैस पर से पतीला उतारकर उस पर फेंका। उसकी चमड़ी जल गई और वह दर्द के मारे चीख़ पड़ा। एक पल को वह खड़ा-का-खड़ा रह गया, फिर उसने मुझे मारने को हाथ उठाया, तो मैंने उसके सीने पर धक्का दिया और चिल्लाई, "आइंदा अगर तुमने मुझ पर हाथ उठाया, तो मैं तुम्हें चाकू से मार डालूंगी।" मेरी आवाज़ में दम और विश्वास था, हालांकि मेरा दिल ज़ोर-ज़ोर से धड़क रहा था। मैंने जंग का ऐलान कर दिया था।

मुस्तफ़ा पीछे हट गया।

मैंने उसे जले पर लगाने के लिए मरहम दिया। वह इसे लगाता गया और मुझे धमकियां देता गया, लेकिन वह शांत दिखाई दे रहा था। इतना आसान था यह सब?

मैंने इस मौक़े का फ़ायदा उठाया, "मुस्तफ़ा, मैंने बहुत बरदाश्त कर लिया," मैं बोली, "अब कोई वज़ह नहीं है कि मैं और बरदाश्त करूं। यह मर्ज़ी का रिश्ता है, जिसे हमने बनाया है। मैं तुम्हारी बहन या मां नहीं हूं। मैं तुम्हारी बीवी हूं। मैं तुमसे ख़ून के रिश्ते से नहीं बंधी हूं। हमने साथ रहने का अनुबंध किया है। मैं जब चाहूं, उसे फाड़ सकती हूं। यह बात अपनी खोपड़ी में बैठा लो। मेरी इज़्ज़त करना सीखो और इस बात के लिए मेरी क़द्र करो कि मैं तुम्हारे साथ रह रही हूं। मुझे इस यातना शिविर में रहने की कोई ज़रूरत नज़र नहीं आती। तुम अपनी आदतें सुधार लो और हमारी ज़िंदगियों को जीने लायक बनाओ, नहीं तो मैं छोड़कर जा रही हूं।" ये आख़िरी शब्द मैंने ख़तरनाक अंजाम से डरते हुए कहे थे, लेकिन उस हालत को उस महारत के साथ छिपा लिया, जो मेरे स्वभाव का हिस्सा बन गई थी।

वह ग़ौर से सुनता रहा और फिर हारी बाज़ी जीतने के लिए जूझ गया। उसने मुझे धमकी दी, "अगर तुमने दोबारा छोड़कर जाने की बात कही, तो मैं तुम्हें नहीं बख्शूंगा। मैं इस तरह का माहौल अपने घर में बरदाश्त नहीं कर सकता। मेरे पास बढ़ती उम्र की बेटियां हैं। समझ गईं तुम? मैं तुम्हारे चेहरे पर तेज़ाब फेंक दूंगा। मैं तुम्हें अपाहिज बना दूंगा और अपने बच्चों को तुमसे छीन लूंगा। मैं तुम्हारी ख़ूबसूरती को इस तरह ख़त्म कर सकता हूं।" उसने अकड़कर चुटकी बजाते हुए कहा।

वह घर से निकल गया और मैं अपने काम में लग गई। मैं मन-ही-मन दुआ करती जा रही थी कि ऐ खुदा, मुझे शैतान के गुस्से से बचाओ! उस रात उसने सोचा कि मैं अंधेरे के साये में एक बार फिर कमज़ोर पड़ गई थी। उसका सोचना सही था, लेकिन आंशिक तौर पर। उसने गालियों की बौछार से शुरुआत की। उसने मेरी मां और बहनों, यहां तक कि मेरी नानी को भी गंदगी में घसीटा। वह हमेशा औरतों पर ही हमला बोलता था। आदती लोग हमेशा उसी का अपमान करते हैं,

जिसे वे अपने मन का सबसे पवित्र क्षेत्र मानते हैं।

जब वह अपनी बात कह चुका, तो मैं शांति से बोली, "इस तरह की ज़बान तुम्हारे मुंह से अच्छी नहीं लगती। यह तुम्हारी हैसियत से मेल नहीं खाती। इससे तुम्हारे खानदान का पता चलता है।"

यह सुनकर वह मुझे मारने के लिए उठा, लेकिन मैंने इसका जवाब हिक़ारत से दिया। "बेवकूफ़ मत बनो, मुस्तफ़ा, बचपना छोड़ो। मुझ पर हाथ उठाने की ज़रूरत नहीं है। मुझसे बड़ों की तरह बात करो। बैठ जाओ।" मैंने हुक्म दिया।

एक पल को तो वह सचमुच पलंग के किनारे बैठ गया और चकराया हुआ मुझे देखता रहा, लेकिन उसका गुस्सा उबल पड़ा और वह मेरी तरफ़ झपटा।

मैंने दोनों पैरों से उसके पेट पर मारा और वह पलंग से दूर जा गिरा। उसने एक बार फिर मुझ पर हमला किया और मैंने पूरी ताक़त लगाकर उसे खरोंचें मार कर धक्का दे दिया। मैंने उसके मुंह पर पंजे मारे और उसके बाल खींच डाले। किसी औरत ने मुस्तफ़ा ख़र के साथ ऐसा दुस्साहस नहीं किया था और मैं समझ रही थी कि उसके दिमाग़ में आतंक के नए ख़ाके तैयार हो रहे थे।

उसने मुझे पूरा घुमा दिया और फिर पीछे से दबोच लिया। उसका दाहिना हाथ मेरे गले पर कसने लगा। उसका मांस मेरे निशाने पर था और मैंने ज़ोर से उस पर अपने दांत गड़ा दिए। वह दर्द के मारे चीख़ पड़ा और मुझ पर घूंसे चलाने लगा। उसमें मुझसे ज़्यादा ताक़त थी, इसलिए जीत उसी की रही और उसने मुझे और भी गुस्से में भरकर इतना मारा कि मैं बेहोश-सी हो गई। तीन-चार घूंसे मुझे और पड़ जाते, तो शायद मैं मर ही जाती, फिर वह हांफता हुआ पीछे हट गया। वह अभी भी भला-बुरा कहे जा रहा था।

मैं लड़खड़ाती हुई पलंग पर गिर गई, तो वह मुझे देखता रहा। मैं रोई नहीं। मैंने उसे नफ़रत से देखा और मैं समझ गई कि वह मेरे इस विरोध से न केवल उलझन में पड़ गया था, बल्कि डर भी गया था।

मैंने उसकी उपेक्षा करके उसे यातना पहुंचाई। मैं रूठी नहीं, मैंने उससे माफ़ी मांगने के लिए नहीं कहा। उसने माफ़ी मांगनी चाही, लेकिन मैंने यह कहकर उसे ख़ारिज कर दिया, "भूल जाओ, मुस्तफ़ा, माफ़ी बहुत नाकाफ़ी शब्द है। हालात इससे आगे निकल चुके हैं।" पहले मेरे आंसू, मेरी दलीलें, मेरी गिड़गिड़ाहटें उसकी पथभ्रष्ट मर्दानगी के कारनामों की वाहवाही सी हुआ करती थीं। अब मेरा शांत रहना उसे परेशान कर रहा था, मेरी ख़ामोशी ने उसे कमज़ोर कर दिया था।

(वाणी प्रकाशन से प्रकाशित आत्मकथा *मेरे आका* से)

अज़ानों के देश में

सईदा गज़दर

कथा-लेखिका सईदा गज़दर का जन्म पाकिस्तान में हुआ। इनके बारे में अल्प जानकारी के कारण ज़्यादा लिखा नहीं जा सकता। दो-एक कहानियां चर्चित रहीं।

उन दिनों पता नहीं क्या हुआ था दिल चाहता था अफ़साने लिखना ही छोड़ दूं। मुझे ये सब कुछ बड़ा बेकार लगने लगा। ऐसा क्यों हुआ था शायद उसका कारण मेरे रवैयों में बदलाव था। ज़िंदगी के बारे में मेरा रवैया बड़ा भिन्न हो चुका था, बहुत-सी महत्त्वपूर्ण चीज़ें अब अपना महत्त्व खो चुकी थीं। और बड़ी मामूली बातें महत्त्वपूर्ण लगने लगी थीं। मैंने चीज़ों को, लोगों को, और मौसमों को यहां तक कि हर चीज़ को अपने आपकी ऐनक से देखना छोड़ दिया था। मैं हर चीज़ को सत्यता के अनुसार उसके स्थान पर देखने की इच्छा होने लगी यानी अब मैं चीज़ों को अपनी कसौटी और अपनी सतह तक लाने की ग़लती नहीं करती और यक़ीन जानिए ऐसा करने से जीवन सरल हो गया है। आसान शब्दों में आप इसे आशा की समस्या कह सकते हैं, ये तो थी मेरी बात—अब क़िस्सा सुनिए उस औरत का जिसने मेरे ज़ेहन को वह पटकनियां दी कि क्या बताएं। हुआ ये कि मैं जब से एक पत्रिका से जुड़ी हूं और नियमित फ़ीचर लिखने की शुरुआत की है ऐसे-ऐसे पात्रों से वास्ता पड़ता है कि मुझे लगा है कि दुनिया में सिवाय बुराइयों के कुछ नहीं।

क़रीब-क़रीब सब ही क़यामत की निशानियां लगती हैं। उस दिन मुझे एक ऐसी औरत से मिलना था जिससे संबंधित सूचना मिली थी कि वह 'इसमत फ़रोश' थी। दुनिया में ऐसी बहुत-सी औरतें होंगी फिर एडीटर साहब ने उसका ही चुनाव क्यों किया? मुझे उससे ग़र्ज़ नहीं थी मुझे तो उस फ़ीचर से मिलने वाले रुपयों से ग़र्ज़ थी। इसलिए मैं उसके पते पर जा पहुंची, क्षण भर को उसकी शक्ल देखकर मुझे

लगा कि मेरी सूचना ग़लत है। उसका चेहरा बहुत मासूम था, उसके खूबसूरत बालों ने उसके गिर्द घेरा सा बना रखा था, कमाल है मैंने तो सुना था ऐसी औरतों के चेहरों पर उनके कर्म साफ़-साफ़ आ जाते हैं। वह भी मुझे देखकर हैरान थी, शायद इसलिए कि वह अपने यहां मर्दों की आमदोरफ़्त की आदी थी।

चिलचिलाती धूप थी। एक गाड़ी 'नो पार्किंग' के बोर्ड के आगे आकर रुकी। ट्रेफिक पुलिस का सिपाही लपकर क़रीब आया, "साहब ये नो पार्किंग है" उसने बोर्ड की तरफ़ इशारा किया, "बस एक मिनट की बात है सामने से एक पत्रिका ख़रीद कर अभी आया," गाड़ी वाले साहब ने विनयपूर्वक कहा और लपककर दुकान में चले गए पांच मिनट बाद वापस आए और गाड़ी स्टार्ट की, "साहब कुछ हमारा भी ख़याल कीजिए।" सिपाही ने इधर-उधर देखते हुए आहिस्ता से कहा।

"क्या मतलब, रिश्वत मांग रहे हो?" वह साहब तेज़ हो गए।

"रिश्वत नहीं है ये तो..." सिपाही ने इधर उधर नज़र दौड़ाई।

"मालूम है ये ग़ैर क़ानूनी बात है..."

"यहां गाड़ी खड़ी करना भी तो ग़ैरक़ानूनी है मैं आपका चालान करूंगा।" सिपाही ने कड़कर कहा। उन साहब ने चंद लम्हे कुछ सोचा जेब से दस रुपए का नोट निकालकर सिपाही की तरफ़ बढ़ा दिया...सिपाही ने नोट पकड़ा ही था कि एक भारी हाथ उसके कंधे पर पड़ा...

"रिश्वत लेता है" ये कांस्टेबल था और रहता भी उसी के मुहल्ले में था और मुहल्ले के नलके पर पानी के लिए दोनों में कई बार झगड़ा हो चुका था, दुश्मनी निकालने का और डिपार्टमेंट में अपना रिकार्ड बनाने का इससे अच्छा कौन सा मौक़ा था और थाने वाले तो वैसे भी इस 'हमाम' से संबंध रखते थे जहां सब ही...मगर इसके बावजूद रिश्वत के जुर्म में सिपाही की रिपोर्ट हो गई उसे हवालात में बंद कर दिया गया।

उसने तीनों बच्चों को सुला दिया था, रात के ग्यारह बजे रहे थे खाना कब का ठंडा हो चुका था, मगर अब ग्यारह बजने तक उसका कोई पता नहीं था, वह बेचारी इंतेज़ार कर करके थक चुकी थी। अब उसे नींद के झोंके आ रहे थे वह हमेशा से जल्द सोने की आदी थी। गांव में आठ-नौ बजे तक सभी लोग सो चुके होते थे। और सबेरे चार बजे सुबह लोग जाग जाते थे। मगर यहां शहर में उसे अजीब दस्तूर लगता था। देर तक जागना और देर से उठना। उसका पति भी था तो गांव का मगर छोटी उम्र में शहर आ गया था, कभी-कभार गांव जाता था। कुछ साल पहले उसे ब्याहकर शहर ले आया था, वह अभी दिली तौर से शहर के माहौल को समझ नहीं पाई थी। बेज़ारी से सोचते-सोचते उसकी आंख लग गई और बहुत सबेरे जब मलजगा अंधेरा सुबह होने का एलान कर रहा था तो सबसे छोटे बच्चे के रोने

की आवाज़ से उसकी आंख खुली वह हड़बड़ा कर उठ बैठी। पूरी रात दरवाज़ा भिड़ा रहा था और उसका पति नहीं आया था, उसने परेशान होकर चारों तरफ़ नज़र दौड़ाई, ''किसको बुलाए उस वक़्त सारा मुहल्ला सो रहा था।''

उसने बच्चे को दूध पिलाते-पिलाते सोचा और ज़रा दिन निकलने का इंतेज़ार करने लगी के साथ ही अपने पति की सुरक्षा की प्रार्थना करने लगी। दिन निकलते ही और ज़िंदगी के जागते ही मुहल्ले में ये ख़बर गर्म थी कि उसका पति कल शाम रिश्वत लेते हुए पकड़ा गया। हर व्यक्ति की ज़बान पर यही कहानी थी वह परेशान बैठी थी। सीधी-साधी औरत उन हालात से अन्जान, शहर के रिवाजों और दस्तूरों से अपरिचित, सिवाय रोने के और क्या कर सकती थी। मुहल्ले के लोग उसे तसल्ली दे रहे थे। ग़रीब स्वयं तसल्लियों के सहारे ज़िंदा रहता है और खुशी-ग़मी में दूसरे को भी तसल्लियों के तोहफ़े देता है। कभी-कभी ये बचकाना तसल्लियां होती हैं जैसा कि उस समय था। सब जानते थे कि पुलिस के चंगुल से बच निकलना और वह भी मामूली सिपाही के लिए आसान न था मगर सब उसे उसके पति की रिहाई की उमीद दिला रहे थे। दो-तीन दिन बीत गए। कुछ पता न चला। आख़िर तंग आकर उसने उस कांस्टेबल की खुशामद की। भैया मुझे थाने ले चलो। उसी कांस्टेबल ने जिसने इस सारे मामले में अपना नाम तक नहीं आने दिया उसे तसल्ली दी। ''सब्र करो बहन, कार्रवाई हो रही है तुम्हारा उस जगह जाना ठीक नहीं।'' वह और सब्र करके बैठ गई। घर में पैसे नहीं थे जो आटा दाल था वह भी ख़त्म हो चला था। अभी तो उसे अपने पति की फ़िक्र थी। आख़िर रोज़-रोज़ के तक़ाज़ों से तंग आकर एक दिन कांस्टेबल उसे थाने ले गया। हवलदार ने उसका सर से पैर तक तफ़्सीली जाइज़ा लेने के बाद बताया, ''तुम्हारा पति तो जेल में है।''

''सिर्फ़ दस रुपए के लिए उसे जेल हो गई...'' वह हैरत और बेचारगी से बोली। ''दस रुपए के पीछे नहीं रिश्वत के पीछे...रिश्वत ली थी उसने।'' हवलदार ने ज़ोर देकर कहा। शायद 'शरअ' का बहुत पाबंद आदमी था। 'शरई' दाढ़ी रखी हुई थी। वह ग़रीब औरत दुखी बैठी थी। ''मगर अब क्या होगा?'' उसने डरते-डरते पूछा, ''अभी तो मुक़दमा चलेगा।'' थानेदार ने अपनी दाढ़ी पर हाथ फेरा ''मुक़दमा?'' उसकी समझ में कुछ नहीं आया, वह रोने लगी। ''भाई मेरी मदद करो, मैं अकेली औरत हूं। कोई रिश्तेदार नहीं है। मेरा गांव में बूढ़ा बाप है वहां जा नहीं सकती।''

बुरे काम का बुरा ही अंजाम होता है बीबी अब हम क्या कर सकते हैं। क़ानून बहुत सख़्त हो चुका है। मुल्क में इस्लामी निज़ाम (व्यवस्था) चल रहा है। हवलदार ने समझाया। ''मालूम है रिश्वत लेना कितना बड़ा गुनाह है। आदमी को ज़रा से पैसे के लिए ईमान नहीं दे देना चाहिए अब भुगतो जो किया है।''

''किया तो उसने है मगर भुगत मैं क्यों रही हूं।'' उसने रोते-रोते सोचा। छोटा

बच्चा दूध पीता था। मगर दो बड़े रोटी खाते थे जिसका अब इंतज़ाम नहीं रहा था। घर में जो कुछ था पेट में जा चुका था और ये शुरू से ख़ाली पेट उसी तरह रोटी मांग रहा था। एक-दो वक़्त मुहल्ले वालों ने कुछ न कुछ भिजवा दिया मगर कहां तक। ग़रीबों का मुहल्ला था हर एक के लिए अपनी दो रोटियां मुश्किल थीं। दूसरों का कौन ठेका लेता। इसलिए स्वयं ही कुछ करने की ठानी। किसी के बताने पर एक झींगा फैक्टरी जा पहुंची, सेठ ने चादर में चमकते चांद को देखा और होठों पर ज़बान फेरी। "तुम ये काम नहीं कर सकतीं। इधर फैक्टरी में बहुत ठंडक होती है।"

"मैं सब कुछ कर लूंगी, मेरे बच्चे कल से भूखे हैं।" उसने बेचारगी से कहा, सेठ ने मजबूरी का अच्छी तरह अंदाज़ा लगाया। "अच्छा शाम को आना काम मिल जाएगा।" वह सोचती उठ गई, शाम को क्या काम होता है काम तो सुबह होता है! बच्चे सारा दिन भूख से बेचैन रहे। उसने शाम की तसल्ली पर उन्हें पानी पिला-पिलाकर बहला दिया फिर शाम को जैसे तैसे सेठ के पास पहुंची तो फैक्टरी खाली थी। सेठ अकेला बैठा फ़ाइलों पर झुका काम कर रहा था, बाहर चौकीदार मौजूद था और बस फिर...फिर उसे काम मिल गया।

सेठ ने जाने से पहले उसके हाथ पर दस का नोट रखा, "तुम जैसी सुंदर औरत को झींगे का गंदा काम नहीं करना चाहिए। बस तुम रोज़ आ जाया करो।"

वह बड़ी देर तक दस के नोट को देखती रही, सांप की तरह डंसता दस का नोट उसके पति के माथे पर रिश्वत का दाग़, उसकी इज़्ज़त के बदले और ये कि उसके बच्चे की भूख मिटाने वाला...दस का ये मामूली नोट...इंसान ने इंसान की क़ीमत कितनी कम लगाई है और...औरत...वह तो वैसे भी उस मंडी की सब से कम क़ीमती 'वस्तु' है। मुर्दों के इस माशेर में जहां क़ानून और शरअ ने सभी अधिकार केवल मर्दों को दिए हैं और उसके हर काम को संदेष्टाओं (पैग़ंबरों) की पैरवी समझा जाता है। भला 'शबनम' के क़तरे जितनी मामूली हस्ती रखने वाली औरतों को सर उठाने का क्या हक़ है जिसे सूरज की पहली किरण ख़त्म कर देती है।

और...उस शुरू से अंत तक फैली हुई शबनम जैसी औरतों को सूरज की पहली किरण छू चुकी थी।

वह ख़ामोशी से बिना एक शब्द कहे उठ आई, थानेदार ने तो कहा था कि इस्लामी निज़ाम (व्यवस्था) है। बड़ी सख़्ती है। हुकूमत सख़्ती से शरई नियमों का पालन कर रही है। बहुत से लोगों को कौड़े पड़ते हैं। मगर वह ये बात कभी नहीं जान सकती कि उस सेठ को कभी कोड़े नहीं पड़ सकते इसलिए कि उसका भाई हुकूमत के एक बड़े पद पर कार्यरत है। ऐसे क़ानून से लाभ उठाते हैं जिनके भाई बंधु उच्च पदों पर पदासीन हों या MLA हों चाहे हुकूमत कितनी इस्लामी क्यों न हो।

दो तीन दिन गुज़र गए दस के नोट का आख़िरी पैसा ख़र्च हो गया। घर में फिर

भूखमरी होने लगी। वह पीछे लाइन से बनी कोठियों में काम ढूंढ़ने निकली। उस तरफ़ उसने पहली बार क़दम रखा था। सुबह से दोपहर हो गई उसे काम न मिला। उसने आसमान को देखा...क्या आसमान के किसी कोने से वो 'पालनहार' उसका हाल देख रहा है...वो जिसके ख़ज़ाने में किसी चीज़ की कमी नहीं। क्या उसके पास उस क्षण उन तीन बदनसीब बच्चों के लिए रोटी के चंद टुकड़े नहीं हैं...वह जिसके दिल में सात मांओं की ममता है। काश उन मासूमों को एक मां बन कर ही देख रहा हो मगर वह मारे 'अज़बा' के ख़ौफ़ के सोच नहीं सकती थी कि जो किसी को नहीं जना वह ममता कैसे रख सकता है, तकलीफ़ सहकर बच्चा पैदा करने और 'कुन' कहकर इंसान बनाने' (रचने) में बड़ा फ़र्क़ है। वह जिसके अधिकार में सारी दुनिया के ख़ज़ाने हैं काश उसने हज़ारों इंसान बनाने के बजाय एक बच्चा पैदा कर लिया होता तो आज ये तीन बच्चे भूख से तड़प न रहे होते। उसके दिल में ख़ुदाओं वाली सात मांओं की बजाय इंसानों वाली एक मां की मुहब्बत होती।

तीनों बच्चे सहमे हुए उससे चिमटे थे और हवलदार के सामने बैठी अपनी दास्तान की प्रतिक्रिया उसके चेहरे पर ढूंढ़ रही थी।

"अल्लाह बहुत बड़ा है।" हवलदार ने अपनी शरई दाढ़ी पर हाथ फेरा। "मगर ये बात कि तुम्हारे पति को रिहाई दिला दूं मेरे अधिकार में नहीं है।"

"फिर आपके अधिकार में?" उसके सीधे-सीधे सवाल में क्या चीज़ थी कि हवलदार ने पानी का गिलास जल्दी से मुंह से लगाया। "मेरे अधिकार में।" उसने ज़रा तौलने वाली नज़रों से औरत को देखा। हवलदार का क्षेत्र बहुत बड़ा था। हर तरह के लोग उसके मिलने-जुलने वालों में शामिल थे। जिनमें बहुत से ज़रूरतमंद भी होते थे। इधर ये औरत भी ज़रूरतमंद थी। दो ज़रूरतमंदों की ज़रूरत आपसी समझौते से पूरी हो जाए तो क्या बुराई है बल्कि 'ऐन नेकी' है। इसलिए ये 'नेकी' हवलदार ने की। बस ये था कि आख़िर वह भी इंसान था। उसकी भी आवश्यकताएं थीं। उसने औरत और उसके तीनों बच्चों के भूख से पीड़ित जिस्मों को अगर रोटी दी थी तो मुफ़्त में तो नहीं दी थी...और वह नाशुकरी औरत सोच रही थी कि गांव के मौलवी साहब और मुहल्ले के पेशइमाम की दाढ़ी भी हवलदार की दाढ़ी जैसी है। समझ में नहीं आता फ़र्क़ कैसे पता चले। क्या शैतान की भी ऐसी ही दाढ़ी है? शबनम (ओस) का मामूली क़तरा तेज़ किरणों को कहां तक सह सकता है।

उसको कई घंटे उस समाज सेवक ने जिसका दिल माशरे के दुखों पर लहूलुहान था, बैठाकर दुनिया की ऊंच-नीच समझाई। वह हवलदार का दोस्त था। जेल के मुआइने के लिए आता था और जिसके लिए जो कुछ होता करता था। उसके ईमान का इम्तेहान था कि ऐसी सुंदर और बेसहारा औरत यों भटकती फिरे। वह उसे परेशान देख कर तड़प गया। उसकी हर मुम्किन मदद का वायदा किया। सिवाय उसकी पति

की रिहाई के...उसने धीरे-धीरे उस औरत को शारीरिक कहानी समझाई, इंसान ने दुनिया में अपने लिए कितने जहन्नुम बना रखे हैं जिनका उसे स्वयं भी अंदाज़ा नहीं। यों लगता है हर इंसान के अंदर एक जहन्नुम (नर्क) दहक रहा है और सभी ज़मीन पर रहने वाले जंतु भेंट चढ़ रहे हैं। हर दिल में अलाव है जिसकी ताप दूसरे तक नहीं पहुंच पाती।

और जहन्नुम के उन शोलों में शबनम का नन्हा सा क़तरा क्या हुआ? किसको ख़बर?

कुछ दिनों बाद जब उसके बच्चों के चेहरों पर पेट भर जाने की संतुष्टि हो गई तो वह सोच रही थी, "अल्लाह वाक़ई बड़ा है।" फिर धीरे-धीरे उसने बिजनस के सभी गुर सीख लिए...काम को काम ही समझ कर करना चाहिए। बस एक समस्या रहती थी उसका पति अभी तक जेल में था और रिहाई की उम्मीद तक दूर थी क्योंकि दस रुपए रिश्वत पाने वाले सिपाही का मुक़दमा इतना मामूली था, ये अलग बात थी कि उन दस रुपयों ने उसकी ज़िंदगी का रुख़ बदल दिया था। उसके दिल में खुदा का ख़ौफ़ अब भी था। अज़ान सुनकर अब भी वह सर पर आंचल रखती थी और अपनी कमाई को सरासर मेहनत की कमाई समझती थी, बल्कि खून पसीने की कमाई, हां...उसमें उसकी आबरू...उसकी शर्म का खून शामिल था।

मैंने उसके सुंदर चेहरे को देखा। मेरे अंदाज़े के ख़िलाफ़ वहां कोई दुख और पछतावा नहीं था, बल्कि एक ख़ामोश संतुष्टि थी। मासूमियत थी। और उस मासूमियत पर मुझे आश्चर्य इसलिए नहीं हो रहा था कि कर्मों का दारोमदार तो नीयत पर होता है और उसने ये कारोबार जिस्मानी ज़रूरतों से मजबूर होकर नहीं किया था बल्कि अपने बच्चों की भूख और दरिद्रता से तंग आकर किया था, उस जैसी अनपढ़ और बेहुनर औरत के लिए मर्दों के पास देने को यही नौकरी रह जाती है।

"तुमने गांव जाने की कोशिश क्यों नहीं की?" मैंने पूछा।

"गांव जाकर भी यही करना था। गांव के चौधरी और शहर के सेठ औरत से एक ही तरह की मज़दूरी लेने के क़ायल हैं।" वह बड़े इत्मीनान से बोली।

"मगर वहां तुम्हारे रिश्तेदार भी तो होंगे।" मैंने पूछा। उसने नज़र उठाकर मुझे देखा, "मेरा कोई बहन-भाई नहीं। मां मर चुकी है और बाप बूढ़ा है और स्वयं किसी के घर पड़ा है मुझे क्या रखेगा! मुफ़्त की रोटी कौन खिला सकता है! मुफ़्त की रोटी तो अपना पति भी नहीं खिलाता है।" उसने कहा तो मैंने आश्चर्य से उसकी तरफ़ देखा।

जिस्म देकर उस औरत ने ज़ेहन पा लिया था। मैंने उस घर के दरोदीवार को देखा...अब जानने को कुछ नहीं बचा था और जो कुछ भी जान चुकी थी मुझे उस पर इतना आश्चर्य नहीं हुआ था। आख़िर ये सब सात परदों में छुपकर नहीं होता।

हमारी नज़र के सामने होता है। बस देखने वाली नज़र चाहिए।

वापसी पर काफ़ी देर हो चुकी थी। मैं जल्दी से पहली वेगन में बैठ गई, किराया देने के लिए पर्स खोला तो हाथ में दस का नोट आ गया, मैं सब भूलकर वह नोट देखने लगी। ऐसा लगा जैसे ज़मीन पर मौजूद सभी नोटों के अंदर जान सी पड़ गई है और वह बोल रहे हैं...शोर कर रहे हैं। विरोध भरा शोर...मगर किस बात पर, ये समझ में नहीं आ रहा था शायद लग रहा था कि वह कह रहे हैं कि इतनी क़ीमत भी नहीं कि हमसे इंसान ख़रीद लिए जाएं...इंसान की क़ीमत और गिरा दो...इतना मामूली कर दो...एक चुटकी मिट्टी के बदले इंसान ख़रीदा जा सके। कंडक्टर की आवाज़ पर मैं चौंकी और नोट उसे पकड़ा दिया। मग़रिब की अज़ान हो रही थी। आसमान पर जैसे 'नूर' की चादर फैल गई थी। इस्लामी मुल्क था। अज़ानें तो अब रेडियो और टीवी पर भी प्रसारित होती हैं। हर तरफ़ इस्लामी क़द्रों के चर्चे हैं। इज़्ज़त के लुटेरे को कोड़े पड़ रहे हैं। रिश्वत के लिए कहीं पनाह नहीं। शरई अदालतें हैं लोगों को जल्द और सस्ते इंसाफ के वायदे हैं। हुकूमत के कहने के मुताबिक़ मुल्क में इस्लाम का बोलबाला करने के लिए रेफ्रेण्डम में लोगों ने बढ़-चढ़कर हिस्सा लिया है। फिर दस रुपए रिश्वत पाने वाले सिपाही को बिना कार्रवाई के साल भर से जेल में क्यों डाला हुआ है? और अंधे क़ानून ने नहीं देखा कि एक ग़रीब सिपाही के बेसहारा परिवार पर उसकी ग़ैरमौजूदगी में क्या गुज़री है? फिर ये सेठ, ये हवलदार, ये समाज सेवक ये सब कहते हैं कि उस औरत के पति ने ग़ैर कानूनी (इस्लामी क़ानून के अनुसार) हरकत की है मगर ये सभी लोग, ये इज़्ज़तदार लोग जो हर रात उस औरत के पास आते हैं ये क़ानून की कौन से खंड और 'शरअ' की किस धारा से जाइज है?

मेरे फ़ीचर का अंतिम वाक्य पढ़कर एडीटर साहब गुस्से से लगभग कांप गए। मैंने लिखा था, "मेरे हिसाब से उस औरत को, औरत से तवाइफ़ बनाने में सरासर क़सूर क़ानून का है जिसने एक औरत से उसका रक्षक और एक परिवार से उसका 'सायबान' छीना, आज के मुजरिम को कोड़े मारना, हाथ काटना या 'संगसार' करना ऐसा ही है जैसे हिस्ट्रीया के मर्ज़ का इलाज दवा के बजाय झाड़-फूंक से किया जाए। शैतानी ज़ेहन की सुधार ही क़ानून का मक़सद है। जो कुछ उस औरत के साथ हुआ या ऐसे इंसानों के साथ होता है उनका ज़िक्र किसी आसमानी 'सहीफ़े' (खुदा की छोटी-छोटी पुस्तिका) में नहीं होता ये तो इंसानी सहीफ़ों में लिखा जाता है। ऐसे सहीफ़े जिनकी आयतें अंधेरी गुफाओं की बजाय रौशन दिलों में उतरती हैं।"

"आप मेरी पत्रिका बंद करवाएंगी।"

एडीटर साहब ने फ़ीचर मेरे सामने पटक दिया। "ऐसी मामूली बातों पर पत्रिकाएं बंद नहीं होती।" मैंने कहा।

"मगर ये इस्लामी मुल्क है और आपके शब्द सरासर..."

"इस्लामी मुल्क...खुदा के लिए आप तो ये शब्द न कहें। कान पक चुके हैं, ये बात सुन-सुनकर।" मैंने गुस्से में आकर कहा, "आप जैसे लोग तो जानते हैं कि इस सारे मामले का इस्लाम से तो क्या किसी मज़हब से संबंध नहीं।"

"क्यों नहीं संबंध...कुरान में लिखा है कि रिश्वत..." एडीटर साहब ने कहना चाहा। मैंने उनकी बात काट दी। "कुरान की बात मत कीजिए। किसी आसमानी किताब की बात मत कीजिए। उन किताबों में जो कुछ लिखा है उसका एतबार करने को इतना ही काफ़ी है ना कि ये खुदा की किताबें हैं मगर इंसान, जिसको खुदा ने बनाया है उसका एतबार, उसका दर्द, उसकी आज़ादी की क़ीमत क्या निश्चित की गई है। 'सिक्का राएजुलवक़्त' दस रुपए...आपको पता है उस सेठ का भाई हुकूमत के बड़े पद पर है या शायद एसेम्बली का मेम्बर...जिसने सबसे पहले उस औरत की क़ीमत दस रुपए लगाई थी, रह गई कुरान की बात तो कुरान में ही लिखा है कि काग़ज़ को चोट नहीं लगती। इंसान को चोट लगती है।"

"मैं जानता हूं, सब जानता हूं आपकी सारी बातें सही हैं। मगर ये फ़ीचर इस तरह नहीं छप सकता। मेरा भी परिवार है। मैं भी अपने परिवार का सायबान हूं। मुझे भी रोटी कमानी है। और ये जो सेठ हैं, समाज सेवक हैं, एसेम्बली के मेम्बर हैं ये सब अवाम की समस्याओं से दिलचस्पी नहीं रखते। सबको अपनी रोटियां प्यारी हैं। बात वही है कि रोटी ही हमारी सर्वप्रथम समस्या है।" उन्होंने जोश से सर पकड़ लिया। खुदा के लिए इस फ़ीचर को ऐसे लिखिए कि सारा इल्ज़ाम उस औरत पर आ जाए बल्कि ये भी लिखिए कि क़ानून ने उसकी मदद करने की भरपूर कोशिश की, और उस सेठ का तो ज़रूर जिक्र कीजिए कि उसने उस औरत को इज़्ज़त की ज़िंदगी गुज़ारने पर मजबूर किया। मगर ऐसी औरतें...तोबा...हां उस सेठ का ज़िक्र तफ़्सील से कीजिएगा। उसका भाई किसी पद पर है आप समझी हैं ना?" उन्होंने मुस्करा कर कहा।

"जी मैं बहुत अच्छी तरह समझती हूं..." मैंने बेदिली से काग़ज़ समेटे और अपनी मेज़ पर आ गई। अब सोच रही हूं फिर से अफ़साने लिखना शुरू कर दूं। ये सब मैं अफ़सानों में लिखूंगी तो लोग वाह-वाह करेंगे। फ़ीचर में ऐसी बातें नहीं लिखी जा सकतीं। लोग आर्ट के नाम पर नंगी तस्वीरें देख सकते हैं मगर आईनें में स्वयं को नंगा देखकर चीख़ उठते हैं।

मामूली बातें

मुसर्रत लुग़ारी

बहुचर्चित लेखिका मुसर्रत लुग़ारी का जन्म पाकिस्तान में हुआ। ख़्वातीन अफ़सानिगारों में बहुचर्चित नाम। कहानियां यद्यपि संख्या में कम हैं, लेकिन ज़्यादातर कहानियों पर गुफ़्तगू के दरवाज़े खुले। 'मामूली बातें' विशेष रूप से चर्चित रही।

मेरे साथ वह बिल्कुल मामूली बातें कर रही थी—एक मिडिल पास लड़की बल्कि छोटी-सी उम्र में छः बच्चों की मां लड़की इन बातों के इलावा और बातें ही कौन सी कर सकती थी?

वह दो कोठियां छोड़कर हमारे हमसाये नजम साहब की भांजी सुरैया बानो थी। कभी-कभार कामों से थक-हारकर अपने आध दर्जन बच्चों को सुलाकर मेरे पास आ बैठती थी—वह अस्वस्थ थी मगर उसे बदसूरत नहीं कहा जा सकता था क्योंकि उसकी सुंदरता के लक्षण अभी भी उसके चेहरे के नक़्शों में से झांकते रहते थे—पति ने उसे एक से सात ज़िंदगी करके छोड़ दिया था या खुदा जाने वह स्वयं ही उसे छोड़ आई थी। लेकिन आजकल वह अपने एक बेहद अमीर मामा के घर में रह रही थी और जिस तरह हर अमीर आदमी सद्व्यवहार और दिल का फ़क़ीर होता है उसी तरह उसके मामा का भी लगभग यही हाल था। लेकिन सुरैया बानो के अनुसार उसकी मामी दिल की बुरी नहीं थी—इंसानी बुनियादों पर उसकी इज़्ज़त करती थी और उसके बच्चों पर भी बच्चों वाली नज़र डालती थी—! मैंने उसकी कहानी कुरेदना चाही तो उसने आसानी से इतनी बड़ी तकलीफ़देह सत्यता बयान कर दी कि मैं आश्चर्यचकित होकर उसका मुंह देखती रह गई—वह एक खुली किताब की तरह मेरे सामने थी और मैं बिना किसी दिक़्क़त के उसे पढ़ रही थी बल्कि उसकी बातें सुन-सुनकर पहली बार मुझे भरोसा हुआ कि वाक़ई तूफ़ान अपना रास्ता

स्वयं बना लेता है—उसके अंदर रंज और गुस्से का जो वहशी तूफ़ान छुपा हुआ था जाहिल होने के बावजूद वह उसको बड़े उचित कोणों से रास्ता दे रही थी—वह हर बात के दौरान मेरे एहसासात और दिलो-दिमाग़ पर सही-सही निशाने लगा रही थी—हो सकता है वह स्वयं न जानती हो कि वह क्या कह रही है मगर मैं खूब अच्छी तरह जान रही थी कि वह क्या कह रही है या क्या कहना चाहती है?—वह बड़ी मासूमियत के साथ मासूम से शब्दों में अपना मतलब बयान कर रही थी जिसे मैं अपने शब्दों में ढालकर समझती चली जा रही थी!

मुझे अच्छी तरह याद है जब मैंने उससे ये कहा कि बानो बीबी अपना घर फिर अपना घर होता है उसे तोड़-फोड़ कर क्यों आ गई हो? तो उसके चेहरे पर ऐसी वहशत और नफ़रत उभरी थी कि ऐसा दृश्य न मैंने पहले कभी देखा था न किसी ने देखा होगा। वह एक ज्वालामुखी पहाड़ की तरह फट पड़ी थी। उसका बस चलता तो ये बात सुनकर वह मेरे मुंह से मेरी ज़बान खींच लेती मगर मैंने देखा वह बड़े सब्र से बैठी आंसू बहा रही थी। थोड़ी देर वह सर झुकाए रही फिर शदीद नफ़रत और बेयक़ीनी के खा जाने वाले एहसास के साथ मेरी तरफ़ देखा और बड़े ठहरे हुए लहजे में मेरी मामूली सी बात का जवाब देने लगी!

"बेगम साहिबा ये आप कह रही हैं? औरत होकर भी ये कह रही हैं? मेरे कलेजे में आपने छुरा मार दिया है। भला औरत भी कभी अपना घर-चौखट छोड़ती है? ग़ैर के घर जाने के बाद लम्हा-लम्हा बेग़ैरती और बेइज़्ज़ती के काले खड्ड में उतरती रहती है मगर चुप रहती है। ये खुदा का और लोगों का और सारी दुनिया का जुल्म नहीं तो और क्या है कि औरत है तो सारा इल्ज़ाम उसी पर आ जाता है, कोई उसके मालिक से जाकर क्यों नहीं पूछता कि ये सब क्यों हुआ? कैसे हुआ? मेरा मियां निखट्टू था, चरसी था। लोगों के घरों में काम कर-करके जब मैं अपनी हड्डियों का सत्त निचोड़कर आती थी तो मेरी उन्हीं हड्डियों में मारता था, पैसे छीन लेता था मगर मैं मुंह से कुछ नहीं बोलती थी कि एक पर्दा जो खुदा ने रखा हुआ था वह न उतरे। नंगी न हो जाऊं इस तरह मैं दो जिस्मानी और रूहानी, मारें खा रही थी। आख़िरी बच्चा हुआ तो मुझे पीलिया हो गया, बिस्तर से लग गई। नशी का नशा टूट गया वह क़हर बन गया। एक दिन मैंने कहा कुछ कमाकर लाओ मुझसे भूखे बच्चे बिलखते हुए नहीं देखे जाते।

"बस इतनी सी बात की थी मैंने।

"मुझे बताओ बेगम साहिबा इस बात में मेरा कितना कसूर निकलता है? जितना आप कहेंगी मान लूंगी क्योंकि मैं औरत हूं और औरत वह क़सूर भी मान लेती है जो वह करती तक नहीं। अब मुझे देखिए मां-बाप ने मुझे पैदा करके छोड़ दिया है। मेरी पैदाइश मेरा कसूर नहीं है फिर भी अपना क़सूर मानती हूं ज़िंदगी एक

क़सूर है ना? जिसकी सज़ावार दर-ब-दर धक्के खाकर पूरी कर रही हूं।"

"ऐसा मत कहो सुरैया बीबी, ऐसा मत सोचो।" मैंने कहा।

"लेकिन तुमने कमाने की बात की तो तुम्हारे पति ने क्या किया?" मैं बात की तह तक पहुंचना चाहती थी।

मैंने देखा वह दोनों घुटनों में सर रखे धारों-धार रो रही थी फिर सिसकी जैसे लहजे में कहने लगी।

"बेगम साहिबा आप वह कुछ न पूछें और न सुनें जो उसने कहा था और जिसको सुनने के बाद मैं मामा के घर में आकर नौकरानी हो गई हूं।" "फिर भी कुछ बताओ।" मैंने उसे तसल्ली देते हुए पूछा।

"अगर आप मजबूर करती हैं तो सुनें। उसने कहा था निकल जाओ यहां से! औरतों के कमाने के कई तरीक़े हैं मेरी तरफ़ से तुम्हें हर तरीक़े की इजाज़त है।"

"बस उसकी ये बात मेरे लिए आख़िरी बात थी। तलाक़ के तीन हरफ़ों (अक्षरों) से भी ऊपर थी। मैं उठकर चली आई। बताओ बेगम साहिबा मैंने ठीक किया ना?" वह मुझसे मुख़ातिब थी अपने इस क़दम उठाने की मुझसे पुष्टि चाहती थी मगर मैं गुमसुम बैठी थी। मैं किसी भी क़िस्म का जवाब देने की पोज़ीशन में नहीं थी। मेरी नज़रें झुकी हुई थीं और वह स्वयं ही बड़बड़ा रही थी। मैंने सुना वह कह रही थी।

"बेगम साहिबा अच्छा किया उसने मुझे घर से निकाल दिया। भला वह मेरा क्या लगता था? लगता तो वह अपने बच्चों का भी कुछ नहीं था तभी तो उन्हें सुबह की गंदी थूक की तरह ज़मीन पर फेंक दिया है। वह हर सुबह मेरे लिए भी अजनबी बन जाता था। बूटी के नशे में वहशी होकर हर रात और पूरी रात वह मेरे कमज़ोर जिस्म पर दंगा-फ़साद करता था। लेकिन मैं क्या कर सकती थी? क्या कह सकती थी या कोई भी पत्नी क्या कर सकती है? निकाह के बाद 'शरअ क़ानून' ऐसी बातें खोलने की इजाज़त ही नहीं देता। बेगम साहिबा मैं सच कह रही हूं आप स्वयं बताएं मैं कैसे आपको यक़ीन दिलाऊं?"

"यक़ीन दिलाने की क्या ज़रूरत है सुरैया बीबी" मैंने कहा।

"तुम्हारा सच्चा खरा लहजा ही तुम्हारी बात का यक़ीन है लेकिन एक बात बताओ आख़िर वह ऐसा क्यों था? मर्द की ज़ात तो हमारे लिए खुदा की ज़ात होती है और खुदा से कौन पूछ सकता है कि वह क्या करता है? दुनिया भर में जुल्म और नाइंसाफ़ियां देखी हैं? काल 'जंगें' ज़लज़ले और दरिद्रता देखी हैं? मगर कौन पूछ सकता है उससे?"

वह लगातार बोल रही थी और रो रही थी। वक़्ती तौर पर मेरे ज़ेहन में एक उपाय आया, मैंने कहा, "चलो सुरैया, छोड़ो इन दुखों को। तुम यूं करो अगले हफ़्ते

मेरे साथ लाहौर चली चलो। मैं बहन को मिलने जा रही हूं। सिर्फ़ छोटे को ले चलना बाक़ी बच्चों को तुम्हारी बेटी संभाल लेगी। जहाज़ पर जाएंगे।''

जहाज़ का नाम सुनकर वह सारे ग़म भूल गई। खुश होकर बड़ी हैरत से पूछा, ''जहाज़ क्या बहुत ऊंचा उड़ता है बेगम साहिबा?''

''हां बहुत ऊंचा।'' मैंने कहा।

''रब से भी ऊंचा चला जाता है?'' उसके मासूम सवाल पर मुझे हंसी आ गई। ''नहीं।'' मैंने कहा।

''रब तो बहुत ऊंचाई पर रहता है। जहाज़ बहुत नीचे रहता है। फ़र्ज़ करो रब के बराबर भी चला जाए तो फिर क्या करोगी? डर के मारे कूद न जाना जहाज़ से।''

वह बड़े विश्वास से बोली, ''वाह मैं क्यों डरूंगी रब से। मैंने कौन से गुनाह किए हैं कि मुंह छुपाउंगी उससे। बल्कि मैं तो अपने जहाज़ के दोनों पर उस के तख़्त के साथ जाकर लगा दूंगी। जब जाग जाएंगे तो, ''तो क्या करोगी?'' मुझे उसकी बातें अनोखी और दिलचस्प लग रही थी, ''तो उससे चार बातें करूंगी। मुझे बहुत शौक़ है उससे बातें करने का।''

''क्या बातें करोगी? मुझे भी तो कुछ पता चले।'' अबके उसका जवाब सुनने के लिए संभलकर बैठ गई!

ठंडी सांस भरकर बोली।

''सबसे पहले तो कहूंगी देखो अल्लाह मियां मुझे लालची न समझ लेना। मुझे नहीं जाना तेरी जन्नत-वन्नत में। मैं तो वह बातें पूछने आई हूं सिर्फ़ इतना बता दे कि बुरे को अच्छा बदला क्यों देता है और अच्छे को सज़ा क्यों मिलती है? एक-एक नेकी पर कलेजा कट जाता है बेगम साहिबा! अच्छा बनने को बड़ा ज़ोर लगता है। पर उसने तो नेकी का बदला क़यामत पर छोड़ दिया है। ख़बर नहीं कब क़यामत आएगी और मुझे बदला मिलेगा। मिलेगा या नहीं? सुना है क़यामत तो लाखों साल बाद आएगी! क्यों बेगम साहिबा?''

मैंने कहा, ''मुझे मालूम नहीं कब आएगी क़यामत। मगर तुम मुझे बताओ मेरे साथ लाहौर चलना है कि नहीं? ये अच्छे-बुरे की बात क्यों ले बैठी हो?''

वह बोली, ''लो अच्छे बुरे की बात क्यों न ले बैठें। मुझे देखो मैं 'अलिफ़' से 'ये' तक अच्छी हूं। चौदह साल की थी तो ब्याह हो गया स्वयं का होश ही नहीं था मुझे। बुरा बनने का वक़्त कहां से आता मेरे पास। जाते ही तो सालों-साल बच्चों की पंक्ति लग गई मेरे पीछे। मुझे बताएं मैं किस किए की सज़ा भर रही हूं?''

मैं हर मज़हबी आदमी की तरह उसे यह कह कर झूठी तसल्ली देना चाहती थी कि ये सब किया-कराया हमारे कर्मों के कारण होता है मगर मैं उसे ये कैसे

कह देती क्योंकि वह मुझे अपने कर्मों के बारे में सारी तफ़सील बता चुकी थी। मैंने उसका कारण बदलने को कहा, ''सुरैया ये तेरे बच्चे को बुख़ार कब से हो जाता है? जाते वक़्त मुझसे दवाई लेती जाना।''

मेरी बात करने की देर थी कि वह अति बुद्धिमान लड़की एक बार फिर चिल्ला उठी, ''ना बीबी ना दवाई न देना मुझे। मेरा बच्चा यूं ही दवा का आदी हो जाएगा। मैं कहां से उसे दवाइयां लाकर दिया करूंगी। खुदा के हुक्म से बीमार पड़ते हैं उसी की मर्ज़ी से ठीक भी हो जाते हैं। मैं इंसानों से रहम की भीख नहीं मागूंगी। जब अल्लाह मियां को मेरे मासूमों पर रहम नहीं आता तो आप क्यों रहम करें।''

बेगम साहिबा मैं किसी की बराबरी भी नहीं करती मगर बच्चे तो सब के बराबर होते हैं। देखें अब आपके बच्चे बीमार पड़ें तो अठारह क़िस्म की दवाइयां आ जाती हैं। आला खुराक मिलती है फल ज़मीन पर पड़े रहते हैं। मेरे मासूमों का क्या क़सूर? चलो मैं तो ग़ैर मर्द से शादी करके गुनहगार हो गई मगर बच्चे तो गुनहगार नहीं है मेरे!

बस बेगम साहिबा आप एक भला करें मेरे साथ। कागज़ के एक टुकड़े पर दो हर्फ़ (अक्षर) लिख कर दे दें आज मक़सूद घर पर नहीं है। मैं सुबह अंधेरे मुंह जाकर एक दीवार पर रख आऊंगी जहां सबसे पहले सूरज की रौशनी पड़नी है। सूरज जब ये पैग़ाम पढ़ेगा तो मक़सूद का बुखार टल जाएगा। गर्मी का ताप है बेगम साहिबा सूरज दो दिन न निकले तो बस बच्चे को ठीक समझो।

मुझे हंसी आ गई, मैंने कहा, ''सूरज कोई पढ़ा-लिखा है कि तुम्हारा पैग़ाम पढ़ लेगा।''

''क्यों नहीं पढ़ेगा। आप लिखकर देना नहीं चाहती।'' वह गुस्सा मान गई फिर कहने लगी।

''ठीक है मैं किसी ग़रीब से लिखवाकर रख दूंगी। शुक्र करती हूं सूरज अमीर लोगों की मिल्कियत नहीं है वरना तो मुझे एक किरण भी उधार न देते जिसकी रौशनी में दो हरफ़ रखने हैं मैंने।''

''नहीं-नहीं यूं न कहो सुरैया बीबी। मुझे तुम्हारी ये बात सुनकर दुख हुआ है। सूरज तो क्या सारी दुनिया सब इंसानों की है। दुनिया की हर चीज़ पर तुम्हारा हक़ है बल्कि सबका बराबर हक़ है।''

मेरा तर्क सुनकर वह रोने जैसी हंस पड़ी।

''लो और सुनो बेगम साहिबा कैसी बातें करती हैं आप? ये दुनिया मेरी है? इसकी 'नेमतें' मेरी हैं? किस चीज़ की बराबरी है यहां? नेमतों ओर सुखों की बराबरी को तो छोड़ ही दो। अमीरों ने तो अपनी मर्ज़ी से हवा भी अब मशीनों में क़ैद कर ली है वो चाहे तो गर्मी से बच जाएं चाहें तो सर्दियों में लिहाफ़ ही न लें। ये हम

हैं जो सारी दोपहर घर के पीछे बने हुए नंगे बरामदे की धूप में सड़ते हैं और सर्दी में ठिठुरते हैं। हमारे बच्चे अकड़कर मर जाते हैं जल-भुनकर सरसाम हो गया है मेरे मक़सूद को। बर्फ मिला ठंडा पानी मांगता है। डाक्टर भी कहता है सर पर बर्फ़ की पट्टी रखो। लो कंठ में डालने को तो बर्फ़ नहीं और बेजान बालों को कहां से ठंडा करूंगी?'' वह सांस लेने को रुकी, मैंने उसे बोलने दिया। वह शायद दिल का तमाम बुख़ार आज निकालने पर तुली हुई थी उस पर मुझे तरस आ गया। सोचा उसकी हर ख़्वाहिश पर पाबंदी है। हर नेमत पर पहरे हैं हर स्वाद हर खुशी क़ैद है तो कम से कम बोलकर हल्की तो हो जाए। मैंने उसे कहा, ''तेरी बातें तो बड़ी अक़्ल वाली हैं सुरैया। आज सब कुछ मुझे बता दे। हल्की हो जाएगी बता तेरे मां-बाप कहां हैं?''

''मर खप गए हैं।'' वह नफ़रत से बोली।

''एक मामा बच गया है मामूली पढ़ा-लिखा है मगर दुनिया की सारी चालें समझता है तभी तो पैसा कमाया है। जो चाल चलता है मुनाफ़ा ही मुनाफ़ा (लाभ) है। जो पत्ता फेंकता है सब समेट लेता है, मैं तो कहती हूं अमीर बनने को पढ़ाई की क्या ज़रूरत है? आदमी कमीना हो, बेईमान हो, बदमाश हो और बेज़मीर हो तो फिर सबकुछ उसी का है। मेरा बाप मुझे अपने चरसी भांजे के हवाले करके मर गया है। लेकिन मेरे लिए तो बड़ी लंबी कहानी पड़ गई है ना बेगम साहिबा?''

''तुम हौसला रखो खुदा ज़रूर दुख काट देगा।'' मैंने उसे प्यार से कहा जिसके जवाब में उसने मेरी दोनों बातों का जवाब देना ज़रूरी न समझा जैसे मैंने बकवास की हो। वह फिर बोलने लगी।

''आप खुद सोचें बेगम साहिबा। मेरे बच्चों का बाप बुरा था वह भी बुरे निकलेंगे ना? पता नहीं लोग हम ग़रीबों से नफ़रत क्यों करते हैं? हमारे साथ ये सब कुछ तो खुदा की मर्ज़ी से होता है फिर लोगों का गुस्सा हम पर क्यों हो?''

''शहीरा अक्सर यही कहता था कि मैं खुदा से पूछूंगा ऐसा क्यों है मगर वह कैसे पूछ सकता था। उसके पास तो जहाज़ का किराया ही नहीं था हां अब मैं खुद पूछूंगी खुदा से। पूछूंगी ये कैसा जुल्म है? तक़दीर तू लिखता है मार इंसानों को पड़ती है आख़िर क्यों?'' मैंने उसकी बात काटते हुए कहा।

''मगर देख लेना तेरे जैसे अच्छे और नेक लोग जन्नत में भी तो जाएंगे। बुरे जहन्नुम में सड़ेंगे।''

और हक्का-बक्का रह गई। वह तड़ से बोली, ''इससे क्या फ़र्क़ पड़ता है? बेगम साहिबा। बुरे लोग यहां ऐश करते हैं। अगले जहां में दोज़ख़ में जलेंगे। बात तो बराबर हो गई। मेरी नेकी का बदला कहां गया? मैं तो कहती हूं खुदा खुद ही सबके साथ इंसाफ़ कर देता तो सारा लफड़ा ही क्यों होता? बंदे की बात बंदे पर डालकर

उसने अच्छा नहीं किया है।"

वह अजीब-अजीब बातें करने लगी थीं तब मैंने उसका ध्यान हटाने के लिए दूसरी बात छेड़ दी। "अच्छा तुम मुझे शब्बीर के बारे में बताओ। वह क्या बदसलूकी करता था तुम्हारे साथ?" रोकर कहने लगी।

आप सुनेंगी तो हंसेगी बेगम साहिबा। आपके नज़दीक मेरी सारी बातें बहुत मामूली और छोटी-छोटी होंगी। ये मेरा जिगर तो अभी तक टुकड़े-टुकड़े है। मेरे लिए तो उनसे ज़्यादा बड़ी काटदार बातें और हो ही नहीं सकतीं। दो बड़े मुल्कों की बड़ी-बड़ी जंगों से भी ज़्यादा ख़ून ख़राबे वाली बातें हैं ये। वह हर रात दो बजे आता था बच्चे उसके प्यार के लिए बिलखते हुए सो जाते थे। जब आता था मुझे बालों से पकड़कर जगा देता था और कहता था तुम बैठ कर मुझे पंखा झलो और जब तक मुझे नींद न आए बैठी रहो इसलिए कि तुम औरतज़ात हो। मैं पूरी रात सिसक-सिसक कर जागती थी। कभी बीमार पड़ जाऊं तो ठठ् उड़ाता था कि बहाना करती हो कभी दवा लेकर नहीं देता था। सुबह गुसलख़ाने नहीं जाने देता था कि मर्द पहले जाएगा। उसी तरह खाना पहले खुद खाता था फिर बच्चों को देता था और मुझे कहता था औरत आख़िर में हांडी चाट पोंछ लेती है। मेरी मां बीमार थी अगले दिन मर गई। मैं जाना चाहती थी न जाने दिया कहने लगा तुम क्या और तुम्हारी मां क्या। बड़ी देखी हैं मरती हुई तेरी मांओं जैसी। मैं रो-रोकर बेदम हो गई थी। और बस छोड़ो बेगम साहिबा क्या-क्या बताऊं? जुल्म और दुख गुज़र जाने के बाद उसका ज़िक्र करने से दूसरों को वह बहुत मामूली लगता है। लेकिन जिस पर बीतती है वही जानता है मैं तो वहां से क़ीमा-क़ीमा होकर निकली हूं कोई कैसे किसी के दर्द गिन सकता है? सर के बालों बराबर दर्द हैं मेरे।" ये कहकर जैसे वह हार गई और ज़ोर-ज़ोर से रोने लग गई। मैं उठी उस बेहद दुखी और सच्ची लड़की को सीने से लगाया और अंदर जाकर तीन सौ रुपए मक़सूद के इलाज के लिए लाई और उसे कहा—"जाओ सुरैया बानो अपने बच्चों के पास जाओ तुम थक गई हो। जाकर आराम करो जब उठोगी तो शाम को मेरे पास आ जाना मैं और भी तुम्हारी मदद करूंगी। तुम मुझे बहन जैसी प्यारी हो। खुदा तुम्हें सुख दे।"

उसने मेरी किसी बात का कोई जवाब न दिया सर झुकाए बैठी रही जैसे कोई मातम की चटाई पर बैठा हो। मैं रक़म उसके पल्लू में बांधकर कमरे में चली आई और कमरे में आते ही बेदम होकर पलंग पर गिर पड़ी इतने बड़े-बड़े सच और इतनी बड़ी-बड़ी डरावनी सत्यताएं सुनकर शायद मैं ज़ब्त करके खड़ी रही थी क्योंकि मैं कमरे में आकर एक तार एक धार रो रही थी आज मेरा दिल, मेरा दिमाग़, मेरे हौसले, सभी इल्म इस छोटी-सी जाहिल और हक़ीर लड़की के सामने स्पष्टतः छोटा था, मैं पूरे तौर से हार चुकी थी। मैं उसकी किसी बात का किसी सवाल का जवाब

न दे सकी थी।

शाम को मैं एक हारे हुए मोहरे के बराबर थी। थके हुए क़दमों से उठी और जाकर उस बरामदे में झांका जहां कुछ घंटे पहले सुरैया बानो बैठी थी और मैं अगले ही लम्हे हक्का-बक्का खड़ी थी मेरे सौ-सौ के तीन नोट गिलास के पेंदे के नीचे रखे थे और सुरैया जा चुकी थी। वह शायद ठीक कहती थी जिस ग़ैरत के हाथों मजबूर होकर वह यहां से भी उठ गई थी वह कहती थी खुदा खुद उस पर रहम करे वह इंसानों से रहम क़बूल नहीं करेगी। और मैं सोच रही थी।

हां वह सच्ची थी कि दुनिया के लिए उसकी तमाम बातें बहुत मामूली और ये ख़बर बहुत छोटी होगी कि एक ग़रीब मजबूर औरत को उसके मालिक ने छः बच्चों समेत छोड़ दिया है। दुनिया की व्यवस्था इसी प्रकार चलती रहेगी। खुदा जाने सुरैया जो ख़ाविंद (पति) की रौंदी हुई और खुदावंद (ईश्वर) की रांदी हुई थी कहां गई होगी? अपनी जवानी और छः ज़िंदगियों को कैसे संभालेगी? ये सारी बात मेरे लिए मामूली बात न थी।

मेरा जी चाहने लगा ऐ काश आज मुझमें कहीं से इतना ढेर सारा हौसला आ जाए कि खुद से कह सकूं।

चलो छोड़ो ज़ोहरा बेगम उठो जाकर वीसीआर पर कोई अच्छी-सी फ़िल्म देख लो। क्यों हल्कान होती हो? ये बातें तो मामूली हैं और होती रहती हैं। लेकिन उस दिन से लेकर आज तक ये मामूली सी बात मैं खुद से नहीं कह सकी हूं। न ही वीसीआर पर फ़िल्म देखकर खुद को बहला सकती हूं। मेरी खुशियों और मुस्कुराहट को ताले लगा गई है वह। मामूली बातें करने वाली।

मेरे बचपन के दिन

तस्लीमा नसरीन

बहुचर्चित लेखिका तस्लीमा नसरीन का जन्म 25 अगस्त, 1962 को बांग्लादेश के मैमनसिंह शहर में हुआ। वे अपनी कथा-कृतियों विशेषकर लज्जा उपन्यास के साथ आत्मालोचन की मजबूत चुनौती के रूप में उपस्थित हुईं। अभिव्यक्ति की स्वतंत्रता के लिए चिकित्सक पद से इस्तीफा देकर बेवतन भी होना पड़ा। लज्जा हिन्दी सहित कई भारतीय एवं विदेशी भाषाओं में अनूदित व चर्चित।

मेरा चौथा साल चल रहा था। दो बार के गर्भपात के बाद मां फिर गर्भवती हुईं। पिताजी की बदली ईश्वरगंज हो गई। नानी ने हाल ही में छोटकू को जन्म दिया था। एक ही घर में मां और बेटी लगभग एक ही समय गर्भवती हुईं।

ईश्वरगंज में पिताजी को अस्पताल से एक जीप मिली थी। उस जीप से मेरे बड़े भाइयों को स्कूल छोड़ते हुए पिताजी अस्पताल चले जाते थे। मैं तब तक स्कूल जाने लायक़ नहीं हुई थी। मैं घर पर ही मां से अ आ क ख सीखती थी।

मां के प्रसव के पहले पिताजी जीप से मैमनसिंह जाकर झूनू ख़ाला को ईश्वरगंज ले आए। इस्त्री की हुई सलवार क़मीज़ तथा दुपट्टे में अपने हाथ में एक सूटकेस लेकर झूनू ख़ाला गाड़ी से उतरीं। उस दिन वे बड़ी ख़ुश थीं। मेरे भाइयों के साथ वे बातों में लग गईं जैसे कि इन छह महीनों में इतना कुछ घट गया था कि वे छह साल में भी ख़त्म नहीं होने वालीं। मेरे बड़े भाई से झूनू ख़ाला सिर्फ़ साल-डेढ़ साल की ही बड़ी थीं। मगर मेरे भाई झूनू ख़ाला के सामने बच्चे थे। झूनू ख़ाला को पढ़ाने एक नए मास्टर साहब आते थे, वे मास्टर किस तरह बोआल मछली की तरह मुंह बाए झूनू ख़ाला को देखते रहते थे, उसी का क़िस्सा आधी रात तक झूनू ख़ाला सुनाती रहीं। नए मास्टर साहब का नाम रासू था। ईश्वरगंज आकर हमारे नए

दालानवाले मकान को झूनू ख़ाला ने व्यवस्थित करके उसका चेहरा ही बदल दिया। पिताजी यह देखकर बोले, ''तुम जाने से पहले ज़रा अपनी बहन को भी घर-बार सजाने का सलीका सिखाती जाना।'' यह सुनकर मां किसी तरह हंसते हुए बोलीं, ''मेरा कोई भी काम उसे पसंद नहीं आता। कहावत है न, जिसकी सूरत पसंद नहीं उसकी चाल टेढ़ी लगती है।''

पिताजी झूनू ख़ाला को खींचकर उन्हें अपनी गोद में बिठाकर उनके पेट में गुदगुदी करते हुए बोले, ''अरे तू तो दिनोदिन सुंदर होती जा रही है। तुझसे जो भी शादी करेगा वह क़िस्मतवाला होगा।'' झूनू ख़ाला ओढ़नी से अपना चेहरा दबाकर पिताजी का हाथ छोड़कर गोद से उतर गईं। शर्म से उनका चेहरा लाल हो गया। फ़ज़ली ख़ाला से पिताजी कुछ ज़्यादा ही छेड़खानी करते। उन्हें खींचकर बिस्तर में अपने पास बिठा लेते, कहते, ''अरे ओ सुंदरी, ज़रा मेरे पास भी आकर बैठ न, इस दिल को तसल्ली मिले। लगता है मैं अपनी जान तुझ पर कुर्बान कर दूं।''

फ़ज़ली ख़ाला हंसते हुए कहतीं, ''दूल्हा भाई, आप तो हरदम मज़ाक़ करते रहते हैं।'' अपनी सालियों से ऐसी हंसी-मज़ाक़—स्तन दबा देना, पेट में गुदगुदी करना आदि, जीजाओं के लिए हलाल समझा जाता है। बातें भी यौन-संबंधी होती है, मगर कोई आपत्ति नहीं करता। मगर इसके बावजूद मां को लगता कि पिताजी हद से बाहर जा रहे हैं। किसी का गोरा रंग देखते ही पिताजी, चाहे वह साली हो या चाकलादार की बीवी, उसके साथ लग जाते थे।

झूनू ख़ाला के आने के छह दिन बाद मां को दर्द उठा। ख़बर पाकर दोपहर को अस्पताल से डॉक्टरी का बैग और एक नर्स को साथ लेकर पिताजी घर आकर बोले, ''इस बार मुझे एक लड़का चाहिए।'' घर में उस वक़्त मां की चीख़ और डेटॉल की गंध भरी हुई थी। सौरी के बंद दरवाज़े के बाहर के एक छेद से झूनू ख़ाला अंदर देख रही थीं और मुंह में कपड़ा दबाए हंसे जा रही थीं, उनके पीछे खड़ी मैं बार-बार पूछ रही थी, ''ओ झूनू ख़ाला, बच्चा कैसे होता है?'' उत्तेजना से मेरा दिल धड़क रहा था। झूनू ख़ाला छेद से बार-बार अपनी आंख हटाकर हंसते-हंसते दोहरी हुई जा रही थीं और मुझसे कह रही थीं, ''बच्चा कैसे होता है, इसे तुझे मैं बता नहीं सकती।'' झूनू ख़ाला उस वक़्त भी हंसे जा रही थीं कि तभी बच्चे के रोने की आवाज़ आई। दरवाज़े का छेद मेरी पहुंच में न होने के कारण झूनू ख़ाला ने मुझे ऊपर उठाकर दिखाया। छेद में नज़र गड़ाकर मैंने देखा कि पिताजी ने दस्ताने पहन रखे थे, उस पर ख़ून लगा था, नर्स बच्चे को एक तसले के पानी में डुबोकर उसकी सफाई कर रही थी। यह कुछ ही क्षण की बात थी। यह देखकर मैं भय से कांप उठी। इतने छुरी-कांटे लेकर पिताजी ने क्या मां का पेट काट डाला है? मां के कटे पेट से ख़ून निकल रहा था! मां दर्द से चीख़ रही थी। झूनू ख़ाला नानी

की भेजी छोटी-छोटी कथरियां लेकर बच्चे को गोद में लेने का इंतज़ार कर रही थीं। पिताजी के दरवाज़ा खोलकर बाहर निकलते ही झूनू ख़ाला ने लपकते हुए उनसे पूछा, ''क्या हुआ दुलाभाई? लड़का या लड़की?'' पिताजी बोले, ''जो मैं चाहता था, नहीं हुआ। लड़की हुई है।''

झूनू ख़ाला ने पूछा, ''गोरी हुई है या काली?''

''और क्या होगी,'' पिताजी ने बेहद खीजकर कहा, ''काली मां की लड़की काली नहीं होगी तो क्या गोरी होगी?''

''अस्पताल का काम छोड़ आया हूं। अब मैं जाता हूं।'' यह कहकर पिताजी चले गए। उनके चले जाने के बाद हम लोगों ने बच्चे को कथरी में लपेटकर गोद में लिया। उसके बदन पर सरसों के तेल की मालिश करके उसे बिस्तर पर लिटा दिया। उसे छोटी-सी कथरी में लिटाकर, छोटे से तकिए पर उसका सिर रखकर उसके लिए छोटी मसहरी टांगकर उसके सिरहाने नाव जैसी दूध की बोतल रखकर मैं उसके पास बैठ गई। झूनू ख़ाला भी। मां एक लय में रोए जा रही थीं। बड़े और छोटे भैया स्कूल से लौटकर बच्चे को चकित होकर देखने लगे।

रात को पिताजी के घर लौटने पर झूनू ख़ाला ने उन्हें भात और सब्ज़ी परोसा। वे खा-पीकर सो गए। बच्चे की रोने की आवाज़ सुनकर वे गुस्से में चीख़े, ''शोरगुल मत करो, मुझे सोने दो।'' झूनू ख़ाला ने बहुत ही दबी आवाज़ में 'नहीं, नहीं, रोओ मत' कहते हुए कथरी बदल दी, उसे पानी या फिर दूध पिलाने लगीं। मैं लेटे-लेटे उस उदास घर की आवाज़ सुनने लगी। पिताजी के लिए, मां के लिए, बच्चे के लिए, झूनू ख़ाला के लिए मेरे मन में सहानुभूति उमड़ पड़ी।

पिताजी की ईश्वरगंज से फिर मैमनसिंह बदली हो गई। मैमनसिंह से ठाकुर गां (ठाकुर गांव)। ठाकुर गां से फिर मैमनसिंह। डेढ़ साल तक बदली के चक्कर के बाद आख़िरकार फिर उस पुराने मकान में आकर हम लोग स्थिर हुए। मैं जन्म से ही उस घर से परिचित थी। पिताजी ने घोषणा कर दी कि बड़े भाइयों की पढ़ाई का नुकसान हो रहा है, अब जब भी बदली होगी तो पिताजी अकेले ही जाएंगे, किसी को साथ लेकर नहीं। मैं अब पहले से काफ़ी लंबी हो गई थी। घर में मुझे भी स्कूल में भर्ती कराने की बात चलने लगी थी। मां यास्मीन को, मेरे नाम के साथ मेल बैठाकर पिताजी ने मेरी छोटी बहन का यही नाम रखा था, दूध पिलातीं, नहलातीं, बदन पर सरसों के तेल की मालिश करके उसे धूप में लिटा देतीं। शाम के वक़्त लालटेन की रोशनी में मेरे बड़े भैया मेज़ कुर्सी पर मुझे पढ़ाने बैठते। मैं तब तक फर्राटे से कविताएं पढ़ने में माहिर हो चुकी थी। छोटी-छोटी कहानियां भी पढ़ लेती। बच्चों का रवींद्रनाथ। मगर बड़े भैया जब मास्टरी करने बैठते तो मैं घबरा जाती थी।

''ज़रा बता, रवींद्रनाथ किस सन् में पैदा हुए थे?''

"मुहूर्त के हिज्जे बता।"

"काजला दीदी कविता किसने लिखी है?"

बड़े भैया के प्रश्नों का उत्तर देते हुए डर लगता था। कब न जाने क्या ग़लती कर बैठूं, बस गाल पर थप्पड़ पड़ जाएगा। या फिर घर के सारे लोगों को बुलाकर मेरी पढ़ाई पर हंसेंगे। ईश्वरगंज जाने के पहले एक दिन शौकिया मास्टरी करते वक़्त उन्होंने कहा था, "हिज्जे करते हुए पढ़।" उन दिनों मवं अ, आ स्वर छोड़कर संयुक्ताक्षर सीख रही थी। अक्षरों से ज़्यादा मेरी रुचि चित्र देखने में थी। बड़े भैया के हुक्म से 'कितनी छवि कितनी बातें' किताब लेकर अक्षरों पर अंगुली रखकर मैंने पढ़ा, ह ल में छोटी उ की मात्रा द। बड़े भैया ने पूछा, "बता, कौन-सा शब्द है?" मैंने चित्र की ओर देखा। अदरक का चित्र बना था। मैंने कहा, "अदरक।" क में उकार, तस्वीर देखकर बड़े इत्मीनान से कह दिया, मछली।

तेरह साल की उम्र के मेरे शिक्षक ने मां को बुलाया, रूनू ख़ाला, झूनू ख़ाला, नानी, हाशिम मामा, टूटू मामा सभी को बुलाकर चटाई के चारों तरफ़ बिठा दिया। फिर कहा, "सब लोग सुनो, देखो यह कैसा पढ़ती है। हां, अब ज़रा पढ़ो तो।"

मेरी समझ में नहीं आ रहा था कि मेरी मामूली-सी पढ़ाई दिखाने के लिए इतने लोगों को बुलाने की क्या ज़रूरत थी। मुझे लगा शायद मैंने तरक्की की है इसलिए शाबाशी देने के लिए घर के सभी लोगों को बुलाया गया है। मैं अपना पाठ अच्छी तरह से पढ़ लूंगी तो रूनू ख़ाला मुझे गोद में उठाकर नाचेंगी, टूटू मामा लेमनचूस देंगे, नानी पेड़ का सबसे बड़ा अमरूद तोड़कर मुझे देंगी। मैं शुद्ध उच्चारण में अक्षरों पर अंगुली रखकर पढ़ने लगी, ह, ल में छोटी उ की मात्रा, द, फिर तस्वीर की ओर देखकर बोली, अदरक। यह कहना था कि हंसी की फुहार छूट पड़ी। झूनू ख़ाला हंसते-हंसते ज़मीन पर बैठ गईं। उनका दुपट्टा कंधे से खिसक गया। रूनू ख़ाला की ही ही ही ही शुरू हो गई। बड़े भैया और टूटू मामा की हा हा हा हा। मैं सभी के चेहरे देखने लगी। मुझे भी हंसी आ गई। आख़िर हंसी संक्रामक होती है न! उस वक़्त वहां के रंगमंच पर मैं ही अकेली अभिनेत्री थी, बाक़ी सभी दर्शक—श्रोता थे। नानी ने हंसते-हंसते मुझसे कहा, "ह, ल में छोटी उ की मात्रा और द से हलुद (हल्दी) होता है। हल्दी और अदरक की तस्वीर एक जैसी होने के कारण क्या तू हल्दी को अदरक पढ़ेगी?"

मेरे दिमाग़ में तस्वीर बसी रहती थी, शब्दों के बारे में मैं कभी सोचती ही नहीं थी। असल में मैं तस्वीर पढ़ती थी, शब्द नहीं। अक्षर आंकने से पहले मैंने पेड़, फूल, नदी, नाव को ही आंका था।

छोटे भैया ने ठाकुर गां के पी टी आई स्कूल में मुझे भर्ती करा दिया। वे मुझे गोद में लेकर कक्षा में बिठा आए थे। मैं उस वक़्त कितना रोई थी। मास्टर साहब

ने मुझे अपनी गोद में बिठाकर मुझे चुप कराने के लिए गाना सुनाया था, "थैया, थैया, चांद धुला आसमान।" रोना बंद होने पर मुझे अन्य बच्चों के साथ बिठाकर मास्टर साहब ने कहा था, "बच्चो ज़रा एक कलश का चित्र बनाकर दिखाओ तो।"

मैंने बड़े मज़े से दो-तीन रेखाएं खींचकर कलश बना दिया। कलश के गले में फूलों-पत्तों की माला भी पहना दी। कक्षा के अन्य बच्चे अपने बनाए चित्र छोड़कर मेरा बनाया कलश देखने लगे। पी टी आई स्कूल में पहले ही दिन मेरा नाम हो गया। मास्टर साहब ने दोनों हाथों से मेरी कमर पकड़कर ऊंचा उठाते हुए कहा था, "ज़रा इस खुकी को देखो, यह बड़ी होकर एक दिन बहुत बड़ी चित्रकार बनेगी।"

पढ़ाते वक़्त एक दिन बड़े भैया बोले, " 'चल, चल' कविता को याद कर ले।"

'चल, चल चल
ऊर्ध्व गगन में बाजे मादल
नीचे उतावला धरणी तल
अरुण प्रात का तरुण दल
चल रे, चल रे, चल।'

इतना पढ़ने के बाद ही उन्होंने पूछा, "अरुण माने क्या होता है?" मैं ख़ामोश रही। बड़े भैया पेंसिल से मेरी अंगुली पर चोट करते हुए बोले, "बंदर की तरह सिर्फ़ रट लेने से ही काम हो जाएगा? तुम्हें अर्थ नहीं पता?"

बड़े भैया को जिस दिन मास्टरी का शौक़ चढ़ जाता उस दिन गालों पर थप्पड़, पीठ पर घूंसा आदि का कार्यक्रम शाम ढलने के बाद तब तक चलता रहता, जब तक मां हमें रात के खाने पर न बुला लेतीं। बाक़ी दिन शाम के वक़्त नानी के घर के आंगन में चटाई बिछाकर मुझे टूटू मामा, शराफ मामा, फेलू मामा के साथ एक क़तार में बैठकर पाठशाला के छात्रों की तरह ज़ोर-ज़ोर से पढ़ना पड़ता था, जिससे कि कमरे में बैठे बड़ों को पता चले कि हम लोग पढ़ रहे हैं। एक लालटेन की रोशनी में हम दो-दो लोग बैठकर झूमते हुए पढ़ते रहते। शराफ मामा और मैं ज़ोर से कविता पढ़ते, फेलू मामा अभी 'मां कलम कलाम' ही पढ़ रहे थे। टूटू मामा को 'तूफान प्रचंड वेग से आया। टीन की छाजन हवा में उड़ने लगी। पेड़ जड़ से उखड़कर गिर पड़े। लोग हवा के वेग से पछाड़ खाकर गिरने लगे' इतना पढ़ने के बाद इतने ज़ोर की हंसी आती कि वे अपने को रोक नहीं पाते थे। फेलू मामा और शराफ मामा का भी हंस-हंसकर बुरा हाल होता था। तूफ़ान आने पर टीन की छाजन उड़ जाने और लोगों के पछाड़ खाकर गिरने पर दुख होने की बजाय हंसने की क्या बात थी, यह मेरी समझ में नहीं आती थी। हंसी की आवाज़ कानों में जाते ही नानी अपने कमरे से चिल्लाकर पूछतीं, "पढ़ने के वक़्त इतनी हंसी किस बात की?" टूटू मामा का यह नियम बन गया था, प्रतिदिन शाम को एक बार तूफ़ान की कहानी

पढ़े बिना उन्हें चैन नहीं आता था। रात आठ बजे रसोई से भोजन का बुलावा आता था। पीढ़े पर बैठकर मछली या दाल किसी से भी भात खाते पर खाने के अंत में दूध ज़रूर पीना पड़ता। मां और पिताजी के साथ एक ही खाट पर यास्मीन के सोने के कारण जगह की कमी से मुझे नानी के मकान में अगल-बगल बिछे तीन पलंगों पर शराफ मामा, फेलू मामा, नाना और नानी के साथ सोना पड़ता था।

ठाकुर गां से लौटने के दो महीने बाद नाना ने हमें, शराफ मामा, फेलू मामा और मुझे—राजबाड़ी स्कूल में भर्ती करा दिया। मैं और शराफ मामा क्लास टू में पढ़ते थे, फेलू मामा वन में। नाना ने हमें स्कूल जाने के लिए तीन काले रंग के छाते भी ख़रीद दिए। उन्होंने उन छातों पर सफेद स्याही से हमारा नाम भी लिखवा दिया। सुबह हम लोग घी-चीनी से भात खाकर छाता लेकर पैदल निकल पड़ते। दोपहर को स्कूल में टिफिन खाने को मिलता था। शाम को स्कूल से घर लौटकर भात खाने के बाद घर से सटे मैदान में हम खेलने चले जाते। शाम ढलने से पहले खेल ख़त्म करके देह की धूल-मिट्टी झाड़कर, नल से मुंह-हाथ धोकर लालटेन जलाकर हमें पढ़ने बैठना पड़ता था। मेरा बचपन दो आंगन में बीता, नानी के घर के और मेरे। दोनों ही जगह मेरी किताब-कापियां, कपड़े-जूते पड़े होते थे। कभी मैं इस घर में खाती थी तो कभी उस घर में। दुख-सुख उन दिनों अक्सर ही आते और चले जाते, जैसे कि वे पड़ोस में कहीं रहते हों। स्कूल जाना शुरू करने तक मैंने ग़ौर किया कि जिस दिन मुझे टिफिन में रंगीन थाली मिलती थी, दिनभर मुझे तृप्ति महसूस होती थी। स्कूल में फूल और फल की तस्वीरों वाली कुछ थालियां थीं, बाक़ी बिना तस्वीरों वाली। टिफिन की घंटी बजने के बाद कक्षा की एक लड़की सभी के सामने एक-एक थाली रख जाती थी। उसके बाद दफ्तरी आकर उनमें टिफिन परोस जाता था, कभी अंडा-रोटी, कभी खिचड़ी। पॉपी, कक्षा में अगली बेंच पर बैठनेवाली पढ़ाई-लिखाई में अच्छी छात्रा थी, वह अपने लिए पहले से रंगीन तस्वीरों वाली थाली निकालकर ले लेती थी। पॉपी की मां, ख़ाला उसी स्कूल की टीचर भी थीं। वह जो आज़ादी वहां हासिल कर लेती थी वह पीछे की बेंच पर सिर झुकाए बैठने वाली मेरी जैसी गबद्दू लड़की के लिए संभव नहीं था। कभी-कभी बिल्ली के भागों छींका टूटने की तरह मेरे हिस्से में भी तस्वीरों वाली थाली आ जाती थी। मेरी नज़र खाने से ज़्यादा तस्वीरों पर ही रहती।

राजबाड़ी स्कूल पहले राजा शशिकांत का महल था। उस महल से राजा चले गए, रानी चली गईं, राजकुमार-राजकुमारियां चले गए, उस विशाल ख़ाली महल में मेज़-कुर्सियां, बेंच तथा स्टूल रखकर स्कूल खोल दिया गया। प्राचीन बरगद के वृक्षों से वह महल घिरा हुआ था। उस महल के सामने एक महिला की सफ़ेद नग्न मूर्ति थी। अंदर हंस की आंख की तरह काले पानी से भरा एक ताल था, ताल में पक्का

घाट बना हुआ था। महल की सीढ़ियां बग़ीचे में दूर तक बिछी हुई थीं। उसके दरवाज़े इतने ऊंचे थे कि कोई लंबा दरबान भी अपनी लाठी ऊंची करके उसके सिरे को नहीं छू सकता था। कमरे के अंदर की छत आसमान की तरह लगती थी। खिड़कियों में तस्वीरों वाले रंग-बिरंगे शीशे लगे हुए थे। उस स्कूल में पहुंचकर मैं अपने को किसी राजा की तरह ही महसूस करती। लेकिन बस इतना ही। क्लास में पहुंचने के बाद ढेर सारे लड़के-लड़कियों के बीच मैं खुद को बेहद अकेली और बेवकूफ़ क़िस्म की महसूस करती। ब्लैकबोर्ड के सामने खड़ी होकर मैं ज़ोर से कविता नहीं सुना पाती थी, डर और शर्म से मेरी गर्दन झुक जाती, गले से भिनभिनाते हुए अर्थहीन शब्द निकलते। मेरे सिर पर डस्टर मारकर मुझे पिछली बेंच पर भेज दिया गया। स्कूल में भी मेरी चर्चा नहीं होती थी, चर्चा परी की तरह देखने में सुंदर पॉपी की होती थी। ड्राइंग की कक्षा में हाथी, घोड़ा, नदी-नाव की तस्वीर बनाते वक़्त मेरे हाथ कांपते थे। पॉपी जो चित्र बना देती उसमें उसे सौ में सौ नंबर मिलते थे। मैं उस स्कूल में एक शरारती लड़के शराफ की भानजी थी। एक बार स्कूल की छुट्टी के बाद शराफ और नसीम के दोनों हाथ पीछे की ओर बांधकर उनकी आंखों पर पट्टी चढ़ाकर उनकी पिटाई की गई थी। घटना यूं घटी थी—नसीम ने अपने पिता की जेब से रुपए चुराकर शराफ को दिए थे। उसके बदले में शराफ ने नसीम को अपना चुंबक दिया था। उन्हें जब सीढ़ियों पर खड़ा करके बेंत से पीटा जा रहा था, मैंने और फेलू मामा ने स्कूल के अन्य बच्चों के साथ बाग़ीचे में खड़े होकर वह दृश्य बहुत उदास होकर देखा था। उस दिन हम दोनों अकेले घर लौटे थे। शराफ मामा को स्कूल में बंद कर दिया गया था। शाम को बेदम पीटे जाने के बाद स्कूल में पड़े शराफ मामा को घर लाकर नाना ने उन्हें खंभे से बांधकर एक बार और जमकर पीटा था।

स्कूल की लड़कियां अपनी किताबों के अंदर फर्न के पत्ते दबाकर रखती थीं। फर्न के पत्ते को वे सब विद्या की पत्ती कहती थीं। उन्हें किताबों में रखने पर विद्या अच्छी हो जाती थी। मैं भी अपनी किताबों में वे पत्तियां भर देती थीं इसके बावजूद जब ब्लैकबोर्ड पर मुझसे सवाल हल करने के लिए या कविता सुनाने के लिए कहा जाता, तब मेरी गर्दन नीचे की ओर झुक जाती। मेरे मुंह से निकली कविता फ़र्श पर, धूल में गिर पड़ती।

नन्हीं छोटी नदी हमारी
आड़ी-तिरछी बहती
आता जब बैसाख महीना
वह घुटनों तक रहती
गायें करतीं पार उसे

चल पड़तीं उस पार गाड़ी
दोनों ओर किनारे ऊंचे
बने ढलान नदी की

चमक रही है बालू चमचम
कीचड़ कहीं नहीं है
श्वेत पुष्प बिखरे-बिखरे हैं
बांस वनों से हवा बही है

शालिक पंछी के झुंड यहां,
किचिर-मिचिर की ध्वनि करते हैं
और रात में गीदड़ रह-रह
सारी नीरवता हरते हैं।

इतनी परिचित कविता का एक भी शब्द मुझे तब याद नहीं आता था। बस मन ही मन उसके दृश्य याद आते, नदी का दृश्य, नदी पार करते चरवाहों के दृश्य। मन में सोचती काश अगर मुझे इस कविता की तस्वीर बनाने के लिए कहा गया होता। जब मुझे चुपचाप खड़ी देखकर मास्टर साहब मेरा कान पकड़ते तो पूरी क्लास ठहाके से गूंज जाती थी। खेल की घंटी बजने पर सब झुंड में खेलने के लिए मैदान में भाग जाते थे। मुझे खेल में कोई अपने साथ शामिल नहीं करता था। राजबाड़ी की सीढ़ियों पर मैं सिकुड़ी-सिमटी अकेली बैठी रहती। जैसे कि स्कूल में सभी के साथ मेरी कुट्टी थी, इसी से न कोई मुझसे बात करता था, न कोई मेरी ओर देखता था।

मैं खुद ही खुद से कुट्टी कर लेती थी—

कुट्टी कुट्टी, कुट्टी
कल जाऊंगी बाड़ी
परसों जाऊंगी घर
क्या करेगी कर।

घर में इतने सारे लोगों के होते हुए मैं अपने को अकेला महसूस करती थी। शराफ मामा वग़ैरह अपने खेल में मुझे तभी शामिल करते थे जब उन्हें कोई अच्छा खेलने वाला नहीं मिलता था। मैं उनके साथ न दौड़ने में, न मार्बेल खेलने में, न लाटिम खेलने में, न चैड़ा खेलने में यानी कि किसी खेल में बराबरी नहीं कर पाती थी। वे लोग पेड़ पर चढ़ते थे, तैरते थे और मैं खजूर के पेड़ के नीचे खड़ी होकर उनका शोरगुल सुनती, उनकी मस्ती देखती रहती। बड़े भैया अब क्रिकेट नहीं खेलते थे। उन्हें फ़ोटोग्राफ़ी का शौक़ चर्राया था। एक दोस्त से कैमरा उधार लेकर पैंट-जूता

पहनकर नदी किनारे और पार्क में विभिन्न प्रकार से तस्वीरें खींचते थे। अपने हाथ से काग़ज़ का एलबम बनाकर उन सब तस्वीरों को वे उस एलबम में चिपकाते। वे मुझे दूर से ही एलबम देखने देते थे, उसे छूने नहीं देते थे। सभी अपने-अपने खेल में व्यस्त रहते थे। मेरे जिम्मे शाम को लालटेनों की चिमनियां साफ़ करके उन्हें जलाकर हर कमरे में रख आने का काम था। दरअसल मैं खुद ही इस काम को करने के लिए राजी हुई थी। लालटेनों को अपनी बांहों में झुलाकर मुझे लगता जैसे मैं कोई आइसक्रीमवाली हूं। एक कमरे से दूसरे कमरे में जाते हुए मैं आवाज़ लगाती—हेई मलाई आइसक्रीम!

रूनू ख़ाला मुझे पहले रोकतीं—"ऐ आइसक्रीम, इधर आ। यह पैसा ले। ज़रा एक दो पैसेवाला आइसक्रीम देना।"

कोई मुझे बुलाता तो मुझे बेहद खुशी होती थी। मैं झूठमूठ का पैसा लेकर लालटेन का ढक्कन झूठमूठ का खोलकर आइसक्रीम निकालकर उन्हें दे देती थी! यह मेरे अकेले का खेल था। इसमें न कोई हार थी, न जीत थी। मेरे इस खेल में फेलू मामा, शराफ मामा किसी को भी मज़ा नहीं मिलता था। बल्कि मुझसे मज़ाक़ करते हुए कहते, "बेहतर हो तो छोटकू के साथ खेल।" छोटकू उस वक़्त ढाई साल का था।

मैं यूं ही बड़ी होती जा रही थी। न मुझमें बुद्धि विकसित हो रही थी, न कोई चेतना ही। दूसरों के सामने कविता कहते वक़्त वह मेरे मुंह से ज़मीन पर गिर जाता था। शराफ मामा, फेलू मामा चोर-चोर खेल छोड़कर अब फुटबाल तथा क्रिकेट खेलने लगे थे। मैं उस वक़्त भी कड़ई पेड़ के नीचे छोटकू के साथ चोर-चोर खेलती थी। मैं उन दिनों भी लालटेन पर एक गोल काग़ज़ फाड़कर रोटियां सेंकने की तरह काग़ज़ सेंकती थी। गिनती लिखने के बदले मैं पूरे काग़ज़ पर रंगीन पेंसिल से तस्वीर बनाती थी—एक टट्टरोंवाला घर, उसके पीछे केले के पेड़, पेड़ों के पीछे आसमान, आसमान में उड़ती हुई चिड़िया, चिड़िया के पीछे सूर्य का लाल गोला, उस घर के काफ़ी क़रीब से बहती हुई नदी, नदी में नाव, नाव में बैठा एक मल्लाह, कमर पर घड़ा रखे नदी से पानी भरने जाती हुई चटक लाल रंग की साड़ी पहने एक औरत।

बारह रबी-उल-अव्वल को पैदा हुई लड़की को तस्वीरें बनाने में इतनी क्यों रुचि थी, यह बात फ़ज़ली ख़ाला की समझ में नहीं आती थी। लोगों के चित्र बनाते हुए देखकर वे कहतीं, "इतने पवित्र दिन को तू पैदा हुई है, तू बैठे-बैठे इन्सानों की तस्वीरें क्यों बनाती रहती है? तू इन्सानों में जान भर सकती है?" किसी इन्सान की तस्वीर बनाने के बाद भला उसमें जान डालने की क्या ज़रूरत है, इसे मैं समझ नहीं पाती थी। मैं फ़ज़ली ख़ाला के नाराज़ चेहरे की ओर बेवकूफ़ों की तरह देखने लगती।

निषिद्ध काम में सिर्फ़ मैं ही नहीं, मां भी शामिल रहती थीं। पिताजी की क़मीज़

की सामनेवाली जेब में फिर से रजिया बेगम की चिट्ठी पाने के बाद से मां की हालत फिर पागलों जैसी हो गई थी। वे नहाना-धोना, खाना-पीना सब भूल गई थीं। वे न बालों में तेल लगाती थीं, न जूड़ा बांधती थीं। उनकी साड़ी का आंचल खुलकर ज़मीन पर लोटता रहता। घर-गृहस्थी को चूल्हे में झोंककर वे दरवाज़ा बंद करके कमरे में बैठी रहतीं। मां के ऐसे बुरे दिनों में एक दिन सोहेली की मां ने आकर उन्हें समझाया था कि इस तरह दिन-भर कमरे में बैठकर अपने पति की बेवफ़ाई पर रोते रहने से तुम अपना ही नुकसान करोगी। अपने मन को दूसरे कामों में लगाओ। वे मां के बाल बांधकर, धुली साड़ी पहनाकर उन्हें अलका हॉल में सिनेमा दिखाने ले गई थीं। शुरू-शुरू में सोहेली की मां का, फिर बाद में किसी का भी इंतज़ार किए बिना, मां खुद ही रिक्शे से अलका में सिनेमा देखने चली जाती थीं। भीड़ में खड़ी होकर वे टिकट लेती थीं। हाल में बैठकर मूंगफली खाते हुए फ़िल्म देखतीं। मेरी काली-कलूटी बदसूरत मां, न अपने साज-संवार का ख़याल करतीं न पहनावे का। सस्ती सैंडिल पहनकर वे मामूली वेशभूषा में बाहर चली जातीं। मां की रुचि अब गहनों-कपड़ों में नहीं रह गई थी। पिताजी ने अपनी पत्नी और दोनों बेटियों के लिए गहने गढ़वा दिए थे। मां के गहने कभी गुसलख़ाने में, तो कभी चूल्हे के किनारे तो कभी तकिए के नीचे पड़े रहते। उनका मन उचट गया था। जिस मां ने बारह साल की उम्र से बुर्का पहनना शुरू कर दिया था, आज वे ही बिना बुर्के के सिनेमा जाने लगी थीं। कभी-कभी उनके पैरों में दो रंग की चप्पलें होतीं। वे अपने आपे में नहीं रहतीं। फ़िल्म के हीरो उत्तम कुमार की ओर खिंची महसूस करतीं। वे सपना देखतीं कि उत्तम कुमार ने उनके गले में शादी की माला पहना दी है। मां की आंखें उस वक़्त भावावेग में मूंद जातीं।

मैंने अभी तक कोई सिनेमा नहीं देखा था। सिनेमा के नाम पर मैंने पहली बार जाड़े की दोपहर को बायस्कोप वाले के आने पर उसके लकड़ी के बक्से में आंखें सटाकर देखा था, जिसमें तस्वीरें आंखों के सामने से गुज़रती रहती थीं। बायस्कोप वाला सुर में उन तस्वीरों की कहानी सुनाता। उस बायस्कोप की याद धुंधलाते न धुंधलाते ही एक दिन पूरे मोहल्ले में शोर मच गया, शहाबुद्दीन के घर के मैदान में प्रचार की कोई मूक फ़िल्म दिखाई जाएगी। मुहल्ले के बच्चे शाम होते ही ईंटें बिछाकर मैदान में डट गए। एक बड़े पर्दे पर फ़िल्म दिखाई गई। फ़िल्म के नाम पर लोगों का चलना-फिरना, दौड़ना और हिलते ओंठ ही नज़र आए। मैं भी एक ईंट पर बैठकर उस फ़िल्म को मुंह बाए देखने के बाद उसका सिर-पैर कुछ समझे बिना घर लौट आई। मेरे मामाओं ने मुझ पर कटाक्ष किया, "इतनी बड़ी लड़की के दिमाग़ में सिर्फ़ गोबर भरा है।" ख़ैर, यह बात सही थी कि मेरे दिमाग़ में गोबर भरा था। ऐसा नहीं होता तो मैं एक घटना का जिक्र पूरे घर से कर सकती थी।

मगर मैंने ऐसा नहीं किया। मैंने कभी भी घरवालों को यह बात नहीं बताई कि इतने लोगों के होते हुए उनके अनजाने में मेरे साथ क्या घटित हुआ था। उस दिन 16 अगस्त था, सन् 1967। दो दिन पहले ही पाकिस्तान का स्वाधीनता दिवस मनाया गया था। मैं स्कूल से घर लौटकर मां का इंतज़ार कर रही थी। उनके घर आने पर ही मुझे नाश्ता-पानी मिलना था। नानी के मकान में प्रतिदिन शाम को किताब पढ़ने की जैसी बैठकी जमती थी, वैसे ही जमी हुई थी। काना मामू खंभे से टेक लगाकर छोटी चौकी पर बैठे हुए थे, नानी लेटी हुई पान चबा रही थीं, झूनू ख़ाला अधलेटी थीं, हाशिम मामा एक कुर्सी पर बैठकर दूसरी कुर्सी पर एक पैर रखकर हाथ-पंखे से हवा कर रहे थे। और रूनू ख़ाला अपने सीने के नीचे तकिया दबाकर बहराम डाकू पढ़ रही थीं। नानी के यहां अक्सर गर्मी के लंबे दिनों में दोपहर के भोजन के बाद कुछ देर सोकर उठने के बाद ऐसा दृश्य नज़र आता था। रूनू ख़ाला पढ़ती थीं और सभी सुनते थे। कहानी सुनते हुए कोई खिक-खिक हंसता, किसी के मुंह से आह निकलता, कोई कहता, अरे धत्त! उस वक़्त कमरे में जाकर बच्चों को शोर मचाने की मनाही थी। मैं मां के न रहने पर अकेली थी, दरवाज़े पर जाकर खड़ी हो गई। हाशिम मामा ने कहा, "जा, बाहर जाकर खेल।"

मुझे घर से बाहर जाकर खेलने की इच्छा नहीं हुई। मुझे भूख लगी हुई थी। मां जाली की अलमारी में ताला लगा गई थीं। नानी के आंगन के कुएं की बगल से होती हुई नारियल के पेड़ के नीचे से अपने घर के सूने आंगन की सीढ़ियों पर पहुंचकर गाल पर हाथ रखकर मैं अपने पैर पसारकर बैठ गई। तभी शराफ मामा उधर आए। शायद उनके गुल्ली-डंडे की गुल्ली या क्रिकेट की गेंद उछलकर इधर आ गई होगी, शराफ मामा वही लेने आए होंगे या फिर इस आंगन में अपना मार्बेल भूल गए होंगे, मैंने यही सोचा। शराफ मामा मुझसे एक हाथ लंबे थे। शराफ मामा ने अपनी भूरी आंखों से एक बार पेड़ के पत्तों को, एक बार कमरे के दरवाज़े को, एक बार आंगन में बैठी काली बिल्ली को, एक बार बैठक की ख़ाली कुर्सी को देखा। वे बिना बांहों वाली गंजी और सफ़ेद हाफ पैंट पहने हुए थे। उन्होंने मुझसे पूछा, "बड़ी बू कहां हैं?"

मैंने गालों पर हाथ रखे-रखे सिर हिलाकर कहा, "नहीं हैं।"

"कहां गई हैं?" जैसे अभी उन्हें किसी ज़रूरी काम से मां से मिलना था, उन्होंने इस तरह पूछा।

शराफ मामा ने सीढ़ियों पर, मेरी बगल में पीठ पर हल्का धौल जमाते हुए कहा, "तू यहां अकेली बैठी क्या कर रही है?"

"कुछ नहीं।" मैंने उदास होकर कहा।

शराफ मामा ने "बड़ी बू कब तक आएगी?" पूछते हुए गालों से मेरा हाथ हटाकर

कोमल स्वर में कहा, "इस तरह गालों पर हाथ रखकर नहीं बैठते, असगुन होता है।" मेरा मन कहने को हुआ कि मुझे बड़े ज़ोरों की भूख लगी है, मैं क्या खाऊं? मां अलमारी में ताला लगा गई हैं। मगर यह न कहकर मैं रहस्य-भरे स्वर में बोली, "पता है, मां कहां गई हैं?" मैं उनके और क़रीब आकर बोली, "पहले कहो, तुम किसी को बताओगे नहीं?"

"नहीं बताऊंगा।" शराफ मामा बोले।

"सच?"

"सच।"

"विद्या?"

"विद्या।"

"अल्लाह की क़सम।"

"अरे अब बता भी, कहा तो किसी को नहीं बताऊंगा।" शराफ मामा कुछ उतावले होकर बोले।

"पहले अल्लाह की क़सम खाओ।"

अल्लाह की क़सम खाने पर अपनी बात से मुकरने की हिम्मत कोई कर नहीं सकता था, मुझे ऐसा ही यक़ीन था।

शराफ मामा ने गंभीर होकर कहा, "ठीक है, अल्लाह की क़सम।"

मैंने फुसफुसाकर कहा, "मां सिनेमा देखने गई है।"

शराफ मामा इस बात पर ज़रा भी नहीं चौंके। कहा, "ओह!" जैसे कि यह कोई गंभीर बात नहीं थी। मां के पेशाबख़ाने या सुलेखा की मां के घर जाने जैसा ही कोई मामूली बात थी।

मां के सिनेमा जाने पर कड़ी पाबंदी थी। 'यह सब देखना गुनाह है' कहते हुए नाना ने मां को धमकी दी थी, "बेटी, अगर अब तुम फिर घर के बाहर पैर रखोगी तो तुम्हारी ख़ैर नहीं।" इसके बावजूद मां नाना की हुक्मउदूली करके घर से बाहर गई थीं, ऐसी एक रोमांचक घटना की जानकारी के बावजूद शराफ मामा चिंतित हुए बिना बोले, "मैंने भी कल एक सिनेमा देखा है।"

मैंने चकित होकर पूछा, "तुम सिनेमा देखने अकेले गए थे?"

शराफ मामा आंख नचाकर बोले, "हां।"

"अगर नाना को पता चल जाए तब क्या होगा?" मैंने डरते हुए पूछा।

"चल तुझे एक मज़े की चीज़ दिखाऊं।" यह कहकर शराफ मामा खड़े हो गए और आंगन के पूरब में मेरे भाइयों के कमरे की दक्षिण दिशा में हमारे मकान के अंतिम छोर पर बने काली टीन वाले कमरे की ओर बढ़ने लगे। उनके पीछे मैं भी चल पड़ी। उस कमरे का सामनेवाला दरवाज़ा बंद था। पीछे का दरवाज़ा एक ख़ास

तरीक़े से खोला जा सकता था। मकान के इस तरफ़ कहीं कोई आवाज़ नहीं थी। वहां भुतहा सन्नाटा छाया हुआ था। घर के पिछवाड़े का हिस्सा सेम की पुरानी लतर से घिरा हुआ था। उसकी शाखाओं-प्रशाखाओं, उसकी हरी और सूखी पत्तियों ने पूरी जगह घेर ली थी। मैं उस तरफ़ सांपों के डर से नहीं जाती थी। मेरे छोटे भैया ने एक बार वहां झाड़ियों में एक सांप देखा था। शराफ मामा के पीछे-पीछे चलती हुई मैंने झाड़ियों में पैर रखने के पहले कहा, ''शराफ मामा, इस जंगल में सांप रहते हैं।''

''धत्त, डर मत। तू दरअसल बहुत बुद्धू है, एक बिलैया है। आ तुझे एक ऐसी मज़े की चीज़ दिखाऊं, जिसके बारे में किसी को पता नहीं।'' शराफ मामा ने इस निश्चिंतता से झाड़ियों में अपना पैर रखा, जैसे कि उन्हें पता हो कि सांप वग़ैरह सब इस वक़्त अपने बिलों में सोए होंगे।

''कैसी चीज़, पहले बताओ।'' मैंने उधर जाने से हिचकिचाते हुए कहा।

''पहले बता देने से उसका मज़ा नहीं रहेगा।'' शराफ मामा बोले।

बाहर से अंगुली डालकर उस दरवाज़े को खोलकर शराफ मामा भीतर घुसे। उनके पीछे-पीछे एक ही दौड़ में मैंने भी वह झाड़ी पार कर ली। उस मज़े की चीज़ को देखने के लिए मैं अपनी जान हथेली पर रखकर सांप वाली झाड़ी कूदकर चली आई थी। शराफ मामा की उस गोपनीय वस्तु को देखने का मुझमें कौतूहल जग गया था। कमरे में घुसते ही मरे चूहों की दुर्गंध से मेरी नाक सिकुड़ गई। चूहों के दौड़ने की आवाज़ कानों में आई। कमरे के एक तरफ़ जलावन की लकड़ियों का ढेर था। दूसरी तरफ़ एक छोटी चौकी बिछी हुई थी। मुझे भयभीत देखकर अगर शराफ मामा कहें, तू बड़ी बूद्धू है, बिलैया है, यही सोचकर डरते हुए भी मैं इसे कह नहीं पा रही थी। शराफ मामा बड़े साहसी थे। वे अकेले ही पूरे शहर में घूमते रहते थे, नदी के उस पार भी चले जाते। उनके साहस पर मुग्ध होकर और भीतर के डर को भीतर छिपाकर मैंने बड़े कौतूहल से शराफ मामा से पूछा, ''मामा, नदी के उस पार क्या वाकई फटिंग टिंग रहता है?''

उन्होंने तख़्त पर पैर लटकाकर बैठते हुए कहा, ''नहीं।''

''एक दिन मुझे भी वहां ले चलोगे?'' मैंने उनसे आग्रह किया।

मेरे पेट को अंगुली से कोंचते हुए वे बोले, ''तू डरेगी नहीं?''

''नहीं।'' मैंने अपने डर को छिपाते हुए कहा।

''अरे नहीं, तू ज़रूर डरेगी।'' वे मेरे सिर पर चपत लगाते हुए बोले।

''यक़ीन करो, मैं ज़रा भी नहीं डरूंगी। अब तो मैं बड़ी हो गई हूं। अब मैं नहीं डरती। देखो, मैंने आज ये झाड़ियां भी पार कर लीं। अब क्यों डरूंगी?'' मैं बड़े विश्वास से बोली।

''मुझे यक़ीन नहीं, तू ज़रूर डरेगी।'' शराफ मामा ने खुले दरवाज़े को पैर से

ठेलकर बंद कर दिया।

मैंने शराफ मामा का हाथ छूते हुए कहा, "सचमुच विद्या कसम, अल्लाह कसम, मैं बिल्कुल नहीं डरूंगी।"

शराफ मामा बोले, "यह जगह बढ़िया है, यहां कोई नहीं है। किसी को हमारे यहां होने का पता ही नहीं चलेगा।"

उनकी ऐसी आदत भी थी। वे बीच-बीच में अचानक ग़ायब हो जाते थे। एक बार रसोई के पीछे मुझे बुलाकर ले जाने के बाद कहा था, "एक मज़े की चीज़ पिएगी?" उन्होंने अपनी जेब से दियासलाई निकालकर बीड़ी जलाई थी। शराफ मामा ने सिगरेट का कश जैसा कश लेकर मुंह से धुआं उगलते हुए उस जलती हुई बीड़ी को मुझे भी देते हुए कहा था, "ले, तू भी पी।"

मैंने भी कश लेकर मुंह से धुआं निकाला था।

उन्होंने कहा था, "किसी से कहेगी तो नहीं?"

मैंने खांसते हुए इन्कार में अपना सिर हिला दिया था।

शराफ मामा ऐसे ही विचित्र व्यक्ति थे। घर में किसी की परवाह नहीं करते थे। जो भी उनके मन में आता, लुक-छिपकर करते रहते।

"नसीम के रुपयों का तुमने क्या किया मामा?" मैं बहुत दिनों से यह बात उनसे पूछना चाहती थी।

"मैंने ज़मीन में दबा दिया है।" मुझसे बिना कोई कसम दिलाए ही यह बात उनके मुंह से अचानक निकल गई।

ऐसी सुनसान जगह में हमारे होने की घर के किसी व्यक्ति को कल्पना भी नहीं होती, वहां शराफ मामा ने मुझे नदी किनारे ले जाने की हामी भर दी थी, ज़मीन के अंदर छिपाए हुए रुपयों के बारे में भी बता दिया था, जिसे उन्होंने सिर्फ़ मुझे ही बताया था और किसी को नहीं। मुझे लगने लगा कि मैं अब पहलेवाली बेवकूफ़ लड़की नहीं रही।

"किस तरफ़ की ज़मीन में? अपने घर में ही?" मैंने फुसफुसाकर पूछा।

"हां। बड़े होने पर मैं इन रुपयों से एक जहाज खरीदूंगा।" मामा ने कहा।

"जहाज? मुझे भी सैर कराओगे?" मेरा मन खुशी से उछलने लगा। मैं अपनी कल्पना में एक जहाज देखने लगी जो नदी पार करके समुद्र की ओर जा रहा था। मैं जहाज में बैठकर पानी को देख रही थी। रुपहला जंल धूप में चमक रहा था। एक दवा कंपनी के कैलेंडर में मैंने ऐसी ही एक तस्वीर देखी थी।

शराफ मामा की आंख की पुतलियां एक बार फिर चमक उठीं। इस वक़्त न उनके हाथ में बीड़ी थी न दियासलाई। उनकी जेब में कोई चुंबक भी था या नहीं, पता नहीं। वे हमें चुंबक का खेल दिखाते थे। उस वक़्त मुझे चुंबक के बारे में कुछ

पता नहीं था। "आ, तुझे जादू दिखाऊं।" कहकर वे एक लोहे के टुकड़े को 'छू मंतर छू' कहकर किसी दरवाजे की सांकल, ट्यूबवेल के हत्थे, बाल्टी, खिड़की की सलाखों से छुआ देते, जो वहां चिपक जाता था। मैंने चकित होकर उनका यह जादू देखा था। मैंने भी वहीं से एक लोहे का टुकड़ा उठाकर शराफ मामा की तरह 'छू मंतर छू' कहकर दरवाज़ों की सांकल पर चिपकाने की कोशिश की थी, मगर वह चिपका नहीं। शराफ मामा मेरी यह कोशिश देखकर हंसते।

शराफ मामा की भूरी आंखों की चमक और उनके ओठों पर खेलनेवाली उस अनोखी मुस्कान के बारे में ठीक-ठीक बता नहीं सकती। "अब तुझे वह मज़े की चीज़ दिखाऊं।" कहकर उन्होंने एक झटके में मुझे उस तख्त पर लिटा दिया। मैं एक इलास्टिक वाला हाफपैंट पहने हुए थी। शराफ मामा ने उसे खींचकर नीचे सरका दिया।

मुझे बड़ी हैरानी हुई। अपने दोनों हाथों से मैं हाफपैंट ऊपर खींचते हुए बोली, "जो मज़े की चीज़ दिखाना है, दिखाओ। मुझे नंगी क्यों कर रहे हो?"

शराफ मामा ने हंसते हुए अपने शरीर का पूरा बोझ मुझ पर डाल दिया और दुबारा मेरा हाफपैंट खींचकर अपने हाफपैंट से अपनी छुन्नी बाहर निकालकर मेरे बदन से सटा दिया। मेरे सीने पर दबाव बढ़ने से मेरी सांस रुकने लगी थी। उन्हें ठेलकर हटाने की कोशिश करते हुए मैं ज़ोर से बोली, "यह क्या कर रहे हो? शराफ मामा हट जाओ, हटो।"

अपने बदन की पूरी ताक़त लगाकर भी मैं उन्हें हिला तक नहीं पाई।

"तुझे जो मज़े की चीज़ दिखाना चाहता था, वह यही चीज़ है।" शराफ मामा ने हंसते हुए अपना नीचे का जबड़ा कसकर भींच लिया।

"पता है, इसे क्या कहते हैं, चुदाई। दुनिया में सभी इसे करते हैं। तेरे अम्मा-अब्बू भी करते हैं, मेरे भी।"

शराफ मामा अपनी इंद्री को बड़ी ताक़त से ठेल रहे थे। मुझे बहुत ख़राब लग रहा था। शर्म से अपनी आंखों पर मैंने अपना हाथ रख लिया।

अचानक कमरे में एक चूहा दौड़ा। इस आवाज़ से शराफ मामा उछल पड़े। मैं अपना हाफपैंट ऊपर खींचकर उस कमरे से बाहर भागी। झाड़ियों को पार करते वक़्त सांप का डर मन में आया ही नहीं। मेरा दिल इतनी ज़ोर से धड़क रहा था, जैसे वहां भी कोई चूहा दौड़ रहा हो। शराफ मामा ने पीछे से अद्‌भुत स्वर में कहा, "यह बात किसी से कहना मत। कहेगी तो सर्वनाश हो जाएगा।"

अनुवाद : **अमर गोस्वामी**

(वाणी प्रकाशन से प्रकाशित आत्मकथा *मेरे बचपन के दिन* से)

ज़िंदगी का ज़हर

नूरुलहूदा शाह

नूरुलहूदा ने अपनी 'कौमी ज़बानों' में बहुत लिखा, लेकिन उर्दू में जो कुछ लिखा, उसने एक नई धीमी आंच वाली 'क्रांति' को जन्म दिया। पाकिस्तानी महिला लेखन का एक अहम नाम।

भरे शहर में तन्हाई का डसता अहसास ज़िंदगी में बिखरी हुई छोटी-छोटी असंतुष्ट आरज़ुओं का ज़हर। रग-रग में बसी हुई तन्हाई की घुटन। आंखों में चुभती हुई पीड़ा का अहसास। ये सारे दर्द, जो पिछले कितने ज़मानों से दिल के सुनसान गोशे में 'दफ़्न' थे। आज उसका 'जनाज़ा' अपने कंधों पर लिए उसके सामने बुत बने खड़े थे।

"बेगम साहिबा, क्या हुआ?" उसकी बड़ी-बड़ी काली आंखों में आंसुओं की लड़ी देख कर ज़ेबू का जिस्म दबाते हुए हाथ रुक गए, लेकिन वह बिल्कुल ख़ामोश, मौत के तन्हा अहसास की तरह आंखें आईने पर स्थिर, फिर उस पर जवानी का पिछला पहर काले बालों में निखरी चांदनी की झिलमिलाती आसेब, अपनी घुटी हुई ख़्वाहिशों से घबरा कर उसने आंखें बंद कर लीं।

"बेगम साहिबा आप ठीक तो हैं?" जवाब में एक लंबी ठंडी सांस, जो होंठों पर आकर उलझ गई।

ज़ेबू सिगरेट सुलगाकर लाई।

"हां बेगम साहिबा, पिएंगी आप?"

उसने ख़ामोशी से सिगरेट सुलगाई। सूखे होंठों में दबी हुई सस्ती-सी सिगरेट सुलगाई। सिगरेट का सफ़ेद धुआं और तन्हाई की घुटन।

"बीबी जी, आज तो कालू ने भी देख लिया।"

"फिर?" वह डर के मारे चौंक गई।

"कहने लगा, क्या करती हो सिगरेटों का?"

"तुमने क्या कहा?" आंखों में राज़ खुलने के डर के साये।

"मैंने कहा, मैं पीती हूं सिगरेट।"

दोनों की हलकी हंसी जैसे खंडहरों से तन्हा आवाज़ की वापसी।

"ज़ेबू!"

"जी बेगम साहिबा?"

"तुझे कालू अच्छा लगता है।"

बड़ा गहरा सवाल, लेकिन दर्मियाना-सा, "अपना शौहर किसे अच्छा नहीं लगता बेगम साहिबा?"

"तुझे प्यार करता है?"

"बीबी जी, वह कहता है कि एक क्षण भी मुझसे जुदा न हुआ कर।"

बड़े मान से दिया गया जवाब, लेकिन उसको महसूस हुआ, जैसे गर्म-गर्म ख़ून उतर आया हो। जिस्म से पाताल तक फैला सिगरेट का धुआं। एक लंबा कश सोचों का एक लंबा सिलसिला। असंतुष्ट आरज़ुओं का ज़हर दिल में भर आया एक सांवला सा चेहरा, जो वह दरवाज़े के बंद किवाड़ों से झांक कर देखा करती थी। एक गर्म दोपहर को झांकते हुए पकड़ी गई थी।

"क्या देख रही हो?"

उसके सहमे हुए जीवन के चारों ओर मज़बूत बांहें फैल गईं। उसका दिल सीने से निकल कर ख़ून की हर बंद में धड़कने लगा। बहार का फैलाव उसकी रग-रग में फैल गया, तब किसी के खांसने पर वह बांहों के घेरे से निकल कर अपने घर में आ छुपी थी। वह बचपन से ही अहमद के साथ 'मंसूब' थी। बहुत पहले एक दिन सूर्यास्त के समय उसकी चची ने झिलमिल करता लाल दुपट्टा उसे उढ़ाया था और अपनी आग़ोश में लेकर कहा था, "मेरे अहमद की छोटी-सी दुल्हन!" और ये शब्द कई ज़मानों से उसके कानों में गूंज रहे थे। तब से उसने अहमद के लिए सुंदर सपने अपनी आंखों में सजा लिए थे। उसके बाद उसके ख़्वाबों का स्वप्नफल ज़ेबू के 'परे' तले अंधेरी रातों में घर की छत पर लंबी मुलाक़ातों, खुशबुओं में लंबे-लंबे ख़तूत, बांहों के फैलाव थे।

अहमद पढ़ने के लिए हैदराबाद चला गया और फिर वापस आने का वायदा करके देश से बाहर चला गया और वह उस बहुत बड़े बंगले में अकेली रह गई, जैसे क़ब्रिस्तानों में भटकी हुई अकेली प्रेतात्मा, जिस्म के अंदर पाताल में अहमद की मज़बूत बांहों का स्पर्श, कानों में खुसर-फुसर, "आख़िर तो तुम्हें मेरा ही होना है, फिर शर्माना कैसा" ख़ून की हर बूंद में अनजाना भारी बोझ। दूसरे महीने सब कुछ खुद ही समझ गई। पागल-सी हो गई। दोनों हाथ कानों पर रख कर इतनी चीख़ी

थी कि धरती आकाश तक 'बाज़गश्त' बन कर गूंजती रही थी। उसकी मां की तेज़ नज़रें सब कुछ समझ चुकी थीं। बेहोशी की हालत में आंखों तले अंधेरा छाया हुआ था। यह सोच कर उसके भाई, जो बड़े ग़ैरतमंद थे, यदि उनको पता चल गया, तो उसे जान से मार डालेंगे। बाप, जो बड़ा इज़्ज़तदार आदमी था, उसका गला घोंट डालेगा, लेकिन उन दिनों वे सब घर पर नहीं थे। भाई नई गाड़ियां लेने के लिए हैदराबाद और कराची के दर्मियान दौड़ते रहते थे। उसके बाप ने हाल ही में एक महरिन को बिना निकाह के अपने घर में रख लिया था। एक मां थी, जो सारा-सारा दिन पागलों की तरह उसके पेट की ओर घूरती रहती थी और वह स्वयं सारा-सारा दिन पनघोड़े में बेहोशी की हालत में सोई रहती थी। आख़िर उसकी मां ने ज़ेबू को शहर भेजकर डॉक्टरनी को बुलवा ही लिया। जब उसके जिस्म के पाताल में छुपा हुआ बोझ कम हो गया, तब उसकी मां ने दो हज़ार रुपए और एक सोने की अंगूठी देकर डॉक्टरनी का मुंह बंद कर दिया, लेकिन वह कई दिनों तक वीरान आंखों से छत को तकती रही थी। हर अहसास जैसे स्वयं मर गया हो। उस क्षण अचानक उसके दिल में ज़ाहिर होता। ख़ून और गोश्त का छोटा-सा लोथड़ा, जो ज़ेबू ने कमोड में फेंक कर फ़्लश चला दिया था। पानी की एक तेज़ लहर ने गोश्त और ख़ून के उस लोथड़े को धरती के पाताल की ओर धकेल दिया, लेकिन लाल-लाल ख़ून और गोश्त का यह बेज़ान लोथड़ा उसके अंदर चुभता रहा। छोटी-छोटी बांहें उसके सारे जिस्म में लिपट गईं और फिर अंदर से एक चीख़ निकलती थी, जो सारी कायनात को अपनी लपेट में ले लेती थी। उसके बाप ने डॉक्टर को बुलवाया, "हिस्टीरिया है, शादी कर दो" डॉक्टर ने कहा। 'दो ज़नी' (दो पत्नी वाला) हमारी बेटियों के लिए कहता है, शादी करवा दो! बाप डॉक्टर को गालियां देने लगा। उसकी चीख़ें और भी बढ़ गई।

अपने घुटे हुए अहसास से घबराकर अहमद को ख़त लिखा, जो ज़ेबू छुपा कर पोस्ट कर आई। वापसी में बहुत दिनों के बाद अहमद का ख़त आया, तो सही, लेकिन उसके बाप के नाम—मैं बड़ों के फ़ैसलों से फ़िरदौस को आज़ाद करता हूं, क्योंकि मैंने यहां पर शादी कर ली है। अहमद के ख़त से कोहराम मच गया। अहमद का भाई तो अहमद का ख़ून करने मुल्क से बाहर जाने लगा (जैसे वहां पर सिंध की तरह इन्सान को मारना आसान काम हो), लेकिन बाप बुद्धिमान था। इज़्ज़त का मामला था। ग़ैरतवाले एक बार जिस जगह से रिश्ता जोड़ते हैं, उसे निभाते भी हैं और यह बात कोई इतनी बड़ी भी नहीं थी। दो पत्नियां तो हम सिंधी मर्दों की शान है। इसलिए अहमद को लिख भेजा कि "जितनी पत्नियां, उतनी शान, जहां नाता लगाया, उसे निभाना, यह हमारी बिरादरी की शान है। फ़िरदौस जब तक ज़िंदा रहेगी तुम्हारे लिए बैठी रहेगी।" अहमद ने कोई जवाब नहीं दिया और जब बात

बिरादरी में फैल गई, तो उसने भी सुना और उसके मन की बुलंद इबादतगाहें एक पल में भूमि में समा गईं। उसे एक बार फिर ख़ून और गोश्त का वह लोथड़ा अपने जिस्म में रेंगता हुआ महसूस हुआ। कई ख़त उसने अहमद के नाम लिखे, लेकिन कोई जवाब नहीं आया। वह अंदर-ही-अंदर रेत के लोंदों की तरह बिखरती और टूटती रही। ख़ून की हर बूंद में ज़िंदगी का ज़हर फैलता गया। जवानी के डूबते सूरज का 'शदीद' अहसास, तनहाई का अज़ाब। ज़ेबू ने दुपट्टे के पल्लू से एक सिगरेट सुलगा कर उसके ख़ुश्क होंठों में दबा दी। दो-तीन लंबे कश, सीने से उठती हुई हलकी खांसी की लौटती आवाज़। वह सोचने लगी, इन्सानों की बस्ती से निकल कर कहीं भाग जाएंगे, लेकिन ज़हरीले सोच दिमाग़ के हर गोशे में फैल गए, "ज़ेबू, यदि मैं मर गई तो"।

"मरे आपके दुश्मन बीबी जी।"

"नहीं, मैं भाग जाऊंगी।" एक हलकी-सी हंसी।

"आहिस्ता बोलें बीबी जी, कोई सुन न ले।"

एक जोरदार ठहाका, जैसे दमे की खांसी की लौटती आवाज़।

"यदि मैं भाग गई, तो यह मुझे ज़िबह कर डालेंगे।"

वही ठहाका, लेकिन ठहाके में खोखलापन... आंखों में ख़्वाबों के जनाज़े सिमट आए। दिल में बाप और भाई का खौफ़, जिनकी 'ग़ैरतें' और इज़्ज़तें 'सलीब' की तरह उसके कांधों पर टिकी हुई थीं, लेकिन उसके बाद बंद आंखों में घूम गईं, बहुत-सी यादें।

सलीम, जिसे उसने बुर्क़े के काले नक़ाब में से रेशम गली की एक ज़ेवरात की दुकान पर देखा था। उसे देखते ही पता नहीं क्यों उसके दिल ने धड़कना शुरू कर दिया था, "आप नक़ाब तो उठाएं।" अंगूठी दिखाते हुए उसने फ़िरदौस के कान में 'सरगोशी' की, नक़ाब के अंदर उसका चेहरा एक क्षण के लिए लाल हो गया और जब उसने अंगूठी उंगली में पहनी, तो अचानक उसने इसका हाथ पकड़ लिया।

"इतने नाजुक हाथ में इतनी बेदर्दी से अंगूठी नहीं पहनी जाती।"

वह उसके हाथों से अपना हाथ छुड़ा न सकी। वह उसे देशी फ़िल्मों का हीरो महसूस हुआ, जिससे उसे किसी ज़माने में इश्क़ हो गया था। जिसकी फ़िल्मी अख़बारों और रिसालों से कटी हुई तस्वीरें उसकी आलमारी में रखी हुई थीं। अंगूठी लेकर जब वह दुकान से निकली, तब उसने फ़िरदौरा के कान में सरगोशी की।

"फिर आइएगा, मैं आपका इंतज़ार करूंगा।"

फिर सारे रास्ते वह और ज़ेबू उसकी बातें करते आए। उसे सारी रात नींद नहीं आई। उस रात उसे न अहमद का सांवला चेहरा याद आया, न गोश्त और ख़ून का वह लोथड़ा रेंगता हुआ महसूस हुआ। उसने अंगूठी पहनाते हुए उसका हाथ पकड़

लिया था और कहा था, ''आपके हाथ कितने नाज़ुक हैं।'' वह सारी रात अंधेरे में अपने सुंदर हाथ देखती रही, जिन पर अभी तक सलीम के हाथों का स्पर्श महसूस हो रहा था। दूसरे दिन मां से कहने लगी ''अंगूठी तंग हो गई है। मेरा ख़याल है बदलवाना चाहिए।'' फिर शाम की उदासी में चेहरे पर नक़ाब डाले ज़ेबू के साथ वह उसी दुकान में गई।

वह मुस्करा कर कहने लगे, ''मुझे यक़ीन था कि तुम आओगी।''

''क्यों?''

कई सवाल इस क्यों में समाए हुए थे।

''मैं तुम्हारा इंतज़ार कर रहा था।''

उसने बड़े यक़ीन से कहा। तब उसे महसूस हुआ, उसका दिल सीने से निकल कर पैरों में आकर धड़कने लगा है, लेकिन स्पष्ट दिखावे के लिए उसके हाथ से अपना हाथ छुड़ाने की कोशिश करने लगी। हालांकि उसका दिल भी शिद्दत से चाह रहा था कि वह ऐसे ही उसका हाथ थामे रहे और जीवन के क्षण शांत हो जाएं, लेकिन वह भी इस मामले में बड़ा तजुर्बेकार था। उसने अपनी दुकान में कई लड़कियां फंसाई थीं। वह शरीफ़ज़ादियों के अंदर छुपी हुई असंतुष्ट इच्छाओं से परिचित था। वह स्वयं इन इच्छाओं की पूर्ति किया करता था।

''तुम्हारे ये हाथ चूमने को दिल करता है।'' उसने सरगोशी की और वह ऐसे शर्मा गई, जैसे उसने ये शब्द पहली बार सुने हों।

अहमद से पहले स्कूल के क्लर्क ने भी यही बात कही थी।

लेकिन वह नई नवेली दुल्हन की तरह शर्मा गई थी।

''अंगूठी तंग थी, बदलवाने आई हूं।''

''पहले नक़ाब तो उठाइए।'' उसने फ़िरदौस का नक़ाब उठाना चाहा, लेकिन वह डर के मारे चौंक गई।

''नहीं-नहीं, कोई देख लेगा।''

''एक झलक तो देखने दें,'' उसने नक़ाब से झांक कर फ़िरदौस का चेहरा देखा। एक बार फिर उसका दिल सीने से निकल कर पैरों में धड़कने लगा, ''कितनी सुंदर हो तुम!''

उसकी आवाज़ में न जाने क्या था? फ़िरदौस को अपना 'वजूद' पिघलता हुआ महसूस हुआ। वापसी में ज़ेबू को उसने वह सारी बातें बात दीं, जो उसने सलीम से की थीं। यहां पर भी डाकिये का काम ज़ेबू ने किया। लंबी खुशबूदार रोमांटिक चिट्ठियां, जो उर्दू कविताओं से भरी होती थी। खूबसूरत रेशमी रूमाल, मिलने के लिए पैग़ाम और मुलाक़ातें, जो ज़्यादातर सलीम की दुकान के भीतरी कमरे या उसके दोस्तों के घरों में होती थी। घर से सहेलियों से मिलने का बहाना करके निकलती

थी। कभी 'मीलादशरीफ़', कभी दर्ज़ी, कभी दावत का बहाना। मां ने भी कोई रोक-टोक नहीं की। उसने सोचा, अहमद का दिया हुआ दुख कम हो जाएगा। घर पर खड़ी दो-दो गाड़ियां सलीम और उसके दर्मियान फ़ासलों को कम करती गईं। एक दिन उसने सलीम के कंधे पर सर रख कर कहा, "मुझसे शादी करोगे?"

वह चौंक गया, "तुम्हारे रिश्तेदार बड़े आदमी हैं फ़िरदौस, मुझे तुम्हारा रिश्ता न देंगे।"

"हम छुप कर शादी करेंगे।" उसकी बात सुनकर सलीम का चेहरा पीला पड़ गया। उसने किसी भी लड़की से शादी नहीं की थी। उसकी अपनी सुंदर पत्नी और दो प्यारे-प्यारे बच्चे थे। फ़िरदौस और कई दूसरी लड़कियां उसकी ज़िंदगी में आईं और चली गईं। वह एक तजुर्बेकार खिलाड़ी था।

"अपनी शादी जायज़ नहीं।"

"झूठ कह रहे हो।"

"सच्ची, क़ुरान और हदीस खोल कर देख लो।" उसने क़ुरान और हदीस का झूठा हवाला दिया, फ़िरदौस से जान छुड़ाने के लिए और वह चुप हो गई। मौत के तन्हा अहसास की तरह यह ख़ामोशी उसके मन में दूर-दूर तक ज़हर की तरह फैलती गई। एक दिन अचानक सलीम की दुकान पर पहुंची। एक छोटी उम्र का लड़का दुकान पर बैठा हुआ था। उसने कहा, "सलीम भाई सक्खर चले गए हैं। अब वह वहीं रहेंगे और सक्खर वाली दुकान ही संभालेंगे।"

उसी क्षण उसके मन की कच्ची-पक्की 'इबादतगाहें' भूमि में समा गईं। वह फिर शहर में तन्हाई का डसता हुआ अहसास लिए लौट आई। उसे एक बार फिर हिस्टीरिया के दौरे पड़ने लगे। काली-काली थकी-थकी आंखों में न चाहते हुए भी आंसू उमड़ आए। उसने स्वयं को सिगरेट का एक लंबा कश लेते हुए आईने में देखा, जो पीड़ाओं से भरा था। अंदर बाहर तन्हाई का अहसास भरे, शहर में मौत के अहसास जैसी तन्हाई। कई यादें ख़ून की हर बूंद में समा गईं। चेहरे, बांहों का फैलाव, होंठों का 'लम्स', कंधों पर ज़िंदगी की 'सलीब', छोटी-छोटी असंतुष्ट आरज़ुओं का हुजूम और पाताल तक फैला हुआ ज़िंदगी का ज़हर।

"ज़ेबू, तुम फ़ैमिली प्लानिंग वाले अस्पताल ले गई थीं। वहां से गोलियां लाईं?" झिझकते हुए पूछा, "हां, बीबी जी, डॉक्टर ने कहा है, जितने दिन ये गोलियां खाएंगी, ख़ैर रहेगी।"

दोनों की हलकी सी हंसी, लेकिन हंसी ऐसे, जैसे तन्हा आवाज़ की 'बाज़गश्त'। पानी से गोली कंठ के नीचे उतारी, जैसे ज़िंदगी का ज़हर गले से नीचे उतारा हो। उसे एक बार फिर गोश्त और ख़ून का लोथड़ा अपने मुर्झाये हुए जिस्म पर सरकता हुआ महसूस हुआ। उसने गोलियों का पैकेट तकिए के नीचे छुपा दिया और वहां

से एक चिट्ठी निकाल कर ज़ेबू को दी, "यह जमील को दे देना और उससे कहना कि मैं कल शाम को आऊंगी।"

ज़ेबू चिट्ठी लेकर चली गई और वह मौत के अहसास की तरह तन्हा पनघोड़े में बैठी सिगरेट के लंबे-लंबे कश लेती रही। 'अज़ल का अज़ाब' ख़ून की हर बूंद में समा गया और एक लंबी सांस लेकर उसने आंखें बंद कर लीं।

संगसार

नासिरा शर्मा

हिंदी कहानी का एक बहुचर्चित महिला चेहरा। बेशुमार किताबें प्रकाशित। ईरान-अफगान पर पर्याप्त शोध-कार्य। स्त्री-विमर्श पर लगातार लेखन।

आसिया जब अलमस्त-सी मुलायम बिस्तर पर करवट बदल, कुहनी के बल उठी तो उसे महसूस हुआ जैसे सारी दुनिया ही बदल गई हो और उसके अंदर एक नई औरत ने जन्म लिया हो, जो हर तरह से भरी-पूरी और मुतमइन है। उसने दूसरी तरफ़ से झुककर अपने लंबे बालों को उसके औंधे पड़े सीने के नीचे से धीरे-से खींचा और बिस्तर से उतरी।

आहिस्ता-आहिस्ता क़दम उठाती हुई आगे बढ़ी, लगा जैसे बदन के सारे जोड़ ज़ंजीरें तोड़, ठुमक रहे हों और रोएं-रोएं से उमंगों का सोता फूट रहा हो। बदन इतना हलका जैसे धुनी हुई रूई का गोला। सामने आईने में नज़र आते अपने सरापे पर उसने नज़र डाली। एक निखार, एक सम्मोहन, एक हुस्न, एक लावण्य उसके पूरे वजूद को दमका रहा था। कोई जलन, कोई ज़ख़्म, कोई दाग़, किसी तरह का कोई स्याह निशान कहीं मौजूद नहीं था बल्कि बदन पर फिसलते हाथों ने अहसास दिलाया जैसे वह फूल की तरह मुलायम और ख़ुशबूदार है।

अपने दोनों हाथ उठाकर उसने भरपूर अंगड़ाई भरी, बदन में छाई गहरी मस्ती फूलों से भरी डाल जैसे झरी। उंगलियों को बालों के बीच फंसाकर उसने दोनों हाथों से माथे पर झुक आए बालों को पीछे की तरफ़ समेटा और पलकें झपकाईं। लंबे बालों के गुच्छे उसके नंगे नितंब पर लहराए। उसके होंठों पर मुसकान फैल गई। सारा बदन अनजानी गुदगुदाहट से भर गया।

'वह इन बालों से कैसा खेल रहा था। कभी बालों की लंबी भारी लट इस तरह

छितराता कि महीन जाल उसके सीने पर बिखर जाता। वह उनके चुंबन लेता। बालों को समेटकर आधे चेहरे और सीने को ढकते हुए उसे अपलक निहारता। फिर उन्हें बिस्तर पर दूसरी तरफ़ फैला, उसकी कमर में हाथ डाल, उसके होंठों को इस तरह अपने होंठों के आग़ोश में भींच लेता कि वह बेसुध हो जाती और...' आसिया की भारी पलकों में सपनीला समां तैर गया।

कुछ घंटे पहले झिझकती आसिया दो दिल बनी चिलमन के बाहर खड़ी थी। एकाएक जाने किस जज़्बे से प्रभावित होकर उसने चिलमन हटाई और कमरे में तैर गई। उसके जिस्म पर उगी नागफनी की बेल अपनी चुभन भूल गई। पीछे से पुकारती आवाज़ थककर ख़ामोश हो गई और उसका कांपता वजूद एकाएक थम गया। यह थमना मौत नहीं थी बल्कि उस भय से मुक्ति थी कि अंदर घुसते ही तेज़ भूकंप आ जाएगा जो उसके साथ इस आसमान और ज़मीन को भी हिलाकर तबाह और बरबाद कर देगा।

'चिलमन एक ख़ौफ़, एक दीवार, एक क़ैद थी। उसके इस पार एक आज़ादी, एक ज़िंदगी, एक अधिकार है।' सोचकर आसिया हंस पड़ी और गुनगुनाती-सी गुसलख़ाने से कमरे में दाख़िल हुई। खुली खिड़की से हवा का ताज़ा झोंका आया।

'सब कुछ बदल गया—अंदर और बाहर।' उसने झांककर बाहर देखा। आंखों में दिखता नीला आसमान और पेड़ों के हरे पत्ते कभी इतने चमकदार और सूरज कभी इतना जानदार नज़र नहीं आया था। वह कपड़े उठाने झुकी तभी बालों से ढकी पीठ के नीचे उसको गरम उंगलियों ने छुआ। 'वह जाग गया शायद', शर्माई-सी आसिया बिना मुड़े सीधी खड़ी हो गई। उंगलियां अब हथेली बनकर उसके पैरों को सहला रही थीं। सारी ज़िंदगी की थकान टूटी ज़ंजीर की तरह उसके पैरों से उतरने लगी। वह सब कुछ भूल गई। इतना याद रहा कि दो गरम बांहें पहली जैसी गरमी और तश्नगी के साथ उसकी कमर के गिर्द बंध गईं और किसी भंवर की तरह उस बदन से लिपट गईं। माथे के क़रीब गरम सांसों की छुअन से आसिया ने चेहरा ऊपर उठाया, भारी पलकें खोलीं, आंखें मिलीं और अंदर की खौलती, उबलती ख़ुशी बांध तोड़ गई। ज़िंदगी से भरपूर दोनों की हंसी एक साथ एक स्वर में कमरे में गूंज उठी।

'सच है इन्सान को अपने सुख की तलाश ख़ुद पूरी करनी पड़ती है।' आसिया ने गरम होंठों को उसके सीने पर रख दिया। शहद के मनों मटके एक साथ लुढ़के, एक-दूसरे के तन की गंध सूंघते, एक-दूसरे को पूरी तरह पाने की लालसा से बेचैन, दोनों खिलते कमलों के बीच मदहोश थे।

सूरज चढ़ा, ढला और रात दबे-पैर खुली खिड़की से कमरे में दाख़िल हो गई। गली-कूंचों में ज़िंदगी की चहल-पहल बदस्तूर क़ायम थी। तौबा की बारगाह खुली थी और गुनाहों के रास्तों पर पहरेदार खड़े थे, मगर इस कमरे में सांसों के सारस

हर चीज़ से बेनयाज़ समर्पण के समंदर पर उड़ने के लिए पंख फैलाए कमरे की मदहोश फ़िज़ा में झूला झूल रहे थे। उन्हें न दुनिया का ख़ौफ़ था, न ज़माने का डर। तलवार, गोली और फांसी उनके लिए फूलों की सेज थी।

मां की जहांदीदा नज़रों से आसिया की घबराहट छिपी नहीं रह सकी। मायके में आकर आसिया ज़्यादा खिल उठी थी, मगर रोज़-रोज़ बाहर निकलना और हर बार नया झूठ बोलना ज़रा मुश्किल काम था।

'दोज़ख़ की आग ख़रीद रही हो तुम?' मां के तेवर बदल चुके थे। उन्हें देखकर उसका दिल दहल गया और वह जवाब देने की जगह मां को फटी नज़रों से देखती रही, जैसे कह रही हो कि ज़िंदगी एक ही तरह के रास्ते पर चलने का नाम नहीं है, मां!

कई दिन आसिया घर से बाहर नहीं निक़ली। कुम्हलाई, मुरझाई बिना नहाए-धोए पड़ी रही, मगर चौथे दिन वह उठकर तैयार हुई, जैसे मां से कहना चाह रही हो कि दोज़ख़ की आग में जीते-जी झुलस चुकी हूं, मुझसे मेरी जन्नत मत छीनो। सबकी निगाह में यह पाप ही सही, मगर कर लेने दो मुझे यह गुनाह...यह मेरे अनुभव की उपलब्धि है, इस पर किसी का अधिकार नहीं।

आसिया चली गई। मां उसके चेहरे के तेवर को देखकर चुप रही या फिर बेटी की पहली सरकशी को देखकर वह समझ नहीं पाई कि बाईस साल की अपने से ऊंचे क़द की इस ख़ूबसूरत बला को वह क्या सज़ा दे?

शाम को आसमा अपने चार बच्चों के साथ लदी-फंदी चली आई। घर की कोई चीज़ अपनी जगह पर टिकी न रह सकी। घुड़दौड़ ने घर में वह तूफ़ान बरपा किया कि आख़िर मां को मुंह खोलकर उन्हें डांटना पड़ा, मगर नानी की डांट कौन सुनता है! खाने के बाद जब सारे शैतान सो गए तो मां-बेटी धूप में बैठीं और अपने-अपने दुःख-सुख की बातें करने लगीं।

शाम ढले जब आसिया घर में दाख़िल हुई तो उसके स्वागत में बच्चों ने वह चीख़-पुकार मचाई कि आसिया भूल गई कि अब उसे इनके साथ ऊधम नहीं मचाना चाहिए। इस उछल-कूद में आसिया को वापस घर में देखकर मां के तेवर भी ढीले हो गए और हंसी-ख़ुशी एक साथ बैठकर चाय पीने लगे, टीवी पर बच्चों का प्रोग्राम शुरू हो गया था। इसलिए केक-फल खाते बच्चे ख़ामोशी से बैठे थे।

रात के खाने के बाद बहनें जब अकेली रह गईं तो आसिया ने बहन को ग़ौर से देखा, फिर झिझकते हुए बोली, "सच बताना, क्या वह सब तुम्हें अपने शौहर से मिला जिसकी तमन्ना एक औरत के दिल में रहती है या सिर्फ़ हर साल एक

अदद औलाद का तौहफ़ा मिलता रहा?''

''हां, मिला बहुत कुछ, घर-बार और ये औलादें, ऊपर आसमान से तो नहीं गिरीं न?'' आसमा ने आंखें इस तरह उठाईं जैसे बहन की नादानी पर हंस रही हो, मगर जब बहन के चेहरे पर संजीदगी और आंखों में सवाल को लगातार नाचते पाया तो वह सवाल को समझी और हंसना भूल गई। जवाब के नाम पर एक सुस्ती चेहरे पर उतर आई।

''झूठ...यही झूठ हमारा ज़ेवर है...यह ज़ेवर मैंने भी पहना, यह नक़ाब मैंने भी आंखों पर डाली, मगर जानती हो मेरे भाग्य में कुछ और बदा था। मुझे मेरा हिस्सा मिला ज़रूर, मगर उसने मेरा सब कुछ बदल डाला।''

''मैं समझी नहीं तुम्हारी बात।''

''जब कोई किसी अनुभव से गुज़रा ही न हो तो उससे ज़िंदगी की गहराई पूछना बेकार है।''

उलझी-उलझी आसमा बहन को समझने की कोशिश करने लगी। जब कुछ भी पल्ले न पड़ा तो उसने एक पुराना सवाल दोहराया, ''अफ़ज़ल शौहर तो अच्छा है न?''

''हां, शरीफ़, सीधे और कमानेवाले...हर औरत के लिए सिर्फ़ ये ख़ूबियां काफ़ी नहीं होतीं।''

''यानी?''

''शराफ़त भूखे को खाना, प्यासे को पानी, मरते हुए को ज़िंदगी नहीं बख़्शती। इन चीज़ों के लिए शराफ़त से और ऊंचा उठना पड़ता है, समझीं? अगर अब भी औरत होकर न समझ पाई हो तो...'' आसिया बहन के ताज्जुब से खुले मुंह को देखकर चिढ़ गई और बिस्तर पर जाकर लेट गई।

आसमा की गोद का बच्चा दूध के लिए रो पड़ा और वह बहन को छोड़कर अपने लाड़ले को संभालने में लग गई। आसिया ने उकताई नज़रों से बहन को देखा जिसके बाईं तरफ़ तीन और बच्चे बेसुध पड़े सो रहे थे।

सूरज के निकलते ही घर में हंगामा शुरू हो गया। कोई गिरा, कोई चीख़ा और कोई रोया। नाश्ते के बाद आसिया मौक़ा देखकर चुपचाप घर से निकल गई।

आसमा रात से उलझन में पड़ी थी। इसलिए बच्चों के पार्क में निकलते ही उसने मां से पूछा, ''सब ठीक तो है न?''

''बुलाकर पूछो उसी से?'' मां एकाएक गुस्से से भड़क उठीं।

''वह तो कब की जा चुकी, पूछकर नहीं गई क्या?'' ताज्जुब से आसमा ने पूछा।

''वह तजुर्बे कर रही है। यहां सदियों से जो तजुर्बा हम कर रहे हैं वह तो उसकी नज़र में फुज़ूल और बोसीदा बात है। वह अकेली समाज को बदल डालेगी, मर्दों

की बराबरी कर उनसे नया क़ानून लिखवा लेगी, चुपचाप बैठी देखती जाओ यह आतशपारा क्या गुल खिलाती है।'' मां का चरखा चल गया था और आसमा के कान खड़े हो गए थे। अब धीरे-धीरे करके बात उसकी समझ में आने लगी थी।

''मर्द सीग़ा भी करेगा, ब्याहता के रहते दूसरी शादी भी करेगा और बाहर भी जाएगा, उसे कौन रोक सकता है भला? लोग थू-थू भी करेंगे तो फ़र्क़ नहीं पड़ता; मगर औरत यह सब करेगी तो न घर की रहेगी न घाट की। दूसरा शौहर करना तो दूर, किसी से आशनाई भी हुई तो दुनिया उसे हरामकारी और मज़हब उसे ज़नाकारी कहेगा, मगर उसके सिर पर तो इनक़लाब सवार है। एक इनक़लाब ने हमारा सुख छीना, दूसरा आया तो समझो हमारी बची इज़्ज़त भी धूल में मिल जाएगी।'' मां पर जैसे दौरा पड़ गया था। उनकी आवाज़ ऊंची होकर फट गई थी।

''सब्र से काम लो।'' घबराकर आसमा ने मां को शांत करना चाहा।

''अरे, उसके मियां में है कोई ख़राबी, मगर बदबख़्त की क़िस्मत फूटी है।'' मां ने रुआंसी आवाज़ में कहा और चुप हो गई, शायद आंसू पीने की कोशिश कर रही थीं।

आसमा सिर झुकाए बच्चों के धुले कपड़ों पर इस्तिरी करने लगी। उसका दिमाग़ तेज़ी से सोच रहा था। अगर आसिया अफ़ज़ल से .ख़ुश नहीं है तो तलाक़ ले ले, मगर यह सब...? तलाक़ किस बुनियाद पर वह मांगेगी भला? कोई ख़राबी नहीं अफ़ज़ल में, नशा, बीमारी, बेकारी, पिटाई, लापरवाही कुछ भी ऐसा नहीं है जो केस बना सके। नामर्दानगी का इल्ज़ाम उस पर लगाया नहीं जा सकता है। उसको साबित करना पड़ेगा और यह पता लगा कि आसिया .ख़ुद कहीं दिलचस्पी रखती है फिर तो क़यामत आ जाएगी, कोर्ट उसे...

''कपड़ा जल रहा है?'' मां चीख़ीं।

''ओह!'' आसमा चौंकी। छोटी बेटी का लाल फ्रॉक सीने के पास से जल चुका था। आसमा ने प्लग निकाला, कपड़े समेटे और चुपचाप बेटे के पास जाकर बैठ गई। उसका दिल-दिमाग़ परेशान था। कई तरह के सवाल उसके सामने आ खड़े हुए थे। जिनमें सबसे अहम सवाल था कि शादी के बाद ऐसा क्यों हुआ और वह कौन है जिसने उसकी बहन का ईमान डगमगा दिया है?

शाम को आसमा के शौहर का फ़ोन आया कि वह उसे लेने आनेवाला है, मगर मां की बीमारी का बहाना करके आसमा ने उससे एक दिन और रुकने की इजाज़त ले ली। बेटी को रुकता देखकर मां ने बड़ी बहन को फ़ोन करके बुला लिया और तीनों सिर जोड़कर आसिया की बदक़िस्मती पर आंसू बहाती रहीं। आसिया जब शाम ढले घर में दाख़िल हुई तो ख़ाला ने महसूस नहीं होने दिया कि उन्हें सारी

बात का पता चल गया है। वह उसी प्यार-दुलार से मिलीं और पूछने लगीं।

''मायके में कब तक रहना है? हो सके तो ख़ाला के घर भी आओ।''

''अब यहीं रहूंगी, मुझे वापस नहीं जाना है।'' आसिया ने फ़ैसला सुनाया, जिसे सुनकर मां के हाथ से घी का डब्बा छूटते-छूटते बचा।

''लाओ, मैं बघारती हूं।'' आसमा गोद का बच्चा आसिया को दे, मां की घबराहट ताड़, हड़िया भूनने में लग गई।

''पूरे एक महीने मैंने तुझे दूध पिलाया था, जब तू तीन महीने की थी और ज़ोहरा सख़्त बीमार थी।'' ख़ाला ने पुरानी यादों में डूबते हुए कहा।

''अब मैं तीन महीने की बच्ची थोड़े ही हूं जिसकी ज़रूरत सिर्फ़ मां की छाती का दूध होता है। इस घर में कोई नहीं समझता कि मैं बड़ी हो गई हूं। मेरी ज़रूरत, मेरी चाहत कुछ और है।'' आसिया ने शिकवे-भरे लहजे में कहा।

''आ मेरी बच्ची, तेरी ज़रूरतों को मैं अपनी अकल के मुताबिक़ समझने की कोशिश करूंगी।'' कहकर ख़ाला ने आसिया को अपनी बांहों में समेट, उसके माथे को चूमा और बालों को सहलाया।

ज़ोहरा एक किनारे बैठी बेटी का चेहरा हैरत से ताकने लगीं। आसमा ने चाय की ट्रे सामने रखी और केक, सूखे मेवे की प्लेट ख़ाला के आगे बढ़ाई। आसिया संभलकर बैठ गई।

''ज़रूरत का, इन्सान की ज़िंदगी में एक उसूल होता है।'' ख़ाला ने धीमी आवाज़ में कहा।

''मानती हूं ख़ाला, मगर जब ज़िंदगी इन बोसीदा उसूलों की क़ानूनी किताबों से आगे निकल जाए तो?'' आसिया ने परेशान आंखें उठाईं और ख़ाला को देखा।

''हर ज़रूरत अगर पूरी की जाए तो फिर अल्लाह ही हाफ़िज़ है।'' ख़ाला ने उसके गालों पर प्यार से चपत मारी।

''आपका पुराना क़ानून नई परेशानियों का हल नहीं जानता, मरते-घुटते इन्सान की मदद को नहीं पहुंचता, इसलिए आप ज़िंदगी को ख़ौफ़ की दीवारों में चुन देना चाहती हैं ताकि इन्सान एक बार मिली ज़िंदगी भी खुलकर न जी सके।'' कहकर आसिया उठी और कमरे से बाहर निकल गई।

कमरे में थोड़ी देर ख़ामोशी छाई रही। तीनों औरतें अपने-अपने ख़यालों में डूबी थीं। कमरे में अंधेरा बढ़ता देखकर आसमा ने बत्ती जलाई।

''ये रिश्ते किस ज़माने में औरत-मर्द के बीच नहीं बने, मगर...'' मां ने धीरे-से कहा।

''अरे ज़ोहरा, तब अचानक ये रिश्ते बनते थे क्योंकि अचानक ही मौक़ा मिलता था। गर्भ ठहरा या औलाद पैदा हुई। इस बात को बताने के लिए शायद ही उन

बेचारों को दूसरा मौक़ा मिलता हो, किसकी औलाद किस घर में पली, किसको क्या पता है। मगर अब हालात दूसरे हैं। यहां बार-बार ज़िंदगी इन्सान को मौक़ा देती है। हालात उसका साथ भी देते हैं, क्योंकि इन्सान अपने हक़ को पहचानने लगा है और...'' ख़ाला बीच में रुक गईं।

''हमने आपको इसलिए बुलाया था कि आप उसे समझाएं, उलटे आप उसी की ज़बान बोलने लगी हैं।'' ज़ोहरा बहन की इस अदा का बुरा मान गईं और उनकी बात बीच में काट दी।

''मेरे कहने का मतलब है कि बात न हलकी है न फ़ुज़ूल, इसलिए थोड़ा सब्र से काम लो, जोश वक़्त के साथ बैठेगा, दबाने से और उफनेगा।'' बड़ी बहन ने सोचते हुए कहा।

रात को सबने जाने कहां-कहां की बातें कीं, दुःख-सुख को याद किया। आसिया ने बच्चों के साथ तकिया फेंक-फेंककर खेला, मां से रूई के टूटने पर सलवातें सुनीं और खाने के बाद एक लिहाफ़ में घुसकर सबने आसिया से ढेर सारी कहानियां सुनीं। कहानी सुनाते-सुनाते आसिया बच्चों के बीच गहरी नींद में डूब गई।

आधी रात के लगभग जब मां और ख़ाला अपने कमरे में सो गईं तो आसमा ने जाकर बहन को जगाया और दोनों ख़ामोशी से बैठक में आकर बैठ गईं। आसमा ने पहले ही कॉफ़ी बनाकर रख ली थी। बहन की ख़्वाब में डूबी आंखें देखकर आसमा हलके-से मुसकराई।

''लो, पहले तुम्हारी यह नींद टूटे तो आगे बात हो।''

दोनों धीरे-धीरे कॉफ़ी पीती रहीं। असमा के चेहरे पर चिंता थी। आसिया के चेहरे पर सपने का सुनहरापन था। कॉफ़ी के प्याले ख़ाली हो गए। आसिया ने पैर उठाकर सोफ़े पर पालथी मारी और बहन की तरफ़ देखा। आसमा ने सोफ़े की पीठ से टेक लगाकर एक लंबी सांस खींची।

''कौन है वह?''

''कौन?'' आसिया चौंकी, नींद का ख़ुमार काफ़ूर हो गया।

''तुम मेरा मतलब समझ रही हो, आख़िर वह कौन है?'' आसमा का लहजा सपाट था।

''एक मर्द।'' आसिया का स्वर तल्ख़ था।

''उससे तुम्हारा क्या रिश्ता है?'' बहन की भवें तनीं।

''मेरा और उसका रिश्ता? आदम और हव्वा का है।'' आसिया हंसी।

''आदम और हव्वा का रिश्ता पाक है, मगर औरत-मर्द का जो रिश्ता तुम जी रही हो वह समाज की नज़र में नापाक है।'' आसमा ने आईना उलट दिया।

''समाज? कौन-सा समाज? औरत-मर्द का आपसी रिश्ता किसी समाज, किसी

क़ानून का मुहताज नहीं होता है। सो मैं भी नहीं हूं।"

"तुम्हारे चेहरे पर बग़ावत की तुतुहरी बज रही है, मगर यह बग़ावत तुम्हें सिर्फ़ ग़लत रास्ते पर नहीं, बल्कि मौत के रास्ते की तरफ़ भी धकेल रही है।"

"अब मेरा हर रास्ता मौत की ओर ही जाता है।"

"तो फिर रास्ता बदल डालो।"

"जब मरना हर हालत में है तो रास्ता बदलकर क्या होगा?"

"एक मौत को समाज इज़्ज़त देगा और दूसरे पर लानत भेजेगा।"

"तो फिर भेजने दो उन्हें लानत, उस सूरज पर जो ज़मीन को ज़िंदगी देता है, उस मिट्टी पर जो बीज को अपने आग़ोश में लेकर अंकुर फोड़ने के लिए मजबूर करती है और इस कायनात पर जिसका दारोमदार इन्हीं रिश्तों पर क़ायम है, जिसमें हर वजूद दूसरे के बिना अधूरा है।"

"यह लनतरानी छोड़ो और हक़ीक़त की दुनिया में उतरो।"

"हक़ीक़त?"

"हां।"

"अगर शौहरदार औरत को मर्द पूरी तरह हासिल न हो उसकी अपनी इच्छाओं और तमन्नाओं के मुताबिक़, तो फिर तुम्हारा समाज और क़ानून कोई हल बताता है?"

"तलाक़...दूसरी शादी..."

"तलाक़? उस इंतज़ार में तो मैं बूढ़ी हो जाऊंगी...फिर आज तक औरत को तलाक़ मांगने पर क्या उसे आज़ादी मिलती रही है जो मैं..."

"फिर शराफ़त, शराफ़त की ज़िंदगी गुज़ारो, औरतों के लिए शरीफ़ होना ही..."

"शराफ़त कुछ औरतों की मजबूरी हो सकती है, क्योंकि उनकी तरफ़ कोई आंख उठाकर देखना पसंद नहीं करता है और इस मजबूरी में वे पाक पवित्र बनी रह जाती हैं मगर मेरे साथ यह मजबूरी नहीं है।"

"तुम अफ़ज़ल को ज़लील कर रही हो?"

"बिल्कुल नहीं, वह बिस्तर पर मेरा पूरक नहीं है, यह मैं जानती हूं। उसका जोड़ा भी कहीं होगा और..."

"मैं भी इसी घर में पैदा हुई, पली-बढ़ी और अपनी ज़िंदगी गुज़ार रही हूं, कम और ज़्यादा का संतुलन बनाकर शादीशुदा ज़िंदगी को ख़ुशहाल बनाने की हम दोनों कोशिश करते हैं, मगर तुम? तुम भी तो उसी घर में पैदा हुईं, पली-बढ़ीं और अचानक यह तब्दीली...वह भी शादी से पहले नहीं शादी के बाद, आख़िर क्यों?"

"इसलिए कि मोहब्बत ने मेरा दरवाज़ा खटखटाया है।" आसिया ने कहा सहज स्वर में, मगर उसके तेवर को देखकर आसमा के माथे पर पसीना छलक आया।

बहन के इस तरह किए गए सवालों से आसिया के दिल में उथल-पुथल मच

गई थी। उसने यह रिश्ता ख़ुद तलाश नहीं किया था। शादी के बाद अफ़ज़ल से मिली, हर ख़ुशी को उसने उमंग के साथ जिया था, मगर शादी के एक साल बाद वह कौन-सा कमज़ोर लम्हा था, जब वह आ टकराया। अपनी बातों, अपनी नज़रों से उसने इस तरह आसिया से ख़ुद उसका परिचय कराया कि आसिया दंग रह गई थी।

दूर से पैदा हुई क़शिश पहले ही दिन तन-गाथा में नहीं बदली थी बल्कि जब दोनों हर तरह के तर्क, अंकुश और व्यथा पर विजयी हो गए तो इस मुक़ाम पर पहुंचे थे। वह अफ़ज़ल से उम्र में दो-तीन साल बड़ा था। आधी दुनिया घूम चुका था। पढ़े-लिखे होने के साथ उसके पास अनुभव था, नज़रिया था जो आसिया के सामने से कई तरह के जाले साफ़ करने में, उसे विश्वास देने और समाज को सियासी तौर से समझने में मददगार ही नहीं हुए थे बल्कि बातों से एक अजीब तरह का लुत्फ़ भी देते थे। अफ़ज़ल के साथ उसकी ज़िंदगी बंधे-बंधाए ढर्रे पर चल रही थी, मगर इसके साथ रोज़ एक नई बात मालूम होती। रोज़ एक तलाश शुरू होती जो उसे बड़े आराम से एक ठहरी ज़िंदगी से आगे ले जाती। आसिया उम्र के जिस दौर में थी वह जिज्ञासा से भरी उम्र का दौर था। उसकी यह ज़रूरत अफ़ज़ल नहीं बल्कि वह पूरी कर रहा था।

''वह शादीशुदा है?'' आसमा ने सवाल ठोंका।

''नहीं।'' आसिया ने मासूमियत से गरदन हिलाई।

''तुमसे शादी करेगा?'' उपेक्षा-भरे स्वर में आसमा बोली।

''मैंने अभी तक इस सवाल पर सोचा ही नहीं था!''

''अगर तुम्हारे वजूद में एक नए इन्सान ने सांस ली तो?''

''क़यामत के दिन बच्चे मां के नाम से पुकारे जाएंगे, बाप के नुत्फ़े से नहीं।''

दोनों बहनें आमने-सामने बैठीं चुपचाप-सी चंद लम्हे टकटकी बांध एक-दूसरे को देखती रहीं, जैसे अपनी बात समझाने की कोशिश कर रही हों। फिर जाने क्या हुआ कि आसमा की बड़ी-बड़ी आंखों में पानी जमा होने लगा।

''यह क्या?'' आसिया चौंक पड़ी, अपनी जगह से उठकर बहन के पास बैठ गई।

''तुम्हारी ज़िंदगी की कौन-सी मंज़िल होगी, उसके अंजाम से घबराती हूं।'' आसमा ने प्यार से बहन का गाल थपथपाया। आंखों में भरे आंसू गालों पर लुढ़क आए।

''डरती मैं भी हूं, मगर गुनाह का यह पक्का मीठा फल छोड़ने का दिल नहीं चाहता।'' आसिया ने बहन के सिर पर प्यार से अपना सिर रखते हुए कहा।

''कोशिश करो।'' आसमा ने भर्राई आवाज़ में कहा।

''भूल मत करना कि मुझे अपना अंजाम पता नहीं, मगर मोहब्बत को लौटाने का दम मुझमें नहीं था। इस तन को सुलाना अब मेरे बस की बात नहीं है।'' आसिया

क़ालीन पर बहन के पैरों के पास आकर बैठ गई और बहन की आंखों में झांकते हुए गहरी आवाज़ में बोली।

जाने किस जज़्बे के तहत आसमा ने बहन के ऊपर उठे मासूम चेहरे को पल-भर ग़ौर से देखा, चूमा और ज़ोर से उसे सीने से लगाया। आसिया का मन बहन की हालत देखकर भर आया। इन सबके बीच रहते हुए आसिया ने उस रिश्ते को समंदर में पड़े मोती की तरह संभाल लिया था। लौटना, ठहरना और वापस मुड़ना उसके बस में नहीं रह गया था। मगर एक दिन यही सारे लोग उससे जवाब तलब करेंगे, इस रिश्ते का नाम पूछेंगे, पाप और पुण्य का फ़र्क़ समझाएंगे, उसे सोचने पर मजबूर करेंगे...यह सब रिश्ता बनने से पहले उसने नहीं सोचा था। वह मिल गया, यही उपलब्धि उसे सिर झुकाने पर नहीं बल्कि उसमें विचित्र शक्ति और विश्वास देने के साथ सिर उठाने पर उकसाती रही है और आज...आसिया की पलकों पर टिके आंसू आबशार बन गए।

"इन मोतियों को यों मत गिराओ, इन्हें संभालकर रखो, ये बहुत क़ीमती हैं पगली..." आसमा ने बहन की झमझमाती आंखों से गिरते आंसुओं को अपनी उंगलियों से साफ़ किया।

आसिया ने पास पड़े काग़ज़ के रूमाल को उठाया, चेहरा व आंखें .ख़ुश्क कीं और अपने को संभालने लगी मगर आंसू थे कि रुकने का नाम नहीं ले रहे थे। सिसकियां इतनी शिद्दत लिए हुए थीं, जैसे उसका सीना तोड़कर बाहर निकल आएंगी।

"तुम मुझे ग़लत मत समझना...ज़िंदगी मैंने भी जी है और क़रीब से देखी भी है। मेरे पास मेरे अपने तजुर्बे हैं...हो सकता है, वे तुम्हें बेकार लगें, मगर...शायद तुम्हारे काम भी आ जाएं..." आसमा ने बहन का हाथ अपने हाथ में लेते हुए सरगोशी के अंदाज़ में कहा।

आसिया ने अपनी बीरबहूटी जैसी लाल-लाल आंखें बहन की तरफ़ उठाईं और क़ालीन से उठकर सोफ़े पर आ बैठी। आसमा अपनी जगह से उठी और सोफ़े के बाज़ू पर टिककर बहन के गले में बांहें डाल, उसके सिर पर अपनी ठुड्डी रख, कुछ पल बैठी रही।

"हो सकता है कुछ नाज़ुक लम्हों में अफ़ज़ल को तुम्हारी मदद की ज़रूरत होती हो...जो तुम्हें मिला, तुमने जाना, उसकी रोशनी में सोचो...जानती हो, औरत चाहे तो अपने साथी को भरपूर मर्द बना ले और न चाहे तो नामर्द...अपने सुख को अफ़ज़ल में तलाश करो, हो सकता है, छिपा ख़ज़ाना तुम्हारे हाथ आ लगे और तुम्हें दोगुने सुख से शराबोर कर जाए..." आसमा ने गहरी आवाज़ में नपे-तुले शब्दों में अपनी बात ख़त्म की और बहन का चेहरा अपनी तरफ़ मोड़ा।

आसिया ने हैरत से बहन को ताका। आसमा का चेहरा उसे बिल्कुल अलग-सा दिखा और उसकी आंखों का ठहरा भाव जाने कैसी चमक से धुंधला गया था। आसिया के होंठ कांपे और भारी पलकें झुक गईं।

बहन सुबह मां को यह दिलासा देकर चली गई कि आसिया अपने को बदलने की कोशिश करेगी। वह अपने ख़ून पर यक़ीन रखे। दोपहर को ख़ाला भी इतमीनान दिलाकर चली गईं कि आख़िर आसिया है तो इन्सान ही, कोई फ़रिश्ता तो नहीं, एक दिन ज़रूर समझेगी घर का मतलब। जब बच्चे से गोद भरेगी तो उसको .ख़ुद अपनी ज़मीन की तलाश होगी। अभी शादी को दो साल ही तो गुज़रे हैं ...ठोकर खाए बिना कोई संभलता है? बहन के कहने-सुनने से मां का दिल काफ़ी संभल चुका था। मां को दोपहर में किसी दूर के रिश्तेदार के घर पुरसे में जाना था। वह चली गईं।

भरा-पुरा घर एकाएक ख़ाली हो गया और आसिया तन्हा रह गई। उसे वे दिन याद आने लगे जब बाबा ज़िंदा थे। आसिया और आसमा के बीच एक भाई भी था जो पांच साल का होकर डिप्थिरिया से मर गया। दादा-दादी थे जिनकी मौत के कुछ दिन बाद बाबा को हार्ट-अटैक हुआ था। घर की आबादी और .ख़ुशहाली घटकर सन्नाटे में बदलने लगी थी। जाने कितनी घटनाएं थीं जिन्होंने आसमा और आसिया को बहन से ज़्यादा सहेली बनने में मदद की थी। तरह-तरह के खेल, ऊटपटांग बातें, हार-जीत, लड़ाई-आंसू, शिकवे-शिकायत, जलन, दुःख-सुख के बाद जब आसमा की शादी हो गई तो वह एकाएक अकेली हो गई। हर जगह आसमा की कमी खटकती। पढ़ना-लिखना, घूमना-फिरना फीका-फीका लगता।

जब आसमा कुछ दिन बाद अपने शौहर के साथ घर लौटी तो वह बजाय आसिया के साथ बैठने के अपने शौहर के आगे-पीछे घूमती रही थी। वे दोनों आपस में बातें करते ठहाके लगाते। यह देखकर आसिया को गहरा आघात लगा और जलन में मुंह से निकला था—'बेईमान...' फिर एक बच्चे के बाद दूसरा बच्चा आसमा को उससे इतनी दूर ले गया कि उसे अपनी ही बहन से चिढ़ होने लगी थी। मगर कल रात, इतने दिनों बाद उसे अपनी बहन वापस मिली थी। .ख़ुशी का अहसास पुरानी उदासी को पोंछ गया था।

पुरानी यादों की उमंग से भरी आसिया उठी और उसने अलमारी से एलबम निकाले। बचपन की अपनी तस्वीरें देखकर वह हंसने लगी। दोनों बहनें एक-सी लंबी फ्राकें पहन गले में बांहें डाले आगे से टूटे दांत दिखाती हंस रही थीं। दूसरी तस्वीर में उसकी दो कसी चोटियां सीने पर पड़ी थीं। आसमा ने बाल मोड़कर बना रखे थे। कान के दोनों तरफ़ बड़े-बड़े रिबन के फूल लगे थे, मगर धूप से बचने के लिए

उसने अजीब तरह से मुंह बिचकाकर आंखें बंद कर रखी थीं।

दूसरी एलबम में सबकी शादियों की तस्वीरें थीं। पहले पन्ने पर मां और बाबा खड़े थे। मां की शक्ल कभी आसमा की तरह लगती, कभी अपनी तरह। फिर दूसरे पन्ने पर आसमा और राशिद का रंगीन फ़ोटोग्राफ़ था। तीसरे पन्ने पर उसका और अफ़ज़ल का...वह शर्माई खड़ी है और अफ़ज़ल किसी से हाथ मिला रहा है।

'कहते हैं जन्नत में जोड़े बन जाते हैं और उनकी शादी भी वहीं हो जाती है। मेरी शादी जन्नत में भला किससे हुई होगी, अफ़ज़ल से या उससे?' उसने सोचा।

काफ़ी देर तस्वीरों को देखने के बाद वह उठी और रात के खाने के इंतज़ाम में लग गई। उसने रेडियो खोल रखा था, ठीक पहले की तरह, ताकि उसे तन्हाई का अहसास न हो। गानों के साथ कभी वह गुनगुनाती, कभी उसकी लय पर काम करते हुए हाथ तेज़ी से चलाती।

'खाना .खुद पकाया जा सकता है, पैसा भी .खुद कमाया जा सकता है, मगर .खुद अपना महबूब आप नहीं बना जा सकता है।' सोचते हुए हंस पड़ी आसिया।

खाना पक गया तो वह सामान समेटकर बैठक में लौट गई। उसने एलबम उठाए और उन्हें वापस अलमारी में रखने लगी। तभी उसमें से एक लिफ़ाफ़ा नीचे गिरा। झुककर उसने लिफ़ाफ़ा उठाया और खोला। कुछ रंगीन तस्वीरें थीं। शादी के कुछ दिनों बाद ही पहली ईद पड़ी थी।

आसिया की आंखों के सामने शादी के शुरू के दिन घूम गए। ईद का दिन। घर मेहमानों से भरा है। दूर-क़रीब की रिश्ते की ननदें भाभी को घेरकर मज़ाक़ और दुलार दिखा रही हैं। चूंकि शादी के बाद उसकी यह पहली ईद है इसलिए ईदी के साथ शादी के दिन न आ सकनेवालों से उसे मुंह-दिखाई भी मिल रही है। रस्म के मुताबिक़ उसने झुककर सबके आगे शीरीनी की सेनी बढ़ाई।

"बहू सलीक़े की है।" अफ़ज़ल की दादी की आवाज़ में संतोष था।

"कमसिन है, घर के माहौल में आसानी से रच-बस जाएगी।" फूफी ने फ़ैसला सुनाया।

"यह क्या दरियादिली दिखाई बेटी, अभी तो तुम्हारे खाने-खेलने के दिन हैं।" चचिया सास ने अपनी बेटियों के हाथ उपहारों से भरे देखकर बड़े ताज्जुब से कहा।

"उन्हें पसंद आए, उन पर सजते भी तो हैं।" आसिया ने हंसकर ननदों को देखा।

"मुबारक हो तुम्हें, बड़े दिलवाली बहू पाई है।" सास की बड़ी बहन ने पसंदीदा नज़रों से आसिया को देखते हुए .खुशी से भरकर बहन को गले लगाया।

हिना की .खुशबू से कमरा महक रहा था। मौसम दिलकश और हवा मतवाली थी।

अफ़ज़ल ने खिड़की खोल दी, तारों से भरा आसमान झिलमिलाती चादर तानकर खड़ा हो गया। ख़ुश मगन आसिया फूलों के ज़ेवर से लदी-फंदी कमरे में दाख़िल हुई तो अफ़ज़ल से रहा न गया, हंसता हुआ आसिया के क़रीब पहुंचकर बोला, ''आपका हमसे ईद मिलना रह गया।''

आसिया बुरी तरह झेंप गई। अफ़ज़ल ने उसे छूआ और वह छुई-मुई बन गई। आसिया के दिल में हसरत थी कि अफ़ज़ल उसको बार-बार देखे, उसकी तारीफ़ करे और धीरे-धीरे उसकी सजावट उससे दूर कर, अपनी बांहों में उसे भरे। अफ़ज़ल को गुनगुना पसंद नहीं था। वह तूफ़ान की तरह उसको अपने साथ बहा ले जाता और फिर जब वह पूरे वेग से बह रही होती तो वह एकाएक शांत हो जाता और आसिया अभी 'थोड़ा और' के अहसास में डूबी बड़ी मुश्किल से उस बिखराव से अपने को बाहर निकाल पाती और ज़ोर से अफ़ज़ल का हाथ अपनी तरफ़ खींचती। वह 'अभी आया', कहकर उसके पास से उठ जाता। अफ़ज़ल उसे वक़्त से पहले भंवर में ले कूदता और मंझधार में छोड़कर बाहर निकल आता।

अफ़ज़ल को महंगे और ख़ूबसूरत तोहफ़े देने का बहुत शौक़ था। आसिया को बहुत अच्छा लगता, बाहर घूमना, सजना, ख़ाली वक़्त में कुछ पढ़ना और सास-ससुर के लाड़ में भरकर कभी-कभी कुछ पकाना और ढेरों तारीफ़ें सुनना। कुछ महीनों बाद इस एकाकी ज़िंदगी से वह घबराने लगी। कोई कोर्स करने की सोचने लगी। अफ़ज़ल ने इजाज़त दे दी और जब कोर्स ख़त्म हो गया तो ज़िंदगी भी एक नए रास्ते पर मुड़ गई। उसमें किसका कितना दोष था?

आसिया ने तस्वीरें लिफ़ाफ़े में वापस रखीं और अलमारी बंद करके वापस मुड़ी। उसके दिल और दिमाग़ की कैफ़ियत बदल रही थी। कई तरह के सवाल उसके सामने आकर उससे जवाब तलब कर रहे थे। ये जन्नत की शादियां होश आने पर जवानी का रोग क्यों बन जाती हैं? शौहर से तन और मन का मिलना बहुत ज़रूरी होता है? जिससे तन, मन और मस्तिष्क सब मिल जाएं वह शौहर नहीं होता है, फिर वह क्या होता है...दुनिया की नज़र में सिर्फ़ गुनाह? गुनाह आख़िर इतना ख़ूबसूरत, इतना लबरेज़, इतना लतीफ़ क्यों होता है? गुनाह में इतनी ताक़त कहां से आ जाती है कि वह सवाब को छोटा कर समाज और क़ानून को चुनौती देने लगता है?

आसिया गुसलख़ाने में घुस गई और जी भरकर नहाई। नल बंद किया और सामने से तौलिया उठाई, पानी की बूंदें उसके बदन पर ओस की बूंद की तरह ठहर गई थीं। वह बदन पोछना भूल गई।

'अपने इस बदन के साथ इतने साल रही मगर जान न पाई यह कैसा है और जो पल-भर के लिए इससे जुड़ा उसने पुरानी गाथा गा दी—बदन पर कहां पर काला

तिल है और कहां का स्पर्श फ़ाख़्ता के मुलायम परों जैसा रेशमी है। उसके तलवों में ख़म है और पैरों की उंगलियों के पीछे का गदबदा हिस्सा ठीक फूलों की पंखुड़ियों की तरह कटावदार है, उसकी पिंडली चिड़िया के पंजे की तरह नाज़ुक और लचकदार है। उसके बदन का रंग पीला चंपा जैसा सुनहरा और महकदार है और...'

उसने सिर झटका मगर उत्सुक निगाहें फिर अपने को तौलने-परखने लगीं। सांसें तेज़ हो गईं। उसने घबराकर तौलिए से बदन लपेटा।

नहाने से दिल और दिमाग़ काफ़ी हलका हो गया था। चाय बनाकर वह प्याली उठाए कमरे में वापस आई। उसने टीवी का बटन दबाया। अपने ही मुल्क में नहीं, बल्कि सारी दुनिया में आग लगी हुई है। कहीं धर्म, कहीं रंग, कहीं नस्ल, कहीं विचारधारा, कहीं सत्ता, कहीं अंकुश इन्सानी दुःखों का कारण बनी हुई हैं। आदमी ने तरक़्क़ी कहां की है? इससे तो अच्छा वह ज़माना था, जब सब एक बड़े कुनबे की शक्ल में रहते, बांटकर खाते, बाढ़, भूकंप, तूफ़ान से डरते, उन्हें .ख़ुदा मानते। रंग, नस्ल और .ख़ुदगर्ज़ी ने उनके बीच तब गहरी खाइयां नहीं खोदी थीं। वे अपने नुत्फ़े के लिए जान नहीं देते थे बल्कि बच्चों के बाप की पहचान का प्रश्न उनके लिए कोई मसला नहीं था।

दरवाज़े की घंटी न बजती तो अपनी रौ में आसिया सोच की धारा में बहती जाती। मां वापस लौट आई थीं और कपड़े बदल रही थीं। उसने दस्तरख़ान बिछाकर उस पर खाना चुन दिया। खाना खाते हुए मां वहां आई औरतों और लड़कियों का ज़िक्र करती रहीं। आसिया बड़े ध्यान से उनकी बातें सुनती रही।

रात को सोते हुए मां का दिल चाहा कि बेटी से पूछे कि आख़िर ससुरालवाले भी उसकी राह देख रहे होंगे। बेहतर है कि वह उस ज़िंदगी को उजड़ने से पहले बसा ले। एक घर बनाने की कोशिश करे, मगर कुछ सोचकर चुप रह गई कि कहीं कच्ची मिट्टी पर वार करने से बना-बनाया खेल बिगड़ न जाए।

आसिया सारे दिन घर में रहती। मां के साथ कुछ पुराने बक्से साफ़ करने, कूड़ा-कबाड़ा फेंकने में और घर को नए तरीक़े से सजाने में उनकी मदद करती रही। मां को इतमीनान हो गया कि आसमा की बातों का असर आसिया पर हो रहा है। .ख़ुदा ने चाहा तो वह एकदम बदल जाएगी। .ख़ुद ही वापस जाने की ख़्वाहिश ज़ाहिर करेगी।

एक रोज़ सुबह-सुबह आसिया ने जो दरवाज़ा खोला तो अफ़ज़ल को फूलों के गुलस्ते के साथ सामने खड़ा पाया। उसने पूरा दरवाज़ा खोल दिया। अफ़ज़ल ने गुलदस्ता उसके हाथों में पकड़ाते हुए कहा, "ज़ालिम, एक बार तो फ़ोन करके अपने बीमार का हाल पूछ लेतीं?"

''कौन है?'' पूछती मां आसिया के पीछे आकर खड़ी हो गई।

अफ़ज़ल ने उन्हें सलाम किया और कार से उतरती समधिन ने आगे बढ़कर उन्हें गले लगाया। ससुर फल और मिठाई की छोटी-छोटी टोकरियां उठाए अंदर दाख़िल हुए और बोले, ''वाह रे ज़माना, हम चुप रहे तो आपने हमारी चीज़ अपनी समझकर रख ली।''

''सच, घर सूना हो गया। मैं अभी आती न, सोचा साल-भर बाद गई है। रह ले महीना-दो महीना, मगर आपके दामाद का बाहर जाना हो रहा है।'' सास ने एक अदा से समधिन से कहा।

''आपकी अमानत पूरे दस दिन संभालकर रखी। आपकी बहू है, जब चाहें ले, जाएं।'' मां का चेहरा .ख़ुशी से गुलनार हो रहा था।

''आप अकेली यहां रहती हैं; आख़िर हमारे साथ रहें न!'' अफ़ज़ल ने सास से कहा।

''ठीक ही तो कहता है, आख़िर आपका बेटा जो है।'' समधी बोले।

''किस मुंह से शुक्र अदा करूं उस ऊपरवाले का जिसने आप जैसा घराना और हीरे जैसा दामाद दिया है।''

झिझकती-सी आसिया चाय की ट्रे लेकर कमरे में दाख़िल हुई। अफ़ज़ल की आंखें शरारत से चमकीं। शरमाई-सी आसिया सास-ससुर की दुआएं लेती अफ़ज़ल की नज़रों से बचती मां से लगकर बैठ गई।

''बेटी, अफ़ज़ल को अंदर ले जाओ।'' मां ने बेटी से कहा।

''हां, हम बूढ़ों में बंधे बैठे न रहो तुम लोग'', सास ने कहा।

आसिया ने अपना सामान समेटकर बांध लिया। मां ने बेटी की बलाएं लीं और दामाद के कंधे पर प्यार से हाथ रखा। सास ने उनकी हालत देखकर कहा, ''बहन, मैंने लड़की पैदा नहीं की तो क्या, आसिया ने इतने दिन दूर रहकर अहसास दिला दिया कि लड़की होती बड़ी मोहिनी है। आपके दामाद के जाने के बाद उसे मैं आपके पास कुछ दिनों के लिए फिर भेज दूंगी।''

आसिया के जाने के बाद मां थोड़ी देर आंसू बहाती रहीं, फिर उठकर उन्होंने शुक्राने की नमाज़ अदा की और आसमा को फ़ोन मिलाने लगीं।

''आसिया ससुराल गई, मेरे सिर से ज़िम्मेदारी का बोझ हटा। अगले महीने अगर राशिद को छुट्टी हो तो मन्नत बढ़ा लेते हैं।''

''ठीक है।'' उधर से आसमा की .ख़ुशी में डूबी आवाज़ उभरी।

''मैं तुम्हारी ख़ाला को भी इत्तिला दे दूं।'' कहकर मां ने फ़ोन रख दिया।

आसिया ससुराल आकर अफ़ज़ल के कपड़े ठीक करने, नए कपड़े सिलवाने, ज़रूरत

की चीज़ें ख़रीदने में जुट गई थी। अफ़ज़ल अपनी फ़र्म की तरफ़ से छः महीने के लिए यूरोप जा रहा था। उसका इरादा था कि कोर्स के ख़त्म होते ही वह आसिया को वहां बुला लेगा और फिर वे दोनों पूरा यूरोप घूमकर लौटेंगे।

काम की व्यस्तता में अक्सर आसिया का दिल भटक जाता। फ़ोन पर हाथ जाता, नंबर घुमाती मगर फिर घबराकर रख देती और बजते टेलीफ़ोन को कभी ख़ुद नहीं उठाती थी। मगर उस मुलायम बिस्तर की याद, जिसने उसे ज़िंदगी का अर्थ समझाया था, उसे पूरी तरह भूलने की कोशिश करती।

'अपने बंदों से यह दोहरा खेल कैसा? जब जज़्बा दिया था तो बहाव भी सीधा देता? एक साथ दो आशिक़ों को मेरे दामन में डालने का अर्थ?' आसिया बेदम होकर कह उठती।

रात को वह अपने को ढीला छोड़ देती। अफ़ज़ल उसकी इस अदा पर मिट जाता। आख़िर एक दिन उसने कह दिया, "बहुत बदल गई हो।"

"यानी?" आसिया की आंखें फैलीं। चेहरे पर से डर की परछाईं गुज़र गई।

"कुछ दिन मां के घर हो आया करो, वहां से आकर पहले की तरह भोली, हसीन और..." बाक़ी बातें हंसी में डूब गईं।

सब कुछ समझकर आसिया की आंखें झुक गईं। अफ़ज़ल ने उस पर बोसों की बौछार कर दी।

कुछ दिन अच्छे गुज़र गए मगर जल्द ही दिल अफ़ज़ल के नाम पर टिका नहीं रह सका। दिल और दिमाग़ पर क़ाबू पाती तो बदन बेक़ाबू होकर अपना साथी तलाश करता। उसे भी एक ख़ास तापमान पर चढ़ने और उतरने की आदत हो गई थी।

अब अफ़ज़ल के स्पर्श उसे तनाव में ला रहे थे। उसकी मांसपेशियां इस तरह से तन जातीं और उसकी खुलती-बंद होती मुट्ठी कई बार अफ़ज़ल को परे धकेलना चाहती। एक खौलता आक्रोश ज्वालामुखी बनकर उबलता हुआ दिल-दिमाग़ पर छाने लगता जैसे कोई ज़बरदस्ती अपनी हदें पार कर रहा हो। तैश में आकर उसे लगता कि वह अपनी पूरी ताक़त से चीख़े कि घर की हर नाज़ुक चीज़ चकनाचूर हो जाए।

"क्या बात है?" कभी-कभी उसके तनते-अकड़ते बदन की ऐंठन को अफ़ज़ल महसूस करता। उसे लगता कि आसिया उसकी बांहों में होने के बावजूद उसके पास नहीं है।

"कुछ नहीं, थक जाती हूं जल्दी।" आसिया उसकी आवाज़ सुनकर होश में आ जाती। ख़्वाब से हक़ीक़त में उतर आती और कहीं बात खुल न जाए, इस घबराहट में वह अफ़ज़ल से लिपटकर उसके बाज़ुओं को चूम लेती, मगर दिल में दर्द उठता।

'अपने बदन का यह अपमान...आख़िर क्यों सहती है।' आंखें जल उठतीं।

"आंसू...भला क्यों? कहो तो न जाऊं?" दीवानगी में भरकर अफ़ज़ल उसे झिंझोड़ता।

"नहीं...नहीं, बस यों ही", कहकर हंस पड़ती आसिया और अफ़ज़ल उसके चेहरे पर, बदन पर चुंबनों की मुहरें लगा देता।

अपने तन पर क़ाबू पाते, अपनी इच्छाओं का गला घोंटते और अपने ऊपर अत्याचार करते-करते आख़िर वह हार गई। जानती है कि अफ़ज़ल ने उसे प्यार का सबक़ सिखाया मगर प्यार करना, बदन की ज़बान में एक-दूसरे तक पहुंचना और उस विस्तार में अपने साथ किसी को पाना, फिर सारे जहां को उसमें देखना यह सब तो उसको किसी और ने बताया है। क्या मर्द भी एक-दूसरे से इतना जुदा होते हैं? इस दूसरे मर्द ने उसे ऐसा क्या दिया है कि जो चाहकर भी पहले से जुड़ी नहीं रह पाती है? क्या इस हक़ीक़त को वह क़बूल कर ले कि तन हर एक से अपनी ज़बान में बात नहीं कर सकता है?

वह अपने बहकते क़दम पर पहरा लगाती और ख़ुद को तलाश करती हुई यह बात समझने की कोशिश करती कि कहीं दो जगह बंटी ज़िंदगी उसे समझा तो नहीं रही है कि दुनियावी ज़िंदगी से हटकर एक रूहानी ज़िंदगी भी होती है और इन दोनों के बीच तालमेल बिठाकर, अपनी पहली ज़िंदगी का विस्तार मानकर दूसरी ज़िंदगी को जीना होगा। एक का संबंध समाज से होगा और दूसरे का उसके निज से...?

आसिया के दिमाग़ ने दिल को समझाया मगर दिल तन को न समझा सका। यह कोशिश भी जब बेकार गई तो हिम्मत करके आसिया ने तय किया कि वह अफ़ज़ल को सब कुछ बता देगी, कुछ नहीं छिपाएगी। इस तरह तनाव में हर रात बसर करना उसके बस की बात नहीं है। उसके सारे तंतु टूट रहे हैं। वह अफ़ज़ल को सुख देने की जगह एक चिंता में डुबो देती है। फ़ैसला कर वह उस रात आराम से सोई मगर सुबह उठते ही उसे दूसरी फ़िक्र लग गई।

'दुनिया क्या कहेगी? उसे बुरी औरत का नाम देगी, मगर उसने तो कभी अपने को अच्छी औरत कहलाने का सपना नहीं देखा। सच्ची ईमानदार ज़रूरत की बात करना बेईमानी है क्या? अच्छी औरत के परदे मे वह दोहरी ज़िंदगी कब तक जिएगी? वह ख़राब औरत है, हां...वह बदकार और आवारा औरत है।' आसिया सिर पकड़कर बैठ जाती और उसे लगता कि अब इस घर में पल-भर भी ठहरना उसके लिए मुश्किल है। जब वह उठकर अफ़ज़ल से बात करने जाती तो रास्ता रोककर आसमा आ खड़ी होती।

"इस तन की ख़ातिर सब कुछ दांव पर लगा दिया?"

"हां, कौन इससे बचा हुआ है? तुम भी नहीं...तुम तन को आबादी मानकर घर का बहाना बनाती हो और तन को रूह से अलग देखती हो मगर मैं किसी बहाने

की ज़रूरत महसूस नहीं करती हूं। मेरे लिए तन ही सब कुछ है, वही ज़िंदगी की हक़ीक़त और वही मेरे जीने का लक्ष्य..."

आसमा से जाने क्या-क्या वार्त्तालाप ख़यालों में कर जाती आसिया। अंत में उसने फ़ैसला ले लिया कि अफ़ज़ल को अभी आराम से जाने दे मगर जिस दिन वह वापस आएगा उसे वह अपना यह फ़ैसला सुना देगी। इस छः महीने के अरसे में तीनों को एक-दूसरे के प्रति अपनी ज़िम्मेदारी का भी अहसास हो जाएगा और वे परख भी लेंगे कि .खुद वे कितने पानी में हैं।

अफ़ज़ल चला गया। घर सूना और दिल उदास हो गया। कई दिन सोते-जागते, थकन उतारते गुज़र गए। मां और आसमा ने बहुत ज़ोर दिया मगर वह उनके साथ नहीं गई। उन्हें यह जानकर .खुशी हुई कि बेटी मान-मर्यादा का अर्थ समझने लगी है।

अब आसिया को उसके टेलीफ़ोन का इंतज़ार था, .खुद फ़ोन करना उसे पसंद न था क्योंकि वह बड़े आराम से अब एक दूर खड़े दर्शक की तरह अपने साथ होनेवाली घटनाओं और दुर्घटनाओं का अवलोकन कर सकती है। वह अंदर से इतनी बड़ी और पुख़्ता हो चुकी है कि दूसरे के किए गए फ़ैसले का केवल कारण ही नहीं समझ सकती है, बल्कि उसको सम्मान देना भी जान गई है।

एक दिन दोपहर को फ़ोन की घंटी बज उठी। बेख़याली में उसने फ़ोन उठाया। आवाज़ सुनकर धक् से रह गई। इतने दिनों के इंतज़ार ने उससे उम्मीद छीन ली थी। उन ख़ूबसूरत गुज़रे क्षणों को महज़ एक इत्तफ़ाक़ समझकर, उसकी हसीन यादों को संजोकर रखने का मन बना चुकी थी, मगर अब वह आसमा को कैसे समझाए कि उसका तजुर्बा किसी और का सच नहीं हो सकता है और किसी दूसरे का सच उसका अपना तजुर्बा नहीं बन सकता है।

"कुछ देर के लिए हो आओ न, आज महीना-भर हो गया है घर से निकले, न कहीं आई-गईं।" सास ने पीछे से बहू की मनुहार की।

"फिर कभी", कहकर आसिया ने फ़ोन रख दिया। वह घबरा गई थी। इन्हें क्या पता यह किसका फ़ोन था और वे उसे कहां भेजने का इस तरह इसरार कर रही हैं।

दो महीने के इस लंबे बिरहा ने मिलन की इस घड़ी को एक नया अर्थ दे दिया था। मेंह टूटकर बरसा, प्यासी नदी उबलने लगी, आबशार दोगुने वेग से गिरा मगर न तपिश ठंडी पड़ी न प्यास बुझी। दोनों अपनी शक्ति, अपनी मजबूरी और अपनी-अपनी ज़रूरत समझ चुके थे। दोनों में से किसी ने कुछ कहने, पूछने और सफ़ाई देने की ज़रूरत नहीं महसूस की, जहां से बिछुड़े थे वहां आकर फिर मिल

गए थे। जैसे साथ-साथ बहना ही उनकी तक़दीर हो।

''तुम्हारे इस पाक जिस्म पर आज मैं नमाज़ अदा करूंगा ताकि यह इबादतगाह मेरे लिए और मैं उसके लिए सदा महफ़ूज़ रहूं।'' कहकर वह आसिया के पहलू से उठा और उसके पैरों के पास जाकर खड़ा हो गया। सीने पर हाथ रखकर नियत बांधी, फिर दोनों हाथ उठाकर ख़ामोशी से उस .ख़ुदा को याद किया जिसका दूसरा नाम मोहब्बत है फिर रुकू में झुका और उस नंगी छाती के बीच सिजदे में गिरा।

दोनों संगमरमरी गुंबदों के बीच बालों से भरा सिर आस्ताने पर टिका, अपनी निष्ठा और वफ़ादारी की क़सम खाता रहा। सूरज ढलने लगा। चारों तरफ़ से उड़ते परिंदे थके-हारे-से इन गुंबदों में पनाह लेने लगे ताकि नई सुबह के नमूदार होने पर वे और ऊंची उड़ान भर सकें।

आदम-हव्वा के इस ख़ामोश समर्पण में किसी तीसरे के वजूद की कोई गुंजाइश नहीं बची थी। तन एक हो गए। धड़कन एक हो गई। अपने को देखने, इस दुनिया को पहचानने और .ख़ुदा तक पहुंचने का रास्ता एक होकर बदन में पेवस्त हो गया, जिसको वे बेतहाशा चूम रहे थे।

शाम ढले जब आसिया घर नहीं लौटी तो सास बेचैन हो उठी। ससुर जब दफ़्तर से लौटे तो अपने साथ ख़बर भी लाए कि किसी जवान मर्द-औरत को ज़नाकारी के जुर्म में पकड़ा गया है। सुनकर सास की जान निकल गई। शहर में बम फटने से फिर हंगामा, ऐसी हालत में आसिया कहां अटक गई?

''लगता है जिधर कर्फ़्यू लगा है उसी इलाक़े में गई होगी'', ससुर ने कहा।

''अगली दफ़ा से घर का पता और फ़ोन नंबर लिख लूंगी, बेचारी को आज जाना नसीब हुआ तो यह आफ़त आ पड़ी।'' सास ने हाथ मलते हुए कहा।

रात आंखों-आंखों में कट गई। कहां फ़ोन करें? मां और आसमा मन्नत बढ़ाने दूसरे शहर गई हैं। सहेलियों का न नाम पता है, न टेलीफ़ोन नंबर। जब कर्फ़्यू हटने का ऐलान हो गया और दोपहर तक आसिया नहीं लौटी तो दोनों परेशान हो उठे।

''अफ़ज़ल को क्या जवाब दूंगी? कहेगा कि अम्मा आसिया की हिफ़ाज़त न कर सकीं?'' सास ने आंखें पोंछी।

'समधिन भी क्या सोचेंगी कि बहू का ख़याल न किया, अकेले जाने दिया।'' ससुर लस्त-से पड़ गए।

दोनों ने मुश्किलकुशा की तस्वीह घुमाना शुरू कर दिया। आए-गए के सामने मुंह नहीं खोला। फ़िक्र ने उन्हें चंद घंटों में अधमरा बना दिया था।

दोस्तों ने उसे किसी तरह जेल जाने से पहले ही छुड़ा लिया था मगर वह इस बात

से उन सबसे ख़फ़ा था। जब वह बक-झककर ख़ामोश हुआ तो सादिक़ ने कमरे की ख़ामोशी तोड़ी।

"उसका और तुम्हारा रिश्ता मैं मानता हूं, तुम्हारी अपनी निजी ज़िंदगी से ताल्लुक़ रखता है मगर जो कुछ तुम लोगों के साथ आज घटा वह अब तुम्हारा मामला नहीं रह गया बल्कि उसका ताल्लुक़ हम से और इस समाज से है। इसलिए अभी तक हम चुप थे, मगर इस मामले में अब तुम चुप रहोगे और हम अपना फ़र्ज़ निभाएंगे।"

"कुछ सोचो तो, गुनाहगार तो बराबर का मैं भी हुआ, सज़ा सिर्फ़ उसे क्यों मिले?" वह तड़पा।

"तुम्हें छुड़ाना आसान था, तुम छूट गए। अब हम उसे छुड़ाने की कोशिश करेंगे, इतमीनान रखो।" असलम ने समझाया।

"एक बार फिर मर्द दग़ाबाज़ साबित हो गया।" उसने दोनों हाथों से कान के पास फड़कती रग पकड़ी।

"यार! बोर मत करो, बात को समझो। यहां साथ-साथ मरकर लैला-मजनूं की कहानी नहीं दोहरानी है, यहां ज़रूरत है उसे बचाने की, आज एक की शामत आई है, कल हज़ारों पकड़ी जाएंगी।" नईम ने झुंझलाकर कहा।

"इसको तनाव बहुत है, कहीं दिमाग़ की रग न फट जाए, कहो तो इंजेक्शन देकर सुला दूं ताकि हम बैठकर चैन से सलाह-मशविरा कर सकें।" फ़ारुख़ ने सादिक़ के कान में कहा।

दोस्तों ने ज़बरदस्ती उसे बिस्तर पर लिटाया। फ़ारुख़ ने अपना दवा का बैग खोला, इंजेक्शन तैयार किया और यह कहते हुए उसके बाजू में घोंप दिया, "बात तुम्हारी नहीं है बल्कि हम जो निज़ाम लाना चाहते हैं, आसिया जो पाना चाहती है या औरतें अपनी तरह जीना चाहती हैं, यह उसकी है। उनकी तिलमिलाहट इसीलिए है कि आसिया अब उनके लिए चुनौती बन गई है और हमारे संघर्ष की मशाल..."

"मगर मैं तो अपने को उन्हीं जाहिलों की पंक्ति में खड़ा पा रहा हूं।" वह बैन करता-सा चीख़ा।

"यक़ीन रखो उसे सज़ा नहीं होने देंगे। हां, जब मुक़दमा चलेगा और बहस शुरू होगी तो हम अपना नज़रिया इस ज़ोरदार तरीक़े से सामने रखेंगे कि इन ज़ालिमों को बग़ल झांकने के अलावा कुछ समझ में नहीं आएगा।" सादिक़ ने तल्ख़ी से कहा।

इधर वह गहरी नींद में डूब गया। उधर शहला और सादिया नाकाम लौटीं। अपने प्रभाव, जान-पहचान और रिश्वत की पेशकश के बावजूद वे इस हक़ीक़त से बुरी तरह टकराईं कि एक ही समाज के दो मापदंड हैं। मर्द के लिए क्षमा और औरत के लिए कड़ा दंड...सबके सिर झुक गए। आसिया कोतवाली से जेल पहुंचा दी गई थी। मामला अब संगीन हो चुका था।

ये सारे लोग समाज के उस वर्ग से हैं जो पढ़ा-लिखा प्रगतिशील कहलाता है। इनके सामने आज इतने गूढ़ सवाल आ खड़े हुए हैं कि वे उनसे बचकर भाग नहीं सकते हैं। ये डॉक्टर, इंजीनियर, वकील, लेखक, अध्यापक, पत्रकार अपने पेशे के बाद का वक़्त समाज को ग़लत सियासत और धर्म के शिंकजे से निकालने में ख़र्च करते हैं ताकि आनेवाले दिनों में इन्सान सेहतमंद ज़िंदगी जी सके।

बुद्धिजीवियों की चीख़-पुकार से सोए लोग जागने लगे। उनके सामने प्रश्न था कि यह कैसे मुमकिन है कि मर्द, औरत अपने बीच के आकर्षण को नज़रअंदाज़ कर, सारे दिन आमने-सामने बैठे सिर्फ़ क़ुरान की तलावत किया करें? इस रस्साकशी में संगसार की तारीख़ आगे बढ़ गई। संसद में, समाचार-पत्रों में, धार्मिक स्थानों में जमकर बहस शुरू हो गई। मौलवियों के बीच गरम और नरम दल बन गए। गरम दल का पलड़ा भारी था क्योंकि सत्ता उनके हाथ में थी। नरम दलवालों के साथ पढ़ा-लिखा वर्ग और जनता का एक बहुत बड़ा हिस्सा था, इसलिए गरम दलवालों की दाल नहीं गल पा रही थी। लोगों में अजीब तनतनाहट थी। जैसे वे पूछना चाह रहे हों कि वे आगे जा रहे हैं या पीछे लौट रहे हैं?

जेल की कोठरी में बैठी आसिया दिन गिनना भूल गई है। शहतूत के ढेरों पेड़ उसकी कोठरी के पास हैं। इसलिए अक्सर जेल की कर्मचारी औरतें और लड़कियां वहां शहतूत बीनने पहुंच जाती हैं। कभी-कभी कोई लड़की हाथ सलाख़ों में डाल उसकी तरफ़ शहतूत से भरी मुट्ठी बढ़ाती है। कभी आसिया शहतूत का एक दाना मुंह में डाल लेती है, कभी इंकार कर देती है।

'हरजाई है?' लड़कियां आपस में फुसफुसातीं।

'नहीं, फ़ाहिशा है!' शंका-भरी अधेड़ आवाज़ें टकरातीं।

'नहीं, वह भी नहीं, यह तो आयशा है।' बूढ़ी औरतें फ़ैसला सुनातीं।

'आयशा, आयशा, आयशा???'

पेड़ों पर चहचहाती चिड़िया उड़ जाती हैं। पके शहतूत डालों से झर जाते हैं और सन्नाटे में बैठी वह दिल-ही-दिल में उन हैरतज़दा आवाज़ों को अपने से दूर जाती सुनती है।

'क्या मैं आसिया नहीं आयशा हूं? अगर सचमुच आयशा होती तो क्या मेरा अंजाम यह होता?'

आसमान का रंग लाल हो जाता, आसिया की आंखें अंगारे बन जातीं और रात की सियाही फैलते ही अंगारे धीरे-धीरे करके राख़ में बदल जाते।

सारी दौड़ धूप के बावजूद कोर्ट ने अपना फ़ैसला सुना दिया। मां और आसमा की

तरफ़ से रहम की अपील हुई। सास-ससुर ने इस सज़ा को आरोप मानकर उसके ख़िलाफ़ अपील दायर की। नरम दलवाले मौलवियों ने शरीयत की सारी किताबें चाट डालीं। सबूत पेश किए गए कि संगसार का ज़िक्र कहीं नहीं है मगर कोर्ट ने अपना जल्दबाज़ी में लिया फ़ैसला वापस नहीं लिया। उन्हें डर था कि इस तरह उनके हर क़दम पर रोक लग जाएगी और हर हरकत पर सवाल उठेंगे। उनकी सत्ता की बुनियाद जिस ख़ौफ़ और दहशत पर टिकी है वह ख़त्म हो जाएगी। इसलिए बिना किसी झिझक के ऐलान हुआ कि मौक़ा-ए-वारदात पर आसिया के पकड़े जाने की वजह से उसे कल संगसार कर दिया जाएगा। उसका साथी फ़रार है और लाख कोशिशों के बावजूद अब तक पकड़ा नहीं जा सका है। मगर उसकी तलाश जारी है।

कागज़ तैयार थे। देर करने की गुंजाइश नहीं थी। वरना बग़ावत अपने डैने फैला लेती। इसलिए उसी रोज़, जब दिन शाम से गले मिलने के लिए आतुर था, क़ब्र में पैर लटकाए एक बुज़ुर्ग कोर्ट की आख़िरी खानापूरी के लिए जेल पहुंचे।

"अपना गुनाह क़बूल करो।" काले जूते एकाएक आसिया के पास आकर ठहर गए और भारी आवाज़ की चोट ने ख़ामोशी तोड़ी।

आसिया ने चौंककर नज़रें ऊपर उठाईं और लरज़ती-सी उठ खड़ी हुई। सामने खड़े बुज़ुर्ग ने अपनी सफ़ेद दाढ़ी पर हाथ फेरा और दाहिने हाथ में पकड़ी तस्वीह घुमाई। उनकी आंखों में आश्चर्य-भरा कुतूहल कौंधा, जैसे वे अपने को यक़ीन दिलाना चाह रहे हों कि सामने खड़ी कुंवारी मरियम मां जैसी पाक-मासूम चेहरेवाली यह कमसिन लड़की भी गुनाहगार हो सकती है जिसको .ख़ुदा ने सब कुछ दिया है?

"तुम्हें शैतान ने बहकाया, और तुमने .ख़ुदा का रास्ता छोड़कर शैतान के कामों में हाथ बंटाया, .ख़ुदा का क़हर तुम पर है, बेहतर है कि तुम .ख़ुद गुनाह का एतराफ़ कर लो।" नसीहत में डूबी उनकी आवाज़ उभरी और बुज़ुर्ग ने आंखें बंद कर लीं।

आसिया के माथे और होंठों के ऊपर पसीने की बूंदें छलकीं और फिर वह पूरी-की-पूरी पसीने में नहा गई। बचपन का ख़ौफ़ उसके सामने खड़ा था, मगर उसकी आंखें अब भी बुज़ुर्ग के चेहरे को ताक रही थीं, जैसे उनकी कही बातों का सिर-पैर उसकी समझ में न आ रहा हो।

आसिया के मासूम चेहरे पर फैली भोली आंखों को बुज़ुर्ग ने एक बार नज़र भरकर देखा, मगर जल्दी ही नज़रें हटा लीं। यह वजूद आख़िर किस जज़्बे से सरशार है? उनके अंदर से सवाल उभरा, मगर अपनी कही बात का जवाब न मिलने को वे अपनी तौहीन समझ ज़्यादा देर ठहर न सके और मुड़ गए। साथ आए लोग भी लौट गए। उनका फ़र्ज़ पूरा हो गया था।

आसिया घुटनों पर सिर रखकर बैठ गई। जैसे सिजदे में माथा टेका हो। अगर यह

गुनाह था तो फिर ऊपर वाले ने इस बदन में यह प्यास भरी क्यों? शाम का धुंधलका बड़े मैदान में दौड़ने लगा, शहतूत के पेड़ों ने अपनी डालियां झुका दीं और आसिया के चारों तरफ़ रात पसरकर बैठ गई।

बंद आंखों के सामने उसका चेहरा उभरा, आसिया के पपड़ी पड़े होंठों पर मुसकान फैल गई। फिर आसमा की आंसू-भरी आंखें, मां का छाती पीटते हुए बैन करना, सास-ससुर का बेक़रारी से रोना, अफ़ज़ल का हैरत से उसको ताकना, बचपन, जवानी—सारी ज़िंदगी रील की तरह खुलकर सामने आ खड़ी हुई। आंखों से कुछ गरम-गरम बहकर घुटनों के कपड़े में जज़्ब हुआ।

पौ फट गई। कोठरी के बाहर शहतूत की नंगी डालियां हवा में लहराईं और आसिया ने अपनी आंखें उठाकर उस सवाल पूछने वाले को ताज्जुब से देखा। पतझड़ की हवा सूखे पत्तों को उड़ाती गुज़र गई।

"कोई आख़िरी ख़्वाहिश?"

सुनकर हंस पड़ी आसिया और हंसती ही चली गई। जब जीना चाहती थी तब सबने तन पर सौ-सौ पहरे लगाए, किसी ने पूछा कि औरत तेरी ख़्वाहिश क्या है? और आज जब मौत सिरहाने खड़ी है तो उससे पूछा जा रहा है कि बता तेरी आख़िरी तमन्ना क्या है?

"आख़िरी इच्छा, किसी को देखना, मिलना, कुछ कहना, जो चाहो बिना झिझक कहो।" सवाल फिर दोहराया गया।

"हां।" एकाएक हंसते-हंसते आसिया रुक गई। चेहरे पर गंभीरता फैल गई। आंखों में ज़िंदगी की चमक लौट आई, सलाख़ों पर कसी मुट्ठी ढीली पड़ी और आरज़ू की गहरी घुलाहट में दिल की आवाज़, आख़िरी ख़्वाहिश में महक उठी।

"मेरी जन्नत, एक पल के लिए ही मुझे वापस दे दो।"

उस रात औरतों ने चूल्हे नहीं जलाए, मर्दों ने खाना नहीं खाया, सब एक-दूसरे से आंखें चुराते रहे। यदि आसिया गुनाहगार थी तो फिर उसके संगसार होने पर यह दर्द, यह कसक उनके दिलों को क्यों मथ रही थी।

अक्स

निगार अज़ीम

उर्दू महिला लेखन का एक तेज़-तर्रार आधुनिक चेहरा। ज़्यादातर कहानियां अपने विषयों के कारण विवादास्पद रहीं। 'अक्स' बाप-बेटी के संबंधों पर विशेष चर्चा में रही। इसी नाम पर कथा-संग्रह प्रकाशित, 'मंटो' पर विशेष रूप से लेखन-कार्य और 'शोध' में व्यस्त।

उफ़ मेरे खुदा...! यह मैंने क्या देख लिया...? मेरा वजूद पारा-पारा होकर लरज़ने लगा है। दिल की घुटन बढ़ती ही जा रही है...काश, मैंने यह सब कुछ न देखा होता! बचपन से लेकर जवानी के आख़िरी लम्हों तक की यादें मेरे ज़हन को झंझोड़ने लगीं।

उस वक़्त मैं कोई छः बरस की थी। एक सुबह आंगन में सोते-सोते मेरी रान पर इतनी ज़ोर से चांटा पड़ा कि मैं बिलबिला कर उठ बैठी। चारों तरफ़ देखा, कोई न था। अब्बाजान क्यारी के पास बैठे ताज़ा गुलाब देख रहे थे और हसबे-आदत कुरान पाक की कोई सूरत बाआवाज़े बुलंद पढ़ रहे थे। पूछने की हिम्मत नहीं थी कि क्या हुआ? ख़ुद ही ख़याल किया कि ग़रारा पहनकर सो रही थी। शायद सोते में ऊपर उठ गया होगा। यही अब्बाजान के गुस्से की वज़ह हो सकती है। कितना गुस्सा था अब्बाजान को...! उफ़, नाक पर मक्खी बैठने नहीं देते थे। अम्मीजान को ज़रा-ज़रा-सी बातों पर किस बुरी तरह लताड़ते थे, लेकिन दूसरे ही लम्हे उनके बग़ैर खाना भी नहीं खाते थे। जब अब्बाजान स्कूल से पढ़ाकर आते थे, तो क्या मजाल घर में ज़रा सी भी किसी की आवाज़ निकल जाए। बक़ौल अम्मी के, "तुम्हारे बाप थके हुए आए हैं, आराम की ज़रूरत है।" यह तो कभी सोचा ही नहीं कि बच्चे भी स्कूल से थके-हारे आए हैं। खेलने और चहकने की ज़रूरत है!

रात को अब्बाजान किसी न किसी नशिस्त[1] में ज़रूर जाते। तब हम सब

बहन-भाई मिलकर खूब धमा-चौकड़ी मचाया करते।

बचपन की वही शरीर आदतें...दूसरों के साथ-साथ अब्बाजान की चीज़ें भी चुपके-चुपके छेड़ना शुरू कीं। नामालूम अब्बा को कैसे पता चल जाता था, गुस्से से सिर्फ़ आवाज़ लगती, तो ख़ून खुश्क होने लगता। डांट पड़ती, तो डर के मारे टांगे कंपकपाने लगतीं, तो कभी पेशाब निकल जाता। कुछ पूछा जाता, तो आवाज़ ही न निकलती।

जूं-जूं बचपन जाने लगा, तूं-तूं समझ आने लगी। अब्बाजान की आदतें कितनी अजीब हैं, या तो सारे काम .ख़ुद कर लेंगे। रेडियो खुद ठीक कर लेंगे, बिजली का काम भी देख लेंगे। प्रेस भी ठीक कर लेंगे और आर्टिस्ट तो ज़बरदस्त थे। कितनी ख़ूबसूरत तस्वीरें बनाते थे! क्या हसीन अबरी पेपर पैकिंग के लिए बनाया करते थे। क्या-क्या काम करते थे कि बस...और दूसरी तरफ़ घड़े से पानी लेकर भी .ख़ुद नहीं पी सकते। हम बच्चों के साथ कभी खेलते भी नहीं। हंसी-मज़ाक़ भी नहीं। इतनी सख़्त मिज़ाजी कि हर बात का ऑर्डर। किसी बात में न सुनने की आदत तो जैसे थी ही नहीं।

उन्हें स्कूल पहुंचने में पांच मिनट भी कभी देर नहीं होती थी। अगर स्कूल के लिए हमें निकलने में पांच मिनट देर हो जाए, तो सारा मोहल्ला सर पर उठा लेंगे। सालन में नमक-मिर्च तेज़ हो जाए, तो सालन का प्याला टुकड़े-टुकड़े होकर आंगन में बिखर जाए। हर वक़्त, हर काम क़ायदे का, नपा-तुला, भला यह भी कोई बात हुई! हर वक़्त रौब ही रौब। पास बुलाते, ऑर्डर मिलता, "बैठ जाओ।" हम बैठ जाते। कहते, "कहो बीस बार, झूठ बोलना गुनाह है। जबान में ग़ंदगी पैदा होती है।" फिर कहते, "कहो बीस बार, दिल की बात नहीं मानते, दिल ग़लत काम करवाता है।" हम बोलते जाते। किस क़दर उकता देने वाला बचपन था, .ख़ुदा की पनाह!

आहिस्ता-आहिस्ता पता चला कि अब्बाजान शायर हैं। दिल चाहा चोरी-छुपे पढ़ें, अब्बाजान क्या लिखते हैं? यक़ीन नहीं आता कि इतने सख़्त मिज़ाज अब्बाजान शायर कैसे हो सकते हैं? शायरी भी ऐसी कि आह...दिल तड़प उठे। क्या अब्बजान अंदर से इतने नर्म हैं? क्या अब्बाजान के दिल में भी इतने नर्म-गर्म अहसासात हैं? ऐसा कैसे हो सकता है? बाहर से इतने सख़्त दिखाई देने वाले हमारे अब्बाजान इतने हस्सास[2] हैं और इतना जज़्बाती कलाम कहते हैं? तो फिर यह गुस्सा...? शायद ख़ानदानी चलन...!

अब पूरी तरह हमारा शऊर जाग उठा था। अब्बाजान की पूरी शख़्सियत हमारे सामने वाज़ेह हो चुकी थी। अब्बा हमें आहिस्ता-आहिस्ता बहुत अच्छे लगने लगे। हर बात में मर्दानगी, हुस्न-ओ-वक़ार, नफ़ासतपसंदी, इलामियत, औलाद की परवरिश

का ढंग, सभी कुछ अब्बाजान में बड़े निराले अंदाज़ में मौजूद था। अब्बा का सारा काम मैं .खुद करती और दिल-ही-दिल में .खुश होती। अब्बा भी .खुश होते। कहते, ''वाह बेटा, शाबाश! बहुत अच्छा जूता चमकाया है मेरा।''

आहिस्ता-आहिस्ता अब्बा का मिज़ाज बदलता जा रहा था। अब वह पहले की तरह गुस्से में नहीं होते थे। अब अब्बाजान को किसी बात में हमारी दखलअंदाज़ी बुरी नहीं लगती थी।

''अब्बाजान यह कपड़े पहनिए। यह वाला जूता और हां, यह स्वेटर...? और यह काला सूट...? और फ़लां खुशबू लगाकर नशिस्त में जाइएगा आज।''

''लाइए, अब्बाजान मैं काट दूं आप के नाखून। बिल्कुल गोल काटूंगी। ज़रा भी कहीं नोक नहीं बचेगी।'' अब्बा मुस्करा कर कैंची थमा देते और हाथ आगे बढ़ा देते। एक दिन अब्बा के दोस्त, जिन्हें हम चाचा कहते थे, मौजूद थे। उन्होंने फर्माइश की, कोई ताज़ा ग़ज़ल हो जाए। अब्बाजान शुरू हुए। आख़िर में जब मक़ता[3] कह रहे थे कि आख़िरी लाइन बेसाख़्ता मेरे मुंह से निकल गई, बड़े ताज्जुब से मुझे देखा और जब चाचा चले गए, तो पास बुलाया, बोले, ''ज़रा सुनाना, उस वक़्त क्या पढ़ा था?'' मारे डर के खड़े-खड़े कंपकंपाने लगी। हिम्मत जवाब दे गई।

समझाकर बोले, ''यह तुम्हारी पढ़ाई के दिन हैं। फ़िज़ूल कामों की तरफ़ ध्यान ना दिया करो।''

वक़्त गुज़रता गया। ना जाने किस जज़्बे के तहत मैंने अफ़साने लिखने शुरू किए। चुपचाप तबा आज़माई करते-करते एक दिन वह आया कि मामूली पर्चों में मेरे अफ़साने छपने लगे। शौक़ बढ़ता गया, लेकिन अभी तक इतनी हिम्मत नहीं थी कि दिखा सकूं, अब्बा कैसा लिखा है? डर था, कहीं बरसों का गया तूफ़ान, फिर वापस न आ जाए। और फिर एक दिन अम्मी ने तज़करा कर ही दिया। क़यामत आ गई। सारे पर्चे तलब किए। डरते-डरते हमने वह तमाम पर्चे लाकर सामने रख दिए, जिनमें हमारे अफ़साने छपे थे।

कई दिन बाद बुलाया, पास बिठाया, अफ़साना लिखने की तमाम बारीकियां समझाईं और कहा, ''आइंदा किसी पर्चे में भेजने से पहले किसी को दिखा लिया करो।''

हमारी हैरत की इन्तहा न रही। यह क्या बात हुई? जैसे-जैसे हमारे क़दम जवानी की दहलीज़ पर बढ़ते गए, वही अब्बा हमारे आइडियल बनते गए। उनकी हर बात में आन और हर अदा में शान और वक़ार नज़र आने लगा। मुझे अब्बाजान से इस क़दर मोहब्बत हुई कि जिसको ज़ाहिर करना मेरे बस में नहीं। तमाम अज़ीज़ों की मर्ज़ी के ख़िलाफ़ अब्बाजान ने मुझे सब औलादों से ज़्यादा पढ़ने का मौक़ा दिया। उनकी नज़रे-इनायत सबसे ज़्यादा मुझ पर रहती थी। अब्बा ने एक दिन कहा था,

"मुझे सिर्फ़ महर में अपना अक्स नज़र आता है।"

अब्बा ने एक ख़त में मुझे 'ग़ज़ल' लिखा था। अब्बा मुझसे हर तरह की बातें बेथकान किया करते थे। अम्मी टोका करतीं, तो कहते, "यह बेटी नहीं, बेटा है। ज़माने की ऊंच-नीच और अपना तजुर्बा बताता रहता हूं। तुम टोका मत करो।"

काश, मैं भी अब्बा को बता सकती कि मैं आपको कितना चाहती हूं! आप मुझे अपना आइडियल और मेरे तसव्वुरात का मुकम्मल शाहकार नज़र आते हैं। आप हर फ़न में उस्ताद हैं। मेरा जी चाहता है, मैं आपकी तमाम खूबियों को तारीफ़ करूं।

उम्र के तीस साल पर लगा कर उड़ गए। मैंने एम ए कर लिया था। सबकी शादियां हो चुकी थीं। वक़्त और माहौल बदलता जा रहा था। अब्बा का ख़ानदान तवील होता जा रहा था। अम्मी .ख़ुशो-.ख़ुरम व मुतमईन नज़र आती थीं। अब्बा का गुस्सा औलाद, नवासे-नवासियों और पोते-पोतियों ने ख़त्म कर दिया था। सब अब्बा के कंधों पर चढ़े रहते थे। मेरी शादी के बाद अब्बा बहुत ग़मग़ीन रहने लगे थे। उनकी वालेहाना मोहब्बत का सबूत सिर्फ़ वह ख़तूत हैं, जो वह मुझे लिखते रहे हैं।

अब अब्बा कमज़ोर हो चले थे। चौड़ा चकला सीना नर्म पड़ने लगा था। अब्बा .ख़ुद कहा करते थे, "अब हम चिराग़े सहरी[4] हैं।" और एक दिन अब्बा का यह कहना दुरुस्त साबित हुआ।

एक ही हफ़्ता पहले की बात है। अब्बा की अचानक तबियत ख़राब हुई। प्रोस्ट्रेट का ऑप्रेशन होने वाला था। सारा घर मेहमानों से भर गया। अब्बा मुस्करा-मुस्करा कर सबसे बातें कर रहे थे। घर में तिल धरने की भी जगह नहीं थी। जिस को जहां जगह मिली, पड़कर सो गया। सिर्फ़ मैं ही तो रह गई थी। अब्बा भी सो चुके थे। हर बिस्तर पर दो-दो तीन-तीन पड़े थे। अम्मी को भी बच्चों ने घेरे में ले रखा था। सिर्फ़ अब्बा का बिस्तर ख़ाली था। मैं चुपके से अब्बा के लिहाफ़ में घुस गई और उनकी पीठ से चिपककर ऐसी सोई कि होश ही न रहा। सवेरे अब्बा कुलबुलाए, "अरे भई, यह मेरे पास कौन लेट गया?"

"मैं हूं अब्बा जी!" और अब्बा ने छोटे से बच्चे की तरह मुझे सीने से चिपटा लिया। मेरी आंखें मोहब्बत के इस लम्स[5] से भर आई थीं।

ऑप्रेशन हुआ, तीसरे दिन अब्बा हम सबको छोड़कर चल दिए। जिसके तसव्वुर से ही कलेजा मुंह को आने लगता था। दिल बैठने लगता था। पागल होने का गुमान होता था। वह हो चुका था।

आह अब्बा!...अब मैं किसके लिए लिखूंगी? क्या लिखूंगी? कौन .ख़ुश होगा? मेरे इस अदबी ज़ौक़ के जन्मदाता मुझे तन्हा...

कई दिन गुज़र गए। हर पल अब्बा की बातें होती रहतीं। अब्बा सब को ख़्वाब में नज़र आते। किसी को किसी तरह, किसी को किसी तरह। मेरे दिल की ख़लिश

दिल में ही रही। अब्बा मुझे नज़र क्यों नहीं आते? क्या मुझसे नाराज़ हैं? ज़्यादा-से-ज़्यादा तिलावत करती। दुरूद व दुआएं पढ़तीं। सवाब पहुंचाती। तसव्वुर करके लेटती...अब्बा नज़र नहीं आए। काश, मैं भी अब्बा को देखतीं...मैं तो अब्बा के सबसे ज़्यादा क़रीब थी। ज़िंदगी में भी, बीमारी में भी, .ख़ुशी में भी, ग़म में भी अब्बा सबसे ज़्यादा मुझे चाहते थे। कैसा .ख़ुश होते थे, जब अब्बा के पांव धुलाती, सर धुलाती। फिर क्या वजह है? वक़्त गुज़रता गया और मेरी बेचैनी बढ़ती गई। अब्बा, काश, एक बार मुझे भी नज़र आइए...कैसे हैं? कहां हैं? आपकी एक-एक याद मेरे ज़हन के टुकड़े-टुकड़े किए दे रही हैं।

अब्बा नज़र आए...उफ़, मेरे .ख़ुदा!...यह मैंने क्या देख लिया?...मेरा वजूद बिखर रहा है। यह सब क्या है? अब्बा की पाकीज़गी और मेरी वालेहाना मोहब्बत का यह अंदाज़? अब्बा और मैं इतने क़रीब?

---

1. गोष्ठी, 2. संवेदनशील, 3. ग़ज़ल का आख़िरी शे'र, जिसमें शायर का नाम होता है, 4. सुबह का चिराग़, 5. स्पर्श।

पर्सनल एकाउंट

फ़हमीदा रियाज़

महिला लेखन के चंद इंकिलाबी नामों में से एक। कहानियों के साथ कविताएं भी समान रूप से चर्चित। कहानियों की सतह पर औरतों की कमजोरी की क़ायल नहीं, अंग्रेज़ी साहित्य के 'शहपारों' का उर्दू में तर्जुमा। आज भी महिला-लेखन के क़ाफ़िले में सबसे आगे और ऊंची आवाज़। फ़हमीदा की क़लम अभी भी हरकत में है।

"समय भी इन्सान को क्या से क्या बना देता है।"

मंसूरा अपने ख़याल में खोई हुई, अंडरग्राउंड रेल में बैठी चली जा रही थी। वह इब्राहीम भाई के बारे में सोच रही थी, जो पाकिस्तान जाने वाले थे। फ़ैसलाबाद, जहां उसकी बूढ़ी मां और बाप रहते थे। दो दिन पहले इब्राहीम भाई ने उससे कहा था, "ना भई ना, यह पैसे मैं तेरे मां बाप को नहीं दे सकता। यूं भी हमारे वतन में बेटी की कमाई कोई नहीं खाता। अरे, बेटी के घर तो पानी भी नहीं पीते बहुत से लोग।"

मंसूरा दिल मसोस कर रह गई। अशफ़ाक़ से छिपा-छिपाकर उसने सिलाई से की गई स्वयं अपनी कमाई से जो सौ पाउंड जमा किए थे, वो उसके हाथ में कांपते रह गए थे। उसकी आंखों से आंसू की बूंदें ख़ामोशी से लुढ़कती हुई गरदन पर गिरती रही थीं...आंसू जो स्वयं उसके गिरेबान में जज़्ब हो गए थे। उसके मुंह से सिसकी की तरह निकला था, "क्या मैं उनकी बेटी नहीं? उनका मुझ पर अधिकार नहीं?"

इब्राहीम भाई ने सिर हिला कर कहा था, "लो, यह भी कोई बात हुई! वंश तो मर्द से चलता है, अब अल्ला-तआला की यही मर्ज़ी थी कि तुम्हारे मां-बाप के घर औलादे-नरीना न हो, तो उसकी रज़ा (इच्छा)। अल्लाह के राज़ वही जानता है। या हक़!" उन्होंने माला फेरते हुए नारा-सा लगाया था।

एक स्टेशन पर गाड़ी रुकी तो मंसूरा ने घबराकर बाहर नज़र डाली। लेसिस्टर स्क्वॉयर आ गया था। यहां से उसे ऑक्सफ़ोर्ड सर्कस के लिए ट्यूब बदलनी थी। वह जल्दी से उठी और अपने बेटे गुड्डू को हाथ पकड़ कर खींचती हुई दूसरे हाथ से उसकी पुश चेयर संभाले लोगों की भीड़ चीरने की कोशिश करने लगी। एक अंग्रेज़ औरत ने गुड्डू को ट्रेन से नीचे उतार दिया। मंसूरा जल्दी से खुद भी उतरी और हार्दिक आभार से कहा, "थैंक यू!" औरत मुस्कराई। ट्रेन का स्वचालित दरवाजा बंद हो गया। धुंधले शीशे के पार उस औरत का मुस्कराता चेहरा और सुनहरे बाल ग़ायब हो गए।

मंसूरा ने सांस ठीक की और गुड्डू को पुश चेयर में बैठाकर स्ट्रेप से बांधा, फिर वह बिजली की सीढ़ियों की ओर चल दी। प्लेटफ़ार्म बदल कर वह सेंट्रल लाइन की ट्रेन का इंतजार करने लगी।

क्रिसमस का ज़माना था और ऑक्सफ़ोर्ड स्ट्रीट पर सेल लगी हुई थी। सेल तो वैसे बर्किस्टन में भी लगी थी, जो क्लैप हेम साउथ से ज़्यादा दूर नहीं था, पर अशफ़ाक़ का आग्रह था कि उसके रिश्तेदारों के लिए शॉपिंग ऑक्सफ़ोर्ड स्ट्रीट से ही की जाए, जहां ज़्यादा वेराइटीज़ हैं। लिस्ट उसके पास थी। अशफ़ाक़ के सब भाइयों के लिए पतलूनें और क़मीज़ें, उसकी मां के लिए स्वेटर, बाप के लिए कार्डीगन और बहनों के लिए हेंड-बैग ख़रीदने थे। यह सब सामान इब्राहीम साहब अपने साथ फ़ैसलाबाद ले जाने वाले थे।

पांच साल पहले मंसूरा फ़ैसलाबाद से ब्याह कर लंदन आई थी। अशफ़ाक़ केवल महीने-भर की छुट्टी पर आया था। उस एक महीने में उसकी बात पक्की करके शादी कर दी गई थी। लंदन में रहने वाले दामाद के एवज़ उसके बूढ़े मां बाप ने अशफ़ाक़ के घर वालों को अपने मकान का प्लाट दे दिया था जिसको उसके ख़ानदान ने निर्लज्जता से स्वीकार करते हुए उस पर मकान भी बनवा लिया था। शादी के समय मंसूरा फ़ैसलाबाद के लड़कियों के कॉलेज में इंटर में पढ़ती थी। शादी इम्तहानों से पहले हो गई थी। तब से वह एक बार भी पाकिस्तान नहीं गई थी। अब तो गुड्डू भी चार साल का हो गया था। इस अर्से में उसकी छोटी बहन ने बी.ए. बी.टी. कर लिया था। उसकी शादी हो गई थी, पर इस महंगाई के ज़माने में एक आदमी की आमदनी से मां-बाप बहन-भाइयों वाले ख़ानदान कैसे चलते। टीचर्स ट्रेनिंग की वजह से उसकी बहन रज़िया को एक प्राईवेट स्कूल में चार हज़ार की नौकरी मिल गई थी। कुछ पैसे वह ट्यूशन पढ़ाकर भी हासिल कर लेती थी। उसकी आमदनी का एक-एक पैसा उसका शौहर ले लिया करता था। रज़िया तड़पती रह जाती थी, लेकिन अपनी मां और बाप की ज़रा भी मदद नहीं कर पाती थी, केवल उसकी ही नहीं, यह तो उसके देश की सारी औरतों की कहानी थी। बाथरूम साफ़ करने

वाली मेहतरानी से लेकर उसकी उन तमाम सहेलियों तक की, जो अब सालों से नौकरी कर रही थीं, उनका अपनी कमाई पर कोई अधिकार नहीं था। कभी-कभी वह सोचती, मेरे प्यारे वतन पाकिस्तान के मर्द कैसे हैं। ये सब अपनी पत्नियों की तनख़्वाहें अपनी हथेलियों पर रखवा लेते हैं या घर की जन्नत नामी दोज़ख (नरक) में झोंक देते हैं...अपनी .ख़ुशी से वह अपनी कमाई का एक धेला भी क्यों ख़र्च नहीं कर सकतीं?

लेकिन पाकिस्तानी मर्द ही क्या, हिंदुस्तानी मर्दों की भी यही कहानी थी। क्लैप हेम साउथ में बीसियों हिंदुस्तानी और पाकिस्तानी परिवार बसते थे। बहुत से हिंदू और सिख घरानों की औरतें भी उसी गारमेंट फैक्टरी में बिजली की मशीनों पर सिलाई करती थीं। सबके पति दिहाड़ी का एक-एक पैसा वसूल कर लेते थे। उसकी दोस्त कुलवंत कौर चुपके-चुपके उससे कहती, "बड़ा सुनया सी पाकिस्तान, पाकिस्तान! इत्थे आके पता चलिया कि इह ते बिल्कुल हिंदुस्तानियों जैसे होंदे नें। रज के खाना ते बती वसा के साडे उत्ते चढ़ जाना..." कुलवंत कौर खुली-डुली मोटी-ताज़ी औरत थी। वह बड़े ज़ोर का ठहाका लगाती और कहती, "बड़े गोरे-चिट्टे, लंबे-चौड़े हैं हमारे मर्द। तीन मिनट में फ़ारिग (स्खलित) होते हैं, तीन मिनट में..."

मंसूरा की उससे बड़ी दोस्ती हो गई थी। कुलवंत कौर का गला भी बड़ा मीठा था और मज़ेदार बात यह थी कि वह .ख़ुद ही सिखों के चुटकुले सुनाती रहती थी। मंसूरा ने उससे सब्ज़ियां पकाना और आलू-गोभी के पराठे बनाने सीखे थे। कुलवंत लंदन में अचार तक अपने घर में डालती थी, जो शायद किसी चमत्कार से दो-तीन महीने में लंदन की मटमैली धूप में तैयार हो जाते थे।

ऑक्सफ़ोर्ड स्ट्रीट से शॉपिंग करके अनगिनत थैलों के बोझ में दबी मंसूरा हैरान और परेशान खड़ी थी। यह सब शॉपिंग उसे बर्किस्टन ले जानी थी, जहां इब्राहीम भाई रहते थे। बर्किस्टन तक कोई ट्रेन नहीं जाती थी। क्लैप हेम नार्थ से पैदल जाना पड़ता था। अब वह इन थैलों को उठाए, गुड्डू को संभाले कि पुश चेयर पकड़े! एक बार तो दिल में आया कि टैक्सी ही कर ले, लेकिन फिर ध्यान आया कि अशफ़ाक़ तो क़तल कर देगा। टैक्सी! यहां किसी भी पाकिस्तानी-हिंदुस्तानी गृहिणी का टैक्सी पर बैठना ऐसा पाप था, जो वह कभी नहीं करती थी।

और तब एक अजीब घटना हुई। किसी कार पार्किंग से निकलता उसे मार्क नज़र आ गया। मार्क ने उसे देखकर पहले गाड़ी धीमी की और फिर रोक ली। उसने कहा, "वांट टू कम?...कम!" कड़े जाड़े में मंसूरा पसीने से नहा गई। वह पांच साल से लंदन में थी, लेकिन उसने किसी गोरे से बात तक नहीं की थी। मार्क उसके ही मोहल्ले में रहता था और उसे पहचान गया था। और कोई समय होता, तो मंसूरा एक मिनट भी सोचे बिना "नो, थैंक यू!" कहकर आगे बढ़ जाती, लेकिन शॉपिंग

के ये तमाम थैले, गुड्डू और पुश चेयर मिल-जुलकर कुछ ऐसी समस्या बन चुके थे कि दूसरे ही लम्हे वह तमाम थैले पिछली सीट पर रख कर गुड्डू की पुश चेयर फोल्ड करते हुए कह रही थी, "यस, थैंक यू!"

गुड्डू को गोद में लिए मार्क के साथ अगली सीट पर बैठे हुए उसने हिम्मत करके मार्क पर नज़र डाली। यह देखकर वह धक् से रह गई कि मार्क उसे चोरी-चोरी देखकर मुस्करा रहा था। मंसूरा को क्या पता था कि सामान के थैलों से लड़ते-लड़ते यह जो उसका चेहरा गुलाबी हो गया था, बालों की सियाह लटें जो चोटी से निकल-निकलकर बिखर गई थीं और भरे-भरे बदन से जो जवानी की .ख़ुशबू फूट-फूटकर निकल रही थी, वह सब कैसी क़यामतें ढा रहे थे। उसे कब पता था कि वह एक बहुत ख़ूबसूरत औरत है। सतरहवीं में लगी थी कि शादी हो गई। अठारवीं में गुड्डू आ गया। पाकिस्तानी और हिंदुस्तानी पति अपनी पत्नियों से यह कब कहते हैं, "तुम एक बहुत ख़ूबसूरत औरत हो।"

लेकिन उस आइरिश मज़दूर की आंखें उससे यही कह रही थीं। मंसूरा घबरा गई। उसे यूं लगा, जैसे उससे झूठ बोला जा रहा है। उसने फिर मार्क की तरफ़ देखा, पच्चीस-छब्बीस वर्ष का रहा होगा। मामूली लंबाई। बच्चों जैसा भोला चेहरा, पर नीली-नीली आंखों में शरारत की चमक। दूर से अंग्रेज़ों के चेहरे उसे कार्डबोर्ड पर बनी तस्वीरों जैसे नज़र आते थे। शुरू-शुरू में तो सब गोरे एक जैसे लगते थे। उसके लिए उन्हें अलग-अलग पहचानना भी मुश्किल था। साल भर में कहीं जाकर आंखों को आदत पड़ी थी और आज...एक गोरे के इतने पास बैठी थी वह। अचानक उसे मार्क के शरीर की महक महसूस हुई। एक मर्द के शरीर की महक...मंसूरा का दिल धड़कने लगा, "हाउ यू गेट पार्किंग?" मंसूरा ने अजनबी आवाज में पूछा।

मार्क हंस पड़ा। उसने कहा, "ओह, आई एम ए प्लम्बर। आई गो टू फ़िक्स थिंग्स। आई गेट पार्किंग।" फिर उसने क्लैप हेम साउथ की ओर गाड़ी मोड़ दी। मंसूरा ने घबराकर कहा, "प्लीज ड्राप मी एट बर्किस्टन..." उसने जल्दी से इब्राहीम साहब के मकान का नंबर दोहराया।

"फाइन।" मार्क ने कहा और उसे बर्किस्टन की ओर ले चला। इब्राहीम भाई साहब के घर जाते हुए गुड्डू मंसूरा की गोद में सो गया। मंसूरा को फिर इब्राहीम भाई का ख़याल आया। वह उन्हें बचपन से जानती थी। उसके मोहल्ले में ही उनका घर था। वह केवल एक .ख़ुश-शक्ल नौजवान नहीं थे, बल्कि बड़े प्रतिभावान और मशहूर थे। वह कहानियां लिखते थे, जो सचमुच पत्रिकाओं में छपती भी थीं। उनमें 'चरवाहा' नाम की एक कहानी को ख़ासी शोहरत भी मिली थी। उस समय उनमें इंसानियत थी और चेहरे पर उमंग की चमक रहती थी। वह लंदन अंग्रेज़ी साहित्य पढ़ने के इरादे से ही आए थे। कहते थे, बस, कुछ दिन मेहनत-मज़दूरी कर लूं, फिर

में हूं और साहित्य है, लेकिन ज़ालिम वक़्त ने उनकी यह इच्छा पूरी न होने दी थी। कुछ दिनों बाद उन्होंने हलाल मीट की दुकान खोल ली, जो ख़ूब चल निकली। एक अत्यंत कम-शक्ल अंग्रेज़ औरत से उन्होंने शादी भी कर ली। हलाल गोश्त ने इब्राहीम भाई को पहली बार संपन्नता से परिचित कराया तो उन पर पीरी-मुरीदी छा गई और उन्होंने अंग्रेज़ बुढ़िया को भी कलमा पढ़ाकर मुसलमान कर लिया। वह भी शलवार-क़मीज़ पहने उनके साथ ग्रॉसरी स्टोर पर बैठी हलाल मीट बेचा करती थी, लेकिन बर्किस्टन के लोग जानते थे कि इधर एक वर्ष से उस स्टोर पर कुछ और भी बिकता था, कोई भी ऐसी चीज़ जो इन्सान की अक़्ल को ख़ब्त (बुद्धि-विकार) कर देती है। इब्राहीम भाई से पूछने की कोशिश कौन करता! पाकिस्तानी एसोसिएशन पर उनका गहरा असर था और उनको टोकने का मतलब कम्युनिटी की नाराज़गी मोल लेना था। इब्राहीम भाई के दो बेटे भी जवान हो गए थे। उन्होंने दोनों को मुश्किल से स्कूल में डाला था और फिर सिक्योरिटी गार्ड बनवा दिया था। उन दोनों के लिए बीवियां वह फ़ैसलाबाद से ही लेकर आए थे।

इब्राहीम भाई अक्सर मंसूरा के घर आया करते थे। अब उन्होंने लंबी-सी दाढ़ी रख ली थी। वह माला घुमाते रहते थे और बिल्कुल ऐसी आएं-बाएं-शाएं बातें करते थे, जिनका कोई सिर-पैर न होता। उनकी उन बातों से लंदन में अपने कल्चर के लिए तरसी हुई लंदन की कम पढ़ी-लिखी कम्युनिटी ने उन्हें पीर मान लिया था। वह भी उनसे चुपके-चुपके कहते, "ज़रा-सी चुसकी लगाओ, शराब-वराब सब भूल जाओगे, ज्ञान प्राप्त हो जाएगा। यह बूटी भी ख़ुदा ने बनाई है। कहां की अक़्ल, कहां की साइंस, यह बिजली, यह ट्रेनें, यह हवाई जहाज़...यह कम्बख़्त अंग्रेज़ के शैतानी आविष्कार हैं। हमें देखो, एक पीर के चमत्कार से बेपर के उड़ते हैं और बेपर की उड़ाते हैं...हू हक़!" वह नारा लगाते। मगर जैसी कि कहावत है, दीवाना अपने काम के लिए होशियार होता है, उनकी दौलत में लगातार इज़ाफ़ा हो रहा था।

"व्हाट आर यू डूइंग दिस इवनिंग?" मार्क की आवाज़ ने उसे चौंका दिया। वह गड़बड़ा गई। उसने कहा, "मी?...नथिंग...व्हाई?" मार्क ने हाथ से इशारा करते हुए अंग्रेज़ी में कहा, "तुम मेरे साथ शाम को यहां क्यों नहीं आतीं?" मंसूरा ने खिड़की से बाहर झांककर देखा। एक ख़ाली शो विंडो में एक पोस्टर लगा था, जिसमें गुजराती, हिंदी, उर्दू और अंग्रेज़ी में किसी मीटिंग की दावत थी, नस्ल भेद के ख़िलाफ़... आज शाम सात बजे...

मंसूरा सांस रोककर बैठी रही, फिर उसने लंबी-सी सांस छोड़कर दुखते मन से सोचा, मैं और बाहर जाऊं? किसी मीटिंग में जाऊं?

"यह तुम लोगों के हक़ में है।" मार्क ने कहा। वह 'राइट' का मतलब समझती

थी। रंगदार लोगों के हक़ूक़ (अधिकार) का मतलब समझ सकती थी, लेकिन 'राइट' या 'हक़' वह शब्द न था, जो उसके या उस जैसे दूसरे घरों में कभी बोला जाता हो और वह भी औरतों की ज़बान से, यह तो सोचा भी न जा सकता था।

इसी लंदन में ऐसे हिंदुस्तानी और पाकिस्तानी भी थे, जो अपनी पत्नियों और बहनों के साथ इन मीटिंगों में आते थे, जो नस्ल-भेद के ख़िलाफ़ लड़ रहे थे...लेकिन वह तो अंग्रेज़ी अख़बार पढ़ने वाले लोग थे...उन पर तो पश्चिम का रंग चढ़ गया था...वो तो रविशंकर का सितार सुनना चाहते थे। मंसूरा जिस क्षेत्र में रहती थी, वहां उन लोगों को गद्दार और पश्चिम का गुलाम समझा जाता था। इसी लंदन में ऐसे मुसलमान, हिंदू और सिख भी थे जो यूनिवर्सिटियों में इस्लाम, हिंदू मत और सिख धर्म और सभ्यता और संस्कृति पर रिसर्च कर रहे थे, जिनके लेख अंग्रेज़ी अख़बारों में छपते थे और जिनकी उस समाज में बड़ी इज़्ज़त थी, लेकिन मंसूरा के इलाक़े में उन्हें 'काला साहब' के नाम से याद किया जाता था।

मार्क ने गाड़ी इब्राहीम भाई के घर के सामने खड़ी कर दी और पिछली सीट से शॉपिंग बैग उतार-उतार कर दरवाज़े के सामने रखने लगा, फिर उसने सामने का दरवाज़ा खोलकर गुड्डू को मंसूरा की गोद से ले लिया। मंसूरा ने गाड़ी से उतरकर दरवाजा बंद किया और कॉलबेल बजाई। दरवाज़ा शलवार-क़मीज़ वाली बुढ़िया ने खोला। उसके पीछे इब्राहीम भाई खड़े थे।

"आओ, भाई आओ..." उन्होंने कहा, लेकिन मंसूरा के पीछे गड्डू को गोद में लिए मार्क को खड़े देखकर वह चकित रह गए। शब्द उनके कंठ में अटक गए। अंततः अंग्रेज़ बुढ़िया ने गिट-पिट करते हुए उनके लिए रास्ता बनाया। मंसूरा शॉपिंग बैग लेकर अंदर आई, तो मार्क भी गुड्डू को संभाले अंदर आ गया। उसने अपना परिचय कराया और इब्राहीम भाई से हाथ मिलाया।

मंसूरा ने अपने पर्स से एक लिफ़ाफ़ा निकाला। उसकी आवाज़ रोना रोकने से रुंध रही थी। उसने बड़ी मुश्किल से कहा, "इब्राहीम भाई, रजिया का फ़ोन आया था। अम्मा जी को दमे की बड़ी तकलीफ़ है। मैंने बड़ी मुश्किल से एक पाकिस्तानी डॉक्टर से अपने लिए नुस्ख़ा लिखवा कर दवाएं हासिल की हैं, आप कम-से-कम यह तो मेरी अम्मा को पहुंचा दीजिए। अल्लाह शफ़ा देगा।"

इब्राहीम भाई ने उसे गुस्से भरी नज़रों से देखकर कहा, "मैं तो यह सोच रहा था कि तू गोरे के साथ मेरे घर आई कैसे?...तेरी इतनी हिम्मत!...या अल्लाह! हमारी औरतों में इतनी बेहयाई!"

"इब्राहीम भाई, यह आप कह रहे हैं? यह तो मेरा पड़ोसी है। बेचारा हमदर्दी में ले आया। आपकी बीवी तो अंग्रेज़ है...आपके बच्चे हैं उससे..." मंसूरा ने गुस्से और नफ़रत से कहा।

इब्राहीम भाई ज़मीन पर थूककर बोले, "मैं तो मर्द हूं। मेरा क्या है? नस्ल तो औरतें चलाती हैं। तब ही तो वह हमारी ग़ैरत (स्वाभिमान) हैं। या हक़!"

मंसूरा ने ज़हरख़ंद (खिसयानी हंसी) किया और कहने लगी, "मैं नस्ल-परस्ती के ख़िलाफ़ मीटिंग में जा रही हूं आज शाम। आप भी चलिए।" फिर उसने टूटी-फूटी अंग्रेज़ी में कहा, "यस मार्क, वी गो टू मीटिंग दिस इवनिंग..."

मार्क इब्राहीम भाई को मीटिंग का उद्देश्य समझाने लगा। इब्राहीम भाई मजबूरन सिर हिलाते रहे, फिर क्षमा मांग ली, फिर चुपके से उर्दू में बड़बड़ाए, "क्या ख़ुराफ़ात है...बकवास...अपनी नस्ल की हिफ़ाज़त तो कुत्ते-बिल्ली भी करते हैं।"

मंसूरा का दिल चाहा कि पूछे, आप कुत्ता हैं या बिल्ली? लेकिन वह होंठ काटकर उठ खड़ी हुई।

अंततः इब्राहीम भाई उसकी मां तक दवाएं पहुचाने पर राज़ी हो गए थे और वह उसी की ख़ैर मना रही थी।

वह जाने के लिए तैयार हुई और गुड्डू को भी जगा दिया। गुड्डू कच्ची नींद से उठकर आंखें गलता हुआ मार्क के साथ अगली सीट पर जा बैठा। मंसूरा उनके पीछे-पीछे आ रही थी। अचानक इब्राहीम भाई का हाथ उसकी रानों से टकराया। मंसूरा घबराए घोड़े की तरह बिदकी। उनका हाथ दूसरी बार उसकी जांघ पर रुका, फिर उसकी कमर से नीचे कूल्हों पर एक चुटकी...

इब्राहीम भाई के घर का दरवाज़ा बंद हो गया।

अपमान और घृणा से कंपकंपाती हुई मंसूरा मार्क की गाड़ी का पिछला दरवाज़ा खोल कर बैठ गई। "गुड्डू कम हीयर!" उसने गुड्डू को पीछे से खींच लिया और अपने सीने से ज़ोर से लिपटा लिया। ऐसा लगता था, जैसे वह अपने अंदर के किसी ज़हर को दूर करना चाहती हो। मां के सीने की गर्मी पाकर गुड्डू फिर नींद की गोद में चला गया।

मार्क ने पीछे मुड़कर उसे देखा, "विल यू रियली कम?" उसने गंभीरता से पूछा।

"नो..." मंसूरा ने धीरे से कहा।

वह पथरीला चेहरा लिए खिड़की से बाहर गुज़रते हुए दृश्य देख रही थी। गलियां, मकान...फिर और मकान...

उसका घर आ गया।

वह मार्क की गाड़ी से निकली। पर्स से चाबी निकालकर अपने घर का दरवाज़ा खोला और अंदर चली गई। मार्क हैरानी से उसे देखता रहा, फिर उसने सोते हुए गुड्डू को उठाया और गाड़ी में ताला लगाकर उसके पीछे घर में दाख़िल हुआ।

"सुनो डार्लिंग," उसने कहा, "तुम्हारा बच्चा..."

"उसे लिटा दो।" दूसरे कमरे से मंसूरा की आवाज आई। मार्क गुड्डू को लिटा

के आवाज़ के पीछे दूसरे कमरे में गया।

मंसूरा पूरी जान से कांप रही थी।

मार्क की नीली आइरस्तानी आंखें चमक रही थीं।

अब यह बत्ती बुझाकर मुझ पर चढ़ क्यों नहीं जाता? लेकिन मार्क उस पर चढ़ नहीं रहा था। वह तो न जाने क्या-क्या कर रहा था...अपने हाथों से, अपने होंठों से...नी हाय कलवंते! किस...ऐसे करते हैं, किस? अशफ़ाक़ ने तो कभी किया ही नहीं, तो और क्या, कोई पूर्वी मर्द कहीं अपनी पत्नियों को किस करते हैं। छी-छी! यह तो ख़ामख़्वाह समय नष्ट...

मार्क जो न गोरा रह गया था, न किसी और रंग का, फिर भी पाकिस्तानी नहीं था, हिंदुस्तानी भी नहीं। जो उसकी बेबाकी पर हैरान हो कर कहता, "अरे, यह रंडियों वाली हरकतें कहां से सीखीं। अज़ल (अनादिकाल) और अबद (नित्यता) के बीच भटकते किसी लम्हे में मंसूरा ने उसे कार्डबोर्ड का पुतला बना लिया था, जो उसके साथ न जाने क्या-क्या कर रहा था और जिसके साथ वह मनमानी कर रही थी। वह फ़ैसलाबाद में थी, अपने बिस्तर में अकेली...सिसकियां दबाती हुई...अम्मा न सुन लें, साथ सोई बहन न सुन ले...वह किसी मज़ार पर थी और उसे हाल आ रहा था...। वह एक गहरे ख्वाब में थी...वह केवल अपनी और मार्क की चीख़ों से चौंकी और दुनिया में वापस आई और अपनी हौंकती चीख सुनी।

ज़िंदगी में पहली बार...एक बच्चे की मां ने ज़िंदगी में पहली बार खुलकर हांफते हुए गले में घुटती चीख़ निकल जाने दी थी। हाय कुलवंत! क्या मुझे उस गोरे से प्यार हो जाएगा?

मैं तो...उसे जानती भी नहीं।

चुप नी चुप! कुलवंत कौर पेट दबाए, झुकी हुई, कानाफूसियां करती हुई। वह ज़ोर से उसका हाथ भींचना। आह! यह सदियों पुरानी राज़दारियां दो पूर्वी औरतों की...काट के रख देंगे...जन्मजली! बस जो हुआ सो हुआ...

क्या वह फिर आएगा?

पता नहीं...शायद नहीं आएगा...

गुड्डू जाग गया था। उलटे-सीधे कपड़े पहन कर मंसूरा ने उसे ज़ोर से अपने साथ भींच लिया। मार्क न जाने कब चला गया, उसके गुलाबी होंठों का चुंबन लेकर...उनके दांत टकराए थे।

मंसूरा देर तक अपने बेटे को चूमती रही। शक्ति की एक लहर थी, जो उसकी नस-नस में दौड़ रही थी।

"जो लोग प्यार कर सकते हैं..." कुलवंत कौर ने सोच-सोचकर कहा था, "औरत से...वह शायद प्यार कर सकते हैं...सबसे...मरजानी!"

दूर, कहीं बहुत दूर, अम्मां थीं और अब्बा। और मंसूरा के पर्स में दूर देश की मुहरों वाला ख़त, जिसमें फ़ैसलाबाद में बैंक की एक छोटी-सी ब्रांच के एक खाते का नंबर था। एक साधारण-सा नंबर, जिस पर सतरह वर्ष की ममता और स्नेह की छांव थी और पांच वर्ष की जुदाई, अपमान और हीन भावना की कड़ी धूप थी। दूसरे दिन गारमेंट फैक्ट्री से एक घंटे की छुट्टी लेकर मंसूरा ने उस नंबर पर छतरी तान ली।

मंसूरा ने पति की मर्ज़ी जाने बिना क़रीबी बैंक में अपना अलहदा पर्सनल एकाउंट खुलवा लिया।

निजात

सैयदा अफ़रा बुख़ारी

अफ़रा बुखारी की क़लम औरतों के मामले में शुरू में ही ख़ासी बोल्ड रही है। 'निजात' उनका कहानी-संग्रह है। 'ऐहतजाज' से गुज़रती कहानियां अपने ज़माने का वो सच, इस तीख़ेपन को साथ तहरीर करती हैं कि मर्दाना समाज मुश्किल से क़बूल करता है।

मशीन की हत्थी घुमाते-घुमाते उसका हाथ सुस्त हो गया। उसने छोटी-छोटी कतरनों को समेट कर टोकरी में ठूंसा और मशीन को ढकेल कर दीवार के साथ लगा दिया। दरवाज़ा एक कर्कश शोर के साथ खुल गया था। यह ख़ूबसूरत चेहरे वाला अब्बास था, जो साइकिल को घसीटता हुआ अंदर ला रहा था। साइकिल को धम्म से दीवार के साथ लगा कर एक उचटती नज़र उस पर डालता वह कमरे के अंदर चला गया। उसकी बुशर्ट का खुला कालर उसके चौड़े कंधे पर पीछे की तरफ़ गिरा हुआ था और उसका सेहतमंद जिस्म पसीने में शराबोर था। उसका पसीना बड़ा बदबूदार था और इन दिनों तो दूर से ही इस बू से उसे उबकाई आने लगती। वह नाक दबाए अंदर गई। कमरा मरे हुए चूहे की सी बदबू से भरा हुआ था। अब्बास उसे अपने पीछे आता देख कर मुड़ा और पसीने से तर चेहरा उसके मुंह के क़रीब ले गया, यह क्षण बड़े धैर्य का था। उसके लिए भावना पर क़ाबू किए रखना नामुमकिन था। उसने एक झटके से अपना मुंह पीछे कर लिया और जल्दी से अब्बास की उतारी हुई बनियान और बुशर्ट उठा कर बाहर निकल गई। उन्हें धूप में डाल कर वह पलटी, तो अब्बास उसकी हरकत पर क्रुद्ध हो रहा था।

"अजीब औरत है, दूसरी औरतें मियां के प्यार को तरसती हैं और यह भागती है कमबख़्त!"

अब्बास ने धम-धम दोनों जूते उतार कर फ़र्श पर दे मारे, तो वह उन्हें भी उठा

कर ले गई और हवा में डाल आई, ताकि बदबू जाती रहे।

"दिमाग़ देखो कैसा परियों व़ाला है।" जब वह गिलास में बर्फ़ का चूरा डाल कर लाई, तो अब्बास ने अपने बड़े से भीगे हाथ में गिलास दबोचते हुए, फिर उसे होंठों से लगा कर एक बड़ा-सा घूंट भरा और बोला, "दफ़्तर से निकलता हूं, तो बड़ा .ख़ुश होता हूं, लेकिन यहां आकर तुम्हारी रोनी सूरत देखता हूं, तो दिल चाहता है कि आत्महत्या कर लूं। आख़िर तुम हर वक़्त ज़ुल्म की तस्वीर क्यों बनी रहती हो? किस ज़ुल्म की चक्की में तुम्हें बांध रखा है? अच्छा खाती हो, अच्छा ओढ़ती हो, कोई बंदिश नहीं, फिर भी यहां कोई दुःख है, तो मां के पास चली जाओ। कुछ दिन वहां रह आओ। पांच साल में एक बार भी नहीं गई हो। क्या मुश्किल है? एक दिन उनका खा आओ, परंतु नहीं, तुम उनका घाटा कहां चहोगी, क्यों?" अब्बास बड़े बेढंगेपन से हंसने लगा।

उसने बड़ी बेज़ारी से गिलास उठाया और बाहर निकल आई। धूप से भरे आंगन में वह ठिठकी और क्षण-भर को आसमान की तरफ़ देखती रही। शायद वह आंखों में उमड़ने को बेक़रार आंसुओं को रोकना चाहती थी, फिर उसने गिलास रख दिया और एक लंबी ठंडी सांस भरी।

उन दिनों उसका वज़न बढ़ रहा था और पेट यूं बोझिल था, जैसे किसी ने मनों पत्थर बांध दिए हों, परंतु चेहरा पहले से ज़्यादा दुबला और बेरौनक़ होता जा रहा था। आंखें भी अंदर को धंस गई थीं, लेकिन अब्बास ने कभी उसकी बिगड़ती हालत पर ध्यान नहीं दिया था। वह उसे पहले की तरह हाथ से पकड़ कर अपने क़रीब घसीट लेता और जब उसके हाथ इधर-उधर भटकने लगते, तो वह नर्मी से पीछे खिसक जाती।

"कोई और बात कीजिए।"

"और बात क्या ख़ाक करूं?" अब्बास अपनी निहायत ख़ूबसूरत आंखों से उसे घूर कर कहता और बेस्वाद होकर उसका हाथ झटक देता, "जाओ, दूर हो जाओ यहां से। तुम बिल्कुल बेकार हो।"

वह करवट ले लेता।

वह धीरे से खिसक कर उसके क़रीब हो जाती और उसके चौड़े कंधों के बीच बड़ी नर्मी से हाथ फेरने लगती। उस समय किसी मासूम बच्चे की तरह वह उसके मज़बूत जिस्म की पनाह में आ जाने की इच्छुक होती, लेकिन तभी अब्बास घूम कर अपना भारी हाथ उसके हाथ पर ज़ोर से मारता और चिल्लाकर कहता, "जाओ!"

जब अब्बास दफ़्तर में होता, वह बड़े उलझे अंदाज़ में घर के ख़ाली कमरों में घूमा करती और अपने संबंध में सोचा करती।

शादी से उसे कभी कोई दिलचस्पी न रही थी। उसने दिल में ब्याह न करवाने का

संकल्प कर रखा था। वास्तव में विवाह की जो कल्पना उसके पास थी, वह बड़ी घिनौनी थी और उसका अंत उसे हमेशा हर स्थान एक-सा नज़र आता। खमियों की तरह पैदा हो जाने वाले अनगिनत बच्चे? बीमार और परेशान ज़हन, बिगड़ा व्यक्तित्व, नफ़रत और दुश्मनी के सांप...।

उसने अपने भविष्य के बारे में बहुत कुरेद की थी। उसे अपने अतीत से नफ़रत थी, जिसने उसे डर, ख़ौफ़, नफ़रत और दिलाज़ारी के सिवा कुछ न दिया था। वह एक स्वतंत्र और बेख़ौफ़ ज़िंदगी बसर करना चाहती थी और अपने लिए बिल्कुल नई राहें बनाने पर आमादा थी। उसने सोचा था, वह ज़िंदगी को नए और भिन्न ढंग से बसर करेगी। उसने बहुत से कामों के संबंध में सोचा, परंतु उनमें से किसी काम के अनुकूल स्वयं को न पा सकी। यह केवल उसका अपना भ्रम था, बल्कि दूसरों ने भी उसके संबंध में कुछ उसी तरह सोचा और उसे अंत में विश्वास हो गया कि 'ख़ुशनसीबी' में वह हिस्सेदार नहीं है।

पहले उसने एयर होस्टेस बनने का इरादा किया। यह एक ख़तरे भरी, लेकिन निहायत दिलचस्प नौकरी थी, परंतु उसकी हर शर्त को पूरा करना उसके बस की बात न थी। फिर उसने नर्सिंग का कोर्स करना चाहा, परंतु यहां भी अनफ़िट हो गई। फिर उसने गाइड बन जाने के संबंध में सोचा, इसमें एक फ़ायदा यह था कि जगह-जगह घूमने की उसकी इच्छा भी पूरी हो सकती थी। उसने अपनी एक राज़दार सहेली से ज़िक्र किया, जो स्वयं भी आर्थिक संबल की खोज की फ़िक्र में थी, एक दिन दोनों बुर्क़े में लिपटी गाइड हाउस जा पहुंची।

इंटरव्यू हुआ। दोनों पूरी आशा के साथ वापस लौटीं, परंतु कुछ दिनों बाद केवल उसकी सहेली को बुला लिया गया। आख़िर उसे क्यों नहीं चुना गया? बहुत सोचने पर भी वह कारण न जान सकी। यदि वह अपनी सहेली से बेहतर न थी, तो कमतर भी न थी। कुछ बातों में वह उससे आगे रहती थी और कुछ बातों में वह उस से बेहतर थी। क़द में भी दोनों बराबर थीं। इम्तहान भी एक सी श्रेणियों में पास किए थे। हां, एक बात में उसकी सहेली उससे बेहतर थी। उसका व्यक्तित्व बड़ा संतुलित और विश्वास से भरपूर था। वह स्वयं भी छोटी-छोटी बातों में उससे मशवरा लिया करती और यह सहारा उसे बड़ी शक्ति देता।

उस हार ने उसे बड़ा बददिल किया, फिर उसने टेलीफ़ोन एक्सचेंज पर मुलाज़िम हो जाने के बारे में ग़ौर किया, परंतु उस नौकरी में जिस हिम्मत की ज़रूरत थी, वह उसमें मौजूद न थी। थक-हार कर वह बैठ गई। शादी भी उसकी क़िस्मत में न थी, क्योंकि जो भी आया, उसने उसकी दूसरी बहनों में से किसी-न-किसी को चुना।

और वह मूर्ख की तरह मुंह तकती रह गई। इस हार ने उसे स्वयं अपनी ही नज़र में ज़लील किया। मां को तो उसके बारे में कुछ भी फ़िक्र न थी। उसे खाने-ओढ़ने को

मिल रहा था, परंतु अब्बा ज़्यादा फ़िक्रमंद थे। एक रोज़ जब संयोग से उनकी मुलाक़ात अब्बास से हुई, तो उन्होंने उसके लिए इसे चुन लिया। इस तरह उसकी शादी हो गई। उसके ब्याहने में ज़्यादा कुछ नहीं हुआ था। उसका दूल्हा कैसा था और यह चुनाव किस बुनियाद पर किया गया था, उसे कुछ मालूम न था और न किसी और ने इस बात को अहमियत दी थी।

वह हैरान थी। वह कैसा होगा? क्या वह मानसिक और दिली तौर पर उसके क़रीब हो सकेगी? क्या वह उसे समझने की कोशिश करेगा? और उसके विचार में उसे समझना कुछ ऐसा आसान न था।

जब उसने पहली बार अब्बास को देखा, तो वह उसकी अच्छी सूरत पर बेहिचक मुग्ध हुई, परंतु दूसरी सभी बातों में उसे मायूसी का सामना करना पड़ा।

वह एक रूखा और लापरवाह आदमी था। जज़्बात की दुनिया से बिल्कुल बेगाना। उसके नजदीक एक ऐसी औरत को, जो उसकी बीवी बन चुकी थी, समझने की सिरे से ज़रूरत ही न थी। वह उसके कम ध्यान रखने की शिकार भी हुई। संभव है वह एक आम आदमी हो और यह केवल उसका भ्रम हो या यह कि वह जिस ध्यान और मोहब्बत की उम्मीद लेकर आई थी, उसके पूरा न होने पर वह उसकी बेध्यानी पर विचार करने लगी हो, परंतु उसके पति को इन छोटी और फ़िज़ूल की बातों पर ग़ौर करने की ज़रूरत न थी।

उसके पति का विचार था कि उसे अच्छा खाने और अच्छा पहनने को मिल रहा था। सास ननदों की भी झंझट न थी। घर में बड़ी 'सहूलियत' थी, इसलिए उसे हर तरह से ख़ुश रहना चाहिए। उसने भी इस आरामदेह ज़िंदगी पर ग़ौर किया और ख़ुश रहने की कोशिश की, लेकिन वह ख़ुश न रह सकी।

यह ज़िंदगी इतनी आम-सी थी, जो हर किसी को बिना कोशिश के हासिल हो सकती थी और उसकी वह दबी-दबी-सी अस्पष्ट तमन्नाएं, जिस पर तफ़सील से ग़ौर करते हुए वह ख़ौफ़ खाती थी, वह हमेशा उन्हें दूसरी बातों में भुला देती और सर झटक कर कहती, "बस ठीक है, सब ठीक है।"

उसका शौहर कितना सुंदर और मज़बूत था! वह उसके पास सुरक्षित थी। वह दिल को बहलाया करती।

परंतु सुरक्षा का यह अहसास अंतरिक्ष की तरह खोखला था। वह हमेशा स्वयं को पतले तार पर चलते महसूस करती और नीचे कोई जाल ताने नहीं खड़ा था। गिरने का ख़ौफ़ उसके चेहरे पर छाया रहता।

उसका पति अपनी सुंदरता की डींगे मारा करता और अपनी सुंदरता के अहसास ने उसे छिछोरा बना दिया था। वह उसके अंदर झांकती और कुढ़ती और सोचती, वह अंदर क्यों देखती है? बाहर क्यों नहीं देखती? वह वाक़ई ख़ूबसूरत और मज़बूत था।

वह किसी आज्ञापालक पत्नी की तरह उसकी हर इच्छा के सामने झुक जाती और वह हंसा करता।

"हमारे मंतर का तोड़ नहीं। हम एक नज़र से औरत को क़ाबू कर लेते हैं।"

"तुम अपनी तरफ़ देखो, हमने तुम्हें जो कुछ दिया है, कभी उसकी कल्पना भी की थी? तुम भी तो .ख़ुश हो, इसलिए फूलती जा रही हो।" वह हंसता।

वह उसे अपने विचार से स्वर्ग दे चुका था, जिसमें वह वास्तव में .ख़ुश थी। वह अपनी छोटी-से-छोटी बात को अहमियत देता था।

जब वह पास होता, वह तन्हाई महसूस करती। जब वह चला जाता, तो तन्हाई उसके वजूद में घुलने लगती और वह उसका इंतज़ार करती। वह शाम को देर से आता और खाना खाकर अख़बार पढ़ता रहता और उसकी ज़बान जबड़ों के बीच सूखी लकड़ी की तरह पड़ी रहती।

वह शुरू से आख़िर तक अख़बार पढ़ जाता, फिर उसे एक तरफ़ डाल कर कहता, "कुछ बोला करो। गूंगों की तरह क्यों बैठी रहती हो?"

वह कहती, "जी!"

"बस!" वह हंस पड़ता, "तुम्हें कुछ आता भी है?"

और उसका कंठ सूखा डंठल बन जाता।

वह तरह-तरह के भ्रमों में पड़ी रहती थी। बहुत कुछ सोचती और महसूस करती थी। बहुत कुछ कहना भी चाहती थी। इसी आरज़ू में घुलती जा रही थी कि कोई उसके दिल का हाल पूछने और सुनने वाला हो। उसने कई बार कुछ कहने की कोशिश की, परंतु अब्बास की सर्द और कठोर हंसी उसकी हिम्मत तोड़ देती और उसके सोच टूटे-फूटे शब्दों में ढल कर बिखर जाते। वह इन बचकाना शब्दों पर हंसता। वास्तव में उसके पति को उसके जज़्बात में ज़रा भी दिलचस्पी न थी। इसलिए वह उसकी बात पूरी सुने बिना हंस पड़ता और मज़ाक़ से कहता, "बेफ़िक्री और आराम अक्सर लोगों की आदतें बिगाड़ देता है और उसका एक तरीक़ा यह भी है कि इन्सान हर समय ऊट-पटांग बातें सोचे और स्वयं फ़िक्रमंद रहे। सुबह-शाम सहन में चहलक़दमी किया करो और हलकी ग़िज़ा इस्तेमाल करो। ख़ूब ठूंस कर न खाओ, सब ठीक हो जाएगा।"

यह सुन कर उसकी ज़बान गूंगी हो जाती और उसे महसूस होता, जैसे वह जन्म से अब तक गूंगी है।

उसका पति हर काम में तेज़ी और जल्दी पसंद करता। वह छत पर भारी क़दमों से धब-धब चला करता और रात को इतने ज़ोर से खटाक-खटाक दरवाज़े और खिड़कियां बंद करता कि उसे देर तक दीवारें कांपती महसूस होती रहतीं। वास्तव में वह किसी दिन इन्हीं दीवारों के नीचे दब कर मर जाएगी। वह नर्मी, आहिस्तगी और

धीमापन पसंद करती थी। एक-दो बार उसने समझाने की कोशिश की, तो वह ज़ोर-ज़ोर से हंसने लगा और देर तक हंसता रहा।

"वाह, भई वाह! हमारी बेगम भी कैसे दिल-गुर्दे की मालिक है! बचपन में क्या खाती रही थीं?"

वह जब बाहर निकलता, तो तेज़ रफ़्तार सवारी पसंद करता। कभी मजबूरी में तांगा लेना पड़ता, तो सारा रास्ता तांगेवाले से उलझता रहता, "अरे, चाबुक लगाओ, तेज़ चलो, तुम पेंच लड़ा रहे हो।" कभी-कभी वह एक के बाद दूसरा और दूसरे के बाद तीसरा तांगा बदल डालता। रिक्शा पर बैठते ही वह कह देता, "ज़रा तेज़ी दिखाओ!" रिक्शा हवा हो जाता और उसका दिल कंठ में अटक जाता।

वह उसे ख़ौफ़ज़दा नज़रों से देखा करती।

फिर वह अंदेशों में घिर जाती और अंदर-ही-अंदर स्वयं को किसी होने वाले हादसे के लिए तैयार करती। वह भविष्य के बारे में सोचती और स्वयं को मजबूर और बेबस पाकर उसका दिल बोझिल हो जाता और वह तन्हाई में उन सब दुखों को, जो उसे मिल चुके थे या जो मिल सकते थे, याद करके आंसू बहाया करती और इस तरह उसे सुकून मिलता।

इन दिनों तो वह हद से ज़्यादा जज़्बाती हो गई थी। मामूली बात पर उसके आंसू छलक पड़ते और दिल धड़धड़ाया करता। तन्हा और अकेले रहने का अहसास शिद्दत से ज़ोर पकड़ गया था। उसे अक्सर अपने पेट का बोझ ऊपर को सरकता महसूस होता और इस अहसास से उसका दम घुट जाता और माथा पसीने-पसीने हो जाता। एक बड़ा ख़तरा पंजे फैलाए उसकी तरफ़ बढ़ रहा था और उसके लिए कोई 'जाएपनाह' न थी। वह पागलों की तरह ख़ाली कमरों में घूमा करती और कान लगा कर अनजानी आवाज़ों को सुनती। ये आवाज़ें कहां से उठती थीं, वह पलट-पलट कर देखा करती और परेशान हुआ करती।

उसे घर से भी डर लगने लगा था। शाम के हलके अंधेरे में वह आंखें फाड़े शीशे की तरह समतल छत को देखा करती और उसे वह छत ग़ैरमामूली तौर पर नीचे को झुकती महसूस होती। वह घबरा कर आंगन में निकल आती और गहरी लंबी सांस लेती और बसेरा लेने वाले कौओं और चीलों को अजब नज़रों से ताका करती।

वह भी उन्हीं की तरह तन्हा और दूसरों से अलग-थलग और बिना संबंध-सी थी, फिर वह सोचती यह बेमक़सद ज़िंदगी भी कैसी मुश्किल और थका देने वाली थी! किसी मंज़िल के चुनाव के बिना कोई चले, तो कहां तक चले! न रास्ता तय करने का जज़्बा न गौहार पा लेने का जोश! फिर वह उन बहुत अच्छे लोगों के बारे में सोचती, जिनके पास ज़िंदगी का कोई फ़लसफ़ा न था और उसके बावजूद वे एक अत्यंत सफल और खुशी-भरी ज़िंदगी बसर कर रहे थे।

एक सीधी-सादी और बनावट, फ़रेबों से पाक, जो ऊंची आवाज़ में लड़ते-झगड़ते और जिनकी ख़ुशियों के इज़हार का ढंग भी कुछ ऐसा ही था। जिनकी मोहब्बतों में ज़रूरत की जगह पर बेलौसी थी और जो एक-दूसरे से हर हालत में रेत के ज़र्रों की तरह चिपटे रहते। जिनकी औरतें केवल उस तमन्ना में उम्र की मंज़िलें जल्द-से-जल्द तय कर जाना चाहती थीं, ताकि वे अपने बेटे-बेटियों की ख़ुशियां देख सकें और एक उसकी मां भी थी। शादी के बाद से उसका ध्यान उस पर से और भी कम हो गया था। वह चंद बार घर गई और उसे महसूस हुआ, जैसे अब वहां उसका आना-जाना ज़्यादा पसंद नहीं किया जाता। वह अपने घर में अजनबी बन गई थी, जैसे वह एक बेकार बोझ थी, जिसे मौक़ा मिलते ही उतार फेंका गया था। यह अहसास बहुत पहले से उसके अन्दर मौजूद था, जो अब पक्का हो गया था।

"तुम बेवक़ूफ़, वहमी और बेहद दुःखी हो।" अब्बास ने बार-बार नागवारी से कहा था।

और अब्बास के संबंध में उसका फ़ैसला सुरक्षित था। उसने स्वयं अपने आप पर भी अपनी राय को ज़ाहिर न होने दिया था। बस, एक घुटा-घुटा-सा विवेक था। उन दिनों वह एक नए तजुर्बे से दो-चार थी और उसके गिर्द कई नए और पुराने ख़ौफ़ जमा हो गए थे और तन्हाई का अहसास पारे की तरह उसकी रगों में रिसता जा रहा था। वह इस तजुर्बे से सफल न हो सकेगी, उसका दिल कहता था।

अब्बास उसके सहमे, मुर्झाए चेहरे और ढीले-ढाले सुस्त अंदाज़ देखता, तो झुंझला जाता।

"तुम तो बिल्कुल अनोखी हो। मैंने अपनी मां को देखा है। वह कभी कड़ी मशक़्क़त से बाज़ न आती थी।"

उसने भी अपनी मां को देखा था। वह बार-बार इन तजुर्बों से गुज़री थी और कभी ख़ौफ़ज़दा नज़र न आई थी। उसने एक के बाद दूसरा और दूसरे के तुरंत बाद तीसरा बच्चा पैदा किया था। यूं उनके बहुत से बच्चों के बीच कोई पहचान बाक़ी न रही थी। वे सब एक जैसे नज़र आते और जब वह एक को आवाज़ देती, तो एक जगह कई इकट्ठे हो जाते, परंतु उसकी मां उनकी गिनती से कभी न घबरातीं। हां, वह उनकी संख्या को नज़रअंदाज़ करने का गुर सीख गई थी। वह उनके शोर-शराबे में बैठी रहती और जब उनमें से कोई दूसरे को दबा लेता और गुत्थम-गुत्था हो जाता, तब भी वह किसी तत्काल प्रतिक्रिया का इज़हार न करता। उसकी आंखों में पत्थर का सा सूखापन छाया रहता और उसके वजूद में बेहिसी ठिठुरती नज़र आती। हां, कभी जब बावेला ज़्यादा बढ़ जाता, तो वह बड़े सर्द लहजे में, जिसमें गुस्से से ज़्यादा बेचारगी होती, कहती, "मर जाओ, सब मर जाओ।" फिर जैसे वह उन सबके मर जाने के विचार से रुआंसी हो जाती, "नहीं, तुम क्यों मरोगे, मैं मर जाऊं। हां, बस, मैं मर

जाऊं।"

ये शब्द बच्चों के लिए बिल्कुल प्रभावहीन थे, जैसे मां का मर जाना उनके लिए कोई अहमियत न रखता था। अलबत्ता, मां का यह एक सा रवैया ज़्यादती करने और ज़्यादती सहने वाले फ़र्क़ को मिटाकर उनके बीच किसी पहचान के उभरती समझ को नए सिरे से ग़ायब कर देता। यूं जहां उनके नन्हे ज़हनों में एक-दूसरे के ख़िलाफ़ गुस्सा और किना परवरिश पाता था, वहां मां के अनावश्यक होने का अहसास भी जड़ पकड़ता था और वे अपनी एक अलग हैसियत को मनवाने के लिए ज़िद से काम लेते।

यह अजीब बात थी। इतने बहुत से बहन-भाइयों के बीच, इतने छोटे से घरौंदे में भी कभी किसी ने मां की ज़रूरत और अहमियत को महसूस न किया था।

वह बहुत छोटी उम्र में बिल्ली की सी होशियारी से सीढ़ियां चढ़ जाती और सीढ़ियों के ऊपर वाले सिरे पर बड़ी बेफ़िक्री से खड़े होकर ताली बजाया करती। उसकी मां कभी ध्यान देती, न भयभीत होती और फिर वह चारों हाथों पैरों की होशियारी से लकड़ी की जर्जर सीढ़ियों से नीचे सरक आती और किसी विजेता की तरह प्रसन्न होती।

वे कड़ियों वाली छत पर धमा-धम बेफ़िक्री से कूदा करते और उनके क़दमों के धमाकों से छत कांपा करती, परंतु वह इन दिनों किसी भी तरह उत्साहित और बहादुर थी। बड़ी बहादुरी से छत के बीचोंबीच बने हुए लोहे की लंबी सलाख़ों वाले रोशनदान पर लांग जम्प का अभ्यास किया करती और मां बेख़बर बैठी दाल बघारा करती और सादा चावल पकाती। चावलों को अलग-अलग थालियों में न डालकर एक बड़े थाल में बिखेर देती और ऊपर दाल उंड़ेल देती और उन्हें पुकारती और वे दाल-चावल की ख़ुशबू सूंघते, भूखे भेड़ियों की तरह झपट कर आते। यहां फिर उनकी अलग पहचान का सवाल मिट जाता था और वे एक-दूसरे पर हाथ मारते, लड़ते-झगड़ते, निवाले निगलते और दो गिलास उनके बीच गर्दिश करते और वो खाने के दौरान नासमझी से उन आने वाले अच्छे दिनों के बारे में सोचा करते, जब वे बड़े हो जाएंगे और मां उनको इस दायरे से निकाल देगी।

अब तो वह इस दायरे से बहुत दूर थी, फिर इस दायरे की कशिश क्यों उसे अपनी तरफ़ खींचती थी और उसे वह कमरा क्यों याद आता था, जहां चारपाइयां एक-दूसरे पर चढ़ी होती थीं और वह अलग-अलग कमरों में तन्हा सोने के क़सूर में एक-दूसरे से लड़ा करते? अब वह किस तरह इन ढंढार कमरों में होकी की तरह घूमती थी और उसे मां बड़ी शिद्दत से याद आती थी और वह हैरान होती मां की मोहब्बत और ज़रूरत का अहसास कहां छुपा बैठा था! उसका दिल चाहता था, मां के घुटनों के पास बैठकर वही दाल-चावल खाए और उससे कहीं जाने के संबंध में कोई सवाल न करे।

परंतु उन दिनों वह कई बार पूछा करती, "मां, हम कहीं जाते क्यों नहीं?"

"अपना घर छोड़कर कहां जाएं?" मां कहती।

"सब जाते हैं, मेरी सहेलियां भी छुट्टियों में चली जाती हैं। हम भी कहीं जाएं। कहीं भी।" वह ज़िद करती और कल्पना में नए जूते पहने और दादी का बूढ़ा हाथ थामे छक-छक करती गाड़ी में सवार हो जाती।

"कहां जाएं और किस लिए जाएं, क्या फ़ायदा है?"

मां गहरे संतोष से चूल्हे की राख कुरेदने लगतीं। घर मां के वजूद का एक हिस्सा बन गया था, जिससे अलग होकर वह स्वयं को पूर्ण महसूस न करती थीं, परंतु वह मां के ख़िलाफ़ एक शक सा दिल में लिए उठ जाती। अब तो वह मां को किसी ऐसे सवाल से परेशान करने का कोई इरादा न रखती थी, परंतु मां उससे दूर थी और मां की ज़रूरत को शिद्दत से महसूस करके वह कमरे की तन्हाइयों में रो पड़ी थी। अब तो वह बहुत बड़ी हो चुकी थी, फिर यूं क्यों सोचती थी? क्या इसलिए कि वह तन्हा थी और उसके पेट का बोझ ऊपर को सरकता जा रहा था? और सफ़ेद सर्द चेहरे वाली मां ने लिखा था—वह अपना घर छोड़कर नहीं आ सकती और वह एक बड़े ख़तरे की तरफ़ बढ़ रही थी और उसे वह गंदे फ्राक वाली छोटी-सी लड़की अक्सर याद आया करती थी, जो गर्मी की भरी दोपहरों में छत के किसी सायेदार कोने में बैठी गीली मिट्टी से बेढंगे खिलौने बनाया करती और उन्हें फूटे घड़े में छिपा देती, फिर गली में उतर जाती। बेहद तंग और गीली-गीली-सी गली, जिसके एक पहलू में एक चौड़ी नाली बहती थी, जिसमें हर समय गाढ़े गारे की बदबू उठती रहती। वह उस नाली के साथ-साथ चलने लगती। नाली गली से बाज़ार और बाज़ार से सड़क पर आती और बदरू में गिर जाती। वह बदरू के ढलान किनारे पर बेफ़िक्री से बैठ जाती और छोटे-छोटे मिट्टी के ढेले गंदे पानी में उछाल देती। पानी में हलकी सी हरकत पैदा होती और वह .खुश होकर दूसरा ढेला लुढ़का देती। तभी उसकी पसलियों में कोई नोकदार चीज़ घुस पड़ती। वह घबरा कर पीछे देखती। उसके क़दम डगमगा जाते, परंतु वह सर्कस के नटों की तरह .खुद को संभाल लेती और भाग खड़ी होती। उसका भाई कोई मज़बूत 'तीली' लिए उसके पीछे भागने लगता। वह दूर तक ढलान किनारे पर अभ्यस्त मदारियों की तरह भागते चले जाते, फिर लकड़ी के जर्जर पुल को पार करके दूसरे किनारे पर आ जाते और वापस भाग पड़ते। वह छोटी-सी ख़तरे में घिरी हुई लड़की, जिसकी मां घर में बेख़बर बैठी होती और उसका शरीर भाई उसे पीछे से डराता-धमकाता, "घर चल, मां तेरी मरम्मत करेगी। रस्सी बांध कर खूंटी से लटका देगी।" वह बेरहमी से हंसता और छड़ी लिए उसके पीछे रहता और वह मां से ज़्यादा उस तिनके से भयभीत घर की ओर सरपट भागती। घर से ज़रा इधर भाई उसे घेर लेता और उसके छोटे-छोटे .खुश्क पटों में हाथ डाल कर खींचता। वह दिलदोज़ आवाज़

में चीख़ती, सीढ़ियां चढ़ती और मैले कपड़ों के ढेर में छिपी हुई मां को देखकर फ़रयादी आवाज़ में सिसकती।

"मर जाओ, तुम सब मर जाओ।" मां सर्द आवाज़ में कहतीं और ज़ोर-ज़ोर से कपड़े पटकने लगती।

और उसकी शोर भरी आवाज़ हलकी-हलकी सिसकियों में ढल जाती और अपने सारे आंसू मैले फ्रॉक के दामन में सुखा लेती।

इस छोटी और निडर लड़की के दुःख को वह अपने अंदर महसूस करती और उसकी आंखें भीग जातीं। वह कितनी अकेली और असुरक्षित थी।

और एक रात जब वह अपने बाप के साथ सर्कस देखने गई, तो कितनी ख़ुश थी। वह अपनी मां को, जो अजीब बुर्क़े में लिपटी हुई थी, बाहर की दुनिया की ज़्यादा-से-ज़्यादा मालूमात इकट्ठा कर देना चाहती थी। उसका ख़याल था कि मां पहली बार घर की चारदीवारी से बाहर की फैली और अजनबी दुनिया में आई है और जब ख़ेमों से बाहर ज़ंजीरों से बंधे हाथियों को उसने देखा था, तो बड़े जोश से उसने कहा था, "मां, हाथी।"

और मां ने बुर्क़े के अंदर धीरे से सर हिलाया था।

और जब रिंग में बैंड बाजों के शोर में एक जगर-मगर करते फ्रॉक वाली मेम आई थी और उसने पतले से तार पर छतरी लेकर चलना शुरू किया, तो मां का रंग सफ़ेद हो गया था, हालांकि नीचे जाल तना हुआ था। तब मां को भयभीत देखकर उसे आश्चर्य हुआ था, मां भी ऐसी बातों से डर सकती है! वह मेम को न देख, मां के चेहरे को ताकती रही थी और उसकी नज़रों में अपने घर की सबसे ऊपर वाली मंज़िल की आधा फुट चौड़ी दीवार घूमती रही थी, जिस पर वे एक-दूसरे के पीछे संतुलन की ख़ातिर कमरों को बिना झुकाए माहिर मदारियों की तरह चला करते थे और तीन मंज़िल नीचे कोई भी जाल ताने मौजूद न होता था। वह छोटी लड़की जैसे ज़बरदस्त ख़तरे में पड़ी थी और उसकी मां बेख़बर थी। वास्तव में यदि वह गिर पड़ती, तो उसकी बोटियां फ़िज़ा में बिखर जातीं, परंतु वह स्वयं भी बेख़बर थी। यह तो उसे अब इतने सालों बाद जाकर मालूम हुआ था कि इस बड़े ख़तरे और असुरक्षित लम्हे का ख़ौफ़ उसकी रगों में उतर कर घुल-मिल गया था। वह असुरक्षित थी और पतले तार पर बिना किसी सुरक्षा के खड़ी थी और उसने मां को इतने सालों बाद मदद के लिए पुकारने की ख़्वाहिश की थी। वह गिर जाएगी और चीथड़े-चीथड़े हो जाएगी और उसके सामने ख़तरे का सुर्ख़ निशान फैलता जा रहा था।

यह अजीब बात थी। इतने सालों बाद उसने अतीत की धूल से इस छोटे से बेढंगे और जर्जर मकान को बरामद कर लिया था, जिसकी ख़तरनाक दीवारों पर वे नटों की तरह चलते थे और जिसकी बोसीदा कड़ियों वाली छतों पर वह धमा-धम कूदा करते

और जिसकी निचली बंद कोठरियों के बारे में वह बड़ी जिज्ञासु थी। उसका विचार था, पिछली कोठरी में सांप भरे हैं और वह रात के समय भी दिन की तरह प्रकाशमय होती है।

एक शाम उसने इन कोठरियों में से चूहों की लंबी पंक्ति को निकलते देखा था। चूहों ने एक-दूसरे की दुमों को मुंह में दबा रखा था। वे जैसे-तैसे दालान को पार करते नाली में घुस गए और उससे पहले कि वह अपनी हैरत पर क़ाबू पाकर उनका पीछा करती, चूहे ग़ायब हो चुके थे। इस तजुर्बे के बाद उसने कोठरियां खोलने का संकल्प कर लिया था।

फिर एक दोपहर उसने पहली कोठरी को खोल दिया, उसमें काठ-कबाड़ा भरा हुआ था, फिर दूसरी कोठरी को खोला, उसमें दोपहर के समय भी शाम का धुंधलका फैला हुआ था और इस धुंधलके में चमगादड़ें पर फड़फड़ा रही थीं और चूहों ने 'खदर-बदर' मचा रखी थी। छत की कड़ियां कमज़ोर-सी एक ओर झुकी हुई थीं। एक शोरा भरी दीवार भी एक ओर झुक चुकी थी। वह सचमुच मायूस हुई थी और उन कोठरियों से संबंधित सारी जिज्ञासा जाती रही थी।

लेकिन अब वह क्यों रात को सोते में उन कोठरियों को खोल देती थी और उनमें भरी वस्तुएं उस पर झपट पड़तीं और लेंटर की मज़बूत छत उसकी तरफ़ झुकते-झुकते एक ओर को ढलवां हो जाती और वह हिस्टीरियाई अंदाज़ में चीख़ पड़ती, "बचाओ!...बचाओ!"

अब्बास कच्ची नींद से जाग कर उस पर बिगड़ने लगता, "यह क्या बेवकूफ़ी है? क्या क़यामत टूट पड़ी है?"

वह फटी-फटी नज़रों से लेंटर की हमवार छत को घूरते हुए हांफने लगती और जब अब्बास की जली-जली बातें बढ़ जातीं, तो वह हवास में आकर कहती, "इन लेंटर की छतों का भी कोई एतबार नहीं। सुना है, गिरने पर आएं, तो ढकने की तरह नीचे बैठ जाती हैं।"

"ख़ुदा करे बैठ जाएं, जिससे कि रोज़ की यह बकबक ख़त्म हो।" अब्बास निहायत संगदिली से कहता और उसका ख़ौफ़ अंदर ही घुट कर रह जाता।

वह स्वयं घर में बड़े हलके क़दमों से चला करती, जैसे हर क़दम पर कोई ख़तरा मौजूद हो। "आख़िर तुम्हें उन चीज़ों के बारे में इतना अहसास क्यों है?" एक दिन अब्बास ने पूछा था।

"मालूम होता है, तुम्हारी मां ने तुम्हें बहुत एहतियात से पाला था और हर चीज़ से ख़ौफ़ दिलाती रही थी, क्यों ठीक है ना? अब अपने बच्चे को भी यूं सात पर्दों में न पालने बैठ जाना।" अब्बास ने हंस कर परिहास में कहा था।

और वह हैरतज़दा सी उसकी आंखों में देखती रह गई थी। उसका बच्चा, क्या यह

संभव था, परंतु उसे आने वाले समय पर भरोसा नहीं था और उस बच्चे के बारे में उसके अहसास गूंगे और जज़्बात ख़ामोश थे।

और उस रात इस छोटे से स्टेशन पर जब उसने नन्हे को जन्म दिया, तो उसकी निगरानी के लिए नर्स या डॉक्टर की जगह क़स्बे की एक औरत मौजूद थी, जो अपने तजुर्बे उस पर आज़मा रही थी और बाहर अब्बास थोड़ी देर जगे रहने के बाद मज़े से सो गया था। दर्द की शदीद लहरों से निढाल उसने सर एक ओर डाल कर कहा था, "मुझे सोने दो!" और उसे नींद सी आने लगी थी।

"इस हालत में बीबी, कौन सोता है, होशियार रहो और अपनी मां को याद करो। उसने भी तुम्हें जनम देते हुए ऐसी ही तकलीफ़ उठाई होगी।"

मां के नाम पर उसकी आंखें बेइख़्तियार छलक पड़ी थीं और गले में हिचकियां टूट-टूट गई थीं।

औरत जाने क्या समझी थी! उसने बड़ी हमदर्दी और प्यार से अपना हाथ उसके सर पर रख दिया था, "दुख न करो बीबी, माएं कब सदा ज़िंदा रहती हैं, लेकिन तकलीफ़ में उनकी याद भी बड़ा सहारा दे जाती है।"

वह और भी बेताब होकर रोई, परंतु मां का शब्द उसके जलते होंठों पर न आ सका।

उस ठंडे चेहरे और चीतल आंखों वाली मां के ख़िलाफ़ उसने पहली बार दिल में शदीद नफ़रत महसूस की थी। वह किसी की मां नहीं थी।

सुबह जब उसने बच्चे को देखा, तो हैरत से उसका दिल उछल पड़ा। यह उसका बच्चा था, ख़ून और गोश्त का बेबस लोथड़ा, जो ख़ास तौर से उसके सहारे का मोहताज था। साथ वाले खटोले पर पड़ा मुट्ठियां भींचे हाथ-पांव हिला रहा था और मुंह बिसूर रहा था। शायद वह मां की चाहत और गर्मी महसूस करना चाहता था। उसने अभी तक उसे नहीं छुआ था। वह खोए-खोए अंदाज़ में उसे देख रही थी और उसे अपने मां बन जाने पर यक़ीन नहीं आ रहा था। अब्बास का चेहरा ख़ुशी और घमंड से लाल और फूला हुआ था। वह खटोले के गिर्द यूं मंडरा रहा था, जैसे रचना के 'मरहले' से वही गुज़रा हो। उसके होंठों पर मुस्कराहट चिपकी हुई थी। अचानक वह रुका और उसने अपनी मज़बूत उंगली बच्चे के नर्म गाल में खुबो दी। बच्चा बिलबिलाया, तो वह हंस पड़ा।

"देख लो, हमारे ख़ानदान पर गया है।" उसने गर्व से सीना तान कर कहा था। बच्चा सचमुच लाल और सफ़ेद और तीखे 'नक़ूश' वाला था। उसकी नज़रें बच्चे के चेहरे में डूब सी गईं। उसने देखा, बच्चा बड़ा हो गया है। वैसा ही ख़ूबसूरत मज़बूत और लंबा-तगड़ा। वही डील-डौल और वैसा ही पुरशोर और तूफ़ानी। वह धपा-धप छतों पर चलता है और उसके वज़नी क़दमों की धमक से मकान की ईंट-ईंट कांपती

है। वह उसकी जहालत (अशिक्षा) और मूर्खता पर हंसता है, वैसी ही बेरहम और बेहिस हंसी। उसने मुंह फेर लिया।

बच्चा अब रोने लगा था। अब्बास ने उसकी तरफ़ कड़ी नज़रों से देखा, "इसे कुछ खिलाओ-पिलाओ कि भूखा मार डालोगी?" वह बाहर निकल गया। दूध नहीं उतरा था। क़स्बे की औरत ने उंगली पर शहद लगा कर बच्चे को चटा दिया। वह तकिए पर सर फेंके छत को घूरती रही। यह सब कुछ एक ख़्वाब की तरह था, जिसमें उसकी अपनी ख़्वाहिश और हक़ीक़त ग़ायब थी।

बच्चा भूख से बेताब रो-रो कर निढाल हो रहा था। अब्बास ने लेटे-लेटे उसे डांटा, "अपने साथ लिटाओ, आज चौथा दिन है, दूध कैसे नहीं उतरेगा?"

"बेकार है।" उसने सर्दमिज़ाजी से कहा।

"वाह, तुम कैसी मां हो!" अब्बास ने हैरत से सर उठा कर पूछा था।

"सब माएं ऐसी ही होती हैं।" उसने झुंझला कर जवाब दिया।

हमारी मां ने कब हम पर जान छिड़की! 'रिल रिल' कर .खुद पिल गए थे और वह भी सच था। अब्बा जब लड़ते, हमारी धौंस देते, "बच्चे छीनकर घर से निकाल दूंगा। ज़ाहिर है दूसरे के बच्चे पर कौन जान खपाता है।" अब्बास रुखी हंसी हंस पड़ा, "भई मुझसे तो स्टाम्प पेपर पर लिखवा लो। यह बच्चा मेरा नहीं, केवल तुम्हारा है। लो, अब इस पर रहम खाओ।"

"परंतु इसमें मेरा क्या क़सूर है?" उसने बच्चे को नर्मी से गोद में उठा लिया था।

यह पांचवां दिन था, जब अचानक उसकी मां मिलने को आ गई। वही सर्द और रूखा चेहरा, परंतु आंखों की शीतलता में हैरत की झलक।

"क्या हाल है तुम्हारा?" उसने .खुश्क लहजे में पूछा था और बड़े रस्मी अंदाज़ में आगे बढ़कर उसे गले से लगा लिया था।

यह क़ीमती और अनमोल लम्हा उसकी ज़िंदगी में पहली बार आया था, परंतु यूं कि उसके दोनों बाज़ू पहलुओं में बेहिसी से लटकते रह गए थे।

"ठीक हूं।" वह जब बोली, तो उसे अपनी आवाज़ पर मां की आवाज़ का शक सा हुआ और जब मां उससे अलग हुई, तो उसने महसूस किया कि उसकी मां की रूह उसके अंदर उतर गई है और उसके सीने में वही ख़ालीपन पैदा हो गया है, जो मां के सीने में था।

उसने सर्द नज़रों से बच्चे की ओर देखा, जो दूसरे खटोले पर पड़ा मुट्ठियां भींचे हाथ-पांव मार रहा था और बेबसी, गुस्से और लाचारी के सारे भाव उसके बिसूरते चेहरे पर खिंचे हुए थे। वह भूखा था और उसकी छातियां .खुश्क थीं।

बीस मिनट की जन्नत

रशीदा रिज़विया

'बीस मिनट की जन्नत' जैसी कहानी ने एक समय में काफ़ी हंगामा मचाया था। 'औरतों की आज़ादी' को अपनी कहानी में बुनियाद बनाने वाली रशीदा ने यूं तो कम लिखा। लेकिन जो भी लिखा, उस पर आज भी गुफ़्तगू के दरवाज़े खुले हुए हैं।

जूते के फीते जब नहीं खुले, तो पति ने सिंगार-मेज़ से क़ैंची उठा कर फीते ही काट डाले। लगभग पंद्रह मिनट से वह फ़ीतों से उलझ रहा था। अब तो यह पत्नी का फ़र्ज़ था कि इस काम में उसकी सहायक साबित होती, जबकि बेचारे के जूते पानी में तर भीगी बिल्ली की बची-खुची-सी दुम की तरह हो गए थे और क़ीमती पतलून के पांयचों पर घुटनों तक कीचड़ लगी थी। सड़क पर बहते पानी के गंदे तालाब में जब मोटर फंस गई थी, तो उसे ख़ुद ही धक्के लगाने पड़े थे। किसी को उसकी परेशानी की बिल्कुल परवाह न थी। प्रत्येक व्यक्ति अपनी फ़िक्रों के 'पुख़्ता' मज़ार खुद ही अपने कंधों पर उठाए-उठाए फिर रहा था।

जूते दूर फेंक कर पति कपड़े तब्दील करने लगा। पानी में भीगा-भीगा वह कितना उपहासपूर्ण नज़र आ रहा था, जैसे दुमकटा लोमड़ हो, जो अपनी दुम कटने का अफ़सोस करता हो। क्षण-भर के लिए औनिया को हंसी आ गई। औनिया पलंग के नीचे फर्श पर बिछी दरी पर 'गाव' तकिया लगाए लेटी थी। पलंग पुराने ढंग का था। लंबी-लंबी टांगों वाला, चौड़ा-चौड़ा, जिसके नीचे दुनिया-भर की चीज़ें समा जातीं और जिसकी चादर नीचे लटक कर तमाम चीज़ों को अपने अंदर छुपा ले। यह पलंग वास्तव में औनिया की नानी अम्मा का था। नानी अम्मा से औनिया की अम्मा को मिला। अब औनिया के पास था। इस पलंग ने अकारण जगह घेर रखी थी। आजकल ज़माना था ऐसे लंबे-चौड़े पलंगों का और पलंगों के लिए बड़ी-बड़ी

'असातीरी' दास्तानों जैसी शयनागारों का। जायदाद टैक्स की वृद्धि भला ऐसे आनंद की इजाज़त देते थे? उन दिनों तो छोटे घरों और हलके-हलके फर्नीचर का रिवाज़ था, लेकिन औनिया को हलके फ़र्नीचर से हलकेपन, छिछोरेपन और जाने किस-किस 'पन' की बू आती थी। फ़र्नीचर हो, तो वही विक्टोरियन दौर का भारी-भरकम और घर हो तो वही मेहराबों वाला। ऊंचे-ऊंचे पेड़ों में घिरा-घिराया। जहां चमगादड़ें रहती हों। मकड़ियां जाले तानती हों। जिससे अनगिनत कहानियां जुड़ी हों और जहां भूत-प्रेत के रहने का भ्रम हो, "अरे भई, औनिया बेगम, यह भला पुरानी रवायतों से चिपके रहना कहां की अक़्लमंदी है?'

पति ने गुस्से से पलंग को देखा, उसका जी चाहता था कि पलंग पे ज़ोर-ज़ोर से कूदे कि यह टूट-टूट जाए। किसी अस्त-व्यस्त और असंतुष्ट समाज की तरह बिखर-बिखर जाए, लेकिन इस पलंग से ही तो ज़िंदगी जुड़ी थी। ज़िंदगी की शिद्दत और वजूद का अहसास चंद क्षणों के लिए इसी पलंग पर तो मिलता था।

बालों में कंघी करके वह कमरे से बाहर निकला। उसे चाय की तलब हो रही थी, लेकिन ख़ानसामां ग़ायब था और आया बरामदे में तीनों बच्चों को लिए बैठी कोई कहानी सुना रही थी। कहानियां ज़िंदगी से बनती हैं। घटनाएं इन्सानों की प्रत्येक हरकत से जन्म लेती हैं, लेकिन पति के लिए कहानियों और घटनाओं का समय न रहा था। वह चाय तैयार करके बिना दूध और चीनी के पीने लगा, क्योंकि घर में दूध न था। दूध वाला आया ही नहीं था और चीनी का डब्बा खाली पड़ा था कि चीनी के भरे मर्तबान औनिया बेगम ने अपनी कपड़ों की आलमारी में ठूंस रखे थे और आलमारी को ताला लगा था और चाबी न जाने कहां थी!

हां-हां, ज़िंदगी भी कितनी तंग हो गई थी और पति को पूरा विश्वास था कि एक ऐसा समय भी आएगा, जबकि खाना भी उसे स्वयं तैयार करना पड़ेगा और बच्चे भी स्वयं ही पालने पड़ेंगे। जल-जलकर और कुढ़-कुढ़कर वह काली चाय ही पीता गया।

बारिश लगातार हो रही थी। दरीचों के शीशों पर क़तरे बह रहे थे। अंधेरा-सा हर ओर फैलता जा रहा था। फ़िज़ा में बारिश की आवाज़ थी, वरना एक मस्ती जैसी ख़ामोशी थी। आया की कहानी और बच्चों की शरारत भरी आवाज़ें भी पृष्ठभूमि में चली गई थीं। औनिया बच्चों की ओर से संतुष्ट थी। उसे मालूम था कि आया बच्चों को खिला-पिलाकर सुला देंगी। क्षण-भर के लिए उसका दिल ज़रूर चाहा कि उठकर ज़रा बच्चों को और पति को देखे, लेकिन फिर यह इरादा किताब के समाप्त होने पर स्थगित कर दिया। जाने कौन-सी बेरस किताब थी, न तो जासूसी की थी, न कोई 'सनसनीखेज़' किताब थी। अरे, क्या स्टाक एक्सचेंज या बजट की कोई किताब थी?

संभवतः ड्रामे-व्रामे की किताब थी, जबकि ड्रामों और संवादों का समय भी बीत चुका था और पति काली चाय पीने के बाद अब कमरे में आकर पलंग को घूर रहा था। औनिया ने चादर ले एक-एक छेद से झांककर पति को देखा, और फिर किताब पर निगाहें जमा दीं। पति कभी सोच भी न सकता था कि औनिया कहां छुपी बैठी है। घर आते ही उसने औनिया को आवाज़ें दी थीं और जवाब न पाकर सोचा था कि इस बारिश में ही निकल गई है, किसी सहेली के घर।

शौहर का दिल शिद्दत से चाहता था, इस भीगी तन्हाई में कोई उसके पास बैठ कर धैर्य की बातें करे। औनिया की हमदर्दी गें तो ऐसा अस्वीकार और संबंध विच्छेद था कि उसकी सभी प्रकार की निकास बनावटी महसूस होती थी, लेकिन औनिया हंसती थी, कि इस महान जंगल में, जिसका नाम दुनिया है, यहां तो दरिंदे रहते हैं, उनमें केवल ढोंग और अत्युक्ति पाई जाती है। अयाज़ अहमद, यानी पति नामदार भी तो एक ऐसी अत्युक्ति है कि किसी अलमिया खेल का कोई किरदार महसूस करता है, जिसे हमदर्दी की कोई ज़रूरत न हो, तो ढोंग और अत्युक्ति से अच्छा है कि इन्सान संबंध विच्छेद कर ले।

लेकिन मैं केवल अयाज़ अहमद ही नहीं हूं, बल्कि पति भी हूं। मारे गुस्से के पति ने टीवी खोल दिया। कैसी आश्चर्यपूर्ण बात थी कि टीवी पाकिस्तान के शहरों में भी आ गया था और कराची में भी साल-भर से काम कर रहा था। लेकिन अधिक आश्चर्यपूर्ण बात यह थी कि वह औनिया, जो लंदन में कोई भी टीवी खेल देखना न भूलती थी, वह कराची में टीवी के खेल कभी न देखती थी और पति को टीवी पर निगाहें जमाए देख कर बदमज़ा हो जाती थी और लोग अफ़सोस करते रह जाते थे कि अयाज़ अहमद की पत्नी कितनी सपाट और रूखी-फीकी है, ज़िंदगी के विभिन्न रंग खेल की सूरत में देखने की क्षमता ही नहीं रखती थी।

अब उस रोज़ ही औनिया बेगम ने ढेर सारे लोगों की मौजूदगी में कितनी नीरसता का प्रमाण दिया था। सितंबर का कोई दिन था। बारिश भी हो रही थी, लेकिन बारिश में शिद्दत न थी। बस, हलकी-हलकी सी फुहार थी, मानो समुद्र की शांत लहरों पर धीरे-धीरे हवा चल रही हो। घने पेड़ों के नीचे स्वीमिंग पूल के किनारे फैली ज़िंदगी बड़ी संतुष्ट थी। हर ओर हरियाली और खुशियां-ही-खुशियां थीं, बच्चे-बड़े सब तालाब में तैर रहे थे। औनिया का दिल चाहता था, वह भी तालाब में कूद जाए, लेकिन वह तैराकी के लिबास साथ नहीं लाई थी और फिर वह इस हालत में भी नहीं थी कि हलकी-फुलकी तितलियों की तरह पानी की नीली सतह पर उड़ती चली जाए और चाकलेट आइसक्रीम खाते-खाते वह एक किताब भी पढ़ रही थी। यह किताब जाने किसकी जीवनी थी। कभी-कभी उसका भी दिल चाहता था कि अपनी कहानी सुनाए, लेकिन उसकी तो कोई कहानी ही नहीं थी। कहानी तो दुखों और ग़मों की

होती है, सिसकती, दम तोड़ती ज़िंदगी की होती है, जिसे लोग प्रसिद्धि प्राप्त करने के बाद और लोगों की निगाहों में एक ऊंचे इन्सान का दर्जा लेने के लिए अपनी कहानी बना कर अत्युक्ति के साथ प्रस्तुत करते हैं, लेकिन औनिया के पास ऐसी कोई बात न थी और जब वह पीछे पलट कर देखती, तो एक शानदार संतोष के अतिरिक्त कुछ नज़र नहीं आता था। उसका दुःख भी वह बहुत ग़ौर करती, तो भी कोई दुःख समझ में न आता था। उसके लिए दुख का शब्द भी चाकलेट आइस्क्रीम की तरह थी।

स्वीमिंग पूल किनारे बैठी वह आइस्क्रीम खाती रही। अयाज़ दोनों बच्चे लिए तैर रहा था, या बच्चों को तैरना सिखा रहा था। यह स्वीमिंग पुल दीवार के अंदर था और दीवार की दूसरीं ओर हरियाली पर कुर्सियां बिछी थीं, किसी 'तक़रीब' का प्रबंध था और उसे यूं महसूस होता था कि कोई मौलवी निकाह पढ़ा रहा है।

अब उस क्लब में निकाह भी होने लगे, जिज्ञासु होकर औनिया ने सोचा और फिर दीवार की दूसरी ओर झांका, वहां कुर्सियों के दर्मियान एक मेज़ पर चांदी के कप धरे थे। वहां निकाह नहीं हो रहा था, बल्कि कोई साहब हॉकी या क्रिकेट की अहमियत पर तक़रीर कर रहे थे।

न जाने कहां से हर रोज़ एक बड़े मियां को पकड़ लाते हैं। 'बेनियाज़ी' से सर झटक कर वह अपने बच्चों की ओर देखने लगी। बच्चे और पति तालाब से बाहर निकले और वह बच्चों को आया के सुपुर्द करके दूसरी ओर आए तो 'तक़रीर' ख़त्म हो चुकी थी और इनाम तक़सीम किए जा रहे थे। तक़रीर करने वाले ने इनाम बांटते-बांटते क्षण-भर के लिए औनिया की ओर देखा और आश्चर्य और ख़ुशी उसके चेहरे पर फैल गई। भाषणकर्ता के साथ ही दर्शकों और फ़ोटोग्राफ़रों के चेहरे भी औनिया की ओर पलटे, लेकिन वह बेनियाज़ी से क़दम उठाती रही।

असग़र हफ़ीज़! पति क्षण-भर के लिए रुका और भाषणकर्ता की ओर ग़ौर से देखा। असग़र हफ़ीज़! अरे, वह बड़े मियां असग़र हफ़ीज़ हैं। औनिया भी रुक गई और ज़ोर से हंसी।

"शर्म करो औनिया, वह तो अब तक तुम पर इतनी जान छिड़कता है कि तुम्हारे एक इशारे पर तुम्हारे घर आ धमके और एक ज़माना था, तुम भी उसे पसंद करती थी।"

"ए लो, मैं इस बड़े मियां को क्यों पसंद करने लगी?"

"बड़े मियां," पति ने आश्चर्य से औनिया को देखा, "वल्लाह, क्या शाने बेनियाज़ी है, एक व्यक्ति को पीछे लगा कर बिल्कुल अनजान बन जाना! यह तो तुम्हारी आदत है औनिया बेगम, तुम चाहती हो कि हमेशा लोगों के दिलों पर क़दम धरती चली जाओ। वह अजमल नईम भी तो तुम्हारी याद लिए बैठा है, लेकिन इतना

तो सोचो कि दो बच्चों की मां हो और तीसरा होने वाला है।''

''ये बच्चे मैंने लोगों के दिलों पे शासन करने से प्राप्त नहीं किए हैं, बल्कि तुम से और केवल तुमसे प्राप्त किए हैं।'' वह हंसी और बच्चों को आया के सुपुर्द करके दोबारा पति के साथ स्वीमिंग पूल की ओर आ गई। उनका इरादा था, खाना वहीं खाया जाए, लेकिन टीवी जो स्वीमिंग पूल के किनारे नीम के पेड़ के नीचे रंग-बिरंगे कुमकुमों के बीच धरा था, अपने प्रोग्राम प्रस्तुत कर रहा था। औनिया ने टीवी की ओर देखा और चेहरे का रंग बदल गया।

''तुम यह खेल देखो, मैं घर जा रही हूं।'' वह तेज़-तेज़ क़दम उठाती दोबारा दीवार की दूसरी ओर आ गई।

''तुम्हारी पत्नी को खेलों से इतनी चिढ़ क्यों है?'' किसी ने अयाज़ से पूछा।

''खेल, आख़िर खेल हैं।'' अयाज़ ने सर झुका लिया। दीवार की दूसरी ओर असग़र हफ़ीज़ ने दोबारा औनिया की ओर लालसा से देखा और उसके क़रीब आने लगा, लेकिन औनिया सर झटक कर और ''खेल, आख़िर खेल है'' कह कर आगे बढ़ गई। असग़र हफ़ीज़ वहीं खड़ा रह गया और अयाज़ अहमद टीवी के सामने बैठा रह गया। उसके ज़हन में वही एक 'ख़लिश' बार-बार सर उठा रही थी, जिसने कई सालों से उसे परेशान कर रखा था। उठते-बैठते, काम करते-करते, वही एक चुभन होती थी, दफ़्तर में फाइलों पर झुके-झुके वही एक बात याद आती और वह आसमान में देखता-का-देखता रह जाता। ज़िंदगी के बावजूद ज़िंदगी बेरंग हो कर रह गई थी। ज़िंदगी की शुरुआत भी कुछ ऐसी ही हुई थी। बचपन शहरों के 'तशन्नुज' में और गली-कूचों में आवारा लौण्डों के साथ बीता। माता-पिता की ख़्वाहिशात जाने क्या थीं? अयाज़ ने हर खुदसर बेटे की तरह माता-पिता से बग़ावत की और अपना रास्ता स्वयं तलाश करने निकल पड़ा, लेकिन तंग-तंग गलियों के खण्डहरनुमा मकानों के जर्जर कमरे और दरिद्रता उसके भाग्य बन गए, मायूसियां और कुछ बनने की तमन्ना उसे विभिन्न शहरों में घुमाती-फिराती लंदन तक ले आई और यहां ऐसे लोगों से संपर्क हुआ, जो खेलों, ड्रामों के इश्क़ में सुध-बुध खोए बैठे थे। उन लोगों के दर्मियान आकर अयाज़ पर एक बात ये ज़ाहिर हुई कि कराची और लाहौर में तो लड़ने-झगड़ने और चिल्ला-चिल्लाकर बोलने और चेहरे के 'जबरी' उतार-चढ़ाव को अदाकारी की सीढ़ी समझा जाता है, लेकिन यहां जिस्म की एक-एक जुंबिश और आवाज़ के एक-एक ज़ेर और बम पर कितना ज़ोर दिया जाता है, यह सब कुछ देख कर अयाज़ अहमद को थकावट-सी होने लगी। ज़्यादा बेज़ारी तो उन हंसती-गाती लड़कियों से होती, जिनकी भीड़ में 'हमनशीं' का सौंदर्य कहीं नज़र न आता था। वह सूरत कहीं न मिलती थी, जो 'हमख़याल' और 'हमजुबान' साबित होती और यूं तन्हाई उसकी ज़िंदगी में बराबर ज़हर घोलती रही।

साधारणतः यूं होता है कि हम किसी एक चेहरे की तलाश में गली-गली, कूचे-कूचे, शहर-शहर घूमते फिरते हैं और होता यूं है कि अचानक बिल्कुल क़रीब ही एक ऐसा चेहरा नज़र आता है, जिसे देखकर हम चिल्ला उठते हैं, अरे, यह तो वही है, जिसकी हम 'जुस्तजू' कर रहे थे!

शहर के एक अंधेरे हॉल में छात्रों का एक गिरोह कोई खेल प्रस्तुत कर रहा था और अयाज़ हाल के आख़री कोने में खड़ा सिगरेट से शग़ल कर रहा था और बेज़ार-सा हो रहा था कि ठीक उसी समय उसके लिए तमाम दृश्य ही बदल गया, साये की तरह एक लड़की अंदर दाख़िल हुई और दूसरे कोने में खड़ी हो गई। किसी को उसके वजूद की आहट तक महसूस नहीं हुई। वह तो अचानक एक महक बन कर अयाज़ की आत्मा में प्रवेश कर गई। सर उठाया, तो सिंग के स्थान पर एक फूल ताज़ा सामने पाया।

हॉल के बाहर बर्फ़ गिर रही थी, जैसे ज़हन में अच्छे-अच्छे ख़यालात उभर रहे हों और सुंदर वाक्य किसी काग़ज़ पर उतरते जाते हों और शब्दों से एक नए और रोबीले विश्व का निर्माण होता हो। टेम्स दरिया पर जैसे वह तमाम सितारे उतर आए थे, जो लंदन के आसमान पर कभी नज़र ही न आते थे। घरों में गुलाब के फूलों की महक थी और काई जमी इमारतें शानदार तौर पर बड़ी फबन के साथ फैली हुई थीं। और औनिया वहां खड़ी सभी पृष्ठभूमियों से बिल्कुल अलग-थलग नज़र आती थी। जाने किस अजनबी दुनिया से बर्फ़ों के साथ-साथ उड़ती-उड़ती चली आई थी, यूं महसूस होता था, फूलों, गिलहरियों, ख़रगोशों से खेलते-खेलते चाकलेट और आइसक्रीम खाते-खाते और घर के आख़री कमरे में बैठ कर परियों की कहानियां पढ़ते-पढ़ते चली आई है या फिर किसी पुरातत्त्व से कोई देवी-सी निकल कर चली आई है, जो एक ज़िंदगी नहीं, बल्कि कई ज़िंदगियों के रूप रखती है।

औनिया के चेहरे पर इतमीनान और सुकून फैला था और छोटा-सा दहाना ज़रा-सा खुला था। अयाज़ की सभी तकलीफें अचानक धुल गईं। आनन्द की तमामतर कैफ़ियतें बादल की तरह उसके ज़हन पर बरसने लगीं। एक ही लम्हे में वह अयाज़ के दिल में उतर गई। अयाज़ की ख़्वाहिश हुई कि इस पुरसुकून चेहरे को अपने क़रीब कर ले, जो ऐसी नदी की तरह था, जिसमें कभी तूफ़ान न आता हो। एक गुप्त जादू से प्रभावित अयाज़ उसके बिल्कुल क़रीब आकर खड़ा हो गया। सांवले नाक-नक़्शे की वह लंबी लड़की क़द में उसके बराबर थी। अयाज़ के दिल में ख़्वाहिशात का ज़बरदस्त हमला हुआ और लाइटर उसके हाथ से गिर गया। आवाज़ पर औनिया पलटी। बदमज़गी का साया उसके चेहरे पर आया और चला गया और उस एक लम्हे में औनिया ने अयाज़ का पूरा ज़हन पढ़ लिया और नागवारी से सामने देखने लगी। औनिया के अंदाज़ और तेवरों में बेधड़कपन और मासूमियत थी कि

अयाज़ ने उसे पुकारना चाहा और तब ही उसे महसूस हुआ कि वह औनिया को अच्छी तरह जानता है। औनिया साये की तरह हमेशा उसके साथ-साथ रही है। चांदनी रातों में उन वादियों में उसके साथ घूमती फिरी है, जहां ख़यालों के महकते फूल खिलते हैं और वह हमेशा उसी का इंतज़ार करता रहा है, जो दो अंतिम सीमाओं पर खड़ी पलट-पलट कर देखती है और कभी तो बिल्कुल अयाज़ की पकड़ में महसूस होती है और कभी दूर खड़ी मुंह चिढ़ाती है और कभी किसी चमन के ख़ामोश तन्हा गोशे में बैठी अयाज़ की कहानी सुन रही है और अपनी कहानी सुना रही है, लेकिन औनिया की तो सिरे से कोई कहानी ही न थी। खुशहाल घर की खुशहाल लड़की थी, जिसे कायनात की हर चीज़ बड़ी खूबसूरत नज़र आती थी, जो अपने वजूद से बड़ी संतुष्ट थी। ज़िंदगी के हसीन सपने देखने के लिए वह तन्हाई को भी पसंद करती थी और इसीलिए घर के आख़िरी कमरे में बैठ कर ड्रामें पढ़ती थी और तस्वीरें बनाती थी कि एक रोज़ एक बहुत ही खूबसूरत और शानदार व्यक्ति उसकी तस्वीरों और ड्रामों से निकल कर सामने आ खड़ा हुआ। उस व्यक्ति के चेहरे में धूप की गर्मी थी और बड़ी-बड़ी कानों तक खिंची आंखों में गोमती और सरयू बहती थीं और उसकी गुफ़्तगू में शामे-अवध जैसी हलावत और हुस्न था, लेकिन इन तमाम गुणों के बावजूद उससे इश्क़ औनिया को बड़ा ही परिहासपूर्ण मालूम हुआ। इश्क़ करता आदमी बिल्कुल लकड़बग्घा मालूम देता है। औनिया को इस कल्पना से ही वहशत होने लगी कि एक वह उस व्यक्ति असग़र हफ़ीज़ के इश्क़ का जवाब दे और फिर उससे शादी रचा कर विभिन्न दूतावासों और ऊंची महफ़िलों में सम्मिलित हों। ढेरों आभूषण लाद कर बेगमों की महफ़िल में बैठी स्केण्डल साज़ी करे। इसलिए वह कराची छोड़ कर लाहौर चली गई, लेकिन वहां अज़मल नईम सामने आ खड़ा हुआ। जो असग़र हफ़ीज़ से क़तई भिन्न था। इख़लाक़ी सतह से काफ़ी नीचे होकर बात करता था और हर लड़की में अपनी हसरतों की पूर्ति चाहता था। वह किसी दर्मियाने माहौल का व्यक्ति था। उसके यहां दुनिया-भर की उलझनें थीं। औनिया को उलझनों से दिलचस्पी न थी। यूं भी उसे लंदन की ओर जाना था।

यहां वह लंदन यूनीवर्सिटी में ड्रामा पढ़ती थी, ओरिएंट गैलरी और ब्रिटिश म्यूज़ियम में जाकर तस्वीरें बनाती थी। यह केवल इत्तफ़ाक़ था कि यहां अयाज़ अहमद सामने आया।

"तुम हमेशा मेरे क़रीब रहोगी।" अयाज़ ने इस अंधेरे हॉल में खड़े-खड़े प्यार से औनिया के बाल सहलाए। औनिया के बालों से महक निकल रही थी। वह मदहोश-सा हो गया।

और जब वह खुशी और नशे की हालत से चौंका तो सामने स्टेज पर खेल पहले की तरह हो रहे थे और औनिया अपनी खुशबू छोड़कर जा चुकी थी। अयाज़ के

इस सुहाने ख़्वाब की मुद्दत केवल बीस मिनट थी, लेकिन औनिया से एक रिश्ता क़ायम हो गया था, जो कभी टूट नहीं सकता था।

अयाज़ काफ़ी 'बदशक्ल' इन्सान था। चेहरे के नक़्शे कुछ वाहियात से थे। एक नक़्श की दूसरे नक़्श से कुछ अनुकूलता न थी। मजमूई तौर पर यह सूरत ऐसी थी, जिसका विश्लेषण किया जाता, तो कुछ भी पल्ले न पड़ता। औनिया की फनकाराना फितरत ने उस चेहरे को रंगों में घोलना चाहा, लेकिन मुसीबत यह थी कि कोई भी रंग उस चेहरे को क़बूल न करता था। औनिया की समझ में न आता था, उस चेहरे के पीछे वास्तव में है क्या? उसने तमाम रंगों के तजुर्बे कर डाले, लेकिन हर रंग उसे काला की 'पहचान' देता था और अयाज़ के सभी पात्रों को गुनाह की काली रात क़रार देता था। अयाज़ की तस्वीर को काले रंग से रंग कर औनिया ने उलटा लटका दिया।

और जब कई सालों बाद अयाज़ वतन आया, तो बड़ा आदमी बन चुका था और लड़कियों की भीड़ में रहता था, लेकिन ये तमाम लड़कियां, तमाम खूबसूरत चेहरे उसकी फ़िरदौस गुमगश्ता वापस नहीं दे सकते थे, जिसकी एक झलक लंदन की उस 'बर्फ़ानी' फ़िज़ा में बीस मिनट के अंदर-अंदर देखी थी, भीड़ में कभी तन्हाई और सन्नाटा, दुःख और बदमज़गी अपनी-अपनी जगह क़ायम थे, जहां हमनशीं की तलाश जारी थी।

एक शाम वह कराची के उसी क्लब में बैठा चाय पी रहा था कि यूनानी ड्रामों की देवी पुरातत्त्व से निकल कर समाने आ गई। वह एक खंभे के सहारे खड़ी बेनियाज़ी से चुना हुआ दुपट्टा लहरा रही थी।

''औनिया'', वह आंखें मसलने लगा, लेकिन औनिया अब भी उसे पहचान न पाई। उस चेहरे को अब भी उसने एक फ़नकार की निगाह से देखा, लेकिन अब भी यह चेहरा कोई रंग क़बूल न कर सका। एक बार फिर औनिया ने उसकी तस्वीर को काला कर डाला और उस स्याही की वजह मालूम करने अयाज़ के क़रीब चली गई।

''तुम्हारी 'क़ुरबत' के बावजूद मैं भटकता फिरता हूं, तन्हाई और सन्नाटा मेरा भाग्य हैं''। पति ने गुस्से से पलंग की ओर देखा, औनिया जो तीन बच्चों की मां थी, लेकिन इन तमाम सालों में भी वह अयाज़ की तस्वीर को कोई अच्छा रंग न दे पाई थी और अयाज़ की समझ में न आता था कि इस मोनालिज़ा ने कौन-सा इंतक़ाम लेने के लिए उसकी ज़िंदगी को काले रंग की एक तस्वीर बना डाला है।

बेचारी

परवीन आतिफ़

कथा लेखिका परवीन आतिफ़ का जन्म पाकिस्तान में हुआ। पाकिस्तान से संबंधित नई युवा लेखिकाओं में सर्वाधिक चर्चित नाम। कहानी संग्रह एक भी नहीं, लेकिन कहानियों की रफ़्तार तीव्रगामी। पाकिस्तान के अतिरिक्त भारतीय उर्दू पत्रिकाओं में भी, पाबंदी से लेखन-कार्य।

''फ़ोन बंद न करना रिज़वान, प्लीज़।'' समर की आवाज़ बोझिल और रोहांसी थी। ''हैलो! रिज़वान...कुछ बोलते क्यों नहीं।''

दिन के साढ़े दस बजे थे। मेरे सामने मेरे कल्याण विभाग की बेतरतीब फ़ाइलों का ढेर लगा हुआ था।

मेरे सूने-सूने विभाग में पाकिस्तानी आबादी के जन-सांख्यिकी और ऐतिहासिक महत्त्व की ये तमाम फ़ाइलें कई-कई माह धूल भरी अलमारियों में पड़ी रहती हैं जैसे पुराने घरों की बंद पेटियों में बेज़रूरत घरेलू सामान पड़ा रहता है। लेकिन कुछ देर पहले हमें सूचना मिली कि कल्याण मंत्री हमारे दफ़्तर के दौरे पर आ रही हैं। जिसके कारण हमें फ़ाइलों की जांच-पड़ताल देख-देख के इस बरस भी कई माह गुज़र चुके हैं। और मेरा विश्वासी, बहुत पुराना सुपरवाइजर गुलाम इसहाक़ इमर्जेंसी में तमाम फ़ाइलें जिन पर मेरे दस्तख़त ज़रूरी थे मेरे समाने ढेर कर गया है।

और अब ये समर का रोहांसा फ़ोन, ''अपार्टमेंट में आ सकते हो। मैं बहुत परेशान हूं। बौखलाई हुई हूं...आई नीड यू...'' एक क्षण समर के शब्दों ने चौंका दिया। वह मुहब्बतों या जज़्बों की ख़ातिर घिघियाना नहीं जानती...किसी बहुत बड़े दानशील की तरह। वह उसके ध्यान की अभिलाषियों को अपने घर के बाहर इच्छुकों की तरह जमा करती है या वह उसकी दानशीलता को जानते हुए, झोलियां फैलाकर स्वयं उसके आसपास जमा होते हैं और झोली भर उसकी मुहब्बत, ध्यान और

'खुशवक़्ती' बटोरकर अपने-अपने रास्ते लगते हैं।

लेकिन इस सारे लेन-देन के प्रोग्राम में दिलचस्प बात यही है कि उसके वह तमाम अपर क्लास जनरल, ब्यूरोक्रेट दोस्त जो उसके भावें उसके ध्यान की ख़ातिर शहर को नुकसान पहुंचाते हैं। दरअसल अपनी तेज़ रफ़्तार इधर भाग उधड़ दौड़ जिंदगियों के बहुत सारे बोझ समर की झोली में उंड़ेल जाते हैं।

संभव है, समर और उसके वह पीतल में मंढे चलाओ दोस्त। अनजाने में एक-दूसरे को इस्तेमाल करते हों। या शायद उस 'मादी' क्लास के सोच में ये मामला ठीक समझा जाता हो कि ज़िंदगी को जिला देने की ख़ातिर एक-दूसरे को इस्तेमाल करने में कोई हर्ज नहीं है न कोई सद्व्यावहारिकता से गिरी बात है।

मैं तो दरअसल उसकी ज़िंदगी की दाल में एक फुल साइज़ कंकड़ हूं। वह अलग बात है कि इस लम्हे भी जब उसकी आवाज़ में तेज़ाबी सा कुछ घुला है, उसकी आवाज़ की नन्हीं-नन्हीं सर्तियां मेरे परिपक्व आयु, धीरज से चलने वाले ख़ून में रस की तरह घुल रही हैं...और रूखी-सूखी बेहंगम आबादी की फ़ाइलों में जुगनू रौशन होने लगे हैं।

अब मैं फ़ोन बंद भी करूंगा और दफ़्तर का काम भी लगातार जारी रखूंगा कि मेरी 'मंत्री' आबादी के आने में सिर्फ़ डेढ़ घंटा बाक़ी है। वह कभी-कभार मेरे दफ़्तर की तरफ़ उसी समय भागती है जब किसी संयुक्त राष्ट्र संघीय अख़बार या रिपोर्ट में लिखा हो कि पाकिस्तान ओलंपिक के गोल्ड मेडल खिलाड़ियों की तरह आबादी के कल्याण की दौड़ में प्रथम आ चुका है...बेग़म बख़्तावर एक बेमिसाल, वर्तमान राजनीतिज्ञ है। पिछले तीस बरस से उसे आबादी की मंत्री की कुर्सी से न कोई सिविल हुकूमत हटा सकी और न फ़ौजी।

लोग उसे आमतौर पर आबादी घटाओ मंत्री की जगह आबादी बढ़ाओ मंत्री के नाम से याद करते हैं। मीडिया के काम के बाद वह मेरे दफ़्तर में आक़र अपनी सुस्ती की फ्रस्ट्रेशन मुझे और मेरे स्टाफ़ को डांट कर निकालेगी। मेरी जगह कोई दूसरा एमडी लाने की बात करेगी। लेकिन बात आगे नहीं बढ़ाएगी। क्योंकि मैं भी उस दफ़्तर में एक गढ़ा हुआ अफ़सर हूं। उसकी वाशिंगटन में बढ़ती हुई जायदाद के एडरेस तक जानता हूं। बजट के कई घमन-धीरों पर पर्दे डाल चुका हूं। बख़्तावर बेगम का आज का दौरा भी ऐसे ही किसी अचानक विश्लेषणों का नतीजा है।

मेरे सुपरवाइज़र के अनुसार यूएनडीपी ने लिखा है कि जिस रफ़्तार से पाकिस्तान के लोग सफ़ेद चींटियों की तरह बढ़ रहे हैं आने वाले दस वर्षों में अगर ये लोग किसी न्युक्लियाई जंग का शिकार न हुए तो आदमख़ोरों की तरह एक-दूसरे को फाड़ खाएंगे। आज मेरी ज़िंदगी का एक महत्त्वपूर्ण दिन है। आज ज़िंदगी मुझ पर नए सिरे से प्रकट हुई है। तुम्हें कभी ऐसा लगा रज़ी कि तुम दरअसल एक गंभीर इन्सान

नहीं बल्कि एक कॉकरोच हो...कभी ऐसे क्षणों से सामना हुआ जब तुम अपना सारा इतिहास-भूगोल राख कर देना चाहो...

तुम पागल हो गई हो...ऐसी बातें अधर्मी हैं...मैं ऐसे विचार कभी अपने नज़दीक नहीं आने देता। ज़िंदगी के हर खट्टे-मीठे मौसम खुशी से झेलता हूं। तुम उदास थी और मैं उसे ये कभी नहीं कह सकता था कि उससे मिलने के बाद मैं अपनी ज़िंदगी की तमाम हिस्ट्री, तमाम भूगोल नए सिरे से लिखता हूं। वह मुझे अपने पति आज़र और उसके दोस्तों, परिचितों की उसके साथ झूठी फ़्रस्टेशनों के क़िस्से सुनाकर सर से पांव तक ढाढेरी करती थी, प्रशंसा भरी निगाहों से देखती थी।

मैंने तो जब से उसे देखा था उस बच्चे की तरह आश्चर्यचकित बेजान था जिसने खेत में भागते-भागते अचानक कोई फ़्लाइंग सारस देख ली हो। उसके आसपास फैली हुई धुएं की रेखाओं के रंग गिन रहा हो।

वह मेरी जो कुछ भी है मेरे उसके दर्मियान बिखरे वर्गीय फ़ासले कभी कम न हो सके। वह एक रिटायर्ड फ़िनांस की बिगड़ी हुई बेटी थी। मेरे लोग 'जदी पुश्ती'...शिक्षण कार्य में लिप्त, दौलत की शिनाख़्त से वंचित रहे। उसके इम्पोर्ट-एक्सपोर्ट, शिल्पकारी में लिप्त पति की पृष्ठभूमि से किसी को शायद कोई दिलचस्पी नहीं क्योंकि किसी को उसके जलते भड़कते 'पेश मंज़र' से फ़ुर्सत ही कब है कि कोई उसकी जड़ बुनियाद से उखाड़ दे।

मेरी ज़िंदगी में तो समर कोई एक बरस पहले अपनी ज़िंदगी का साज़ो सामान उठाकर स्वयं ही आ घुसी थी। मैं तो अपने काम में मगन था।...मक़सद की तरफ़ प्रवृत्त किए बैठा था। एक तरह से अपने ही अंदर जीने वाला। खड़े पानी की मछली...उसे देखकर चौंका मैं केवल इसलिए था कि समर की पात्रता सरकारी महफ़िलों में, तमाम ताक़तवार बड़े अफ़सरान उसकी मौजूदगी में पहली बार मेले में आने वाले बच्चों की तरह आपे से बाहर हो रहे थे।

...May I?...Can?? वतन के प्रबंध कर्ता। सालनों के डोंगे बार बी क्यू की गर्म सलाख़ें हाथों में उठाए उसके आगे पीछे यूं घूम रहे थे जैसे वह कोई एल्ज़ाबेथ टेलर या हेलेन ऑफ़ ट्राय हो। मुझे ये देखकर भी आशंका होती थी कि उसके फूले-फूले पेट वाले शौहर की गर्दन, इस्लामाबाद की बड़ी-बड़ी ताक़तों को पत्नी के सामने सर झुकाए देखकर तन जाती थी। दो-एक सरकारी पार्टियों में मुझे लगा जैसे समर उस सारे हंगामे में तन्हा है। फिर मैंने सोचा ये केवल मेरी अपनी मिड्ल क्लास सोच है, ऐसी जगमग ज़िंदगी में किसी की तन्हाई का क्या औचित्य हो सकता था?...क्योंकि ये शायद इराक़ पर तेल की ख़ातिर की गई बमबारी से दो माह पहले की बात है...जब एक सुबह मैं अपने दफ़्तर में बैठा माल्थस की पापुलेशन की थ्योरी की किताब पढ़ रहा था जिसमें उसने बयान किया था कि आबादी को गिरफ़्त में

न लाया जाए तो बैंक की सूद की तरह ज्योमेट्री के उसूल से बढ़ती है। यानी दो और दो चार, और चार दूना आठ तो फिर पाकिस्तान...? जो यू एन ओ की रिपोर्ट के अनुसार ओलंपिक के खिलाड़ी की तरह आबादी की दौड़ में दुनिया का प्रथम देश है...या अल्लाह ख़ैर...तब दरवाज़ा खुला और समर आज़र बसंत की फर्राटे भरती पतंग की तरह मेरे दफ़्तर में दाख़िल हुई... "मैं आपकी नई जूनियर हूं। सिफ़ारिश से इसलिए नौकरी हासिल की कि घर के बेअर्थ हंगामों से भरे माहौल में मेरी हस्ती लुप्त होती जा रही थी। किसी को 'सर, सर' आदि कहने की मुझे आदत नहीं। काम के लिए मुझ पर भरोसा नहीं करना...और अब तुम मेरे साथ चलो...बाक़ी इंटरव्यू कैफ़ेटेरिया में होगा।" उसने मुझे बाजू से पकड़कर कुर्सी से उठाते हुए कहा।

उसी दिन तड़ी से मेरे दफ़्तर की मुलाज़मत करते वक़्त समर ने ब्ल्यु जींस पर खुले बाजुओं का देसी कुरता पहन रखा था जिस पर चांदी के बटन हेयर स्याल की याद दिला रहे थे। उसकी लंबी, ढीली चुटिया आगे की तरफ़ सीने पर झूल रही थी...और दो दुधिया बेनियों पर ख़ानेवाल की ओडनियों वाला प्लास्टिक का चूड़ा था।

मैं एक जदी पुश्ती ठेठ पंजाबी मर्द हूं। समर की पश्चिमी ढंग की नई उठान के बावजूद मैं उसके अंदर छुपी अल्लाहबख़्श बनावट की मांसल भरे-भरे पिंडे वाली उस औरत को नज़रअंदाज़ न कर सका जो उसके तमाम शहकारों की प्रेरणा थी...कैफ़ेटेरिया में उसके साथ चाय का पहला प्याला पीते-पीते मेरा जी चाहा मैं उसे हीर की खूबसूरती के बारे में लिखे हुए वारिस शाह की वह कविता सुना दूं जिनका कोई अद्वितीय न हो सका।

लिखी चीन कश्मीर तस्वीर जटी
क़द सरो-बहिश्त गुलज़ार वचूं
फिरे छंकदी चाव दे नाल जटी
चढ़या ग़ज़ब दा कटक कन्धार वचूं

कराटे के बचाव खिलाड़ी की तरह मैं अपनी भावें, अपनी गंभीरता और बालिग़ उम्री के कई दांव-पेंच इस्तेमाल करता रहा...वह सफलता पाने पे तुली थी। दाएं-बाएं हर तरफ़ से हमलावर होती थी...मुलाज़मत के कुछ दिन बाद उसने आबादी के जन सांख्यिकी की फ़ाइलें फिरोलते हुए मुझे शरारत से कहा, "आपने कभी सिंध का 'मुकली' शहर देखा वह तो एक ऐतिहासिक शाही क़ब्रिस्तान है।"

"देखने का शौक़ है, कभी जा नहीं सका।"

"मैं गई थी पिछले माह। बेहद एक्साइटिंग जगह है। मैं तो स्वयं अपने मुल्क के इतिहास से अपरिचित हूं। 1947 के बंटवारे के 'मुहर्रिकात' तक नहीं जानती

लेकिन वह क़ब्रिस्तान देखकर उन तमाम लोगों की ज़ेहनी और इल्मी साफ़्टीकेशन का एहसास हुआ जो हम से बहुत पहले गुज़रे।

"परंतु एक अनोखा वाक़िया हुआ...किसी शहज़ादे ने अपने शाही मक़बरे के अंदर से आवाज़ दी होगी, कहा होगा, 'शहज़ादी मैं इधर हूं।'

"उंहूं!...बेहिस मुर्दा लोगों से मैं मेल-जोल रखने की बिल्कुल क़ायल नहीं हूं। मुझे ज़िंदगी और ज़िंदा लोगों से प्यार है।"

मैं घबराया। वास्तव में उसका इशारा मेरी ही मुर्दा शख़्सियत की तरफ़ होगा।

"गोरकुन (क़ब्र की खुदाई करने वाला) परेशान था। मैंने पूछा क्या हुआ? कहने लगा अचानक यहां से एक मक़बरा गुम हो गया है। मैं उसे अच्छी तरह पहचानता था।"

"मक़बरा...? वह व्यक्ति सचमुच पागल होगा," मैंने पिछले पांच बरस में बढ़ने वाली पंजाबी आबादी का टोटल करते हुए कहा..."या फिर कोई शहज़ादा वहां पड़ा-पड़ा बोर हो गया और मक़बरा सर पर ओढ़कर भाग निकला।"

"हूंह...बिल्कुल ऐसा ही हुआ क्योंकि पहले दिन मैं जब उस विभाग में दाख़िल हुई तो मैंने देखा 'मुकली' का मक़बरा एम डी आबादी की कुर्सी पर विराजमान था।" बात ओरिजनल थी...परंतु मेरा जी चाहता था मैं उसका गदराया हुआ गुलाबी बदन अपने दोनों मजबूत हाथों में थामकर इस तरह रेज़ा-रेज़ा करूं कि वह स्वयं मेरी ज़िंदगी और मर्दानगी के गीत गाने लगे। मैं अगर मक़बरा था तो...तुमने इसमें धक्-धक् करती ज़िंदगी की बत्तियां ऑन कर दी हैं लेकिन मेरी ज़बान बंद रही और मैं फीकी हंसी हंसने के सिवा कुछ भी न कह सका।

अब मेरा सुपरवाइज़र इस्हाक़ शायद हिसाब-किताब की फ़ाइलें हाथ में लेकर तीसरी बार कमरे में झांक कर वापस जा चुका है। एक अर्सा साथ काम करने के कारण एक-दूसरे के साथ हमारी इंतेहाई घरेलू-सी अंडरस्टैंडिंग है। गुलाम इस्हाक़ बरसों से मुझे मेरी बैचलर ज़िंदगी पर सर धुनता रहा था। समर के मेरी ज़िंदगी में आ जाने के दिनों में उसने एक अर्थपूर्ण मुस्कराहट के अलावा कभी कोई सवाल नहीं किया।

"मैं नींद की गोली खा रही हूं।"

"बख़्तावर के जाते ही तुम्हारे पास आऊंगा।" मैंने ज़रा रुखाई से कहा।

"फ़ोन बंद करा तो मेरा मरी हुई का मुंह देखोगे।"

"लाश तो मेरी होगी ना?" मैंने उसे चिढाने के लिए कहा।

"They are dirty dogs...all of them..."

"कौन?" मैंने उसकी बात सुनने के बावजूद अनजान बनते हुए पूछा...मुझे यक़ीन था वह अपने अपर क्लास खुशवक़्ती के गाहक अपने दोस्तों का ज़िक्र कर

रही थी। उन दोस्तों का जो अपनी फ्रस्टेशन को समर के सामने सच्ची मुहब्बत की थाली में रखकर पेश करते हैं। अपने क़दम कभी उखड़ने नहीं देते। ज़िंदगी का लंबा अर्सा उनको देखने के बाद मुझे एक मामूली ब्यूरोक्रेट के तौर पर उनकी शिनाख़्त अच्छी तरह होने लगी है। ये ज़िंदगी और मुल्क दोनों को अपने सांटे से इस तरह नचाते हैं जैसे कोई बदन बेच रंडी हो या एस.ओ.एस. अनाथालय से ख़रीदा हुआ अनाथ बच्चा हो...समर इस तरह एक स्पाइल्ट रिच ब्रेट है। लेकिन जेन की किसी एंडी-वेंडी गुणा-भाग ने उसके अंदर कहीं से कोई पुराने ज़माने की सच्ची मुहब्बत की इच्छुक पंजाबी-सिंधी लोक हिरोइन का जो सतीत्व भरा है। वह स्पाइलेट रिच ब्रेट होने के बावजूद ज्यों का त्यों मौजूद है। शिल्पकारों, सिक्रेटरियों, जरनलों की फ़ौज ज़फ़र मौज के पास जज़्बों के सचल थर्मामीटर आ निकलने का कोई वक़्त मौजूद नहीं...मुझे तो समर स्वयं भी मिलने के कुछ ही अर्सा बाद बड़े से हवाई अड्डे पे गुमशुदा बच्चे की तरह दिखाई दे रही थी। जो हारी सारी को खड़ा करके पूछता है, "तुमने मेरा अपना कोई देखा है...?"

मैं तो हर बहाने अपने जज़्बे की गहराई और सच की रौशनी उसकी राहों में बिछाता हूं लेकिन उसने शायद मेरी आंखों के आसपास फैली मेरी उम्र की स्याही खिचड़ी बाल मोटे शीशों की ऐनक के कारण मुझसे मिलने के थोड़े अर्से बाद ही फ़ैसला कर लिया था कि मैं उसकी पालनहारा नाया कोई बेऔलाद ताया था जो उसकी हर अच्छी बुरी पे जी पुत्र, हां पुत्र के सिवा कुछ किरदार अदा नहीं करता। और मुझे तो वह यह कहने की इजाज़त भी नहीं देती कि मैं उसे अपने अंदर का वह सोलह वर्षीय नौजवान दिखा सकूं जो उसकी इच्छा में लगातार कोहलूं पर खड़ा रहता है।

मैंने बहुत परेशानी में बल्ख शेर को फ़ोन किया। सेक्रेटरी कल्चर को। जिसके बारे में मैंने तुम्हें बताया था मेरे दोनों पांव की तस्वीरें उतारता है। भरी महफ़िल में ऐलान करता है : पत्नी से खुशी-खुशी ज़िंदगी गुज़ारने के बावजूद जब से समर को देखा है रात भर उसकी ज़ुल्फ की गिरह में गिरफ़्तार रहता हूं।

आज सुबह जब मैंने उसके पीए से कहा साहब को मेरा नाम बताओ और कहो कि इमर्जेंसी है। तो एकदम से मेरा पैग़ाम सुनकर अपने पीए से कहता है कह दो साहब हेलीकॉप्टर में बैठकर बहावलपुर के दौरे पे गए हैं। उसके फ़ोन के लाउडवाला बटन खुला था। मुझे उसकी एक-एक बात सुनाई दे रही थी...और वह औरंगज़ेब...कृषक। पिछले हफ़्ते जब उसके मंत्री ने भरी महफ़िल में उसकी पत उतारी तो भागा मेरे अपार्टमेंट में मेरे कंधे पर सर रखकर रोने। आज अपने फ़ोन पर सुगमता उपलब्ध नहीं...सुगमता उपलब्ध नहीं टांग कर बैठा है..."

"ऐसा क्यों है रज़ी...मैं तो उन सब दोस्तों को सर आंखों पे बैठाती हूं...आज़र

इस्तेमाल करता है। उन्हें अपने लाभ के लिए...''

मेरे तो कपड़ों पे...समर ने स्वयं पेट्रोल की बाल्टियां छिड़क रखी हैं। मैं इस आपस में एक-दूसरे को खुलकर इस्तेमाल करने वाले ताक़तवर दौलतमंद लोगों के बारे में क्या बताऊं! मेरा तो अपना कुल जीवन अब समर के हाथों एक हल्के से चकमक पत्थर की मार है। फिर अड़ा-अड़ा ऊधम...न मैं रहूंगा न 'मुकली' शहर का अस्तित्व।

समरी! हैलो...ये ऊपरवाली क्लास के लोग किसी अलिखित मुआहदे के तहत जिस तरह एक-दूसरे के लाभ को सुरक्षा प्रदान करते हैं। तुम से ज़्यादा कोई नहीं समझ सकता। मैं अगर ये कहूं कि ये बेचैनियां भी इसी वर्ग की श्रेष्ठता की देन हैं तो शायद हम कहीं नहीं पहुंचेंगे। इस्हाक़ मुझे तीन बार अपनी घड़ी दिखा चुका है...उस महिला के आने की सभी व्यवस्थाएं अभी बाक़ी हैं। सबसे अच्छा और आसान यही है कि तुम अपने मनोवैज्ञानिक शुएब से संपर्क करो...

वह तो स्वयं खिसका हुआ है मेरी बात ध्यान से नहीं सुनता...कहता है नींद कि गोलियां संपूर्ण हल नहीं। किसी स्वास्थ्यवर्धक पहाड़ी स्थान पर चली जाओ। किसी आहिस्ता बहने वाली साफ़ नदी के किनारे सुबह की छुप-छुप किरणों में नग्न अवस्था में लेट जाओ। मदर नेचर स्वयं हाथ बढ़ाकर गोद ले लेगी। कभी कहता है योगा करो। टेक्सला के मुर्दा बुद्धों का आउट ऑफ डेट फलसफ़ा...तुम आ जाओ...प्लीज...मुझे डर लग रहा है...मेरे अच्छे दोस्त...तुम से क्या छुपाऊं। डॉक्टर शुएब के बेकार फ़लसफ़ों से अच्छा तो मैं उस वक़्त महसूस करती हूं जब औरंगज़ेब अपनी सरकारी मर्सेडीज़ कार में मुझे पहाड़ की गोद में ले जाकर मेरे बदन को आहिस्ता-आहिस्ता सहलाता है...फ़ाइल पे मेरे दस्तख़त करने वाले पेन में किसी ने तेज़ाब भर दिया था...मेरे बदन के हर अंग में आग के नन्हे-नन्हे शोले बरसना शुरू हो गए थे। ''स्पाइल्ट रिच ब्रेट...'' मैं मुंह में बड़बड़ाया...

''रात मेरे घर में वेलनटाइन डे पार्टी थी...मेरे पति ने हाउसिंग के जनरल अब्दाल के लिए रखी थी। जनरल अब्दाल मुझसे अति प्रभावित हैं। आज़र चाहता था मैं उससे आज़र की हाउसिंग कॉलोनी स्कीम की मंजूरी के लिए दस्तख़त करा दूं...दस्तख़त तो जनरल ने बिना पूरी स्कीम का आंकड़ा लगाए ही कर दिए...रात भर अजीब तरह की बेचैनी थी। प्रातःकाल मैं पिछवाड़े वाले मेहमान घर में गई तो केवल इसलिए थी कि इधर-उधर बिखरे उसके करोड़पति दोस्तों ने शराब के जाम, चरस के सिगरेटों के टुकड़े...उनके साथ खुशवक़्ती करने वाली काल गर्ल्ज़ की नाइटियां और उनकी नाम निहाद मर्दांगियों से लिथड़े अंडरवियर उठवा सकूं। वैसे भी मुझे चरस और शराब से बहुत एलर्जी है। लेकिन ये देखकर मेरे तन-बदन में आग लग गई कि आज़र के बिस्तर में कोई दूसरी औरत सो रही थी। मैंने तो फिर आव देखा न ताव उसे

नग्न अवस्था में बिस्तर से निकालकर इस तरह मारा जैसे वह कोई लोगड़ रुई का खिलौना हो...वह कम्बख़्त आज़र भी ऐसे था जैसे क़ब्र में से निकला मुर्दा...दोनों इस तरह भागे जैसे काले चोर।

सोच सकते हो...रज़ी...मैं एक पढ़ी-लिखी श्रेष्ठ पृष्ठभूमि से संबंध रखने वाली महिला। मेरे गटर से निकले पति ने मुझे...मुझे भरे घर में दो टके की कर दिया।

शायद मेरी समझ में समर का बदन को सहलाने वाला वाक्य अभी तक आग के गोले की तरह फट रहा था या आज़र की 'ज़िल्लत' के वह लम्हे जब समर ने उसकी कॉलगर्ल महबूबा को उसके बिस्तर से बाहर घसीट कर धाईं-धाईं मारा...कभी-कभी लगता है ख़ासतौर से आज के हालात में कि औरत को नाज़ुक कहने वाले कवि प्रकार के लोग ज़िंदगी की सत्यता से पूरी तरह बेख़बर थे...अपनी जिस्मानी उत्तमता की 'ऐग़ू' की पिंड सर पर धरे मर्द शायद ठीक से समझ भी नहीं पाए कि दरअसल नाज़ुक प्रकार के तो वह स्वयं हैं। कम से कम अपने गृहस्थी के माहौल में।

तुमने तो कहा था समरी तुम्हारे पति की हैसियत तुम्हारी ज़िंदगी में बैंक के उस आटो कार्ड से ज़्यादा कुछ नहीं जिसे इंसान मशीन में डाल कर रुपया निकालता है। फिर ये इतना ज़्यादा शेर 'चे मानी दारद'।

रिजेक्शन मुझे बचपन ही से बर्दाश्त नहीं होती। उस व्यक्ति से मुझे मुहब्बत हो न हो...वह मेरी चारदीवारी में किसी ऐरी-ग़ैरी को लाए मुझे किसी सूरत बर्दाश्त नहीं। अपने दरबे में किसी दूसरे का अस्तित्व तो कोई जानवर भी बर्दाश्त नहीं करता। मेरी ज़िंदगी में भी अब वह लम्हा आ चुका था जब मैं झरोखे के पीछे खड़े दूसरों के गुनाह का इक़बाल सुनने वाले पादरी का चोग़ा उतार फेंकू।

औरंगज़ेब सेक्रेटरी...मेरी पूरी ज़िंदगी में मुहब्बत की पवित्रता उजागर करने वाली औरत का बदन केवल अपने दफ़्तर की थकन दूर करने के लिए सहलाता है...और जब वह दया की इच्छुक होती है तो 'सुविधा उपलब्ध नहीं' का बोर्ड लटकाता है और मैं आज अभी इसी लम्हे पाकिस्तान को दलदल में उतारने वाली 'मंत्री' आबादी के दौरे को शून्य जानकर समर के पास पहुंच रहा हूं। उसे दिल के सारे समुंदरों में शोर मारती सच्ची मुहब्बत का मतलब समझाने...अभी...अभी...इसी लम्हे...।

ये तो मैं किसी तरह तसलीम नहीं करता कि ज़िंदगी के हर पल को जिला देने वाली समर ने अपनी ज़िंदगी का स्वयं ही अंत कर लिया। उसके अपार्टमेंट के आसपास शहर के सभी बड़े अफ़सरों के ठठ लगे हैं। खुसर-फुसर में एक ही बात लगी सुनाई देती है कि समर ने नींद की गोलियों की अधिकता से अपनी जान ले ली है। उसके गुलाबी शैफ़ून की नाइटी में लिपटे बदन में अब भी ज़िंदगी के रंग छलक रहे हैं...आज़र एक दौलत से प्यार करने वाला कायर व्यक्ति है...उसे समर

की ज़रूरत थी...वह उसे ख़त्म नहीं कर सकता...अगर वह इसी तरह सोचती तो मुझे जल्द उसके पास पहुंचने को क्यों कहती!

मुझे यक़ीन है...कोई मुहब्बत भरा सच्चा हाथ उसके सुडौल बदन को सहलाए तो...उसकी तारा आंखों में ज़िंदगी जगने लगेगी। परंतु उसके तकिये के नीचे रखा ये पर्चा...कि अगर मैं सो जाऊं तो मुझे 'मुकली' वाले मक़बरे के हवाले कर दिया जाए।

बुलबुल

तरन्नुम रियाज़

हिन्दुस्तान की, उर्दू ख़्वातीन अफ़सानिगारों में बहुचर्चित नाम। दो कहानी संग्रह 'अबाबीलें लौट आईं', 'यम्बरज़ल' प्रकाशित। उपन्यास 'मूर्ति' को विषय के लिहाज़ से काफ़ी सराहनी मिली। नज़्में, माहिये, ग़ज़लें आदि भी प्रकाशित।

भारी-सी जींस पैंट को खंगालकर निचोड़ने के बाद जब मैं उसे हैंगर पर फैलाने के लिए सीधी खड़ी होने लगी तो पूरे बदन से टीस-सी उठी. पूरी तरह खड़े होने में मुझे दस-बारह सैकेंड तो ज़रूर लगे और जब मैंने जींस को ज़ोर से झटक कर झाड़ा तो मेरे बाएं हाथ की तीसरी उंगली का वह लंबा-सा नाखून जो जींस की मोरी से रगड़ते हुए आधा टूटा था, उंगली के पोर की थोड़ी-सी जिल्द छीलता हुआ पूरा अलग हो गया। खून के क़तरे गिरने लगे। मैं दर्द से बिलबिला उठी। मगर इस ख़याल से कि कहीं जींस पर खून का धब्बा न लग जाए मैंने एक हाथ से बमुश्किल तमाम उसे हैंगर पर डाल दिया। उंगली पर टिशू पेपर लपेटकर मैं खिड़की की तरफ़ लपकी। मैंने खिड़की के दोनों पट खोल दिए। अंधेरों से निकलकर आता हुआ, हवा का एक उदास झोंका—मेरे चेहरे से टकराया। जाने इतनी जल्दी अंधेरा कैसे हो गया! अभी कुछ देर पहले ही तो मैंने कुछ देर डूबने वाले सूरज की हल्की-सी झलक देखी थी। बस इतनी-सी देर में? एक ही पैंट तो धोई थी मैंने—मेरी उंगली का दर्द दिल में उतर आया। एक थकी हुई नज़र मैंने आसमान की तरफ़ उठाई। इतने विशाल आसमान में धुव्रतारा अकेला चमक रहा था। धुव्र का साया मेरी आंखों में धुंधला-सा गया। इस ज़रा-सी बात पर—यह आंसू भी।

एक दिन पहले उन्होंने बताया कि उनके दफ़्तरी काम के सिलसिले में हम तीन दिन के लिए शिमला जा रहे हैं तो खुशी की एक लहर मेरी पूरी देह में दौड़ गई।

दरअसल मेरी अपनी छुट्टी के भी यही तीन दिन थे। उन दिनों मन्नू की भी छुट्टियां चल रही थीं। मालूम नहीं मेरा वक़्त कहां चला जाता है! लोग बोर कैसे होते होंगे! मुझे तो बोर होने का वक़्त कभी हाथ नहीं आया। वैसे कुछ करना तो होता नहीं मुझे ऐसा। मगर फिर भी कभी-कभी मैं एक-एक लम्हे को अपने पास बुलाकर रह जाती हूं। उसे दिल की गहराइयों से याद करती हूं कि इसे इतने खूबसूरत अंदाज़ से गुज़ारूं कि शायद ही इसे किसी ने इतना हुस्न बख़्शा हो। उसकी मिन्नत और खुशामद करती हूं। बड़ी मुश्किल से इतनी सारी मनौती के बाद जब वह एक लम्हा मेरे पास आने को तैयार होता है तो—उसी वक़्त कूकर की सीटी, टेलीफ़ोन की आवाज़, दरवाज़े की घंटी, बच्चों की पुकार, ग्वाले की डोलची की खड़खड़ाहट या फिर किसी काम की जिम्मेदारी का एहसास—और मेरा इतने जतन से बुलाया हुआ लम्हा मुझ तक पहुंचने से पहले ही कहीं दूर ख़ामोश हो जाता है और मैं ख़ाली दामन और ख़ाली बांहें लिए कोई फ़र्ज़ पूरा करने के लिए आगे बढ़ जाती हूं। और फिर मुझे दिन भर करना ही क्या होता है! वह ठीक ही कहते हैं। काम वाली कपड़े धोती है, सफ़ाई करती है। अब ऐसा कौन-सा काम रह जाता है! ज़रा-सा बच्चों को ही तो देखना होता है, सफ़ाई करनी है। उनकी बिखरी हुई चीज़ें अपनी जगह पर रखना। वह उधम भी तो मचाते हैं। या फिर खाना बनाना, सौदा सुलफ ले आना दूसरी बरीदारी वग़ैरह करना छोटे-मोटे घरेलू कामों के लिए बिजली वाला या नल-वल ठीक करने वाला बुलाना। मुझे कहीं जाना तो होता नहीं। आराम से घर में काम करती, अपने सामने सब ठीक-ठाक करवाती रहूंगी तो मेरा वक़्त गुज़रता जाएगा। चुस्त रहूंगी तो तंदुरुस्त रहूंगी। वे नौकर के सख़्त ख़िलाफ़ हैं। कहते हैं बड़े शहरों में छोटा नौकर रखना भी ख़तरा मोल लेने के बराबर है। वह बहुत अक्लमंद हैं। उन्हें हर बात की जानकारी है। अब भला मैं घरेलू औरत यह सब क्या जानूं! मुझे करना ही क्या होता ऐसा! झाड़ पोंछ लिया, क़पड़े संभाल लिए। मुन्नी का दूध, टिफिन वग़ैरह मुन्ने की किताबें, खिलौने वग़ैरह। उसका होमवर्क बस और क्या! पता नहीं चीज़ें बार-बार क्यों बिखर जाती हैं और उन्हें ठीक करने में इतना वक़्त क्यों लगता है! और फिर यह वक़्त कैसे इतनी जल्दी गुज़र जाता है!

वह बहुत व्यस्त रहते हैं।

और मैं सारा दिन घर में गुज़ारती हूं। यह तीन दिन भी जो इस गर्मी से दूर एक खूबसूरत मुक़ाम पर गुज़रेंगे, मेरे अपने होंगे। और बच्चे नई जगह में (लीन) रहेंगे। न बावरचीख़ाना, न ख़रीददारी, सिर्फ़ खूबसूरत पहाड़, रंग-बिरंगे परिंदे और मीठी-मीठी उनकी बोलियां, बड़े-बड़े दांतों वाले बंदर और काले-काले मुंह और लंबी दुम वाले लंगूर हरी-हरी घास और खुश रंग फूलों पर मंडराती नीली-पीली तितलियां। चांदनी रात और साफ़ आसमान के अनगिनत तारे। निकलते और डूबते

सूरज से लाल आसमान। ठंडी-ठंडी हवाएं और भीगी-भीगी रुतें, पल-पल आंख मचौली करती हुई धूप की किरनें। और न जाने क्या-क्या! यह सब मैं अपनी मर्ज़ी से देखूंगी। महसूस करूंगी। यह बहत्तर घंटे मेरे अपने होंगे। ओह—कितना सुकून मिलता है इस ख़्याल से मुझे। उसे महसूस करूंगी तो कैसा लगेगा! मेरे मन में गुदगुदी-सी होने लगती है। ज़िंदगी सीधी और हमवार सी मालूम होने लगती है। मैं हफ़्ता भर पहले ही सफ़र की तैयारियों में लग गई। इस झुलसती गर्मी से तीन दिन दूर, बहुत होते हैं। तीन दिन। ये तीन दिन मुझे पूरी तरह से एक बार फिर से तरोताज़ा करेंगे।

सफ़र पर जाने की शाम मैंने सब की पैकिंग की। रात के दो बज गए यह सब करने में। सुबह हमें हिमालियन क्वीन पकड़नी थी। छः बजे से पहले। इसके लिए हमें घर से पांच बजे चलना होगा। और फिर मुझे चार बजे उठना होगा। ये बिस्तर में चाय पीने के आदी हैं। उन सबके तैयार होने से जो चीज़ें बिखरेंगी उन्हें समेटना होगा। मसहरियां भी ठीक करनी होंगी। काम वाली तो उस वक़्त होगी नहीं। सारी सफ़ाई वग़ैरह करके निकलना होगा।

बाहर से लौटकर उन्हें गंदा घर अच्छा नहीं लगता।

फिर दरवाज़ा, खिड़कियों की कुंडियां, चटखनियां अच्छे से देखना-भालना, ताले चाबियां, नलके, बिजली के स्विच, फ्रिज़-गीजर वग़ैरह सबकुछ बंद करना। वे कहते हैं कि इन चीज़ों को मैं ही कर सकती हूं और मुझे ही करना है। उनके बस की बात नहीं।

दूसरी सुबह कुछ सोते कुछ जागते हम रवाना हुए और दोपहर को कालका पहुंच गए। वहां से शिमला के लिए टैक्सी ली। मुन्नू को उन घूमते बलखाते रास्तों में उबकाई हो जाती है। वह सारा रास्ता उल्टियां करता रहा। मैं उसका सिर थामे रखती, मुंह पोंछती और गरेबान साफ़ करती रही।

वे अगली सीट पर शायद सो रहे थे—पहाड़ी रास्ते इतने दिल मोहने वाले थे कि सब थकान भूलकर मैं उन ऊंचे-ऊंचे पेड़ों को, ढलानों को, घाटियों को देखने लगी। कोई साढ़े तीन घंटे का सफ़र था। बूंदें पड़ने लगी थीं। जहां-जहां गाड़ी बढ़ती ज़रा-सा रास्ता छोड़कर वहीं पर बारिश पड़ने लगती। बादल हमारे ही रूख़ पर तैर रहे थे। हमारे साथ-साथ चलकर मेंह बरसाते जाते। दोनों बच्चे मेरे कंधों पर सिर टिकाए सो रहे थे। शायद उस तरन्नुम को लोरी समझकर जो बारिश की बूंदों के खिड़कियां के शीशों से टकराने से पैदा हो रहा था। उन्हें मीठी नींद आ गई थी। यह मंज़र इस क़दर दिलकश था कि मेरी बोझिल पलकें बंद न हो रही थी। ज़ोरों से बरसता हुआ पानी सामने के शीशे पर छा जाता और गाड़ी में लगा वाइपर उसे पलक झपकते में पोंछ देता और इतनी ही देर में उसकी जगह और पानी ले लेता

और फिर उसे पोंछा जाता। दोनों तरफ़ के शीशों पर भी बूंदें टकरा-टकरा कर फिसल रही थीं। बारिश सीधी, आड़ी, तिरछी जाने कैसे बह रही थी। एक तरफ़ पहाड़ियां एक तरफ़ जंगल और अगर जंगल की तरफ़ देखें तो बारिश आसमान से लेकर ज़मीन तक बनती हुई हज़ारों पानी की बहुत लंबी धारों की शक्ल में बहती नज़र आ रही थी। ऐसा मालूम हो रहा था जैसे हम खुद ऊपर से नीचे पानी की अनगिनत धारें बरसा रहे हों। अंदर हल्की-हल्की गर्मी थी, बाहर हवाएं, सर्दी और बारिश। अकेले बलखाती सुरमई लंबी सड़क—मुझे नींद आ रही थी—सारे मंज़र को निहारना अच्छा लगता था। मगर थकान के बावजूद मैंने खुद को सोने से रोके रखा ताकि मोड़ों पर मुड़ते वक़्त बच्चों को कहीं चोट ही न लग जाए।

यह जगह शिमला से आगे थी। बीचोंबीच जंगल के। वैसे यहां सब कुछ जंगल के बीच ही था। मगर यहां कुदरती हुस्न अपने शबाब पर था। छोटी-सी पहाड़ी के ऊपर यह खूबसूरत-सा होटल पहाड़ी के शुरू में छोटा-सा बाज़ार।

टैक्सी से उतरते ही ताज़ा हवा के सुगंधित झोंकों ने हमारा स्वागत किया। उस खुशबू में जंगली पेड़ों की सोंधी-सोंधी महक और तरह-तरह के फूलों की खुशबूएं थी। जो बाग़ीचे में चारों तरफ़ और बीच में बड़े सलीक़े से उगाए गए थे। उसमें सीधे बड़े से अखरोट के पेड़ पर एक पहाड़ी मैना अपनी पीली चोंच खोले चहक रही थी। बारिश थम चुकी थी। निखरे नीले आसमान पर दूध ऐसे सफ़ेद टुकड़े इधर-उधर टंगे हुए थे। सुरमई पंखों और पीले पेट वाली एक नन्ही-सी चिड़िया यहां से वहां उड़ रही थी। आसमान पर धनुष उभर आई थी। बच्चों ने पहली बार धनुष को देखा तो बहुत खुश हुए। आस-पास जहां तक दिखाई दे रहा था धुला धुलाया-सा मंज़र नहाए-नहलाए से पेड़, सजे-सजाए, शरमाए-शरमाए से फूल। हरी-हरी घास पर अठखेलियां करती हुई रंग-बिरंगी तितलियां। नीला-नीला आसमान देखकर गुनगुनाती हुई पहाड़ी मैना—यह मंज़र जाने कहां ले गया!

कमरे में पहुंचकर सबके कपड़े निकालकर आलमारी में लटका दिए। बच्चों को हाथ-मुंह धुलाने गुसलख़ाने में ले जाने लगी तो देखा कि बादल अंदर घुसे आ रहे थे खिड़की के रास्ते। इससे पहले कि इस होशरूबा मंज़र में गुम हो जाती, मैंने बादलों से दरख़्वास्त की कि कुछ देर और ऐसे ही ठहर जाएं। मैं बच्चों से निपट लूं क्योंकि मैं यह जादुई दृश्य पहली बार देख रही हूं—वे बालकनी में खड़े सिगरेट फूंक रहे थे।

खाना खाते शाम हो गई। शाम से मुझे प्यार रहा है। चौबीस घंटों में शाम ही है जो मुझे अपनी-सी लगती है। फिर पहाड़ों की शाम की बात कुछ और ही है। मैं बालकनी में बैठकर बादलों को अपने चेहरे पर अपने हाथों पर महसूस करना चाह रही थी कि मैं तीन दिन के लिए बादलों के पास इतनी ऊंचाई पर चली आई

थी। वहां बैठकर ज़रा-सा वे मैगज़ीन देखना चाह रही थी जो मैंने स्टेशन पर ख़रीदा था—मगर।

मगर उनकी सिगरेट ख़त्म हो गई थी और होटल में वह ब्रांड नहीं था। उन्होंने मुझे ही भेजना मुनासिब समझा। कहने लगे कि बच्चों को भी साथ ले जाओ बाज़ार। रास्ता भी देख लूंगी और सैर भी हो जाएगी। वह तब तक बालकनी में बैठकर मैगज़ीन देखेंगे। उन्होंने आहिस्ता से मेरे हाथ से मैगज़ीन लेते हुए समझाया था।

बाज़ार दूर से नज़र आ रहा थे। हमारे चलते वक़्त आसमान फिर बादलों से घिर गया था मगर बूंदें इतनी बारीक-बारीक बरस रही थीं जैसे छलनी में से छन कर गिर रही हों। हम ढलान पार कर के चौड़ी सड़क पर पहुंचे ही थे कि बारिश अचानक ही तेज़ हो गई। और हम सब एक दुकान के छज्जे तक पहुंचते-पहुंचते बुरी तरह भीग गए। कुछ देर बाद जब बारिश ज़रा कम हुई तो जल्दी से सिगरेट और कुछ बिस्कुट वग़ैरह लेकर मैं गुड़िया को गोद में लिए मुन्नू की उंगली थामे ऊपर चढ़ाई चढ़ने लगी। सर्द हवा बदन को छूती हुई लिबास के आर-पार होकर गुज़र रही थी। मगर मैं पसीना-पसीना हो रही थी। सांसें बेतरतीब चल रही थीं। मुन्नू भी बार-बार रुक रहा था। अगर ज़रा सा ढलान तक आ जाएँ तो गुड़िया को संभाल लेते या मुन्नू को ही सहारा देकर ऊपर ले जाते।

हांफते-कांपते जब हम ऊपर पहुंचे तो वे मसहरी पर गरमागरम चाय पी रहे थे। टीवी पर कोई पुरानी फ़िल्म आ रही थी। फ़िल्म की हीरोइन नर्गिस एक नन्हे-से बच्चे को पीठ पर बांधे, कुदाल से पत्थर ऐसी सख़्त ज़मीन खोद रही थी। वह बड़े चैन से थे। उन्होंने हम लोगों की तरफ़ देखे बग़ैर सिगरेट के लिए हाथ बढ़ाया।

मैंने जल्दी से बच्चों के बाल पोंछ कर उनके कपड़े बदल दिए। इधर गुड़िया की कंपकंपाहट बढ़ती जा रही थी। मैंने उसे कंबल ओढ़ाकर इनके बराबर लिटा दिया। कुछ देर बाद वे बोले कि गुड़िया को बुख़ार आ रहा है। छुआ, तो वह तप रही थी। मैंने उसे और मुन्नू दोनों को क्रोसिन सीरप का एक-एक चम्मच पिला दिया। उसके नाज़ुक और नन्हीं-सी जान को सर्दी हो गई थी। उस दिन वह पूरी रात बेचैन रही। मैं बीच-बीच में दवाई भी पिलाती रही। ठंडे पानी की पट्टियां भी करती रही। सुबह के वक़्त जब उसका बुख़ार कम हुआ तो वह सो गई।

यहां तो यूं भी मुझे कोई काम नहीं। नींद आएगी तो दिन में भी सो सकती हूं। मगर मैं सोकर उस हसीन मंज़र की तौहीन नहीं करना चाहती और न ही आने वाले दिन को नींद के हवाले कर बरबाद करूंगी। मैं उसे महसूस करना चाहती हूं। मैं हरगिज़ नहीं सोऊंगी।

सुबह होने को थी मगर अभी बाहर घुप अंधेरा था। क़रीब ही किसी पेड़ पर कोई चिड़िया गा रही थी। इतनी सुबह यानी मुंह अंधेरे यह कौन-सी चिड़िया गा

सकती है। इतना मीठा एक मुसलसल गीत। सुर और लय से भरपूर।

मैं उठकर खिड़की तक आ गई। मैंने अंधेरे में ग़ौर से देखा। स्याही की तरह नीले परों और पीली चोंच वाली पहाड़ी मैना घास पर इधर-उधर कभी चलकर कभी फुदककर चहल क़दमी कर रही थी और कभी रुककर सिर ऊपर उठाए सुरीले नग़मे अलाप रही थी जो उस गहरी ख़ामोशी को तोड़कर रूह की गहराइयों में घुला जा रहा था। यह मंज़र इतना होशरूबा था कि मेरे पांव खिड़की के पास जैसे कि जम गए। सुबह के नए-नए भेद खुलने के आनंद में डूब जाने के लिए मैं वहीं खड़ी रही। ज़रा-सी देर में पौ फटा चाहती थी। मैना असल में इतनी सुबह बाग़ीचे में एक ज़रूरी काम के सिलसिले में उतरी थी वरना वह डाल पर भी तो गा सकती थी। वह उन नन्ही-मुन्नी बीर बहूटियों के लिए सुबह-सवेरे मौत का पैग़ाम लेकर आई थी। जो घास के एक नन्हे-मुन्ने से तिनके की ओट में कुछ घंटों की ज़िंदगी गुज़ारा करती हैं। छोटे-छोटे कीड़े-मकोड़े वह शौक़ से खाया करती है। पहरों घास पर इधर-उधर घूमकर उन्हें तलाश करती। थक जाती तो उड़ान भरकर पास के पेड़ पर बैठकर नग़मा छेड़ देती। जैसे कोई तरह-तरह के स्वरों में सीटियां बजा रहा हो, और साथ ही चहक भी रहा हो। कुछ सीटियां एक चहक, फिर सीटियां फिर चहक—रोशनी फैलने लगी थी। परिंदे जाग गए थे। किसी शाख़ पर भूरे सुरमई परों और फुर्तीले जिस्म वाली कस्तूरी लहक-लहक कर गा रही थी। पी पी पी पिओ पिओ। कई तरह की बोलियां बोल रहे थे परिंदे। कई तरह की बुलबुलें गा रही थीं।

कुछ ही देर में धुंध ने सारे मंज़र को अपनी लपेट में ले लिया। पर असल यह धुंध नहीं थी, यह बादल थे जो हमें मैदानी इलाक़ों में बहुत ऊपर फैले नज़र आते हैं वरना अगर यह सिर्फ़ धुंध होती तो सिर्फ़ वही होती। साथ में बारिश भी होने लगी थी। परिंदे ख़ामोश से हो गए थे। मगर वह पहाड़ी मैना अब भी घास पर भीग-भीग कर घूम-घूम कर नग़मे गा रही थी, न वह भीगने से घबराती न सर्दी से। जी चाह रहा था नीचे बाग़ीचे में उतरकर मैं भी ज़रा-सा टहल कर थोड़ा-सी भीगूं। और उस धुली-धुलाई बिखरी-नहाई सुबह को अपनी रूह (आत्मा) में उतार लूं मगर लगातार कई घंटों की थकान और रातजगाई ने मेरे पांव मन-मन भर के कर दिए। आंखें अपने आप बंद होने लगीं, मैं वापस मसहरी तले आ गई।

छत के ऊपर ज़ोरों की खड़खड़ाहट से मेरी आंख खुल गई। खिड़की से झांका तो धूप चमक रही थी और टीन की छत पर कूदते उछलते बंदरों का साया बाग़ीचे की घास पर साफ़ दिखाई दे रहा था। वह कमरे में नहीं थे। शायद मुन्नू भी उनके साथ गया था।

गुड़िया चुपचाप सो रही थी। नन्ही-सी जान को बुख़ार ने कुम्हला कर रख दिया था। उसका फूल-सा चेहरा मुरझा गया था। वह पीली पड़ गई थी, होंठ सूखे हुए

थे। अगर ठीक होती तो अपने बराबर की हर चीज़ का जायज़ा लिया होता कि अभी-अभी खड़ा होना सीखा था उसने। ऐशट्रे जो उसके बराबर ऊंची मेज़ पर सलीक़े से एक तरफ़ सज रही थी फर्श पर औंधी पड़ी होती और सिगरेट के बचे हुए टुकड़े कुछ ज़मीन पर होते, कुछ उसके मुंह में। जग उल्टा हुआ होता और गिलास गिरा हुआ। दो मिनट में उसके सारे कपड़े भीगे हुए होते और मुझे देखकर हंस-हंसकर कभी मसहरी के नीचे घुसने की कोशिश करती कभी मेज़ के नीचे और मैं वहां से उसके गोल-मटोल मक्खन जैसे पैरों को खींचकर उसे बाहर निकालती। उसका मुंह साफ़ करती। मुंह से बचे हुए सिगरेट के टुकड़े निकालकर उसे खूब-खूब प्यार करती—मगर...मगर बुख़ार ने उसे निढाल कर दिया था।

मैंने पानी पिलाने के ख़्याल से उसके चेहरे को छुआ। वह अब भी हल्का-सा गर्म था। मैंने माथे पर हाथ फेरा। पसीने की वजह से नर्म-नर्म बाल माथे से चिपक गए थे। उसने हल्की आवाज़ में मुझे पुकारा। मैंने उसे दो-तीन चम्मच पानी पिलाया। उसने मुश्किल से पिया। उस वक़्त भी उसे भूख नहीं थी। कल रात भी उसने कुछ नहीं खाया था। मैंने बिस्कुट खिलाने की कोशिश की थी तो उसने बुरी-सी शक्ल बनाकर मुंह फेर लिया था। और अब वह बहुत कमज़ोर लग रही थी। इस वक़्त वह कुछ देर के लिए आ जाते तो मैं बाज़ार जाकर कुछ दलिया वग़ैरह ले आती। दवा से कुछ देर के लिए उसका बुख़ार उतरेगा तो मैं उसे दलिया खिला दूंगी। दोपहर हो गई वे नहीं लौटे। नीचे वह कह गए थे कि मेरा खाना कमरे में भिजवा दें।

सारा दिन बुख़ार में तपती हुई गुड़िया को सीने से लिपटाए मैं खुद भी तड़पती रही। वह भूखी थी तो मुझसे कहां खाया जाता कुछ! मैंने वेटर से दूध कमरे में मंगवाया था। उसने नज़र उठाकर देखा तक नहीं।

सुबह मौसम खुशगवार (सुहाना) था। फिर मालूम नहीं बादल कब छाए! आसमान बादल से घिर गया। हवा के झोंके ने खिड़की का पट खट से खोल दिया तो मैंने गर्दन मोड़कर देखना चाहा मगर उस वक़्त गुड़िया नींद या हल्के बुख़ार में मुझे पुकार कर चीख़ी। मैंने हिला कर जगा दिया। पानी के दो चम्मच पिलाए, कुछ बात करना चाही। वह अधखुली आंखों से मेरी तरफ़ देखती रही। मैं मुस्कुराई तो वह भी धीरे-से मुस्कुराई। मैं उसका मुखड़ा देख रही थी। हरारत कुछ कम थी। मेरे दिल को सुकून होने लगा। अब शायद वह दूध पी लेगी। कुछ ताज़ा सी खुशबू महसूस हुई तो मैंने नज़र उठाकर देखा कि हवा कमरे के अंदर चली आ रही थी मैंने पहली बार हवा के झोंकों को देखा था। पहली बार उसकी खुशबू सूंघी थी। मुझे अपने आप पर भरोसा नहीं हो पा रहा था। क्या हवा को देखा जा सकता है? हां, हवा को देखा जा सकता है। जब वह बादलों के अनगिनत बहुत छोटे-छोटे कणों पर सवार होकर आए और हवा को सूंघा भी जा सकता है। जब वह जंगल के महान पेड़ों के नुकीले

पत्तों की सोंधी-सोंधी महक और रंग-बिरंगे फूलों और हरी-हरी घास की नमी और खुशबू अपने साथ लेकर चुपके से खिड़की से दाख़िल हो। कुछ देर मैं उस जन्नत में गुम हो गई जो बग़ैर बताए कमरे में आकर मुझे सरशार (संतुष्ट) कर गई।

मैंने दो तकियों की मदद से गुड़िया को बिठाकर चारों तरफ़ से कंबल ओढ़ा दिया। बाहर ज़ोरों की बारिश हो रही थी। एक पहाड़ी मैना उड़ती आई और खिड़की पर बैठ कर गाने लगी। उसे तो बहाना चाहिए गाने का। बारिश बरसे तो गाएगी। बारिश थम जाए तो गाएगी। सूरज चढ़े तो गाएगी और डूबे तो भी। बल्कि सूरज चढ़ने से घंटों पहले मुंह अंधेरे गाने लगेगी। और उसी तरह सूरज डूबने के घंटों बाद जब तक घुप अंधेरा न हो जाए और कुछ भी नज़र न आने लगे तब तक गाती जाएगी। ऐसा भी देखा कि बिजली कड़कती है और यह चहकती है और बादलों की ज़ोरदार खुरदुरी पहाड़ में भी उसका बहुत सुरीला नग़मा कानों में रस घोलता गरज को चीरता हुआ सुनाई देता है। मैंने ऐसा खुश मिज़ाज परिंदा कभी नहीं देखा था। गाती हुई पहाड़ी मैना का नग़मा या उसकी पीली चोंच या फिर स्याही की तरह नीले पैरों की कशिश थी कि गुड़िया ग़ौर से उसको देखने लगी। मैंने उसे ग़ौर से देखने का फ़ायदा उठाकर चार-छः चम्मच दूध के पिला दिए और खुद चाय के छोटे-छोटे घूंट भरते हुए मैना को देखने लगी। मेरा जी चाह रहा था कि खिड़की से बाहर हुए चाय पीऊं। मगर मैना के उड़ जाने के डर से मैं वहीं गुड़िया के पास खाट पर बैठ गई। मेंह ज़ोरों का सा था। मोटे-मोटे ओले भी पड़ रहे थे। मैना कहीं उड़ गई थी। मैंने खिड़की के क़रीब जाकर बारिश की बूंदों को हाथ में लेने के लिए हाथ फैला दिया, बड़ी मुश्किल से एक ओला मेरी हथेली पर रुका, अजीब सी खुशी का अहसास हो रहा था जैसे कि मैं हवा के कंधों पर तैर रही हूं या अपने लड़कपन में कहीं लौट आई हूं। नहीं लौट आना चाहती हूं कि दरवाज़े की दस्तक ने मुझे एहसास दिलाया कि मुझे तैरना नहीं आता। वह दोनों बाप बेटे अंदर दाख़िल हुए।

"बहुत मज़ा आया मम्मा। आप क्यों नहीं आईं हमारे साथ घूमने।" मुन्नू मुझसे लिपटते हुए बोला।

"गुड़िया ठीक हो गई।" उन्होंने पूछा।

"कुछ बेहतर तो है।" मैंने जवाब दिया।

"बहुत थक गए हम। ज़रा रूम सर्विस में चाय के लिए फ़ोन कर दीजिए।" वह बिस्तर पर लेटते हुए बोले। वह वाक़ई थक गए थे कि इस तरह जूतों समेत बिस्तर पर लेटने का मतलब था कि मैं ही उनके जूते खोलूं, मोज़े उतारूं।

जूते, मोज़े निकालकर मैंने मुन्ने को नहला दिया।

रात का खाना हम सबने डायनिंग हॉल में खाया। बाहर आए तो मैंने पहली बार आसमान की तरफ़ देखा था। आसमान पर अनगिनत तारे थे कि शहर के प्रदूषित

आसमान पर तो बहुत थोड़े तारे हुआ करते हैं। जो बहुत छोटे दिखाई देने वाले तारे होते हैं वह मटमैले धुंए के ग़िलाफ़ के उस पार दिखते ही नहीं। जो दिखाई देते हैं वे भी मैले-मैले से। और यहां कितना चमकदार आसमान—और एक दूसरा आसमान जो ज़मीन पर भी नज़र आ रहा था। रात को पहाड़ियों को ऊंची-नीची जगहों पर बने घरों की बिजलियां दूर हवा से हलकोरे खाने वाली अनगिनत पत्तों के पीछे से यूं आंख मिचौली कर रही थी जैसे रंग-बिरंगे सितारे टिमटिमा रहे हों। बेहद लुभावना मंज़र था। यह नज़ारा अगर शाम की सुरमई रौशनी में देखा जाए तो अपने अंदर कितना हुस्न समेट लेगा। उस वक़्त तो नीला आसमान भी गहरा नीला दिखाई देता होगा और ऊंचे पेड़ों के भेद भी खुले होंगे। तब यह रौशनियां दूर से ऐसी लगती होंगी जैसे पेड़ों की शाख़ों पर अनगिनत जुगनुओं के झुरमुटों ने डेरे डाले हों।

इस अंधेरे में ऊंचे लंबे टीलों वाली पहाड़ियों पर यहां-वहां जैसे आरजुओं के बेशुमार दीये झिलमिला रहे हों। दो दिन तो जाने कैसे गुज़र गए! कल शाम मैं यह दृश्य हरगिज़ न गंवाऊंगी, सूरज को छुपते हुए देखूंगी। उन तमाम परिंदों के पास के सभी पेड़ों पर ग़ौर कर-करके तलाश करूंगी जो यह दिल चुराने वाली चहकार जगाकर हमें सकून भरी वादियों की सैर कराते हैं। सारे ग़म, सारे काम, सारी जिम्मेदारियों के एहसास पर सुकून का एहसास हावी रहता है कि सुकून की अब मेरे नज़दीक वह अहमियत है कि मासूम ज़िंदगियों की अनगिनत ज़रूरतों की फ़िक्र न होती तो जान के बदले ख़रीद लेती। और यह खुश रंग और मधुर स्वर वाले परिंदे बेदाम मेरी झोली में यह दौलत डाल देते हैं कि ज़िंदगी कोई अच्छी चीज़ मालूम होने लगती है।

यूं भी नहीं कि ज़िंदगी मुझे हमेशा झेलनी पड़ती थी। बल्कि मैंने तो ज़िंदगी से खूब-खूब मुहब्बत की थी। ज़िंदगी मेरे लिए हंसी के न रुकने वाले फ़व्वारे, मां-बाप की नाज़-बरदारियां, नन्हे मुन्ने भतीजों के साथ स्नेह, भाइयों का लाड़ और भाभियों के साथ सैर-सपाटे, शॉपिंग और फ़िल्मों के अलावा पैंसिल स्केचिंग करना और पढ़ाई करना तो था ही।

अब तो अख़बार तक की शक्ल देखे हफ़्तों गुज़र जाते हैं।

वह भी ठीक ही कहते हैं।

करना ही क्या है! कोई सोशल लाइफ़ तो है नहीं मेरी। न दोस्त न सहेली। जो अहबाब वग़ैरह हैं तो उनकी तरफ़ से हैं। उनसे अगर कभी हमारे यहां मुलाक़ात होती है तो मुझे फुर्सत ही नहीं हो पाती पास ठहरने की। और उनमें से किसी के यहां वह खुद ही जा पाते हैं। उन्हें इस बात से बड़ी कोफ़्त होती है कि वे दोस्तों से बात कर रहे हों और बीच में बच्चे के रोने की आवाज़ आ जाए या बच्चा ज़ोर-ज़ोर

से हंस पड़े। इसलिए मैं बच्चों को अपने पास ही रखती हूं। बाहरी दरवाज़े की चाबी साथ नहीं ले जाते। वह उन्हें अच्छा नहीं लगता कि वह ख़ुद से दरवाज़ा खोल के अंदर दाख़िल हों और मैं सोई हुई मिलूं। मैं बैठे-बैठे ऊंघ भी जाऊं तो लेटती नहीं ताकि वह घर लौटें तो दरवाज़ा खोलूं। अब दोस्त के घर जाएं वे या उनके साथ कहीं जाएंगे तो आधी-आधी रात तो हो ही जाती है। थक भी जाते हैं। उनको कपड़ों की अलमारी के दरवाज़े पर लगे हैंडिल पर हैंगर में टंगा रात में सोने का कपड़ा पकड़ाना होता है। मोज़े और शर्ट वग़ैरह कपड़े धोने की मशीन में फेंकना। और कुछ कपड़े उसी हैंगर पर डालकर अलमारी में रख देना। जूते तो यह रैक के ठीक पास उतारते हैं, उन्हें उठाकर क़रीने से रैक के अंदर रखना। घर में चार लोग हैं और मुझे ऐसा करना ही क्या होता है!

बहरहाल कल का दिन मेरे पास है। कल रात की गाड़ी से जाना है। मालूम नहीं वह और मुन्नू कल कहां घूमने निकल गए थे। आसपास देखने के लायक मकान तो होंगे। दिन में कुछ-न-कुछ तो देख ही सकती हूं। नाश्ते से फुर्सत होते ही फ़ौरन पैकिंग कर लूंगी। मगर क्या मालूम वह कितने व्यस्त हों। उन्हें कहीं जाना हो। मैं कभी कोई प्रोग्राम बना नहीं पाती।

नाश्ते के बाद जब मैं पैंकिंग करने लगी उन्होंने सलाह दी कि यह जो प्लास्टिक की थैली में मैंने बच्चों के मैले कपड़े साथ उठा लिए हैं, उन्हें यहीं धो लूं। मैले कपड़ों को कहां-कहां उठाती फिरूंगी। ठीक ही कहते थे। अब मैं उनको यह कहकर परेशान न करती कि यह शाम तक सूखेंगे नहीं और तब थैली में अलग से डालने पड़ेंगे।

ख़ैर मैंने पैकिंग का काम अधूरा छोड़ दिया और कपड़े धोने लग पड़ी। इन्हें धोते-धोते जाने कब दोपहर हो गई। खाना खाने के बाद वह किसी तरफ़ निकल गए और मैं पैकिंग में लग गई। अटैची बड़ी मुश्किल से बंद हुई। असल में उसमें उनके मिलने वालों के लिए कुछ छोटे-मोटे तोहफ़े वग़ैरह थे। यह एक इजाफ़ा था और बैग में भी भीगे कपड़ों ने एक बड़ी जगह घेर रखी थी। बच्चों को मैंने सफ़र के लिए सचेत कर दिया। खुद भी तैयार हो गई। वह तो तैयार ही थे। सब सामान पैक हो चुका था। बल्कि अपनी-अपनी जगह पर ठूंस चुका था। पांच बजने वाले थे। शुक्र है तमाम कामों से निपट तो ली। इधर उधर न सही, आराम से बालकनी पर वह मैगज़ीन देखूंगी जो तीन दिन पहले मैंने ख़रीदा था। उसके बाद सूरज डूबने का नज़ारा फिर परिंदे।

इस ख़्याल से मैंने गुड़िया को ऊंगली पकड़ाई और धीरे-धीरे चलाती हुई बालकनी में पहुंची ही थी कि नीचे सड़क पर वह आते हुए दिखाई दिए। मैं वापस कमरे में लौट आई। वह आते ही कहने लगे कि उनकी जींस काफ़ी मैली लग रही है और

यह कि उन्हें जींस में ही सफ़र करना अच्छा लगता है इसलिए मैं ज़रा उसे धो लूं। जींस देखने में मैली तो नहीं लग रही थी, बस मोरियों पर ज़रा-सी धूल मिट्टी जो ब्रश से आसानी से साफ़ हो सकती थी, मगर वे बहुत सफ़ाईपसंद हैं। कह रहे थे कि मुझे भी गाड़ी का वक़्त होने तक कुछ करना तो है नहीं। ज़रा-सा उसे धो लूंगी और फिर ज़रा-सा इस्त्री से उसे सुखा भी दूंगी। इतना वक़्त है मेरे पास। मैंने प्रेस साथ रखी थी। वे एक आध शिकन वाला कपड़ा भी नहीं पहन सकते।

मैंने बहुत मुश्किल से पैक की हुई अटैची खोलकर उन्हें दूसरी पतलून निकाल दी और जींस की पैंट धोने गुसलख़ाने में घुस गई। मोटे कपड़े की जींस पानी में और भी भारी हो गई और मैं पूरी कोशिश के साथ उस भारी पैंट को उलट-पलट कर धोती गई। हाथों में लेकर रगड़ती गई। कपड़े धोने का ब्रश तो मेरे पास था नहीं, इस तरह और ज़्यादा साफ़ करने की कोशिश में मेरी ऊंगली का एक लंबा नाखून आधा टूट गया। जाने कितना वक़्त लगा होगा मगर मैंने उसे आख़िरकार धो लिया और अब उसे फैलाने से पहले झटकते हुए मेरा पूरा नाखून ही उखड़ गया।

ख़ून की धार बह निकली। दर्द की लहर-सी उठी। मैंने ऊंगली पर टिशू पेपर लपेट दिया और वक़्त बर्बाद किए बग़ैर गुसलख़ाने की खिड़की खोल दी।

अंधेरों को चीरकर आता हुआ सर्द हवा का झोंका मेरे चेहरे से आ टकराया। न मालूम कब अंधेरा हो चुका था सारी चिड़ियां घोसलों में जा छिपी थीं। नीले पंखों और पीली चोंच वाली मैना भी ग़ायब थी। ऊंगली की टीस दिल में से होती हुई रूह में जा खुसी। थकी हुई नज़र मैंने आसमान की तरफ़ उठाई।

ध्रुवतारा फैले आसमान पर अकेला लटक रहा था। दूर पहाड़ियों पर टंगी रौशनियां भी नाम को ही दिखाई दे रही थीं। हर तरफ़ धुंध ही धुंध था।

मैं थकीहारी-सी कमरे की तरफ़ पलटी तो कमरे का मंज़र भी धुंधला-सा लगा। यह मेरी आंखों को क्या हो गया है?

जींस की पतलून का फालतू पानी निचुड़ चुका होगा। मुझे उसे इस्त्री से सुखाना भी है। वे बहुत तुनुक मिज़ाज हैं। कोई भी नागवार चीज़ उन्हें बेहद परेशान कर देती है।

नेक परवीन

ग़ज़ल ज़ैग़म

युवा लेखिका ग़ज़ल ज़ैग़म का जन्म गंगा जमनी तहजीब के बीच, ज़िला सुल्तानपुर, उत्तरप्रदेश, के छोटे से गांव बाहरपुर में हुआ। शिक्षा, एमएससी (वनस्पति शास्त्र) विधि स्नातक (इलाहाबाद विश्वविद्यालय से) एमए (उर्दू साहित्य) बैचलर ऑफ जर्नलिज्म, फ़िल्म एप्रीसीएशन भारतीय फ़िल्म एवं टेलीविजन इंस्टीट्यूट पुणे से। 'एक टुकड़ा धूप का' (कहानी-संग्रह) तथा कई प्रतिष्ठित पत्र-पत्रिकाओं में कहानियां, कविताएं, लेख, समीक्षाएं प्रकाशित। संप्रति, निर्माता फ़िल्म सूचना एवं जन संपर्क विभाग, लखनऊ।

'अक़्दे निकाह कनीज़ फातिमा उर्फ़ शाहीन रिज़वी बिन्तें सैय्यद सुल्तान हुसैन साहब रिज़वी, साकिन हैदरगंज, लखनऊ हमराह सैय्यद बशीर हुसैन रिज़वी सल्लमहा उर्फ़ सैय्यद ज़ीशान आलम रिज़वी सल्लमहा इब्ने सैय्यद रियासत हुसैन साहब (मरहूम) साकिन बैरूनी ख़न्दक, लाल डिग्गी रोड, अलीगढ़ बएवज़ मेहर-ए-मोअज़्जल मुबलिग़ 14 हज़ार रुपए रायजुल वक़्त के निस्फ जिसका मुबलिग़ 7 हज़ार रुपए सिक्कये रायजुल वक़्त होता है। आपके वक़ील की हैसियत से पढ़ूं? आपकी इजाज़त है?''

'हूं' मैंने घबराकर कह दिया, फिज़ा मुबारकवादियों के शोर में डूब गई और मैं एक नए शहर नई दुनिया में पहुंच गई।

मगर अफ़सोस मेरे मोहल्ले की सभी औरतें झूठ बोलती हैं। ज़ीशान जब मुझसे ब्याह रचाकर इस मोहल्ले में आए तो सभी औरतों ने मेरी मुंह दिखाई देते वक़्त मेरी झूठी तारीफ़ें की। हालांकि मैं ख़ूबसूरत नहीं थी, लेकिन चूंकि शादी के वक़्त मेरी उम्र 18 साल से भी कम थी इसलिए कम उमरी का हुस्न था। बाल मेरे स्याह और दराज़ (लंबे) थे। मेरे मियां को पसंद भी थे उस वक़्त (बाद में मैंने कटवा

दिए एकदम छोटे-छोटे मर्दाने क़िस्म के) औरतों ने मुझको बहुत सारी नसीहतें दे डाली, जैसे ही ज़ीशान दफ़्तर सिधारते कई बुढ़िया और अधेड़ उम्र की औरतें घर में दाख़िल हो जातीं। मैं चाय बनाते-बनाते और दरवाज़ा खोलते-बंद करते थक जाती।

मुझे खाना पकाना नहीं आता था। न ही शौक था। घर पर मेरे ख़ादिमा थी वही सारे काम करती थी। मोहल्ले की औरतों ने मुझको मशविरा दिया कि मियां को खुश रखना है तो अच्छे-अच्छे, तरह-तरह के मज़ेदार खाने पकाना सीख लूं। यह औरत का ख़ास गुर है (इससे मियां बंधा रहता है खूंटा छोड़कर भागता नहीं)।

मैंने मर-खप कर किसी तरह बेंकिग, चाइनीज़, मुगलई, इंडियन और काण्टीनेंटल खाना पकाने की क्लासेस अटेंड कीं। मोटी रक़म भी ख़र्च की और थोड़ा-बहुत सीख भी गई। रोज़मर्रा के घरेलू खाने मोहल्ले की औरतों के सिर पर हर वक़्त खड़े रहने से ही सीख गई। हाथ कई बार कटा और छाले भी पड़ गए। दूर से उछालकर तेल में पूड़ी डाल देती तो कभी बघार के लिए प्याज़ फेंकती और तेल तमाम हाथों पर...। कई बार तो कमबख़्त कुकर ही आकर चिपक गया। मियां ने मना भी किया, होटल में भी खिला दिया, लेकिन औरतों ने सख़्त मना किया, 'रुपए बर्बाद मत करो मियां को पटाना है तो' वगैरह-वगैरह...।

ख़ैर भई, हम बाबरचन बन गए, चार-छह मियां की कमीज़ें और कुछ अपनी क़ीमती साड़ियां जलाने के बाद धोबन भी बन गए। घर सजाने और साफ़ करने का शौक़ था, लेकिन ज्यूं-ज्यूं मैं घर को नफ़ासत और नज़ाकत से सजाती गई, मियां ने कुछ दूरी अख़्तियार कर ली। शादी को भी छह माह गुज़र चुके थे। मैंने सोचा शायद इसलिए ही ऐसा हुआ है।

वह देर रात तक दफ़्तर से घर आने लगे। औरतों ने कहा, 'बच्चा आ जाए घर में तो रौनक हो। मियां वक़्त से घर आने लगेंगे।'

चन्द माह बाद मैंने बच्चे की खुशख़बरी मियां को दी तो वो घबरा गए, 'अरे! भई इतनी जल्दी?'

मैं खुद नर्वस हो गई अपनी ग़लती पर। रात को इन्होंने समझाया, 'यह मामला अभी ख़त्म कर दो, तुम्हारी उम्र कम है, तुम इंटीरियर डेकोरेशन का कोर्स कर लो, तुमको शौक़ भी है।'

मैं मामला समझ गई। मैंने जी-तोड़ मेहनत करके इंटीरियर डेकोरेशन का कोर्स कर लिया। अब अपने घर की बजाय दूसरों के घर सजाने लगी।

औरतों ने कहा, 'अब तुम हंसती नहीं हो पहले की तरह। शायद इसलिए ही शौहर तुम्हारा सुबह जल्दी दफ़्तर चला जाता है।' अब मैं बिला वजह हंसने लगती, यह पूछने भी लगे, 'तुम यह एकाएक बात-बे-बात हंसने क्यों लगी हो!' मैं हंस दी (असली बात छुपा गई) यह आए दिन टूर पर जाने लगे।

‘अब बच्चा आ जाना चाहिए।’ कई बुढ़िया फिक्रमंद हो गईं।

बच्चा आ गया, इनको बच्चे में कोई दिलचस्पी नहीं थी। मेरा काम बढ़ गया। इन्होंने एक आया रख दी।

‘तुम मायके चली जाओ, कुछ महीनों के लिए, ताकि तुमको आराम मिल जाए।’

मैं मायके चली गई।

आठ महीने गुज़र गए तो वहां सबने कहा, ‘अब तुम मियां के पास जाओ वह बच्चे के बग़ैर बेचैन होगा।’ हालांकि वह बच्चे से इतना डरता था कि हाथ लगाते घबराता था, ‘वह बहुत छोटा है’, और उसके रोने से तो उसे सख़्त चिढ़ थी।

रात में वह ड्राइंग रूम के सोफे पर सोने लगा। बहाना करता कि, ‘रात में बच्चा रोता है उठकर, तो मेरी नींद ख़राब होती है।’ ख़ैर शुक्र था वह सोता सोफे पर ही था और मोहल्ले वालों को बेडरूम में ही डबल बेड़ नज़र आता था।

एक रात वह रात भर नहीं लौटा। लौटा तो थका हुआ था, आते ही सो गया। जब दोपहर में उठा तो मैं पहली बार लड़ी। कहा, ‘बच्चा सख़्त बीमार था डाक्टर के पास ले जाना था और आप रात भर नहीं आए?’

‘बच्चा तुम्हारी जिम्मेदारी है, तुमने पैदा किया है अपनी खुशी से। मैंने तो मना किया था।’ वह साफ़ पल्ला झाड़ गया।

‘अच्छा खिलाता-पिलाता हूं, तुमको और क्या चाहिए?’ मैं जलकर चुप रही।

अब धोबी को कपड़े देते वक़्त उसकी पैंट की जेब से तरह-तरह की नंगी तस्वीरें और बेहूदा मज़मून की क़तरने मिलने लगीं। सोफे के नीचे फहश (अश्लील) मैग्ज़ीन, क्लिप और बाल, लिपिस्टिक के निशान लगे रुमाल वगैरह मिलने लगे। मैंने कुछ नहीं कहा।

वह ख़ुद ही एक दिन अपनी टाइपिस्ट की बेशुमार तारीफ़ें खाना खाते-खाते करने लगा, ‘वह बड़े लज़ीज़ भरवा करैले पकाती है।’ वह करैले नहीं खाते थे। मैंने अगले दिन भरवा करैले की तरकीब मिसेज रंजीत से ली और रात के खाने में पकाए। इन्होंने छूए भी नहीं। बच्चा रात भर चीख़ता रहा। मेरा दिल अच्छी हाउस वाइफ बनने से एकदम उकता गया। अब मैं देर तक पड़ी सोती रहती। मोहल्ले की औरतों के कहने के मुताबिक़ मैं सुबह जल्दी उठने लगी थी।

‘मियां को खुश रखना है तो उसके सोने के बाद सोओ और उठने के पहले उठो।’ यह बार-बार औरतें कहतीं। मैंने सच मान लिया था।

मियां ने कहा, ‘तुम मोटी हो रही हो।’ मैंने डायटिंग शुरू कर दी। बी.पी. लो कर लिया। चेहरा लटक गया, बाल झड़ गए। मियां अब रोज़ ही देर से आते और काफ़ी जल्दी जाते। लंच का झंझट ही नहीं रहा।

मैंने खाना पकाने के लिए बुआ रख ली। कइयों ने एतराज किया, ‘मियां बीवी

बच्चा, दो जनों का खाना नौकरानी क्या पकाएगी, चुराएगी ज़्यादा।' वो चोर थी, मैं जानती थी। लेकिन काम करते-करते थक गई थी। बोर हो चुकी थी।

यह अब घर में भी पीने लगे। यार-दोस्त घर आने लगे। पहले मैं ख़ूब खातिरें करती थी। अब मैं बच्चे के साथ बेडरूम में चली जाती। सलाम-दुआ करके नाश्ता भेज देती।

'तुम बदअख़लाक हो गई हो।' वह गुर्राये। मैं चुप रही। मैंने गुस्से में एक्सरसाइज़ बंद कर दी जो इनके मशविरे के मुताबिक़ शुरू कर दी थी, और ख़ूब खाने पीने लगी। मेरी कमर कमरा हो गई, लेकिन चेहरे की चमक लौट आई, बालों में जान आ गई। बच्चा भी मोटा हो रहा था। मोहल्ले की औरतें खुश थीं। यह कुछ परेशान थे। मैंने पूछा तो बोले, 'माली दिक़्क़तें हैं।'

एक दिन बाज़ार में अपनी नई डिस्कवरी के साथ शॉपिंग करते हुए मिल गए। मुझे देख बौखला गए, 'अचानक तुम यहां कैसे? बच्चा कहां है?' मैंने आइसक्रीम का बड़ा कैन चूसते हुए हंसकर कहा, 'पड़ोसन के यहां दे आई हूं। आज इसका क्रेच देखने निकली थी, सोचा काफ़ी दिनों से आइसक्रीम नहीं खाई है, खा लूं।'

'तुम्हारा गला ख़राब हो जाएगा। डॉक्टर राहत आजकल बाहर गए हुए हैं।' इनको मेरे गले की फिक्र नाहक होने लगी। मेरी नज़रें उसकी नाजुक गरदन का तवाफ (परिक्रमा) कर रही थी, जिसमें एक चमकीली नई सुनहरी चेन जगमगा रही थी। इन्होंने घबराकर कैशमेमो नीचे गिरा दिया।

'मुझे दफ़्तर में देर हो रही है। एक मीटिंग है आज।' वह उस बला के साथ आगे बढ़ गए। कैशमेमो चार हज़ार का था।

मैं धारोधार रोई। बेहोश हुई। फिर ख़ूब लड़ी। हज़ारों गालियां दे डाली। ख़ूब उल्टा सीधा कहा। गरेबान फाड़ डाला। वह ख़ामोश सुनता रहा।

आख़िरकार मैं ख़ामोश हो गई। औरतों ने बताया, औरत को मर्द की ज़्यादतियों पर ख़ामोश रहना चाहिए। यही नेक औरतों का चलन है। अपने शौहर की बुराई करने वाली औरत समाज में रुसवा होती है। शौहर की नज़रों में गिरती है और आक़बत में भी कोई जन्नत के महल का दरवाज़ा नहीं खुलता।

मैंने हारकर ख़ामोशी की स्याह अबा ओढ़ ली, वह बहुत खुश था। यों वह बेहद बेचैन रहता। अजीब क़िस्म की बेचैनी और वहशत से पागल हुआ जाता, जब तक वह नया पत्थर पिघलाने में मसरूफ रहता। जब पिघल जाता तो अजीब-सा सुरूर तारी हो जाता। वह सीटियां बजाता और अजब अंदाज़ से मुस्कराता। उसकी अय्यार आंखें जगमगातीं।

अब मुझे भी पता चल जाता, जब कोई नई कली उसकी ज़िंदगी में आती वह अचानक बेहद मेहरबान हो जाता मुझ पर।

बड़े वाहिलाना (प्यार से) ढंग से कहता, 'तुम तो बड़ी नेक हो।' (जी तो चाहता उसका मुंह नोच लूं।)

'अगर ज़िंदगी रही तो अगले साल सोने का गुलूबंद बनवा दूंगा।' (कमीना, अल्लाह करे मर जाए।)

मुझे रूठता देखकर कहता, 'चलो, तुमको आइसक्रीम खिला दूं।' (बद्‌जात)

'क्यों न आज 'होटल में डिनर लें।' वह घिघियाता।

दिल में तो आता हज़ार गालियां दूं और अपनी चूड़ियां तोड़ डालूं और रंडापा ओढ़ लूं। लेकिन ऐसा कुछ न कर पाती मैं। हर हाल में मुझे उसके साथ ही रहना था। एक छत के नीचे। हज़ारों जोड़ों की तरह बेबस और बेहिस। ज़िंदगी की तमाम नरमी अचानक खुश्क हो गई। अब तमाम रिश्ते अपने माइने खोते जा रहे थे। मैं अजब क़िस्म के नाकाबिले बयान कैफियत के ट्रांस में थी। तमाम ताल्लुक़ात बेकैफ हो चुके थे, बेमज़ा, नमक ख़त्म हो चुका था। जुबान पर एक फीका ज़ायका...नमक कहां खो गया? पता ही नहीं चला, बस चुपचाप अचानक ज़िंदगी से ग़ायब हो गया। (कैसे? नामालूम?) भयानक अकेलापन था, एकदम घुप अंधेरा साथी था...लेकिन नहीं था...कुछ याद नहीं...

दिन रात बाज़ारों में घूमती, बेतहाशा शॉपिंग कर डालती। कई साड़ियां, ब्लाउज़ सूट, नाइटी बिला वजह ही ख़रीद डाले...

एक ही माह में कई बार फेशियल करवा डाला।

शहर-शहर घूमी...लहॉसिल...।

ढेर सारे गमले ख़रीद लाई खोदते-खोदते अपनी कब्र तक पहुंच जाती, नन्हा-सा गड्ढा ग़ारनुमा नज़र आने लगा, फिर कब्र में तब्दील हो जाता। मैं सफेद कफ़न पहनकर अंदर चली जाती, बीज बोकर बाहर आ जाती...।

शॉपिंग करते-करते होटलिंग करते-करते मैं थक जाती। वो जिस भी शहर में जाता घर को सजाने का सामान उठा लाता। घर सामान से भर गया। मेरा दिल भर गया, उसका दिल जवान था।

ज्यों-ज्यों वह बूढ़ा हो रहा था उसके कहकहे दिन-ब-दिन जवान हो रहे थे।

कई बार खुशकुशी की भी कोशिश की मगर नाकाम रही। हर बार मियां ने ही मुझे बचाया। ख़ैर, ये बात हम दोनों के बीच ही रही, 'अल्लाह की दी हसीन ज़िंदगी को ज़ाया नहीं करते, खुश रहा करो, हंसा करो, अपने को मसरूफ़ रखो, नमाज़ पढ़ो, कलाम पाक की तिलावत किया करो, इससे जी बहलता है, अल्लाह मेहरबान होता है, बच्चे में जी लगाओ, अच्छी मां बनो, सुबह उठकर टहला करो, अपने को फिटफाट रखा करो यार।' उसके जूते से लेकर बाल तक चमकते। वह फ़ैशनेबल कपड़े पहनता।

मैंने इस शख्स को इस शिद्दत से चाहा कि शायद ही किसी औरत ने किसी मर्द को चाहा होगा। मैं उसको इस क़दर चाहती थी कि वह बोर हो गया। हज़ार बार कह चुका था, 'मुझे इतनी शिद्दत से न चाहा करो, मैं उकता जाता हूं।' जब वह सो जाता तो मैं रात-रात भर शमा लेकर उसका चेहरा तकती रहती। सच, मुझे वह दुनिया का सबसे हसीन इन्सान लगता। (हालांकि वह हसीन नहीं था) एक अजब क़िस्म की दीवानगी मुझ पर सवार थी। वह भी चाहता था, लेकिन एक हद रखकर शायद एक साथ या एक पर ही सब कुछ ख़र्च नहीं कर देना चाहता था। मैंने नेक परवीन बनने की बेहद कोशिश की, कामयाब भी रही, लेकिन वह हाथ से निकल गया।

मैं बेहद चाहने के साथ-साथ शदीद नफ़रत भी करने लगी थी। एकसाथ दोनों जज़्बे मुझ पर बुरी तरह हावी थे। मोहब्बत के मारे मैं उसके गलीज़ मोजे तक सूंघती और पसीने में भीगी बनियान अपने तकिये पर रखती। जब वह न होता तब, और अक्सर रातों को वह न होता। उसकी कार बाहर खड़ी रहती ताकि मोहल्ले वालों (बल्कि वालियों) को मालूम न हो। दुनिया का इतना डर था उसको। पार्टियों में मुझको सजा-धजाकर ले जाता। कपड़े बनवा देता, मेकअप का सामान ला देता। इस मामले में उसकी मालूमात बड़ी वसीह (बहुत ज़्यादा) थी। अजीब क़िस्म का ज़लील व कमीना शख़्स था। मैं रोती तो वह उठकर सबसे पहले घर के दरवाज़े, खिड़कियां बंद करने लगता। हाथ-पैर जोड़ने लगता 'ख़ुदा के लिए मत रोओ, लोग तुम्हारा रोना सुनेंगे तो मेरे बारे में क्या राय क़ायम करेंगे?'

अपने बारे में वह हर लम्हा अच्छी राय कायम करवाना चाहता था। मोहल्ले, समाज, दुनिया और खुदा से डरता, लेकिन करता वही जो वह चाहता और मारे नफ़र के मैं उसके पसंदीदा आफ्टर शेव लोशन और सेंट एक साथ मिलाकर कॉकटेल बनाती और फ़्लश में डाल देती। उसकी पसंदीदा शराब की बोतलों को तोड़ डालती वह कुछ न कहता, ख़ामोश रहता।

लेकिन रात में सोते-सोते उसके माथे की रग इतनी तेज़ी से फड़कने लगती कि मैं चौंक जाती, वह बेकरार रहता। उसके मुंह से अक्सर कोई नाम खुद-ब-खुद निकल जाता। बाज़ वक़्त यों ही वह ज़िक्र कर देता परिवशों (सुंदरियों) का फिर 'सॉरी' कहकर एक अजब बेचारगी से आंखों में मासूमियत भर लेता कि पल भर में नफ़रत काफ़ूर हो जाती और फिर मैं अच्छी बीवी बनने की कोशिश करने लगी।

मैं मां नहीं बन सकी। बच्चा ज़रूर पैदा कर लिया, लेकिन मेरे अंदर मां बनने का जज़्बा ही न पैदा हो सका। नफ़रतों की वजह से वह मर गया। बाज़ औरतें बग़ैर औलाद पैदा किए ही मां बन जाती हैं, ममता का जज़्बा इतना हावी होता है। मैं मां होकर भी मां नहीं थी। बच्चा मैं ज़रूर पाल रही थी, लेकिन मेरे अंदर उसके

लिए कोई नरम गोशा नहीं था। ऐसे बच्चे शायद ज़्यादा ही समझदार होते हैं। नन्हा-सा बच्चा मुझे देखकर हंसता तो लगता मज़ाक़ उड़ा रहा है। वह रोता नहीं था या तो खेलता या चुपचाप क्रेच चला जाता। शायद वह मेरा राज़ जानता था कि मैं मां होकर भी...।

मेरे अंदर की नाजुक कोंपल खिलने के पहले ही मुरझा चुकी थी। यह भी नर बच्चा है। बड़ा होकर यह भी वैसे ही होगा जैसा इसका बाप है। फिर भी उसके बाप को मैं शिद्दत से चाहती और बेपनाह नफरत भी करती। यह दोनों जज़्बे एक-दूसरे पर ओवरलैप होते रहते। औरतें बतातीं कि शौहर भी तरह-तरह के होते हैं। बस ब्रांड नेम अलग-अलग होते हैं बुलडाग, एल्सेशियन, जर्मन शैपर्ड, ग्रेहाउंड, पामैरियन, फॉक्सटैरियर, डॉबरमैन, लैब्राडोर, देसी...इनको सख़्ती से बांधकर रखो, नहीं तो मौक़ा मिलते ही ये इधर-उधर मुंह मारने लगते हैं।

लेकिन जब वह मेरे पास होता तब भी मेरे पास कहां होता था? उसकी आवाज़ कहीं और होती, ज़िस्म कहीं और होता, ज़हन कहीं और टहल रहा होता। आंखें समुद्र पर होतीं, तो ज़बान नमकीन, चटपटे, मीठे, तुर्श ज़ायके तलाश कर रही होती। एक न एक औरत हमेशा उस पर हावी रहती। बाशऊरी (अचेतन मन) तौर पर उसकी गुत्थियां उलझीं रहतीं, उसके ज़हन में हमेशा कोई और होता...वह जुड़ा रहकर भी मुझसे जुदा था। साथ होता तब भी लगता कि बीच में कई लोग और हैं वह कभी अकेला होता ही नहीं...।

मैंने क्या नहीं किया उसको खुश करने के लिए...गर्मी की तपती दोपहरों में गैस ख़त्म होने पर उसके लिए जलते आंगन में काग़ज़ जला-जलाकर चाय बनाई। सर्द रातों में उठकर उसको भूख लगने पर खाना पकाया, उसको अपने हाथों से खिलाया, बच्चों की तरह निवाले बना-बनाकर। उसकी हर ख़्वाहिश पूरी की।

फिर भी वह बेवफा निकला और मेरा यक़ीं मोहब्बत पर से उठ गया। तमाम जज़्बे मुर्दा हो गए और दिल रेगिस्तान बन गया और मैं अपने बच्चे की मां न बन सकी।

आश्रम की चिरकुंवारी मोटी गुरुजी कहती हैं, 'माया से बचो, प्रेम माया है उसका जाल झूठा है। कोई न अपना, न पराया। मुक्त हो जाओ बंधन से...' अक़ीदत (श्रद्धा) से तमाम औरतें सर झुका लेतीं, मैं भी मक्कर साध लेती...आंखें खोलती तो गुरुजी की चेली उनको तले काजू खिलाती नज़र आती...माया से...।

'आप उदास क्यों हैं?' एक कमसिन लड़की ने बैठी हुई भीड़ में से पर्ची सरकाई थी। मैंने इर्द-गिर्द की ख़ामोशी देखी थी। अपना नोटों भरा बैग किनारे करके रूमाल तलाश किया था और उसको पर्ची लौटाते हुए मुस्करा दी थी। सब माया है...सब जड़ है...।

जितना मैं उसके क़रीब जाने की कोशिश करती रही वह दूर होता रहा। तमाम कामयाब नुस्ख़े नाकाम साबित हुए। वह मेरी दूरी से खुश होता। मैं मायके जाने का नाम भी ले लेती तो वह नाच उठता।

'अल्लाह तुम कितनी अच्छी हो, अपना ख़याल रखना...आराम से रहना...! कोई जल्दी नहीं है इत्मीनान से आना...वहां तो तुम्हारा दिल लगेगा न?' और मैं दूर हटने लगी, उसकी खुशी बढ़ने लगी।

'सब कुछ तो है तुम्हारे पास। औरत की तरह रहो।' (शायद मुझे औरत की तरह रहना ही नहीं आया)।

यों औरतों वाली तमाम कमीनगी मुझमें भी थी, जलन, हसद, नफरत, कुढ़न, शुरू के दौर में मैंने ख़ूब जासूसी की। बटेरों की क़िस्में पता कीं। उसकी पतों की डायरी छुपा दी। लेकिन कम्प्यूटर की तरह उसके ज़हन की फ्लापी में हज़ारों पते, फ़ोन नंबर, सालगिरह की तारीख़ें दर्ज़ थीं। ख़ूब नमाजें और नफलें पढ़ीं, रोज़े रखे, कुरआन हिफ्ज हो गया। हज़ारों सूरे याद हो गए। वह अपना न होना था न हुआ। ताबीज, गंडे सब बेअसर...।

'दिल की वसीह करो अपने।' वह समझाता।

'सबसे मोहब्बत किया करो।'...वह हंसता।

लो जी, दिल न हुआ कबूतरखाना हो गया जिसके हर ख़ाने में एक अदद कबूतर!

मुझे पूरी चाकलेट चाहिए थी। ग़लती यही थी कि मुझे शेयर करने की आदत नहीं थी। न कोई रिश्ता न सामान, यही गांठ थी। हज़ारों टुकड़ों में बंटी चाकलेट का मज़ा कसैला हो जाता है मेरी जुबान पर। बचपन से आदत थी पूरा चाकलेट खाने की। घर में छोटी होने का नुक़सान यही रहा कि कोई हिस्सा बांट करने वाला नहीं था। सबकुछ अकेले ही लेना था सुख...दुख...लेकिन यह तो वह चाकलेट था जो...

रात में अक्सर ज़्यादा पी लेने के बाद माफियां मांगता। तब अचानक उसका ज़मीर जाग उठता। शक्ल मिसकीनों जैसी बना लेता। एकदम मासूम बन जाता, क़दमों में सर रख देता और दोनों हाथों से मुंह छिपाकर बच्चों की तरह फूट-फूटकर रोता।

मलूल आवाज़ में कहता, 'मैं तुमको कोई खुशी न दे सका।'

'नहीं, नहीं तुम बहुत नेक हो', मैं फ़ौरन सारे गुनाह बक्श देती और शर्मिंदा हो जाती अपनी ज़्यादतियों पर।

अपने गुनाहों को बख़्शवाने की मिन्नतें करता और मैं हर नमाज़ में इसके लिए दुआएं मांगती। मस्जिदों, इमामबाड़ों और दरगाहों में उसके गुनाह बख़्शवाने भी पहुंच जाती।

अक्सर जी चाहता कि कलेजे में छिपा लूं। बाज़ औक़ात मैं मां बन जाती उसकी,

बहन भी बन जाती, महबूबा भी बन जाती, हज़ारों रूप निकल आते। हम फिर दोस्त बन जाते, कभी-कभार मियां-बीवी भी बन जाते। लेकिन चंद दिनों बाद फिर वही...कुत्ते की दुम टेढ़ी वाला हिसाब जो कभी सीधी नहीं हो सकती...लाख कोशिशें कर लो...वैसी की वैसी ही रहती है...कुरआन हाथ में लेकर झूठी क़समें खा जाता...ऐसे-ऐसे बहाने तराश लेता कि अक्ल हैरान रह जाती।

अब मैं अक्सर चुप ही रह जाती। कुछ-कुछ इन्सानी दोस्ती भी हो गई थी उससे, रिश्ता बदल-सा गया था।

वह मुझे बताने लगा था कि 'फरहा थोड़ी मोटी है, लेकिन आंखें झील की तरह पुरसुकून और गहरी नीली हैं, मोहनी के दांत...सरोज के लब, लंबे लाल...कान्ता के बाल सुमबुल...अंजली की ज़बान मीठी है...साधना से सिर्फ़ फ़ोन पर ही बात कर लो तो सुकून मिल जाए। अब इतनी भाग-दौड़ के दौर में ज़रा-सा सुकून तो सभी चाहते हैं न? तुम समझ रही हो न? रूटीन लाइफ से आदमी बोर हो जाता है न? इसलिए ज़रा-सी तब्दीली...।'

मेरी अक्ल मोटी है, बारीक़ बातें मेरी समझ में नहीं आती थीं। इसलिए मैं सो जाती।

हालांकि वह जल्दी बोर भी हो जाता। फिर नई जुस्तजू, नई तलाश शुरू हो जाती। वह एक जगह पर बैठने वाला परिंदा था ही नहीं। बहुत क्लोज पार्टीज में वह अपनी नई डिस्कवरी को भी ले जाता और दोस्तों पर रोब मारता।

मेरे चिड़चिड़ाने पर कहता, 'तुमको तलाक़ तो नहीं दे रहा हूं न?' मैं घुटकर रह जाती। जी तो चाहता मैं खुद ही ऐसे शख़्स को तलाक़ दे दूं। लेकिन बन्नो तू जाएगी कहां? इस समाज में जहां कुंवारी और तलाक़शुदा लड़कियों की हालत एक जैसी है, जो कि बग़ैर कोई गुनाह किए हुए भी गुनहगार मानी जाती हैं। तलाक़शुदा औरत? न...न...न...। कभी जी चाहता भाग जाऊं यह जंजाल छोड़कर, लेकिन तहफ्फज (सुरक्षा) का एहसास ही काफ़ी था।

'प्रैक्टिकल बनो। वक़्त के साथ चलना सीखो...।'

अब लड़कियों से मुझे भी मिलवाने लगा। अक्सर देर रात में आए फ़ोन थमा देता।

'सुनो लड़कियां क्या-क्या कहती हैं मुझे कितना प्यार करती हैं...।'

बड़ा गुमान था उसको अपनी मर्दानगी का, हैरत होती मुझे लड़कियों के मुंह से इस तरह की बातें सुनकर।

चंद लड़कियां मुझे अच्छी भी लगीं। मैं उनकी आपा और बाजी भी बन गई। चंद वक़्त-ए-रूख़सत (विदाई) पर इतना रोईं कि मेरा दिल समुद्र की तलहटी में चला गया।

'आप इनमें से किसी के साथ तो ईमानदार रहिए। आप जिससे चाहें शादी कर लें। मुझे एतराज नहीं होगा। बस आप खुश रहिए इसी में मेरी खुशी है।'

'लानत भेजो', वह मेरी बेवकूफ़ी पर बेतहाशा हंसता और कहता कि 'मेरे बेटे का क्या होगा? तुमको अंदाज़ा ही नहीं है अभी...यही तो मेरी नस्ल बढ़ाएगा (वह बेटा जिसकी शक्ल वह कभी-कभार ही देखता था) समाज में मेरी इज़्ज़त हो तुम, वह मेरा बेटा है... ।'

वह खुदा किस तरह मेरा साथ दे रहा है? जी चाहता है कि न साथ दे तो ही अच्छा। हां लड़की की जुदाई उससे बर्दाश्त न होती। लड़की छोड़ते वक़्त बेहाल हो जाता। इतना दर्द तो मुझे बच्चा पैदा करने में नहीं हुआ था जितना उसे लड़की छोड़ने में होता। बेतहाशा रोता, घंटों उदास रहता, न खाता न पीता। मैं उसको फिर से ज़िंदा करने की कोशिश में बेजान हो जाती। चंद दिन वह नारमल रहता फिर दूसरा दौर शुरू... ।

मुझसे कहता, 'मुस्कराती रहा करो।'

'हंसा करो, यह क्या मुंह बनाकर बैठी रहती हो? पपलू खेला करो, घूमने जाया करो, सजकर रहा करो... ।'

मैं चीनी की गुड़िया के मानिन्द सज-संवरकर बैठी रहती, मुस्कराती रहती। आईने में मेरा चेहरा इतनी पर्तों से ढंका नज़र आता कि फिर लगता कोई दूसरा ही चेहरा है। मैं तो खो गई हूं, गुमशुदा हूं, अगर मेरे घर से कभी कोई आ जाता तो वह घबरा जाता।

'अपनी अम्मा-बहनों से हरगिज़ कुछ मत कहना। कहना, मैं दफ़्तर में बेहद मसरूफ हूं।' मैं वही कहती जो यह कहता। हालांकि सभी मेरे चेहरे की मुस्कान के अंदर की उदासी समझ ही जाते। मेरे कहकहे खोखले हो जाते, फिर भी मैं हंसने की लगातार कोशिश करती रहती।

वह मिसकीन और मज़लूम शक्ल बना लेता। आंसू टपकने लगते, सांस तेज़-तेज़ चलने लगी उसकी, पलभर में वह फरियादी बन जाता और पल भर भी न गुज़रता कि क़ातिल बन जाता। बेहिस और बेरहम, संगदिल एकदम पत्थर सा... ।

आदमी इतना मक्कार कैसे हो जाता है मुझे यक़ीन ही न आता.. ।

आरसी मूसफ में रखा आईना याद आ जाता जब पहली बार इनकी शक्ल इसमें देखी थी। एकदम मासूम, हैरत से उदास आंखें एकटक मुझे आईने में देख रही थीं।

इन्सान के अंदर कितने राज़ छुपे हैं? कितने रूप...अनगिनत रंग...सब लाहॉसिल...लाजवाब...एकदम मुलम्मा उतरने लगा, परत-दर-परत, चेहरे-से-चेहरे उतरने चढ़ने लगे। अजीबोग़रीब मुखौटे, जानवरों और इन्सानों की मिली-जुली शक्लें...एक अजब शैतानी शक्ल घूरने लगी।

हवस में डूबी शैतानी आंखें...रंगत स्याह...अल्लाह...अल्लाह...हैवत तारी हो जाती...कॉलबेल बजी, दूध उबलकर गिर गया, गैस बुझ गई, गैस की महक पूरे घर में फैल गई।

'तुम कहां थीं?' वह हैरान व परेशान।

'(पता नहीं) यहीं तो थी...' मैं जल्दी-जल्दी दूध साफ़ करने लगती। कुकर पतीली सब जलाकर स्याह कर डाले। टी.वी. का स्विच ख़राब, प्रेस से कपड़े जल जाते, वाशिंग मशीन में कपड़े फंसा डाले।

'दिमाग़ कहां रहता है तुम्हारा?' वह पूछता।

'पता नहीं।' मैं शर्मिंदा।

उसका दिल बड़ा जल्दी उकता जाता। किसी भी चीज़ से, ख़ासतौर पर अपनी गिज़ा से। ह्वाइट मीट से भरता तो रेड मीट ढूंढ़ लेता। तलाश जारी ही रहती हर पल।

वह मूड में होता तो मज़े ले-लेकर सुनाता अलग-अलग ज़ायके...लज़्ज़त, लुत्फ, हुस्न के दांव-पेंच बयान करता...अजब था वह।

'वह कलमी आम की तरह शीरीं (मीठा) है, तो तुख़्मी आम की तरह तुर्श (खट्टी)। वह मैकडोनाल्ड का बरगर है तो दूसरी ओर डोमनिन का पिज्जा और जुही देशी मज़ा है अरहर की दाल, चावल और कमरख की चटनी की तरह...शोभा सरसों की साग जैसी...'

फिर अचानक चुप हो जाता, 'ओह सॉरी...'

मेरी आंखों के खंडहर उसे डराने लगते (मेरे अंदर की भुतनी हंसने लगती)।

लड़कियों में पूरी तरह इन्वाल्व होता था। पूरा किरदार उनका अपने ऊपर तारी कर लेता, उनकी हर ख़्वाहिश का एहतराम करता, उसकी पसंद, उसकी नापसंद, लिपिस्टिक, नेल पॉलिश का रंग, खुश्बू, कपड़े, किताब, दुकान, रेस्तरां उनके दिमाग़ और दिल के तमाम बंद दरवाज़े खोलता हुआ उनके घर तक पहुंच जाता और घर वालों से दोस्ती गांठ लेता।

मुझे बीमार, कामचोर, उम्रदराज़ और बद्ज़ुबान बताता।

इस तरह मुझे ग़लत साबित करके हमदर्दी हासिल कर लेता।

शादीशुदा ज़िंदगी की तलख़ियों पर रोशनी डालता और कलियों का दिल जीत लेता।

क्लास थ्री की एम्प्लाइज़ उसकी पसंदीदा गिज़ा (भोजन) थी। दरअसल यह लड़कियां उसको आसानी से दस्तयाब हो जाती थीं।

इस वर्ग की साइकॉलॉजी से वो अच्छी तरह से वाक़िफ़ था। उनकी दिली ख़्वाहिशात का खुले दिल से स्वागत करता।

पांच सितारा होटल में शानदार कैंडिल लाइट डिनर।

किसी पहाड़ी इलाक़े की सैर।

शॉपिंग सेंटर से ख़रीदारी।

तोहफे और तहायफ।

उसकी छोटी-मोटी मेहरबानियां उनको निहाल कर देतीं।

दफ़्तर में उसको 'क्लास थ्री का अफ़सर' कहा जाने लगा था, इनको पटाना आसान रहता है। मौक़ा-ब-मौक़ा उनसे फ़ायदा भी उठा लेता, उनको छोटे-मोटे फ़ायदे देता भी क्लर्क, स्टेनो, टाइपिस्ट (जिनसे वह अपने ज़ाती काग़ज़ात मुफ्त टाइप करा लेता) लाइब्रेरियन (ढेरों किताबें घर उठा लाता जो उसकी आलमारी की रौनक बन जाती) होटल की रिसेप्शनिस्ट के साथ जहां वह शामें इत्मीनान से गुज़ारता। शराब, चाय, कॉफ़ी, सेंडविचेस सब फ्री...चलते वक़्त पसंदीदा ऐशट्रे या चमचा या फूलदान उठा लेता। अख़बारों के दफ़्तरों में छोटे-मोटे काम कर रही लड़कियां, टेलीफ़ोन आपरेटर्स जिनके ज़रिए वो मुफ़्त में विदेश कालें करा लेता। रेडियो की कैजुअल एनाउंसर, ट्रांसलेटर...वगैरह-वगैरह...।

छोटे-मोटे सस्ते तोहफ़े ज़रूर देता। सरकारी ख़र्च पर तफ़रीह भी करा देता। ज़रूरत पड़ने पर सरकारी कार व चपरासी भी भेज देता। बावक़्त उसकी नज़र चार-पांच डिशों पर एक साथ होती। वह कॉकटेल का शौकीन था।

मैं इनके शिकार के खेल में शरीक हो जाती तो वह और खुश हो जाता। किसी माशूका का फ़ोन आया था बता देती तो इनका लहजा बदल जाता। चेहरे की रंगत निख़र जाती।

वह जब उकता जाता तो बग़ैर किसी वजह के कोई भी मामूली-सा इल्ज़ाम लगा करके बेरहमी से अलग हो जाता। सफ़्फ़ाक (जालिम) और बेदर्द बन जाता बाज़वक्त सैडिस्टिक नज़र आता। छह महीने से ज़्यादा दोस्ती किसी लड़की से नहीं रखता था। वह उसका रिकॉर्ड था।

इस्लाम का मद्दाह था। कुरआन उसको हिफ्ज़ था हालांकि लड़कियां हर कौम की इस्तेमाल करता, उनका इस्तहसाल (शोषण) करता।

ख़ासतौर से ग़ैर क़ौम की मरगुब (पसंद) थीं। जिनका शीन, क़ॉफ तो न दुरुस्त हो लेकिन छत्तीस, चौबीस, छत्तीस के आंकड़ों में ग़लती न हो। कमसिन पर नज़र रहतीं। अजब क़िस्म का जुनून था उस पर। अक्सर तरस भी आता। इतना तिशना (प्यास) कि समुद्र भी पी जाए तो प्यास न बुझे! अजब क़िस्म का इज़तराब (बेकरारी)!

अक्सर लड़कियां भी इस पर अधिक आशिक हो जातीं। उसकी बेचारगी का अंदाज़ ही कुछ ऐसा था। न जाने क्या-क्या गुण थे उसमें। भोला बाबा बन जाता,

बच्चों की तरह आंचल में मुंह छिपा लेता, लेकिन हैवानियत तारी होती तो इतनी बुरी-बुरी गालियों का इस्तेमाल करता कि यकीन ही न आता कि इन्सान है या हैवान। मारपीट पर उतर आता...एकदम जंगली बन जाता।

बाज़वक़्त मैं .ख़ुद ही दुआ करती कि अल्लाह इस बदबख़्त को सुकून दे। अल्लाह इस बेचैन रूह को आराम दे।

वो मज़े करता, ठाठ से खाना निगलकर चादर ओढ़कर लेट जाता। 'आज बेहद थक गया...दफ़्तर में काम...'

'ज़्यादा था...।'

मैं सब समझ चुकी थी अब कुछ कहना सुनना लाहॉसिल था। उसको सुधारने की गुंजाइश बाक़ी न थी, यह मैं जान गई। इसी घुटन में जीना था। मैंने उसकी तरफ़ से ध्यान हटा लिया और उनको उनके हाल पर छोड़ दिया।

यह मुतमइन (संतुष्ट) था। देर रात इसके फ़ोन आते, यह भी करता, फ़ोन पर आहें और सिसकियां भरता। झूठ-मूठ खांसते अपने मर्ज को बढ़ा-चढ़ाकर बयान करता। मैं चुपके-चुपके सुनती रहती बाद में मुझे हंसी आने लगी। अचानक मैं मैच्योर हो गई।

मेरी ग़ैर-मौजूदगी में मोहल्ले की कई औरतों ने कई लड़कियों को मेरे घर पर इनके साथ आते-जाते भी देखा। टूर पर यह अपनी नई स्टेनों के साथ गया था। इसके पर्स की अंदरूनी तह से दार्जिलिंग का टिकट निकला जिस पर एम. 40 लोअर बर्थ और एफ. 20 अपर बर्थ लिखा था।

कभी इनकी मैरिट लिस्ट में रही पॉमिला अब मेरी नई दोस्त बन गई। पॉमिला ने ही बताया कि 'मर्दों में फिमेल सेंसेटिविटी का फ़िकदान (कमी) होता है और वह अपने मैच्योर एटीट्यूड में गुम रहते हैं। इसलिए मर्द और औरत कभी अच्छे दोस्त साबित नहीं हो सकते जितना औरत...औरत...'

यह बात मेरी मोटी अक़्ल में भी आ गई।

अब मैं ख़ूब ब्यूटीपार्लर जाती और तरह-तरह से मालिश कराती। क्रीम में डूबे हुए नर्म, मुलायम हाथों का लम्स अजब ख़्वाबआवर कैफ़ियत पैदा कर देता...।

फेशियल, पैडिक्यूर, पैनिक्यू आराम से करवाती...रूह तक की थकान उतर जाती...बालों के नए-नए स्टाइल बनवाती, अकेली रेस्तरां जाती, मौसकी (संगीत) सुनती, खुश रहती।

यह थोड़ा मुझसे डरने लगा...पता नहीं क्यों?

सर्द तन्हा रातों में इटेलियन मुलायम कम्बल का लम्स इन्सानी लम्स से ज़्यादा सच्चा और अच्छा लगने लगा (कोई डर न ख़ौफ़...) यह अपना (मूल्य) ख़िराज भी नहीं मांग सकता...।

पॉमिला के मशविरे के मुताबिक मैंने ख़ूबसूरत तराश-खराश के कपड़े पहनना शुरू कर दिया। पहले मैं ढीले-ढाले पहनती थी।

मैं फिर से अपने ढर्रे पर उतर आई। बच्चे को तो क्रेच में डाल ही दिया था, अब दिन भर नाविलें पढ़ती, टी.वी. देखती, तरह-तरह की फ़िल्में देखती, लगता नई-नई शादी हुई है। खाती-पीती, वज़न काफ़ी बढ़ गया।

एक दिन मोहल्ले की औरतें झुंड बनाकर फिर नमूदार हुईं।

'तुम बड़ी मोटी हो रही हो?'

'जी।'

'बस ज़रा ढंग के कपड़े पहनो।'

'जी।'

'तुम्हारा मियां, ख़ूब कमा रहा है सुना?'

'जी।'

'तुमको ख़ूब खुश रखता है, बड़ा आराम और ठाठ दे रहा है।'

'जी।'

'बच्चे को क्रेच में नहीं डालना चाहिए, बर्बाद हो जाता है बच्चा।'

'जी।'

'तुम दिन भर ताला लटकाकर ग़ायब रहती हो?'

'जी।'

'चाय बनाओ।'

'हां भाई, ज़रूर', वे सब पसर गईं।

मैं इन लोगों को जल्दी से जल्दी फुटाना चाहती थी। मेरे पास 'फायर' फ़िल्म के दो टिकट थे।

अज़ानों के पहरे

सुबूही तारिक़

ज़्यादा नहीं लिखा। बिहार में जन्म। कहानियों में 'जदीदियत' की खुशबू महसूस की जा सकती है। तबीयत से इंक़लाबी। कहानियों में 'धर्म' शक के घेरे में है। दो-एक कहानियां चर्चित। 'अज़ानों पर पहरे' सर्वाधिक विवादास्पद कहानी।

हां, तुम्हारी बख़्शी हुई वह 'नमिया' न आग थी, न शोला, ये तो जलती हुई शबनम थी। फूलों की गोद में सोई हुई चांद की किरण थी।

पिघलती ढलती बर्फ़बारी थी, तेरे रहम की बर्फ़बारी!

कैसे कह दूं कि वह 'वाकिफ़' नहीं थी।

अपने अस्तित्व से अपनी हक़ीक़त से अपनी बनावट से!

कितनी तुच्छ-सी बात थी, कितनी तुच्छ-सी थी उसकी अंतरात्मा!

ये सच है, तुमने अपने क़लम की लकीरों को रोका भी तो नहीं था।

हां, सुंदर था तुम्हारा ये शाहकार, ये पंख तो!

पतनरहित, विश्वविजयी, परंतु प्यासा!

कितनी ख़ाली-ख़ाली थीं उसकी निगाहें, जो तुम्हारे आसमानों के 'बोसीदा' धर्मग्रंथों की ओर उठती हैं।

लेकिन तुम नहीं थे, वहां तो परछाइयां थीं। अंधेरे थे। सन्नाटे थे, और मिटते अंधेरों की कश्ती पर तुम्हारे 'नूर' (रोशनी) का अक्स डोल रहा था।

किस-किसने उस नूर को नज़रों में नहीं भरा।

कौन था जिसने रात की जालियों से उन निखरती किरणों को नहीं अपनाया, लेकिन वह शुरू से आख़िर तक, प्यासी भटकती रही। ख़याल-ख़याल बहकता रहा, कहीं ये प्यास बुझ न जाए।

नज़र-नज़र सिसकती रही, कहीं ये दिल राख का ढेर न हो जाए।

तुम्हें पा जाने की आस न होती, तो शायद मिट्टी का ढेर होती!

तुम्हारे ख़्वाबों का नशा ही तो था, तुम्हारी ख़ामोशियों की आवाज़ ही तो थी कि वह ईमान के दामन पर 'सजदे' करती रही!

परंतु तुम अटल रहे।

कलियों-सी मुस्कराहट, फूलों सी खूशबू बूंद-बूंद शबनम में मुस्कराते हर बार तुम अपने समय को पत्थर बनाते रहे।

ये ही तो वह पत्थर थे, जो मोती बने। समुद्र के भीतर जा छुपे और वह उन मोतियों की तलाश में 'राह-राह' भटकती रही, पैरों के फफोलों को, धोती आंखों की तमन्ना को लौ देती रही।

उस दिन न तुमने आसमानों को खोला, न यमलोक की ख़ामोशियों को तोड़ा और न ही ऊंचे पहाड़ों को रेत-रेत, कण-कण बनाकर बिखेरा।

उसकी हस्ती ही क्या थी, वह न तो 'सक़र' थी, न 'कुफ़्र'!

लेकिन तुमने न जाने उसके बोझ तले कैसा पथरीला, शीतल, ओस भरा, 'गंदला' बिस्तर बिछा दिया था कि उसकी हस्ती लहूलुहान होने लगी। ओस भरी वह शीतलता उसे पागल करने लगी। ये 'गंदलापन' काई-सा बना उसके अस्तित्व से लिपट गया और कहीं दूर से गुर्राती-दहाड़ती आवाज़ें उसका पीछा करने लगीं। क्या ऐसा संभव था कि उन खोलों से परे, ऊपर जो काले-उजले 'पैबंद' से ढके हुए हैं और जिन्हें हवाएं इधर-उधर बिखेरने लगती हैं, तुम उसको थाम लेते, उसे उठा लेते?

लेकिन आशा के दीपक जब जल-जल कर बुझने लगते!

यक़ीन के बुलबुले, हीरे बने दमकने लगते।

उसकी तो हर धड़कन एक शोर थी, हर आहट एक तूफ़ान थी।

और फिर ये तुम ही तो थे, जो उसकी हर धड़कन में छुपे न जाने कैसा सुर अलापते थे कि वह चिल्ला उठती।

''सामने क्यों नहीं आते, कभी तो आओगे ना! मेरी सांसों के हौले-हौले बुझे तार टूट जाएं, तो अंग-अंग में जलती ये आग राख बन जाएगी। यदि ऐसा हुआ, तो किससे पूछोगे कि सांसों की टूटती डोर में आशा की गिरह किसने लगाई थी? मैं न रहूं, तो मेरे सजदे किस द्वार पर किसके लिए पाओगे?''

लेकिन क्या हुआ कि तुमने प्रत्येक ओस की बूंदों को छुपा लिया, प्रत्येक सुनहरी किरण को इकट्ठा कर लिया, धूल-कण-सी उड़ने लगी।

आंधियों का धुआं-धुआं-सा फैलने लगा। मेरे माबूद! कैसा वक़्त था, कैसी गर्दिश थी, कैसा मोड़ था, कैसी आग थी, कैसे 'गोल' थे, कैसे 'रेवड़' थे, जो क़दम-क़दम पर सजाए गए थे। वह रुक गई, ये जो देवता हैं, 'हबल', 'अज़्ज़ा', 'लातो-मनात'...

गुनाहों के देवता...क्या इन सबमें तुम छिपे हुए हो?

नहीं-नहीं, ये तो उसका भ्रम था। विश्वास और अविश्वास की डोलती परछाइयां थीं।

तुम तो कहीं दूर, सुबह के 'शबनमी' हाथों से अपने चेहरे की किताब का पन्ना-पन्ना उलट रहे थे।

फूलों की पंखुड़ियों से तुम ही तो झांक रहे थे, 'लाला' (फूल) के दाग़ों में तुम्हारी तो मुस्कराहट थी। पक्षियों की प्रार्थना में तुम ही तो छुपे बैठे थे।''

और वह रुक गई, जैसे तुमने उसके क़दमों पर पहरे लगा दिए हों, वरना शायद वह भी उलझ जाती। 'रेवड़ों' में खो जाती। समूहों में गुम हो जाती।

उसके होंठ कंपकपाते रहे। बूंद-बूंद पानी की टपकती आवाज़ अपने 'नक़्शे' बनाती रही। वह पुकारती रही, रहम की भीख मांगती रही।

''मेरे माबूद! मेरी मोहब्बत में तेरा कोई दूसरा प्रेमी नहीं, साझा नहीं, राज़दार नहीं, राज़दां नहीं।''

ये कैसा समय था, ये कैसी वफ़ा थी। शायद उसने तुम्हें पा लिया था। पक्षियों के गीतों ने, फूलों की पंखुड़ियों ने, 'लाला' के दाग़ों ने छुपे हुए राज़ प्रकट कर दिए थे। तुम्हारा राग, तुम्हारा गीत, तुम्हारी खुशबुओं में डूबी-डूबी वह सदियों की नींद में बेख़बर हो गई।

वक़्त की एक और गर्दिश थमी, ज़माने के तेवर बदले लम्हे-लम्हे ने अपना रंग बदला।

तुमने ठट्ठा-ठिठोली करने वाले उन जीवों को खजूर के खोखले तनों की तरह कर दिया, शायद ये तुम्हारे वही शब्द थे, पत्थर से, जो तुम आसमानी पन्नों पर बिजलियों से लिखा करते थे।

''जब आसमान फट जाएगा, जब तारे झड़ पड़ेंगे, जब ज़मीन के पैबंद उखेड़ दिए जाएंगे तो...''

लेकिन वह फिर भी तुम्हारी मोहब्बत में 'परिपूर्ण' अपने आंसुओं की अंजलि देती रही, वफ़ापरस्ती के फूल निछावर करती रही।

सर झुकाए, मृदुल स्वर, आकाश के नीचे पुकारती रही...

''मेरे 'माबूद' मेरे 'सजूद', मैं तेरी तरफ़ बढ़ आई हूं अपनी आवाज़ें बुलंद कर ताकि मैं उनका दामन थामकर तेरी पनाह में डूब सकूं।''

परंतु तुम कहां थे? ये कैसे पहरे थे? आवाज़ों के? अज़ानों के?

उसकी आंखें बंद होने लगीं, तुमने उजालों के 'बादबान' खींच लिए, अंधेरों की लहरों को संक्षिप्त कर दिया। गुज़रते लम्हों का पतवार थामे रात का तारा टिमटिमाता रहा।

''शायद कोई मनुष्य नहीं, जिस पर 'निगहबान' नियुक्त नहीं।''

परंतु उसका 'निगहबान' कौन था...? कहां...था?

वो ज़िंदा दफ़नाई जाने लगी, ज़मीनों के गड्ढ़े भरे जाने लगे। कुलबुलाती जानें मिट्टी का 'पैबंद' बनती गई।

वो परेशान दौड़ती रही। पैरों के आबलों को धोती मरूधानों की ठंडक ढूंढती रही और फिर क्या हुआ कि रेतीले चट्टानों से दूर ऊंचे-ऊंचे टीलों के उस पार किसी ने तुम्हें 'लब्बैक' कहा और तुम्हारी आवाज़ों को ज़बान दे दी।

''जब सूरज लपेट लिया जाएगा और जब तारे की चमक ख़त्म हो जाएंगी। जब पहाड़ चलाए जाएंगे और जब वहशी जानवर इकट्ठे हो जाएंगे तो...''

तो न जाने वो कैसी ठंडक थी, कैसी रोशनी थी और कैसी आवाज़ थी जो सदियों पर व्याप्त रही कि वो भटक न सकी, बहक न सकी।

परंतु समय के दरिया में लहरें सर पटक-पटककर ख़त्म होने लगीं। काला सूरज आग उगलता चला गया। बादलों के सीने नासूर बनकर रहने लगे और वो एक बार फिर चिल्ला उठी।

''कहीं मैं नंगी न हो जाऊं।'' आवारा न बना दी जाऊं। कहीं ऊंचे मीनारों के नीचे, द्वार पे तेरे, इन्सान सर पटकने न लगे। मैं तुझे भूलकर गुफ़ाओं में दरिंदगी में डूबकर 'कामवेग' की पूजा न करने लगूं...मुझे बचा ले—मैंने तुझ-सा दूसरा कोई नहीं देखा। मेरे साथ तेरे पहरे हैं, तू जो 'अकबर' है, सर्वश्रेष्ठ है तू जो बहुत ऊंचा है, महान है, अति महान...!''

सदियां उड़ती चली गईं, कौन था, कौन नहीं था, परंतु वो तुम्हारी आस लगाए, पत्थरों की इस नगरी में, जैसे कल भटकी, वैसे ही आज भी भटक रही है।

अनुवाद : **नबी अहमद**

जुर्म

तबस्सुम फ़ातिमा

जन्म 1968, बिहार। उर्दू की नई चर्चित महिला कथाकारों में एक अहम नाम। 'जुर्म' सर्वाधिक लोकप्रिय कहानी। 'लेकिन जज़ीरा नहीं' कथा-संग्रह प्रकाशित। 'उर्दू की आधुनिक श्रेष्ठ कहानियां' का हिंदी में संपादन।

छत टपक रही है...

डी.डी.ए. के फ़्लैट में यही तो ख़ास बात है कि चेरापूंजी की याद ताज़ा हो जाती है। छत से टपकती पानी की बूंदें ऐसे गिरती हैं कि दीपा अंदर-ही-अंदर, एक पल को सब कुछ भूलकर एक अजीब-सी लज़्ज़त में डूब जाती है...अजीब-सी दर्द भरी लज़्ज़त जिसे सहवास के समय चित्त लेटी औरत ही महसूस कर सकती है...

कभी इस मौसम में वह कितनी रोमांटिक हो जाती थी। कल जब वह औरत नहीं थी...आज की तरह, औरत...जांघों में बसने वाली औरत, मनीष अक्सर मज़ाक़ के मूड़ में कहता है...औरत जांघों में ही तो बसती है...

औरत...उसे ख़ुद से गहरी नफ़रत का अहसास होता है...ऐसा क्या है? ज़िंदगी के हर मोड़ पर पवित्रता की गर्द झाड़ते ही चित्त क्यों हो जाती है औरत...? एकदम से चित्त औरत हारी हुई। सवारी मर्द ही करता है...मर्द ही जीतता है...औरत चाहे कितनी बड़ी क्यों न हो जाए...इंदिरा गांधी...मार्ग्रेट थैचर...लेकिन और की अज़मत कहां सो जाती है और बचती है सिर्फ़ वही यानी जांघों वाली औरत...

पानी की बूंदों में टप से मनीष का चेहरा उभरता है, जो अक्सर मनीष सक्सेना बनकर उसे टोकता है, "तुम फैल रही हो...तुम सूट मत पहना करो...तुम्हारा जिस्म काफ़ी फैल गया है...कूल्हे के पास का हिस्सा...सीना...पुश्त का हिस्सा...तुम भद्दी होती जा रही हो दीपा...दिनोदिन...

दरवाज़े के पास, ज़रा हटकर जो बेसिन है, वहीं पर उसने बड़ा-सा आईना लगा रखा है...अपने आपको रोज़ देखने के लिए...बदन के उस भौगोलिक विकास को जानने के लिए, जिसे विवाह के सिर्फ़ चंद दिनों के बाद से ही उसने मनीष की आंखों में बार-बार महसूस किया है...आईने के सामने खड़े होकर वह अजीब-अजीब हरकतें करती है...अपने शरीर पर चढ़ते गोश्त को बार-बार छूकर देखती है...

वह मोटी हो रही है और बदनुमा फैल रही है, फिर इस चेहरे से झुर्रियां टपकेंगी और गोश्त के लोथड़ों में मर्द को आकर्षित करने वाली शक्ति कहीं खो जाएगी...फिर मनीष कहेगा...कहे, माई फुट...बड़े-बड़े फ़लसफ़ों के दर्मियान असली चेहरे को पहचानने में बरसों पहले धोखा हुआ है उसे...

छत टपक रही है...

रात आहिस्ता घिरती जा रही है...एलिशा एक बार चीख़कर रोई है...दीपा जब तक उसके पास दौड़ कर पहुंचती, करवट बदल कर वह फिर गहरी नींद में सो गई है...एकटक वह एलिशा को देखती है, यहां इस शरीर से...पूरे नौ माह तक...गोश्त-पोश्त के इस टुकड़े को सिलाई की तरह खोलकर बाहर निकाला है उसने...इस शरीर से...जिसके निशान पर उंगलियां फेरता हुआ मनीष ठहर जाता है...पूछता है तुम्हारे पेट पर यह लंबे-लंबे निशान कैसे आ गए...क्या सबके हो जाते हैं...?

"प्लीज़ दीपा...क्या किसी डाक्टर से कंसल्ट किया...?"

"यहां इतना गोश्त कैसे आ गया...?"

निशान...गोश्त...चर्बी...!

उसे लगता है, शरीर के शब्दकोश में बदबू देते हुए बस यही शब्द रह गए हैं, जिसे अपनी इंटेलेक्चुअल आंखों से पढ़ता है वह...थोड़ा-थोड़ा करके उसे कुरेदता रहता है...दीपा...तुम यहां से...यहां...से और यहां से बदसूरत हो रही हो...तुम्हारा पेट काफ़ी निकल गया है...चेहरे पर झाइयां पड़ रही हैं, फिर व्यंग्य गढ़ता है...तुम औरत क्यों लग रही हो अम्मा जैसी एक औरत...? बारिश लगातार हो रही है। जब से बारिश शुरू हुई, एक अजब सा सन्नाटा बाहर और उसके भीतर उतर गया है। उसने दीवार घड़ी की तरफ़ देखा। ग्यारह बज गए हैं। एक हमदर्द और फ़िक्र में डूबी औरत चुपके से उसमें समा जाती है।

मनीष इतनी देर तक कहां रह गया...?

बारिश की हलकी-हलकी फ़ुहार और छत से टपकती बूंदों में कुछ गुज़री-बिसरी यादें भी घुल-मिल गई थीं...

मनीष से उसकी लवमैरिज हुई थी। तब उन दोनों की शादी को लेकर घर में काफ़ी हंगामा था, कितना तूफ़ान मचा था...! कमज़ोर सा मनीष...बुज़दिल सा...घरवालों के सामने बिल्कुल सहमा-सहमा और उसके सामने पूरे संयम के साथ खड़ी थी

दीपा...उसे गुस्सा भी आता था...फिर पूरे तेवर और ऐतमाद के साथ वह मनीष पर किसी शासक की तरह छा गई।

"घर...ज़माना...हालात...अपने फ़ैसलों पर कमज़ोरी और बुज़दिली की ख़ाक मत डालो...फ़ैसला करो...फ़ैसला करो फ़ौरन; लाओ तुम्हारा हाथ देखूं...थोड़ी-सी पामिस्ट्री मुझे भी आती है...ग़लती तुम्हारी नहीं मनीष...तुम्हारा नाम 'म' से शुरू होता है। सिंह राशि के लोगों की यदि बचपन से परवरिश न की गई हो तो या तो वे बहुत कायर बन जाते हैं या फिर बहुत ज़िद्दी, तुम्हारा अंगूठा भी झुका हुआ है...विल पावर की कमी है तुम्हारे अंदर। तुम ख़ुद फ़ैसला नहीं कर सकते...चलो, यह फ़ैसला भी अब मुझे ही करना होगा...

मनीष ने हार मान ली थी। एक कमज़ोर-सी हंसी के साथ उसने दीपा का हाथ थाम लिया था, "हां, मुझमें फ़ैसले की बड़ी कमी है दीपा..." वह टूटे शब्दों में बोला, "समय की रस्सी धीरे-धीरे मेरे हाथों से फिसल रही है...प्लीज़ दीपा..."

वह बहुत क़रीब आ गई।

मनीष की आवाज़, जैसे गहरे कुएं से उभरी...औरत की अलग-सी तस्वीर है मेरे अंदर...सीता, मरियम, सावित्री-सी नहीं...इनसे अलग आज भी औरत को मर्द की जाबिर सल्तनत का एक मामूली-सा खिलौना क्यों समझा जाता है...हम दोनों मर्द-औरत की यह आम परिभाषा बदल देंगे..."

मगर सपना इतनी जल्दी कैसे टूट गया था? मिसेज़ मनीष सक्सेना बनकर अंदर नासूर में एक गांठ जैसी पड़ी रह गई थी...दोस्ती तीन सालों तक निभी। हां, निभी ही कहा जा सकता है, धीरे-धीरे फ़लसफ़ों के कांटेदार जंगल में वह काले घने बादलों को देखती रही...जंगल इतने बदसूरत क्यों होते हैं? और फ़लसफ़े ज़िंदगी की हक़ीक़त क्यों नहीं बनते...ज़रा दूर तक, एकदम पानी के बुलबुलों की तरह फट जाते हैं...

वह मनीष में अब 'भूत' को देखती थी। तन्हाई में जैसे कोई दरिंदा उसमें समा जाता है, सैडिस्ट कहीं का। वह उसे नोचता था। तोड़ता था...और उसके चेहरे पर पसीने की बूंदें छलछला आने तक, उसके पूरे अस्तित्व में अपनी घिनौनी नफ़रत पैवस्त करता रहता था...

वह महबूबा और दोस्त से जांघों वाली औरत बन जाती, तो जैसे ख़ुद पर शर्म आती...यह मर्द ही क्यों जीतते हैं...और औरत चित्त क्यों हो जाती है...?

धीरे-धीरे वह मनीष के बदले चेहरे को पहचान रही थी...महीना-दो महीना और साल-दो साल बीतते-बीतते वह मनीष में एक ऊबे हुए दोस्त की पहचान करने लगी थी, जैसे उसका अहसास अब उससे होकर केवल उसके शरीर तक सीमित रह गया हो। बस, वह पपेट बनता जा रहा था...नहीं, पपेट नहीं...कम्प्यूटर या मशीन...और दर्मियान में केवल बासी संवाद रह गए थे और सबसे ज़्यादा 'अज़ीयतनाक' होती

थी रात...कमरे में अंधेरा फैलते ही उसके हाथ तवायफ़ के कोठे पर आए आम ग्राहक की तरह उसके बदन पर मचल उठते...उसे लगता...अनजाने में कोई और उसके मुक़ाबिल सो गया है...उसे लगता, यह मनीष नहीं कोई और है...जो अपनी हैवानियत से पूरी औरत ज़ात पर गालियों की बारिश कर रहा है...

रात के अंधेरे में उसे महसूस करते ही मनीष अंधेरा क्यों कर देता है? बदन पर मचलते उसके हाथ उसे बेगाने क्यों लगते हैं? नहीं, यह दीपा नहीं होती है, उस समय कोई और होता है मनीष के सामने, कोई और...जो कम-अज़-कम दीपा नहीं हो सकती...मनीष की बीवी नहीं...यह कोई भी हो सकती है...फ़िल्म ऐक्ट्रेस...मनीष के दफ़्तर में काम करने वाली कोई लड़की...पत्रिकाओं में चमकने वाली मॉडल्स...या बस स्टाप आदि पर नज़र आने वाली कोई-सी भी लड़की...वह कोई भी हो सकती है, लेकिन दीपा नहीं हो सकती...

उसे लगता है, पहाड़ पर चढ़ने वाले आदमी की तरह हांफ़ने लगी है वह...वह ऐसा क्यों महसूस करती है कि मनीष बदल रहा है...बदला करे, लेकिन जब वह उसके साथ रहता है, तो मनीष को उसमें दीपा को ही महसूस करना होगा...हां, दीपा को...

कभी-कभी वह सदमे या गुस्से से चीख़ पड़ती, "नहीं, मनीष, मैं यूं नहीं लेट सकती..."

उसके हाथ स्विच की तरफ़ बढ़ जाते... लाइट ऑन कर दो मनीष...मुझे दहशत हो रही है...

मनीष लाइट जलाकर चौंक कर उसे देखता...नाइटी फेंक कर वह गुस्से से उसके सामने तन जाती...

"यह मैं हूं...मैं हूं मनीष...दीपा मैं..."

"हां, यह तुम ही हो...मैंने कब कहा कि..."

"हां, तुमने नहीं कहा, लेकिन मेरे लेटते ही मैं मर जाती हूं...मुझमें कोई और आ जाता है...कोई और मेरे वजूद में पिघले सीसे की तरह नफ़रत उतार देते हैं...मनीष के हाथ उसे मनाने को बढ़ते हैं, तो वह गुस्से से झटक देती है।

"प्लीज़, डोंट डिस्टर्ब मी, लीव मी अलोन...सोने दो मुझे और ख़ुद भी सो जाओ..."

दीपा देखती है, मनीष के चेहरे पर उलझन के आसार हैं...ठीक वैसे ही शिकार के पास आकर भी नामुराद लौट जाने वाले शेर की तरह...वह करवट बदलकर लेट गया है...और वह महसूस कर रह रही है...शिट, सारे मर्द एक जैसे होते हैं...शिकारी कहीं के...!

सुबह जब उसका गुस्सा काफ़ूर होता है, तो वह नहाई हुई सुबह की तरह

.ख़ुशगवार बनकर, एक मीठी चाय के कप की तरह उसकी आंखों में उतर जाती है...

"डियर मनीष, माफ़ कर दो मुझे, पता नहीं, रात बिस्तर पर एक पागल औरत कहां से समा जाती है, मुझमें..."

मनीष हंसता है, "इतना पता है, एबनार्मल हो तुम...थोड़ा-थोड़ा मैं भी हूं...तभी तो तुम्हारे साथ मज़ा आता है..."

दफ़्तर जाते-जाते वह उसकी दुखती रग पर एक बार फिर हाथ रख देती, "तुम सारे मर्द बीवियों से नाराज़ होकर इस तरह रातों में चारपाइयां क्यों तोड़ने लगते हो...? कोई तो होता है ना...बीवी से अलग मानो...न मानो..."

मनीष उसे घूर कर देखता है...याद है, एलिशा की पैदाइश के दो माह बाद इस सवाल के जवाब में मनीष ने कहा था, "तुम ग़लत तरह से सोच रही हो दीपा, हममें एक दूसरी औरत अंधेरे में हमबिस्तरी के वक़्त आ सकती है...मगर अभी नहीं, जब हम दोनों एक-दूसरे के लिए बासी और बोर हो जाएंगे...तब अहसास चटख़ाने के लिए किसी कल्पना की ज़रूरत तो होगी ना...पर ऐसा क्यों सोचती हो कि अंधेरे में ही मर्द के मन में कोई कल्पना आकार ले सकती है, बत्ती जलने पर नहीं...ज़हन में ख़ाके तो कभी भी बन सकते हैं, लेकिन औरत अपने मर्द को इसका मौक़ा ही क्यों देती है...?"

उसे लगा, मनीष ने उसे औरत होने के नाम पर एक गंदी गाली दी हो...औरत अपने मर्द को इसका मौक़ा ही क्यों देती है? यह शब्द हथौड़ी की तरह बार-बार उसके ज़ेहन पर बज रहा था...

उसे लगता है, वह ढो रही है...एलिशा के आने के बाद से वह लगातार ढो रही है...बिस्तर पर उसके बराबर एक छिपकिली अचानक उसके बदन पर फैल जाती है...

टिप...टिप...बारिश के क़तरे लगातार गिर रहे हैं।

एलिशा के रोने की आवाज़ सुनकर वह चौंकती है...एलिशा के पास आकर ठहर-सी गई है...एलिशा की 'फलिया' पेशाब से तर है...एलिशा के नन्हे-मुन्ने पांव से जांघिया उतारते समय वह चौंक जाती है...वही छिपकिली...

छन से जैसे कोई बर्तन टूटा हो...उसे .ख़ुद से नफ़रत हुई...नहीं, वह बहुत बुरी बनती जा रही है...मगर कोई छिपकिली अब भी दुम के सहारे उसकी आंखों में चढ़ाई कर रही थी...

शरीर पर गोश्त बदलते ही यह आंखें क्यों बदल जाती है...? औरत केवल भोग की वस्तु क्यों रह गई है?...पूरे नौ माह की दरिंदगी को अपनी कोख में सज़ा देने वाली...

टिप...टिप...बारिश तेज़ हो गई है...एलिशा फिर चीख़कर रोती है...वह जैसे बेकिए जुर्म की नाबाद दुनिया से वापस आ गई है...औरत...सब औरतें क्या एक ही जैसी होती हैं...एलिशा बेटा, सो जा, सो जा...

आंखों के आगे धुंध के पहरे हैं...अब केवल प्रतीक्षा रह गई है बाक़ी...मनीष की प्रतीक्षा...आते ही हैवानियत ओढ़कर दरिंदा बन जाएगा...और वह सब कुछ भूल कर चित्त हो जाएगी...

रोज़ का एक-सा नियम...एक-सा उसूल; यह उसूल, टूट क्यों नहीं सकता...

औरत अपनी परिधि में इतनी सिकुड़ी-सिमटी क्यों है...? जैसे धुंध के बाद मकड़े का जाल-सा बिछा है और वह इस जाल को तोड़कर बाहर आना चाहती है...

नीचे गाड़ी का हार्न चीख़ा है... वह साफ़ पहचान गई है। मनीष आ गया है...

उसकी मुट्ठियां भिंच रही हैं, वह विजयी बनना चाहती है...किसी कमज़ोर लम्हें में भी विजयी जैसे ज़िंदगी के हर मोड़ पर वह रही है...यहां भी...

मनीष के पैरों की चाप जीने पर उभरी है। अचानक वो ढाल बन गई है, मनीष तलवार है...तलवार में बिजली की-सी चमक है...ढाल में स्वयं को बचाने की अद्‌भुत क़ुव्वत...चमकती हुई तलवार ढाल को शिकस्त देना चाहती है, मगर ज़नाटेदार नाचतीं हुई ढाल के आगे तलवार की सपर डालनी ही होती है...और ढाल की क़ुव्वते-गर्मी से तलवार पिघल-पिघल कर अपनी पराजय को क़ुबूल कर लेता है...

बेल लगातार बज रही है...

बारिश के क़तरे टप-टप गिरते ही जा रहे हैं...

●●●